孔祥毅文集

金融史 III

（八）

经济管理出版社
ECONOMY & MANAGEMENT PUBLISHING HOUSE

图书在版编目（CIP）数据

孔祥毅文集/孔祥毅著. —北京：经济管理出版社，2016.10
ISBN 978 - 7 - 5096 - 4344 - 0

Ⅰ.①孔…　Ⅱ.①孔…　Ⅲ.①金融学—文集　Ⅳ.①F830—53

中国版本图书馆 CIP 数据核字（2016）第 074940 号

组稿编辑：杜　菲
责任编辑：杜　菲
责任印制：司东翔

出版发行：经济管理出版社
　　　　　（北京市海淀区北蜂窝 8 号中雅大厦 A 座 11 层　100038）
网　　址：www. E - mp. com. cn
电　　话：（010）51915602
印　　刷：北京九州迅驰传媒文化有限公司
经　　销：新华书店
开　　本：787mm×1092mm/16
印　　张：233.75（全九卷）
字　　数：3916 千字（全九卷）
版　　次：2016 年 10 月第 1 版　　2016 年 10 月第 1 次印刷
书　　号：ISBN 978 - 7 - 5096 - 4344 - 0
定　　价：1280.00 元

本书承瀚华金控股份有限公司资助出版

纪念中国人民银行成立 60 周年

一路坎坷 一路凯歌

历史上的银行家

世界金融发展史纲

货币自述

货币自述

背景说明

　　这组文章是应《山西日报》理论部预约而写，连载于《山西日报》1975年7月2日、7月4日、7月9日、7月14日，署名蔡锦（寓意山西财经学院财金系人写的）。文章讲述了货币的产生、发展及其功能，但是末尾讲到货币是产生资本主义的土壤和条件的观点是错误的，这是历史的痕迹，这里选录时没有修改，保持了历史原貌。

　　我的名字叫货币，古吋候曾用名泉币，现在人们通常称我为"钱"。当前，全国正在兴起学习无产阶级专政理论的热潮，人们经常提到我，到处议论我，有的还把我列入专题进行研究，对此，我表示热烈欢迎。现在，我向人们亮亮家史，说说身世，以便增进大家对我的了解。

一

　　我的父母与兄弟。提起我的父母和兄弟，话要说得很远，自从地球上有了人类，我的父母——人类劳动创造的产品——也就跟着来到了人间。到了原始共产社会末期，随着生产工具的改进，劳动产品逐渐多起来，除了人们消费外，还有少量的剩余，于是人们就拿自己的剩余产品，去向别的部落交换自己需要的东西，交换从此开始了。随着社会生产力的不断提高，人类社会出现了第一次和第二次社会大分工，农业和畜牧业的分离，手工业和农业的分离，剩余产品多了，互通有无的交换也频繁了，这时我的父母便生下了我的哥哥——商品，即用来交换的劳动产品。随着我哥哥的出世和成长，使我的诞生具备了条件。我哥哥有两个特点：用政治经济学的术语来说，一是使用价值，二是价值。只要两种不同的商品价值量相等，就可以交换。如40斤粮食可以换1只绵羊，就表明生产40斤粮食和饲养1只绵羊所花费的社会必要劳动时间是相等的。在这里，粮食的价值被绵羊表现出来。像绵羊这种能表现别的商品价值大小的商品，就是政治经济学上所说的等价物。这种等价物就是我的胚胎。由于商品交换的发展，起初那种以物易物的直接交换越来越使人们感到困难，如有粮食的人想换羊，有羊的人想换布，有布的人需要换盐，有盐的人又需要换菜。为了解决这些困难，人们逐渐把自己的商品，先换成一种大家都普遍需要又乐意要的商品，再用这种商品换回自己所需要的东西。于是出现了通过普通媒介物的交换。这种交换中起到媒介物作用的商品，政治经济学上就叫一般等价物。这时，我就诞生了。我就是起一般等价物作用的特殊商品。在历史上，充当过这种一般等价物作用的有牲畜、贝壳、粮食、皮毛、象牙等。如古代中国，黄河流域多用铲子、刀，西北多用玉石，南方多用贝壳。由于这些东西使用起来不方便，不便分割找零，不易携带和保存，而金银等贵重金属则体积小，价值大，不腐烂，易保存，便携带，好分割，于是金银等贵重金属逐渐占据了垄断的地位，慢慢我就被固定在金银上面。由此，金银便成了特殊商品了。

我的天职。我有五种职能：第一，当作一把尺子，衡量和表现商品价值的大小，用人们通常的说法是每一商品值多少钱，即价值尺度。第二，作为交换的媒介，用来购买商品，即流通手段。第三，作为财富贮藏起来，即贮藏手段。第四，完成价值的转移，支付工资、纳税、赔款、清偿债务，即交付手段。第五，在国际间进行购买、支付、清偿，作为世界货币。在不同时间和场合，我扮演上述不同角色，完成自身的任务。

我有许多不同的制服。我在幼年时，是以金银块出现，每次买东西，商品的主人总要把我详细检查一番，看看是真是假，并严格度量轻重，很不方便。后来国家开始把我铸成有一定形状、重量、成色的铸币，并打上国家的印记，从而我就穿起了不同国家的制服。追溯历史上我所穿过的制服，真是奇形怪状，令人惊异。就说中国吧，3000多年以前的殷商时代就铸铜币，战国末年有黄金铸币和铜铸币，仅铜铸币就有布币、刀币、环钱、蚁鼻钱等。感谢法家、政治家秦始皇，他在公元前221年统一战国以后，也为我统一了服装，发行"半两"铜铸币，圆形方孔，推行金钱本位，大数支付用黄金，小额支付用"半两"，这件制服倒是比较合身，我一穿就是2000多年。虽然历代也有改易，大体总还是圆形方孔。直至明清的制钱，民国的银元、铜元，都是圆形，并以元为单位，即主币。为便于交易找零，元以下，又有角、分，作为辅币，中国历史上基本上是以金银为主币。又如在英国，叫我英镑，在西德，叫我马克，在苏联，叫我卢布……然而这些制服毕竟是各个国家赐予的，一走到国际市场上，人们并不了解我，我只得脱下外衣，赤裸裸地露出黄金条块的原来面目，用自己的实际体重去完成各国间的交易往来。

说到这里，读者可能会问我，纸币究竟是怎么回事？下次再说。

二

纸币是我的代表。现在世界各国一般都不允许金银流通，而代之以纸币。请读者弄清，我的实体是金银，纸币并不是我本身，而是我的价值符号，或者说是我的代表。纸币的出现，大体是我进入壮年以后开始的。世界上最早的纸币，要数公元800～1000年中国唐代的"飞钱"和北宋的"交子"，其次才是公元1692年美国的纸币。但真正停止我在市场上自由流通，令我坐在银行大楼的地下室休息，派出代表去执行我的任务，还是在1929～1933年资本主义世界经济大危机之后。一张印有花纹的纸片怎样代替了黄金？这里也有一段经历哩！随着商品交易的日渐发展，人们越来越感到使用我又笨又重，很不方便，客观上要求用比较轻便的纸票子来代表。另外，我在周转中也显露出派出纸币代表的可能性，那就是人们拿着已经碰有伤疤磨损变轻了的我，毫不在意，照样使用，那些一贯善于投机钻营的统治阶级便乘机铸造实际重量和成色都低于面值的不足价铸币，从中大捞油水，越捞胆子越大，干脆印发毫无内在价值的纸币，作为我的代表，投入市场。初期还可以和我自由兑换，后来兑换也不许可了，完全用政权力量强制流通。

我们兄弟间的关系。我们兄弟之间形影不离，哥哥走到哪里，我就跟到哪里，哪里有商品运动，我就跟到哪里，商品流通缩小我就收缩。我的数量是由他的数量决定的。当然喽，我也不是老听他那一套，我也会主动地对他发生影响，我流通正常，会促进商品生产和商品流通的发展，我的数量太多或太少，也会给他的生产和流通造成不利。我少了，人们没钱花，商品卖不出去，我多了，商品脱销，拿着我买不到东西。我的数量究竟应该有多少，要根据商品数量；我的代表——纸币可以派多少，要看我的数量。不管人们替我派出多少个代表，客观上只能等于我的总量。假设某时期市场有10亿元的商品，那么只能为我派出10亿元代表，倘若派出了20亿元，那么1元钱的商品就要卖2元钱。这种替我滥派代表，造成纸币贬值，物价上涨的现象，就是通货膨胀。举个山西人熟知的例子吧：旧社会，土皇帝阎锡山用滥发纸币掠夺人民的手段是古今奇观。他巧立名目，耍尽花招，印了那么多鬼票子，什么兑换券、铜元券、土货券、实物准备券、信用合作券，加上各县银号、当铺、商号的票子和国民党的法币，弄得娘子关内票子满天飞，市场物价像脱缰的野马，无法收拾。如在太原，拿100元钱，在1936年能买2辆僧帽牌自行车和18斤猪肉，1941年能买54斤猪肉，1946年只能买1.5两酱油，1947年买1钱7食盐，到1948年5月只能买到0.08钱咸菜。阎锡山统治山西30多年，通过滥发纸币直接从山西人民身上掠夺了1亿多块银元，装进了他的腰包。在蒋介石统治下的旧中国，从1937～1949年，纸币发行增加了1400多亿倍，物价上涨了85000多亿倍，从中国人民身上掠夺的财富那就更多了。阎锡山是这样，蒋介石是这样，一切反动阶级都是这样，他们借助印钞机，用滥发纸币来支付由于庞大军事开支而造成的财政亏空。今天，帝国主义和社会主义通货膨胀愈演愈烈，金融货币危机日益加深，已陷入"无可奈何花落去"的地步。与之相反，社会主义中国，政权掌握在无产阶级手中，有毛主席革命路线指引，能充分利用我的内在规律性，根据国民经济发展的需要，有计划地发行纸币，所以市场繁荣，物价稳定。在国际上人民币的信誉越来越高。我站在中国土地上，穿起中国的制服，确实感到社会主义制度无比优越。

三

我促进了原始公有制瓦解和私有制产生。早在我出世以前，人们以血缘关系为纽带联结成了原始共产社会，共同劳动，平均分配劳动产品。在我出世后，商品交换也进一步发展了，起先，交换在各氏族公社之间进行，继而浸入公社内部，在氏族成员之间进行。在我的诱惑下，人们贪金的念头在发展，各个成员把自己的产品当作私有财产来交换，逐渐形成了个人私有和贫富分化。氏族首领利用职权，侵吞公有财产，慢慢变成了氏族贵族。这样一来，贫者不得不向少数富者借贷，在富者高利盘剥下，贫者只好抵押或出卖属于自己耕种的土地。当富者可以用我去自由购买土地时，土地私有制终于确立了。与此同时，随着我和人们的劳动产品相交换，又发展到和人本身相交换。那时从战争中抓来的俘虏被当作奴隶，有钱的人抓不到俘虏就用钱去买。这样我又促进了奴隶制的发展。一句话，瓦解原始共产社会，促进私有制和奴隶制的发展，是我出世后所办的第一件大事。

我使资产阶级腰缠万贯。在漫长的封建社会里，由于自然经济的束缚，商品不甚发达，我们兄弟都没有像样的长进。我除了为封建地主和高利贷者收租放债，其他方面的活动是微弱的。但是，我又一刻不停地冲击着自然经济，劫贫济富，使小生产者逐渐破产而被迫流入城市出卖劳动力，我却钻进了有钱人家里，为资本主义的产生创造了条件。资本主义社会的产生，给我开辟了前所未有的天地，这是我一生中最红的年月。由于劳动力成了商品，我为资本家购买机器和劳动力，为资本家赚来更多的利润，于是资本家乐得眉开眼笑，对我格外崇拜，不再像封建地主那样把我死藏在地窖中，而是把我送进银行，替他生息，或当作资本，投入生产，为他带来剩余价值。资本家不仅在国内这样干，还跳出国界，把我投向异乡别土，当作国际资本，去掠夺殖民地国家的财富。在资本主义社会，我成了真正的上帝，有了我就有了一切，拿着我可以买到总统、部长这样的官位甚至也可以买到"良心"和"名誉"等。神通可谓大矣。就这样，我使那些吸血鬼手里不握锄头而吃得肥头大耳，肩不着扁担而腰缠万贯。说实在的，他们身上装的，腰上缠的，都不是我——金钱，而是广大劳动人民的血汗啊！

四

我还可以对社会主义有所贡献。由于我们兄弟形影不离，只要个人或集体还相互承认各自产品的所有权，商品就要存在，我当然也就存在了。在社会主义中国的今天，仍然存在着全民和集体两种形式的社会主义公有制。对于集体所有制单位的产品，不能无偿调拨，在全民和集体、集体和集体之间的产品交换还必须用我来做媒介。但是，由于历史条件发生了变化，现在的我和旧社会的我是有区别的。作为一般等价物，我在旧社会被地主资产阶级所利用，反映了人剥削人的旧的生产关系，在社会主义制度下，由于所有制变更了，我是由无产阶级专政的国家发行和管理的，被掌握在无产阶级手中，我体现了社会主义的生产关系，可以为社会主义做出贡献。我可以作为工业和农业、城市与农村经济联系的工具，为工农联盟服务；我可以作为按劳分配的工具，为国家分配消费品服务；我可以作为国家计划管理国民经济和企业实现经济核算制的工具，为社会主义建设服务。所以从资本主义社会向共产主义社会过渡时期，我还要保留一段相当长的时期。在这段时期里，我一定要在无产阶级专政的限制下，按照无产阶级革命路线，为工农业生产服务，为人民生活服务，为巩固无产阶级专政服务。

我的弊病。尽管我可以为社会主义服务，但坦率地讲，我是从旧社会走过来的，是昨天剥削的残余，带着旧社会的痕迹，有一种无法医治的弊病，我自身的一些特点和旧社会仍然没有多少区别。首先，我仍然是一般等价物，肩负 5 种职能。其次，我在媒介商品交换中，价值规律还起着一定的作用。再次，由于谁拿到我都可以到市场上买东西，谁占有我就意味着谁占有一定的财富，在一定的条件下我仍然有可能转化为资本，成为剥削别人的工具。最后，那种崇拜我、追求我的"拜金主义"思想，仍然腐烂发臭，还有一定的市场。这些都和旧社会差不多，仍然体现了资产阶级法权。我在媒介商品交换中遵循的原则是"等价交换"，看起来是公正的。其实并非如此，我作为变换的媒介，本身就承认私有，由于人们体力和技术熟练程度不同，要取得等量的报酬，必然要付出不等量的劳动，我不管人们的实际需要，谁占有我的数量多，我就使谁多占有商品。可见，我所遵循的"等价交换"原则，表面上平等，而实际上并不平等。有人说我是表面公正的"伪君子"，我是无法辩驳的。对于我的弊病，一切剥削阶级都万分赞赏，把我看作是可以"不翼而飞，无足而走"的"为世神宝"，敬为神物，说什么"有钱能使鬼推磨"。在社会主义社会的今天，新老资产阶级分子，还会通过某种合法的和大量非法的手段，更多地占有我，把我作为剥削的工具。他们还会用我去拉拢腐蚀革命队伍中的意志薄弱者，改变某些单位领导权和所有制的性质，瓦解社会主义经济基础。总之，我所存在的资产阶级法权，是产生资本主义和新资产阶级分子的土壤。无产阶级对我的弊病看得一清二楚，在发挥我积极作用的同时，对我的弊病加以限制，使我在晚年多办好事，少犯错误，并且为我早日退出历史舞台创造条件。等到无产阶级在全世界范围内取得胜利以后，人们便可以实现列宁的预言，在世界上几个最大的城市用黄金去修一些公共厕所。那时候我就结束自己的历史使命，退出历史舞台。

经济技术落后是要挨打的

经济技术落后是要挨打的

——山西近代史上受帝国主义侵略掠夺的几段故事

背景说明

　　这组文章与赵笃礼教授合作完成，连载于《山西日报》7 月 23 日、7 月 30 日、8 月 6 日和 8 月 13 日，记录改革开放前夕"拨乱反正"时期的一些思想，也是对山西经济金融发展历史的一段回忆。

　　经济技术落后，就要挨打，这是中国近代史上一个重要的结论。这里，让我们翻开山西近代史，讲几段发生在我们家乡的故事吧。

一、传教士在山西胡作非为　洋务局办教案卑躬屈膝

　　那些为了取得贩运鸦片权力而同中国作战的人，最初都是用传教的鬼话开始的。第一个窜来山西的"洋鬼子"，是意大利的传教士高一清（译音）。之后，荷兰、比利时、德国、法国、英国、美国等传教士接踵而至。先是在绛州（今新绛）设立教堂，随后蔓延到太原、汾阳、忻县、大同、应县、隰县、辽州（今左权）、长治、临汾等地，连清朝官吏都不愿前往视察的穷乡僻壤，如河曲、保德州等地也不放过。到 1890 年，几乎山西全境无一处没有洋人传教士的足迹。仅山西省北部数十个县，就有教堂 200 多座，外籍教士和修女 20 余人，拉拢欺骗人民入教者，达 2 万人之多。

　　这些洋教士，一方面大肆进行所谓西方"文明"的欺骗宣传，妄图

从精神上征服我国；另一方面又直接干着侵略、掠夺和压迫山西省人民的罪恶勾当。他们享有所谓的"治外法权"，可以不受中国法律的约束，所到之处，横行无忌，为所欲为。一些教民，也为虎作伥，欺压群众，当他们与群众发生诉讼事件，教会就出面干预，包揽讼词，袒护教民。因此，在全省各地，教会典租房产，强占田地，巧取豪夺，欺凌乡民的事，经常发生，屡见不鲜。据长治县天主堂的田产登记簿残本记载，从1859～1911年，用"献"、"让"、"罚"、"补足"、"布施"以及典、买的方法，共收进田产117份，霸占农民大量田产、房产。

帝国主义传教士的罪恶行径，激起山西省人民的极大愤懑和反抗。当1900年义和团高举义旗，展开声势浩大的反帝运动时，山西省人民奋起响应。当年5月，省城太原"揭帖遍张"，5月末，北方义和拳结队入城，在省抚大院前设立拳场，传授拳术。6月1日，纵火焚毁了东夹巷英国耶稣教堂，又将法国天主教堂和美国耶稣教30多个坏蛋"枭首示众，剖心弃尸"。很快，反帝烈火燃遍全省。大同义和团一边在街上张贴传单，一边高唱"天不雨，地焦干，只因鬼子遮住天……"提出了"杀洋鬼子"、"杀二毛子"的反帝口号，火烧教堂，杀死教士多人。汾阳义和团和红灯照，密切配合，仅南开社村一次战斗，就杀死洋鬼子12人，其爪牙150余人。

与中国人民伟大的革命气概相反，清政府被帝国主义的气势汹汹吓破了胆。当八国联军发动侵华战争时，腐败无能的清朝统治阶级不仅不支持中国人民的反争帝斗，反而配合洋人，血腥镇压义和团的反帝斗争。1901年，他们与帝国主义签订了臭名昭著的《辛丑条约》，不说允许帝国主义在中国驻兵、割地、赔款，单赔款一项，中国就损失白银4500万两，加利息共达9800多万两，分39年付清。山西从1902年起，每年分担1163000两，39年，45357000两。

但是，侵略者并不以此满足。他们指示传教士，与地方政府订立所谓"议结教案合同"，进一步展开讹诈。而清政府竟令各省设立"洋务局"，专门负责这件事。还在洋人勾结清政府镇压义和团时，山西巡抚锡良就以"保护教士，安辑教民，痛惩举匪"的名义，送给洋人白银29500两。继任岑春煊，更以投机媚外出名。他一上台就送白银13万两给洋人，并与帝国主义侵略分子返晋谈判，要求"沿途各官员预备馆舍务其华丽，一切供应必使丰腆，守士各官迎接礼仪如接上宾"。"自京至普各驿，供应车马肩舆，凡所止宿处，皆须结彩张灯"。到太原后，"岑春煊率合城文武出郭迎接，仪等接钦差"。进城后，洋人住皇华馆，馆内陈设华美，供看极其丰盛，一日之费足抵中人数家之产，只求夷人之欢心，而不顾百姓之疾苦。谈判中，英美等侵略者奸诈无耻，步步胁迫，得寸进尺，几次强令清政府山西官员变动方案，最后，竟诈取白银800万两，就连英美官员，也觉"得银之巨，实出意外"。这些巨额赔款，全部压在山西人民头上。清政府贪官污吏借机向人民敲诈勒索，巧立名目，肆意增加苛捐杂税，致使"百物举贵，粟价亦昂，闾左群黎，倍加困顿"。此外，清政府还为侵略者修复教堂，为死去的洋人修筑坟墓，雇工、看守等，使广大人民苦不堪言。

"教案"的处理，大大地助长了洋人的嚣张气焰。传教士有恃无恐，横行不法，动辄作恶，凶险异常。如太原的传教士就霸占了当时山西最大的书院"令德堂"。美国公理会在太谷强占了全县人民历来游览地孟家花园等。太谷诗人曹润堂曾作诗记述了这件事："往事难回首，闲来忆旧忧。昔年争作主，此日却添愁。花影空庭宿，泉声古洞流。题诗应在否？触目恨悠悠。"中国的土地，竟成了帝国主义侵略者的乐园，而中国人反倒没有任何自主的权利。如一传教士路过太原邵村，一群小孩在后面喊了声"洋鬼子"，洋人竟"放枪轰击，小儿惊奔不中。遂令邑令稽查谁氏之儿，将孩童之父母锁拿到县，各笞数百"。还有，外国人可以随便下令，停止五年科举；英国人竟在太原设立山西大学堂，由英国人管理教育大权，如此等等，不一而足。这真是：政衰力薄招祸患，刀俎之辱载千秋。

二、禁鸦片戒烟揭饼牟暴利　聘专家纳粹分子受重用

鸦片，俗称大烟，是从罂粟（又名阿芙蓉）中提取出来的。它原非我国产品，而产于印度小亚细亚一带。鸦片中含有大量使人麻醉的毒素，若抽上瘾，就会萎靡不振，身体衰竭，直到不可救药。

鸦片战争以后，外国侵略者到中国贩卖鸦片的人越来越多。在帝国主义分子的诱惑下，到清末，山西省吸食鸦片的人数猛增，贩卖鸦片成为一种时髦生意。到后来，日本帝国主义侵占山西省，更是明目张胆地强迫山西省农民种植鸦片，并在许多城镇开设了鸦片烟馆。如设在长治的"三友公司"，就是日寇专门批发毒品的商业机构。据1942年统计，仅一个榆次县，大小烟馆就有20多家。榆次、太谷吸毒者占成年人总数

的 40%。

除帝国主义侵略分子外，山西当政的阎锡山也算是鸦片贩子了。他表面上把鸦片列为禁品，成立了什么"禁烟考核处"，其实，他正是通过这种"禁烟"，一手垄断了鸦片生意。为使贩卖鸦片合法化，他让他的私人医生搞了个所谓的"戒烟处方"，责令"禁烟考核处"包揽炮制成一定的形状，然后打上"戒烟药饼"的官记商标，分甲、乙、丙三等，每两以银元 2 元 5 角、2 元、1 元 6 角的价格出售。并规定，凡吸毒者，一律进行登记，由"禁烟考核处"统一售给此"药饼"，以"治"烟瘾。奇怪的是，凡服了这种"药"的人，不但戒不了烟，反而使烟瘾更大了。阎锡山还叫他的商号大力宣传，说此"药饼"，人人可服，人人可买。"戒烟药饼"不戒烟，岂非灼灼怪事。

为扩大烟源，阎锡山利用"军屯"，在绥西河套地区，强行霸占汉蒙人民土地，大量种植罂粟。同时，还由"禁烟考核处"在绥远、甘肃、宁夏、青海一带，大量收购烟土，委托阎锡山设在绥远的"晋业祥"和设在大同的"晋同银号"代收代制"戒烟药饼"，并令各县"禁烟委员"负责销售。除在山西、绥远畅销外，也派专人至天津推销。据阎锡山部下有关人员透露，这种"药饼"，每月要销售 20 万～30 万两，收入至少是 60 万元。

抗日战争开始后，阎锡山不战而溃，挟全部鸦片向陕西逃窜。到风陵渡口时，见船上、岸上挤满难民，于是阎锡山下令，立即把难民赶下船，悉数装运他的烟土过河。当时有人讽刺说："阎氏真是卷土（烟土）抗战!"之后，阎锡山失去了绥远全省和山西大部，避居晋西一隅。就在这种情况下，他还设立了"蔚甡太"、"复兴号"等商号，念念不忘贩毒谋利。他又从山西省银号、铁路银号、垦业银号和盐业银号中抽出大量资金和人员，前往四川、陕西设立"裕中商行"和"华利号"，拼命扩大鸦片和黄金投机。在这一时期内，阎锡山置民族、人民利益于不顾，大搞鸦片生意，牟取暴利达数百万两白银之巨。

尤其令人发指的是，第二次世界大战结束后，德国纳粹分子魏济民、福斯特（均译音）为避惩处，逃往太原，被阎锡山邀为座上客，与这两个战争贩子沆瀣一气，变本加厉地干起毒害山西省人民的罪恶勾当。魏济民向阎锡山提出了一份制造吗啡的"分析报告学"，说他可以用生烟土加上少量化学材料，就可制造出纯净的吗啡、考得因、那尔考芬三种药品。

这样，用成本为 10 万余元的烟土，提出麻醉药品后，可卖得 30 余万元。而所剩物质仍不失烟土样子，如果再把这些物质改制成"戒烟药饼"，就可以换回全部本钱。阎锡山听了魏济民的这条毒计，喜出望外，立即以"第二战区司令长官部"的名义与魏、福二人订立合同：①聘魏、福二人分别为教授和讲师，工资为 300 美元和 200 美元，并免费提供全套清洁住房和水、煤、电等；②魏发明药品有功，在国内销售可得 25% 的利润，在国外销售可得 50% 的利润；③任魏、福为长官部医师，到川至医院，任外科主任医官，承担川至药房内各项医术和调剂术的责任，制造各种药品等。

就这样，阎锡山与外国侵略者一起，长期干着欺骗和毒害我国人民的罪恶勾当。直至太原解放，阎锡山的这一罪恶活动才被彻底摧毁。

三、修铁路让主权洋人得利　小道轨找出路晋阳遭劫

山西省境内的铁路，最早的要算是正太路（现石太线）。1904 年开始修筑，1907 年通车。当时，腐败不堪的清政府连年割地赔款，经济崩溃，财源枯竭，在山西，由帝国主义、封建政府一手造成的震惊中外的 1877 年大饥荒，使得城镇乡村一片萧条，从朝廷到地方哪有力量修铁路？可是清政府为了向洋人出卖山西省丰富的地下矿藏，竟然引狼入室，和外国资本家"合作"，要从河北柳林堡到太原修筑正太铁路。

1898 年，由山西省商务局出面和沙俄的华俄道胜银行签订了贷款为2500 百万法郎的合同。1902 年，又改订了 4000 万法郎的贷款合同，并规定除按期偿付本息外，贷主坐享铁路经营利润的 30%。更厉害的是，俄方除对铁路拥有管理权外，还要优先开采铁路沿线煤矿。如不能按期归还贷款，道胜银行有权代管铁路，甚至经营管理权均为沙俄攫有。这哪里是修铁路的合同书，简直是丧权辱国的卖身契！

日俄战争爆发后，沙俄将贷主权转让给法国，由巴黎银行办理，正太路遂为法国财团染指。1907 年正式通车，总管理机关是监督局，下设行车总管理处，处下设管理、监督、总务、车务、工务、机务、会计等处局及警察署、总工程司、总稽检等 19 个单位，除局长外，掌权者均为法国人。其实，局长也形同虚设。这究竟是哪家铁路，还不清楚吗？

历时 25 年，本息偿清。其间，法帝国主义巧取豪夺山西省人民的财富和血汗钱难计其数。

阎锡山又是如何修筑同蒲铁路的呢？

同蒲铁路于 1932 年筹办，1933 年 5 月动工，4 年后通车。同蒲铁路不同于一般铁路，它是小道窄轨。阎锡山为什么要修这种铁路？说来话长，这里有个缘由，阎锡山发动太原辛亥革命，获得了山西省军政大权后，相传他大肆搜刮民脂民膏，中饱私囊，把巨额的钱财转出国外，以其弟的名义存入法国银行。不久，其弟病死，无法提款（按合同书规定，只有本人才能提款——银行存有照片）。阎锡山多次派人交涉，法国银行自觉将存款全部侵吞，未免太明火执仗，就无理提出用早已搁置报废的窄轨铁道器材以物代款，阎锡山对此竟然慨然允诺，其原因有二：一是阎锡山在帝国主义面前腰杆软，不敢争辩，唯恐对方变卦，连废铜烂铁也捞不到手，只好哑巴吃黄连苦在肚里；二是阎锡山也有他的如意算盘。他用这些窄轨在山西修路，就把存款亏损转嫁到山西人民头上，既当了婊子，又立了牌坊。另外，阎锡山野心勃勃，独霸山西，觊觎全国。修窄轨铁路，很适合他的军事需要，有利时他的军队可立即开赴外省抢占地盘，不利时则马上拉回。这样，他的军队可以直开外省，外省军阀的军队却很难入晋。

修筑同蒲铁路，共投资 2824 万多元，来源当然是全省父老乡亲的血汗钱。阎锡山以振兴实业，造福乡里为名，巧立名目，收捐刮税，任意驱使民力，如同蝼蚁，人民苦不堪言。修路中间，民工因饥寒而毙，疲惫而亡，枪杀而死者，大有人在。真是：阎锡山做洋奴外亏内捞买进窄铁轨，山西人民被宰割受苦受难修建同蒲铁路。

四、土皇帝办航空意欲冲天　捡破烂充技师人财俱焚

说起阎锡山办航空事业，确实有一段荒唐可笑的历史。

1911 年，阎锡山窃取了山西省军政大权后，经过十几年的苦心经营，到 1924 年竟然拼凑了数万支军队，拥有规模巨大的兵工厂，赫赫一大军阀。家底厚了，欲火中烧，于是他就积极准备条件，坐待时机，妄图冲出娘子关外去逐鹿中原，当中国的皇帝。

其时，筹办陆军航空队，可亦是阎锡山的一个要务。1925 年春，阎匪政府用搜刮山西人民的血汗钱买了两架法国"高得隆"式飞机。同年秋天运抵太原后，在北门外开辟了个简易机场，由法国技师黎毛（译音）驾机试飞。

这一天，阎锡山广为张扬鼓噪，大肆宣传，欲使太原人民倾城目睹他冲天而飞的"宏业壮举"。说来也真是丢人败兴，阎锡山本意是要夸强斗力显耀自己，示威显赫于民。但他的嫡系陆军旅长兼督军公署参谋长赵戴文却少见多怪，出尽洋相。赵戴文对飞机这个铁家伙竟然能够上天，就像听到公鸡能下蛋一样感到不可思议。面对洋人和众多黎民百姓，他无法压抑自己的惊奇，多次操着五台口音叫嚷："真个奇怪哩！"对一架飞机竟然如此大惊小怪，称奇不休，阎锡山深感丢人现眼，数次以目示意制止。可这位糊涂赵旅长早已被飞机的奇异搅昏了头，怎么也转不过弯儿来，压根儿没有意识到上司的意思，依然是摇头晃脑，扭来转去，一迭声的叫嚷："真个奇怪哩！真个奇怪哩！"

不料，运蹇多难，飞机起飞时，碰了电线杆，电线发火，火入机舱，霎时，飞机爆炸，机毁人亡。阎锡山的军政大员，太太小姐，魂飞魄散，四处逃命，狼狈不堪。

阎锡山第一次用巨款买的飞机，就这样付之一炬。

嗣后，阎锡山通过法商欧亚商行、德商礼和洋行，又高价购买了"什来克"、"容克斯"、"玻功盖"等数架飞机作教练机；从德国聘来了安虎（译音）、法国聘来了达盖（译音）、山西兵工厂请来了德国人付罗典（译音）作为教官；从留学生中招收了几名学员，官兵不足20人，成立了一个航空兵团——阎锡山记空军总算挂出牌子。但其内幕，堪称可悲，飞机虽出高价买进，却是破烂货；教官虽出巨资礼聘，却是不学无术、招摇撞骗之徒，学员虽系留洋学生，却多是酒囊饭袋，嫖赌能手，其可谓是烂机、庸师、昏徒。就说那个付罗典吧，眼睛高度近视，身体瘦弱，而且年龄已大，在德国这种人是根本拿不到驾驶证的，阎锡山却把他待以上宾。也难怪，洋人乎，岂不高贵？再如安虎，无端将阎锡山的坐机"容克斯"的发动机烧坏，阎锡山只好忍气吞声，再从德国礼和洋行购进发动机来替换。阎锡山哪知道，这台发动机依然是用新漆乔装打扮的旧货，要的却是大价钱，并且马力与飞机需用的不相称。后来，知道被骗，他也无可奈何。

阎锡山的陆军"航空兵团"，就这样在一年多的时间里，不是机毁，就是人亡，几乎损失殆尽。真是：破机当宝滥竽充数洋人行骗无忌惮，盲人瞎马无知无识阎匪受骗干瞪眼。

票号发源地的商人与商人资本

晋商与资本溯源

背景说明

本文是 2011 年 3 月 4 日应新晋商联盟试刊编辑部约稿而写的《晋商史话》的第一部分。华夏商祖出在山西晋南平原。商汤的 13 世祖契，是黄帝的 5 世孙，契协助禹治水有功被舜封契于商地（今山西垣曲亳城村）。汤的 11 世祖相土，是中国第一个驯养牛马为人类服役的人。汤的 7 世祖王亥是当时最有名的买卖人，带领商部落的人做生意，使部落迅速强大。商灭夏后，迁今河南偃师，后来多次迁都，汤的 7 世孙祖乙执政时迁商都于山西河津耿。商朝延续 600 多年，基本活跃在晋南、豫北为中心的黄河流域。武王灭纣后，周武王准商部落的人继续经商。后人将从事做买卖的生意人称为商人，称这一行业为商业。

一提起山西人，人们自然会联想到山西人会做买卖，善于理财，长于算账，这个印象，非止近代，盖出于山西人经商之久、经商之众，其缘起当追溯到神农氏与尧舜时代。

一、华夏商祖出山西

据《易·系辞下》："包牺氏没，神农氏作……日中为市，致天下之民，聚天下之货，交易而退，各得其所。"这是中国最早的商业活动，发生在山西晋南地区。《淮南子·齐俗训》记载："尧之治天下也……其导万民也，水处者渔，山处者木，谷处者牧，陆处者农，地宜其事，事宜其械，用以其人，泽皋织网，陵阪耕田，得以所有，易其所无，以所工易其所拙。"尧帝时已经有了社会分工，产品通过交换，互通有无，尧帝是中国最早的商品交换的组织者。"舜，冀州（今晋南）之人也。舜耕历山，渔雷泽，陶河滨，作什器于寿丘，就时于负夏。"就是说舜做过农夫、渔夫、手工业者和小贩等。"就时于负夏"说的就是在贱的地方买，到贵的地方卖，可以说，舜帝是最早的商贩，是华夏商祖。舜曾经在运城盐池旁卧云岗咏："南风之熏兮，可以解吾民之愠兮；南风之时兮，可以阜吾民之财兮。"舜的商业思想被历代商民膜拜。

大家知道，从古至今，无商不城，城市是沿着集市—街市—城市逐步演进而来的。夏都原在山西运城，当时，晋南的平阳、蒲坂、安邑、夏县、翼城、垣曲等地，市场交易很活跃。夏县是黄帝妻子嫘祖的出生地，嫘祖发明了育桑养蚕、缫丝织帛，并染成各种颜色，用来缝制衣物。夏都后来迁到了河南。《中华古文明大图集·通市》说："夏朝的末代君主桀荒淫无道，竟然'放虎于市，以观其惊'，拿百姓的性命当儿戏。难怪商汤兴师讨伐时，市上卖东西的人都抛弃自己的货物，纷纷出城投奔商汤。"

二、商人商业的来历

据考古学家研究，商汤灭夏，是从山西垣曲出兵的。垣曲是商部落故地。史载"汤始居亳"，亳在垣曲县古城镇。商汤的 13 世祖名契，是黄帝的 5 世孙，契协助禹治水有功，舜封契于商地，即今山西垣曲县亳城村。汤的 11 世祖相土，是中国第一个驯养牛马为人类服役的人。汤的 7 世祖王亥是当时最有名的买卖人，带领商部落的人做生意，使部落迅速强大。商灭夏后，迁今河南偃师，后来多次迁都，商汤的 7 世孙祖乙执政时，迁商都于山西河津耿。商朝延续 600 多年，基本活跃在晋南、豫北为中心的黄河流域。武王灭纣后，周武王准商部落的人继续经商。后人将从事做买卖的生意人称为商人，称这一行业为商业。

商代，山西地区出现了不少城市，特别是封国和方国的封地中心，"比如今长治市西南、榆社、介休西南、太原南部、平陆县北、石楼县，都为商人们开辟了市场。此外，部落负责人的驻地和商王朝在山西统辖范围以外的周边部族，也是商人的贸易之地。他们用珠玉、饰品、食盐、织物、牲畜、毛皮以及奴隶等进行交易。酒不仅是当时社会上层不可缺少的饮料，而且也是社会下层普遍需求的商品。当时有所谓'屠畜易酒'之说，这大概指的是一般平民。"黄河由北而南再转向东的三角地带即河东地区，是华夏商业文明的发祥地。

三、古代最大的造币厂

商品交换需要媒介物货币，最初用贝壳、铲子、刀等多种装饰品或者生产工具等作交换媒介。由于交换的频繁，交换媒介物逐渐由宽泛变得简约。当时，在今山西地区的交换媒介，有农具铲子，有打仗或自卫用的刀，有纺轮，也有来自海边的装饰品海贝，海贝数量不能满足需要，就用兽骨、玉石磨制骨贝、石贝，青铜出现以后，就用青铜仿制海贝。1971年在保德县林遮峪商代墓葬中发掘出铜贝109枚，海贝112枚。证明商代在山西已经开始使用了铜铸币，堪称中国铜铸币之滥觞，也是世界上最早的金属铸币，比公元前600多年地中海地区一些国家铸币早500～1000年。

春秋战国时期，晋国经济富庶，手工业发达，很多农产品与手工业制品进入市场，加上汾河与黄河水上交通、商业空前繁荣。晋文公（公元前697～前628年）登基时，把百工和商贾纳入政府管理之列，使之成为官工和官商，即所谓"工商食官"，制定了"轻关易道，通商宽农"政策，减轻商税，除盗安民，商旅沿途往来安全。后随着领主封建制向地主封建制过渡，"工商食官"制逐渐废弃，自由商人大批出现。《史记·赵世家》记载：上党"有城市邑十七"。一般都"列市成行，店铺林立"。太原以北以西地区，农牧相杂或以牧为主的戎狄民族，不只用牲畜和畜产品与晋国商人贸易。《国语·晋语》记载："夫晋之富商"，"能金玉其车，文错其服，能行诸侯之贿，而无寻尺之禄"。司马迁说："昔唐人都河东……其俗纤俭习事。杨（今洪洞）、平阳（今临汾）陈西贾秦、翟（指陕西和西北戎狄民族）、北贾种、代（山西阳高和河北蔚县一带）、温（温县）、轵（济源）西贾上党，北贾赵、中山。"彼时，山西已经成为中原与北方游牧民族商品交换的枢纽。

春秋时期（公元前770～前476年）古晋国的侯马遗址，曾一次出土铜贝1600多枚，还出土大量空首布，特别是在古晋国遗址内出土一处铸造青铜器的作坊，有相当数量的空首布陶范和布首銎内的范芯，空首布陶范中以范芯尤多，如一个4米×4米的发掘方中，范芯的堆积厚达60厘米，约有数十万件。这是中国最早的造币厂，它比欧洲出土的古罗马铸币工场早 700～1000 年。

四、边关的民族贸易

公元前 196 年，汉高祖刘邦为防御匈奴南下，把雁北和太原郡合并为代国，封儿子刘恒为代王，刘恒苦心经营，太原不仅是军事重地，也是北方商业中心，虽然汉民族与匈奴时有战争，但因地理关系，晋人出塞与匈奴进行贸易很频繁，多在边关进行，称为"关市"。《汉书》载："匈奴自单于以下皆亲汉，往来长城下，汉使马邑（今朔州市）人聂翁壹，间阑出物，与匈奴交易。"聂翁壹"以财雄边"，经营大牧群外，还和匈奴做走私贸易，聂翁壹的后人张辽，亦通过边地贸易，为曹魏筹集军饷。"关市"外还有"军市"，沿边驻军和军屯之地，都有小型市集，通过商人贩运货物，补充军用物资。

山西潞、泽栽桑养蚕，山西人用丝绸对外易货，除少数晋人经"丝绸之路"西去做买卖外，多半是西域商人来山西，间或有欧洲商人前来。《中国交通史料汇编》说："清末西人在山西霍州灵石县地方掘得罗马古铜钱 16 枚。现钱面镌文，盖悉为罗马皇帝梯拜流斯至安敦皇帝时代所铸者也。"这是外商借"丝绸之路"来到山西或者间接与晋商交的物证。晋人还北越长城，经蒙古到西伯利亚经商。从西伯利亚和山西境内发掘的青铜器以及太原通往蒙、俄边境和林的路上出土的汉代漆器都可以得到证明。《汉书》卷七十六载："霍光秉政，诸霍在平阳，奴客持刀，入市斗变，吏不能禁。及翁归为市吏，莫敢犯者。公廉不受馈，百贾畏之。"可见两汉时山西城市商业管理已十分重要。

公元 398 年，北魏拓拔族建都平城（今大同）后，社会稳定，除与南朝通商外，还恢复陆上丝路贸易。在北齐（550～577 年），晋阳城是各地物资集散地，与国内以至西域诸国贸易往来，中亚、西亚人成群结队，络绎而来。政府设有专门供西方商人贸易的场所，便利来华外商的生活和商务活动。1999 年，太原晋源区王郭村发掘了隋代虞弘墓。经考证，虞弘乃西域人，曾使波斯和吐谷浑，北齐时作为使节来到中原，随后在北周、隋朝受到重用，曾统领代州、并州、介州三州的检校萨保府，为专管入华西域人事务的机构，其首领多为粟特、突厥等胡人。在虞弘墓出土地 5 公里外的王家峰，有一位北齐将军徐显秀的墓，墓内壁画的主人仪仗队中也有胡人形象。太原皆因天然的地理区位，成了民族融合的大舞台。从魏晋南北朝到隋唐，晋人参与了与西域文明的交融，与素有"古代世界商贩"的中亚粟特人往来密切，体现着多民族融合的商业文化。

公元618年，李渊父子灭隋建唐，晋阳是大唐帝国的发祥地，改称"北京"，府库殷实，户丁雄盛，手工业、商业十分发达，并州剪刀锋利无比，铁镜铜镜盛誉全国。《通典》记载，唐人杜环随镇西节度使高仙芝西征，天宝十年（751年）至西海（今地中海），在坦罗斯战役后被俘，在大食（今阿拉伯）共十年，后从海路回到广州。他在亚俱罗（即关德，今属伊拉克）看到了"梭绢机杼"和"织络者河东人乐义懁、吕礼"在阿拉伯国传艺。

五、宋金山西的商业与钱庄

公元960年，赵匡胤建立宋王朝，969年派兵攻打北汉未果，979年赵光义率兵攻取晋阳，火烧晋阳城，第二年又引汾水漫灌晋阳废墟，前后三次将晋中地区商民强迫迁往河南等地，这些离开家园失去土地的山西人，被迫走上商途。金诗人元好问有诗道："可恨河南往来苦，至今父老苦主夫。"

宋代，朝廷所需战马大都依靠北方的辽来供应，而辽更需要宋的手工业制品。996年宋太宗在山西"边州置榷场，与藩人互市，"而"沿边商人深入戒界"进行贸易。史料记载，宋仁宗庆历时，"出藏绢两千余市马于岢岚，又诏三司出绢三万市马于府州（今陕西府谷）"。"夏人西来，辽兵南下，聚于麟、府二州界上，对渡之合河（兴县）、保德当冲受敌，征调无时，辽夏皆利于和市，以此为控御之道。互市以缯帛、罗绮，易驼马、牛、羊、玉、毡毯、甘草；以香药、瓷漆器、姜桂，易蜜蜡、麝脐、毛褐㹀、羚角、硇砂、柴胡、苁蓉、红花、翎毛，非官市著，听其民便。"

宋金时期，政府行用纸币，纸币只有与金属货币铜钱自由兑换才能畅通无阻。2010年春，作者有幸目睹了汾阳东龙观村金商人王立墓葬壁画，绘有一幅几平方米的货币汇兑场景：柜台内的女主人手拿着一大串铜钱，坐在桌旁的男士在书写，似在记账，柜台木栅栏外一人在窗口上拿着一张票据，正在兑换货币。这是中国出土最早的钱庄画面，证实了清康基田《晋乘蒐略》记载金泰和六年，"河东北路则于太原、汾州"，"官库易钱……许兑会子"的金融交易。

元代，帝国的疆域横跨亚欧，塞北通往欧洲的商路，驿站完备，交通畅通，给山西商人以发展机遇。在喀喇和林（今外蒙哈尔和林）形成了很大的国际交易市场，以谷易马相当活跃，很多山西商人参与其间。《马可·波罗游记》描述道：太原府"商业相当发达，各种各样的物品都能制造"，并有商人远涉他国，"至印度通商谋利"。"离开太原府再西行七天，经过一个美丽的区域，这里有许多城市与要塞，商业、制造业兴旺发达。这一带的商人遍及全国各地，获得巨额利润。过了这个区域，到达一个很重要的大城市，叫平阳府，城内同样有许多商人和手艺工人。"

从上古商业到晋南萌芽，历经商周汉唐及至宋元，山西以其地处南北，农业、手工业生产与北方游牧民族地区的区位优势，练就了贩运贸易的商业意识与技能，边贸是晋商崛起的历史根源和地理基础。

从山西人善于理财说起

背景说明

　　这组文章是在《山西物资报》记者侯爱萍专访后约写的一组漫谈晋商的文章，连载于该报 1992 年 10 月 1 日、10 月 8 日、10 月 15 日、10 月 22 日、10 月 29 日、11 月 5 日、11 月 19 日、11 月 26 日、12 月 3 日、12 月 10 日、12 月 19 日、12 月 26 日和 1993 年 1 月 7 日、2 月 26 日、3 月 5 日、3 月 12 日、3 月 19 日、3 月 26 日，以讲故事的方式从多个方面简要地评价了山西商人与商业资本。

一、山西人善于理财

　　一提起山西人，人们自然会联想到山西人会做买卖，善于理财，敦厚简朴，善于算账，当然也有几分吝啬，小气。造成这样一个印象，非止近代，其缘起盖出于山西人经商之多。你不见《红楼梦》、《官场现形记》等小说中常说"西客"如何如何，大观园内的王熙凤一次找药，说到家里有人参，牛黄未必有，外头买怕买不到真货时，王夫人说："等我打发人到姨太太那边去找找。她家潘儿是向与那些西客往来的。"这"西客"就是山西商客。数百年来，他们离乡背井，四处贩卖，其中有不少人由穷汉变成了富翁。于是，亲朋引进，乡里联络，走上商途的人络绎不绝，且传宗接代，形成了山西商人涉足整个亚洲地区的局势。

　　追溯山西商人的起源，那就很早了。尧舜时代，就有了"日中为市，致天下之民，聚天下之货，交易而退，各得其所"的交易活动。尧都平阳（临汾），舜都蒲坂（永济），都在山西。司马迁在《史记》中不仅提到若干山西巨商，而且讲了山西人经商的地域和多出经商的原因。中经魏、晋、隋、唐、宋、元、明、清，山西商人的活动都很突出，但山西商人真正成为一种商人势力，有自己的组织，并在社会经济生活中产生重大影响，则是明清时代。近代以后，随着外国资本主义势力的入侵，中国社会的半殖民地化，尤其是进入 20 世纪以后，世界交通、商路的变化以及清政府的灭亡，山西商人因循守旧，拒绝改革，势力日渐缩小，到抗战时期，已经衰落。

明清时代，在全国商业城镇中，山西商人势力究竟有多大？都城北京，明朝中期已有山西商人会馆多处，如平遥颜料会馆，临汾、襄陵县油盐粮商的临襄会馆，临汾纸商、干果商、颜料商、烟商、杂货商的临汾东馆等。清代又有襄陵北馆、太平会馆等。清代仅山西商人在京会馆有 36 处之多。据北京老商人回忆，20 世纪 40 年代末，北京干果商不到 300 家，其中山西文水人占 80%以上，颜料银钱商号山西祁县人为多，煤炭行则被山西榆次人垄断，等等。至今山西商人的遗迹，到处可见，甘肃老西庙，新疆古城塔楼，云南昆明金殿铜牌、铜鼎，扬州的亢园（瘦西湖），都是山西商人创建。全国各地有许多城镇的街巷名亦以山西商人的帮派和字号命名，至今仍然沿用，如同意大利的伦巴第商人在英国伦敦留下了伦巴第街一样，在张家口有日升昌巷，在科布多（今外蒙古吉尔格朗图）有大盛魁街，在呼和浩特有定襄巷、宁武巷等。正如民谚所说："先有曹家号，后有朝阳县"，"先有复盛公，后有包头城"。那么山西商人到底有多少？据已经衰落后的 1932 年的山海关报告，山西人因东北沦陷，由关外返归者达 10 万人，就在东北者估计，不及 1/3。山西人经商于外国者，亦无确数，据 1920 年阎锡山接见旅俄山西商人代表时统计，十月革命后由俄返归的达 1 万余人。

都说山西人善于理财，这是山西商人势力发展的结果。

应当承认，千百年来，山西商人在其长期的经济活动中，积累了一定的理财经验，特别是在商业管理、商品经销和资金融通方面，有许多独到之处，故有很多商号如大盛魁、复字号等，能够立风雨之中数百年不败。尽管其理财之道带有很大的封建性，但不论哪种社会形态下，作为商品营销，必有一定的共性，所以分析和研究山西商人并非没有积极意义。让我们在茶余饭后翻一翻山西商人和商业资本的营运历史，也许不是纯粹的消遣吧。

二、山西人经商多的原因（上）

山西人经商之多，历史之久，是有相当影响的。难怪近代改良主义者梁启超先生对山西商人发表演说时，把山西商人与意大利商人相提并论。

山西人为什么多经商？有人说历代王朝均以食盐专卖为财政收入的主要来源，运城盐池是山西商人的渊源；有人说山西平阳、安邑、晋阳等地，曾几度是全国政治中心，也是经济中心，这是造成山西人经商的原因；有人说李唐王朝起兵太原，不少山西人做了政府官史，后官场失意走上了丝绸之路；有人说李自成灭明后，退出北京时尽掳京中金银，经山西时因军事失利，将金银埋于地下，后来"农夫掘地财主多"；有人说山西人贫穷，贪图小利，善于积蓄，等等，不一而足。那么究竟山西人经商的原因是什么，恐怕应当从社会经济发展中去寻找，也许地理条件和历史因素的结合，就是山西人走上商途并世代相传的缘由。

释其地理条件，主要有三：

一是地僻人众，生计困难。2000多年前的文学巨匠司马迁在他的《史记》中写道"昔唐人都河东"，"土地小狭，民人众"，不得不"西贾秦翟（陕西和晋西北），北贾种代（晋北和河北西北部）"。这样的记述，在山西地方志中，俯拾皆是。

《太谷县志》："阳邑（太谷）民多而田少，竭半年之谷，不足供两月。故耕读之外，或善谋生，跋涉数千里，率以为常。"

在粗放的耕作条件下，地少人多，吃饭之事自然成为重要问题。太原以南，因人稠地狭，粮食不能给半，不得不贸迁异地，取给他乡。太原以北，无平地沃土，无水泉灌溉，无舟车渔米之利，生计艰难。

二是地处塞内，位扼通衢。山西北依长城，与内外蒙古游牧民族接壤，南则与中原广大农业区紧密相连，为畜牧业区与农业区自然分工的中间地带。自古以来，中原汉民族生产使用耕牛和作战用的军马，均主要取之于蒙古草原，蒙古人民的衣、食、日用，则依赖内地汉族的农业和手工业。山西就成了东西南北物资交流的通衢要道，即使在中原汉民族和北方少数民族矛盾激化进行战争的时候，在这条商路上，不公开的民间贸易始终没有停止过。山西优越的地理位置，给了其人民经商的便利。

三是资源丰富，工匠众多。山西农田不多，但山多山货也多。无田之民为了谋生，则学习手工技艺，使之手工业较为发达。作为社会分工，商人来自手工业之中。在漫长的封建社会中，有不少商人资本和手工业不好分开，有手工业者在经营中赚了钱，专营商业贩运；也有商人为了降低商业成本或获取双重利润，设场自己加工。早在公元前513年，就有了晋国铁铸刑鼎，唐代山西铁已经享有盛誉，杜甫有诗道："焉得并州快剪刀，剪去吴江半江水。"到清初潞安荫城铁冶在全国已经享有盛誉，仅潞安荫城铁货年交易额达白银1000余万两。道光年间，晋城一县有铁炉1500多座，其产品如铁锅、铁丝，尤其是缝衣针供应全国以至北亚地区。北京的圣炉庵就是潞安冶行在明朝中期建立的。潞安丝绸，明代有织机13000多台。清初，仅高平一县年产绸缎3000匹。其他如浑源、应县黄芪，潞安、辽州党参，汾州白酒，太谷龟龄集等，都是畅销全国以至国外的重要商品。

有人以《渔利人》为题写了一首打油诗："愚人贪利狠心肠，远别门庭去故乡，十年京师生意好，全忘妻子与爷娘。"其实他哪里知道，晋人经商也有着外人不晓的苦哀！

三、山西人经商多的原因（下）

自然地理环境固然是造成山西人经商多的主要原因，而人文条件同样是山西人远足致富的重要因素。这些因素概略为三点：

一是移民。中外历史告诉人们，人口的迁移和流亡，会使原来的谋生手段发生变化。《诗经·卫风》说"氓之蚩蚩，抱布贸丝"。氓，亡国之氏，因为丧失了家园，不得不从事贩卖以维持生活。西周初年，武王灭商，将部分俘虏迁往洛阳当农奴，而大部分商的遗民，则散处各地，成群结伙做起买卖来。因系商之遗民，称为"商人"，后来因袭，沿用至今。1000年以前，宋赵匡胤统一了全国，而盘踞太原的北汉政权则久攻不下。公元969年，赵匡胤御驾亲征，"强迫居民万户迁徙山东"，976年，又攻晋阳，掠晋民四五万人于河南，979年火烧晋阳，次年又引汾河水灌古城，数万人民流落荒郊。金诗人元好问《过晋阳故城书事》道："可恨河南往来苦，至今父老哭主夫"。往来晋豫之间的山西人携物售卖，不少成了商人。明初，洪洞县城外西北大槐树下设立移民办事机构，为移民集散地，固有"问我祖先在何处，晋南洪洞老槐树"的故事。从永乐到宣德间，不断有流民进入河南、河北。这些因政府移民或因饥饿流亡离籍的山西人，未必不再与原籍发生往来，相传太谷富户杨家就是在淮海一带流动经商致富的。

二是战争少。战争兵变对于经济的发展总是一种破坏。山西自金统治以后，历经元、明、清，相对邻省战事较少，人口繁衍较快，到明代已成为北方人口最稠密的地区，经济文化都比较发达。当时，平阳、太原是北方重要的纺织业中心，金的印刷出版中心也是在山西平阳而不在首都中都（北京）。经济文化的发展，必然伴随着商业的繁荣，从而为商人资本积累提供了条件，同时人口的迅速增长，也加剧了"土狭民众"的压力。

三是明代开中法。元、明两代，山西北边的游牧民族和中原汉民族矛盾尖锐，沿边大量驻军，以御敌南下，于是军需的供应成为政府的重要问题。宋雍熙二年（985 年）实行"折中法"，命商人向边塞输纳粮草，并照地点远近分别发给盐引、茶引，到产地或京师领盐、茶售卖。明仿宋制，在洪武三年（1370 年）实行"开中法"，允许商人在边境向官方交纳粮食、马匹等军用物资，换取定额盐引，凭引领盐运销于指定地点。当时远销食盐获利极厚，山西人自然捷足先登。山西商人在农村收购粮草，驱粮北土，领取盐引。为了降低纳粮成本，有的就在边地招农民垦荒耕种，如在雁门关内外（今原平等县）就有这种"商人"。这是一批盐粮商。万历四十五年（1613 年）改"引法"为"纲法"，这些盐商又获得食盐收卖运销权，并世袭经营。在其他各省也多被山西盐商所垄断，在国内享有盛誉的茅台酒，最初就是山西盐商在茅台仿山西汾酒配方酿造自饮的。

四、重商立业的人生观

山西商人称雄商界数百年，形成了一种稳定的晋商精神。其中，首先在于重商立业的人生观。

在长期的中国封建社会里，重农抑商是历代政府的政策。然而，"朝廷贵农，而人不乐于耕；朝廷贱商，而人日趋入市，则以为商贾之利胜于农也。"（《怡青堂诗文集》卷一）不过，经商之后，"必远父母，别妻子，离乡背井，淹日月，归来无时"，"幸获多资，走马牵车捆载而归，不幸者则困死于外省往往也。"（同上书）经商外出的风险是很大的，但是"人心思富，富商大贾走远方，积金钱，夸耀间里，外则车骑，入则广厦，交接仕绅"。有谁不羡慕呢？于是亲朋提携，乡友引进，络绎不绝，走上商途。尤其是山西中部地区的人，在子弟的出路选择上，一流者学商，二流者读书入仕，三流者在家种田。晋中盆地民间有这样的《摇篮曲》："我娃娃亲，我娃娃蛋，我娃娃长大了捡兰炭，捡不来兰炭吃不上饭；我娃娃蛋，我娃娃亲，我生娃娃长大走关东，进了沈阳城，黄金半腰深，深兰布，佛头青，虾米海菜吃不清。"父母总是盼着自己的儿子将来长大当一个有出息的商人。

清代忻州有一位从事家教的老先生，名叫王锡纶，他有一篇《晋商贫富强弱策》的文章，谈到古代山西出了许多有名的大将，廉颇、卫青、霍去病、薛仁贵、杨业等，但到了明清时代，人们都不再喜欢吃粮当兵，而宁愿外出贸易。"不勇于为强，而勇于为富"。晋中一带经商者十之有八，太谷、祁县、介休、平遥，"多投资于川广、三吴、两楚，市肆甚广，冒险前进，不啻入虎穴探子，虽绌不怨"。忻州人则"开新疆、伊犁、乌鲁木齐、喀什噶尔、阿克苏、和阗、叶儿羌等处"，以至俄罗斯，穿沙漠过瀚海，联肩接踵，车载马驮，"盖其平居，彼此相胜，各思创一未有之业，以冀奇获。"交城、文水、清徐一带人则携巨资走东北，到吉林、齐齐哈尔等地做生意，动不动就好几千人。"此安得不富乎？"富庶之地的商人影响着贫瘠之地的人们去经商，虽发财不易，惜财也如命了。似乎这位王老先生揭示了秦、汉、唐、宋时代山西人重武，到明清时代山西人则重商了。这一点连乾隆皇帝最喜欢的大臣纪晓岚都知道，山西人"十余岁辄从人学贸易，使积蓄有余，始归纳妇，纳妇后仍出盈利，率二三年一归省，常例也"。这不能不说是"先立业后成家"，"重商立业"的人生观。

山西商人通过经商获得金钱，然后置房产，买田地，再以土地出租和放高利贷投资更大、更多的商业，获取更多的收入，以商业收入发展商业金融业，建立以商业为始足的价值增值和循环。这种与政府宣扬的传统观念相悖的人生观，是山西商业发达，财富源源由省外、国外流向山西的基础。

然而，当代山西人却重政治、轻经济，重生产、轻流通，忽视商业，鄙视第三产业，尤其鄙视服务行业，眼望着山西的货币哗哗流向南方诸省，还要安贫乐道，这是为什么？

五、诚信义利的价值观

山西人和全国各地人一样，受儒家思想的影响，崇尚信义。但是，山西人在其重商立业的思想指导下，在"义"和"利"的问题上，有着自己独特的理解和行为规范，主张"君子爱财，取之有道"。

稍微年长一点的人都知道，在旧中国几乎每个城市，甚至每个大的村镇都有关帝庙。关帝庙是祀奉三国时代的大将关云长的地方。关云长，山西解州（今运城地区）人，讲义气，会武功。山西商人因其与关云长的乡亲关系，又因其武功好，有义气，将其奉为财神，以其信义，联系同行，教育后代；以其武功，希冀保卫自己的生意兴隆，财源茂盛。但是，全国各地的关帝庙大部分都是山西人修建的，这一史实却未必任何人都知道。山西商人自称，"凡是麻雀能飞到的地方，都有山西人"。这话虽然有些夸张，但山西商人足迹遍布全国却是事实。作者听一位老商人回忆说，山西人每到一地经商，一旦赚了钱，先集资修关帝庙。一个小小归化城（呼和浩特旧城）就有 7 个关帝庙。归化城在清代有 16 个商人同乡会，其中 13 个是山西同乡会，全部崇祀关帝，其余 3 个非晋籍同乡会也有一个祀奉关帝。他们以关帝为偶像，联结行会，保卫商人利益。

在山西人的商号中，有着严格的号规，其中都有"重信义，除虚伪"、"贵忠诚，鄙利己"、"俸博爱，薄嫉恨"等条规，反对采取卑劣手段骗取钱财，而且家庭教育也以"义利"约束子孙。明代一位晋商训诫子孙道："夫士与商，异术而同心。故善商者，处财货之场，而修高明之行，是故虽利而不污。善士者，引先王之经，而绝货利之径，是故必名而有成。故利以义制，名以清修，各守其业，天之鉴也。如此则子孙必昌，身安而家肥矣。"虽然商业是以盈利为目的，但凡事均以道德、信义为根据，才能使顾客近悦远来。这就叫"广交天下友，诚招四方客"，从而达到"笑纳八方财"。

祁县乔家在包头的复盛西油坊，一次从包头往山西运大批的胡麻油，经手职工为图厚利，在油中掺假，掌柜发现后，立令倒掉，重新再装。即使自己受损失，也不以假骗人。他们坚持小忍小让，不为己甚，对待朋友，慎始慎终。他们认为，做生意不能动不动就和人打官司，否则以后没有人敢和你往来，而且认为"天下大门朝南开，有理没钱莫进来"，宁可把便宜让给商人，也不把银子花在衙门。这种笃诚信义的指导思想，使

"复字号"在包头一步步发展壮大，由原来一个小小村镇，变成了一个商业城市。难怪在内蒙古有这样的谚语："先有复字号，后有包头城。"在当代商业大潮中，不时会发现假冒伪劣商品，使"保护消费者利益协会"和打假办工作十分繁忙。这些假冒伪劣商品的制造者们，是不是知道"义者，利之足也；贪者，怨之本也。废义则利不立，厚贪则怨生"这样的道理？

六、取信政府的展业策略

一个有利的投资和经营环境，不仅在于资源、交通、通信、客户诸方面，更重要的是政府及其官员对商人的态度和管理。山西商人的展业策略之一，是取信政府，获得官方的支持。

清太宗皇太极未入关前占领抚顺时，山西商人就与其有了联系，不仅有人参、貂皮交易，且为之传送"七大恨"于关内。清入关时，曾以招抚山西和压抑山东漕运为两大要务。

入关后，顺治皇帝召见介休商人范永斗等人赐予张家口房产，隶内务府籍，同时赐予皇商的有山西商人八大家。康熙三十五年（1864年）征剿蒙古噶尔丹叛乱时，祁县人张杰、史大学和太谷人王相卿等山西商人随军进入外蒙古乌里雅苏台和科布多地区从事军需贸易，以服务军需为要务，获清廷赏识，得以受"龙票"从事蒙俄贸易，后来对"龙票"只是换领，控制增发，山西商人也由此得到垄断蒙俄贸易的有利条件。

1851年太平天国革命爆发后，很快波及全国，整个长江流域及其以南地区的税收无法押解北京，清政府要派兵镇压，军费大增，而财政收入反而减少。为此，除实行铸当十、当五十、当百、当五百、当千大钱和发行官银票和官宝钞外，又实行卖官制度，以增加政府收入，并且动员商人捐炮助饷。山西商人积极办理捐款和买官者的筹措、垫款、汇款事务，而且积极捐款助炮，"报效"清廷。介休侯家马太夫人前后捐款数十万两白银，咸丰二年到咸丰三年的一年时间内，仅山西票号商人捐款267万两白银。在办理这些业务中与政府官吏结缘，不少商人也买得大小官衔，平遥蔚字号经理毛鸿翙，从其父到玄孙5代31名男子均买得官"将军"、"大夫"，花翎顶戴，女子也都"夫人"、"恭人"，冠冕堂皇。而且还与官吏交为朋友，甚至成了磕头之交，出入王府官衙，揽得公款无息存柜，取得了没有成本的资金来源。如蔚盛长北京分号经理交好庆亲王奕劻，百川通票号交好洋务派首领张之洞，协同庆票号交好清军将领董福祥。有些票号的经理追随官吏调动，大德通经理高某，追督抚赵尔巽，赵尔巽调到东北，他调到东北，赵尔巽调任北京，他也调北京，赵尔巽调四川，他又跟到四川，大德通简直是赵尔巽的账房。

可以说上至部府衙门，下至道台知县，都和山西商人有往来，有些晋商还与官吏合作开办商号、票号。平遥商人就与云南总兵杨玉科开办了合资的云丰泰票号。日升昌票号在开封的经理邱基泰本为平遥一个普通商人，竟与开封抚台、藩台称兄道弟，出入衙门，如回家中，外出访问，乘坐的绿围四抬大轿，耀武扬威。山西商人有了政府和官方做后台，在业务经营中哪有不发财之理？

这种官商相维是也？非也？确也不好简单回答。但是，企业极力创造自己的业务经营环境，重视公共关系，有自己的公关小姐、公关先生，又有一批精于机巧的推销人员，其业务开展一定是兴隆的。

七、清代北方最大的通事行

清代对会说蒙古话、专门从事蒙区贸易的商行称作通事行。山西祁县人开设的大盛魁就是清代北方最大的通事行。

大盛魁的资本有多少？据说极盛时为白银2000万两，主运输商队有骆驼1.6万～2万头。人们形容大盛魁的财产"能够用五十两重的元宝从库伦（乌兰巴托）到北京铺一条路"。其从业人员不包括拉骆驼的工人，仅职员就有六七千人，其活动舞台之广阔，几乎遍及北亚和东欧。那么大盛魁是怎样发展起来的呢？

大盛魁始创于清康熙年间。最初是山西太谷人王相卿和祁县张杰、史大学三人因生活所迫，于1696年肩挑百货随康熙皇帝征剿噶尔丹的部队进入了蒙古地区做生意，蒙古人称之为"丹门庆"（货郎）。康熙征服了噶尔丹以后，将部队留驻武川和山西杀虎口，他们三人便在杀虎口开了一个小铺"吉盛堂"。经营数年，营业极坏，甚至连生活也无法维持。一年除夕，熬了一锅小米粥过年，刚端起碗来，来了一位身着蒙古袍的人，拉着头骆驼要投宿，来人解下行囊即说出去找朋友，一去不返，打开包袱都是银元宝，遂将银子当作借款使用，计息专存。三人临终嘱咐后人"这是财神送来的钱，记入'万金账'，设立'财神股'"。这位身着蒙袍者究竟有无此人，无可稽考，然而生意由此发达，"财神股"一直保留下来。

大盛魁的生意横跨亚欧，经营范围上至绸缎，下至葱蒜，但组织管理机构却很简单。其总号最初在外蒙科布乡，后移设内蒙归化城。下属机构分为不同性质的两部分：一是直属机构，不设铺面，由骆驼商队在草原上流动贸易，最基层单位叫货房子，即骆驼队；二是独立经营的小号，由总号投资设立，独立核算。这类小号很多，遍布全国各城镇码头。主要业务是购进内地农业和手工业产品，除就地销售一部分外，还要保证总号货源，并推销总号批发来的蒙区产品。另外是货币经营资本，如大盛川票号、裕盛源银号、通盛远钱庄等，主要任务是服务于大盛魁商品经营资本的资金运转，同时也以一般金融业身份对外营业。

大盛魁进货原则，一是按蒙人的习惯和要求组织货源；二是大宗进货全部现款交易，不还价，以货真、价实，恪守信用建立"相遇"；三是从手工业匠铺进货，选定铺户后，世代相交，甚至用自己的资金支持这些小户生产；四是蒙古人专用商品均特别定制，不随意采购，从而取得消费者信任。销货时，鉴于蒙古人手中未必有现银，而采用赊销，售货后，以货款为本，加利息，到期用牲畜皮毛折价偿付。为保证债务的安全，实行"印票"赊销，购货时需持有地方王公盖以印鉴的"印票"，印票写着"父债子还，夫债妻还，死亡绝后，由旗公还"。到 1911 年，大盛魁仅在外蒙古的利息收入每年就有羊 50 万头，马 7 万匹。

大盛魁自称"一年三百六十天，天天路上有骆驼"。面对如此巨大的经营场面，管理办法是：①重视传统教育。将象征艰苦创业的一条扁担、两只水箱永久陈列在财神庙；每年除夕盛宴之后总要来一道小米粥，教育大小伙计不忘创业人。②重视外语和业务训练。青年入号当学徒，要由归化城骑骆驼到科布多进行集训，聘有专门教师，学习蒙语、维吾尔语、俄语，然后再分配各地，跟着老伙计学习业务。③营业核算，三年一账，首先考核公积金的积累和运用，并以此作为衡量经营成果的主要标志。待账期分配，评定人员功过，检查成绩和问题，整顿号视，调整人事，确定后三年的营业方针。由此称雄塞北 280 多年，到民国十八年才停业。

大盛魁留给了人们对蒙俄贸易的丰富经验，迄今仍有不少重要启示。

八、广设联号的网络体系

山西帮商人与其他地方帮商人在商业组织形式和管理体系上是不同的。南方商人多为"一间铺"或"夫妻店"，很少有分支机构，而山西商人则实行联号制：财东出资，委托可以信任并有经营能力的人领本开业，财东对于企业的业务、用人等事不加干涉，由掌柜（经理）自主经营、独立核算。但是，财东往往同时开设多家生意，包括商店、饭馆、货栈、钱铺、票号、账局、当铺等，并且以联号形式把各企业联络起来，形成一个相互支持、相互协作的网络体系，这种同一财东的多家相互支持、相互服务的不同性质的企业网络体系，类似近代的企业集团。太谷县北洗村曹家的企业，在19世纪20~50年代，所经营的企业有13个行业，640多家商号，37000多名职工，资本约1000万两白银。凡曹家的商号、钱铺多冠以"锦"字，如锦霞蔚、锦霞明、锦丰庆、锦泰亨绸缎庄；锦泉涌、锦泉兴茶庄；锦丰泰皮毛庄；锦生蔚货行；济永昌、源泉永、焕记粮行；锦丰萃、保生当、瑞霞当典当行；振元傅、锦泉汇、丰冶通、锦丰焕、富生俊、义太长、成之会、锦丰典、环泉福、源家傅、锦隆德钱庄；励德金、用通五、三晋川、宝泉聚、锦之懋账局；锦生润票号。此外，还有广聚花店、醴泉涌、富盛全、富盛长、富盛诚等商号。这些商号，分布于朝阳、赤峰、建昌、凌源、沈阳、锦州、四平、太谷、榆次、太原、屯留、长子、襄垣、黎城、东观、天津、北京、徐州、济南、苏州、杭州、上海、广州、重庆、兰州、张家口、新疆，外蒙古的库伦、恰克图，以及俄国伊尔库茨克、莫斯科等地。在曹家的"锦"囊集团之中，包括十几种经营行业和营业于国内外的数百个各自独立或不独立的分支机构，形成了一个庞大的网络体系。传说，当年曹家公子进京，沿途食宿均在自己的商号，不住别人的店铺。

山西商人商业组织的联号制，不仅有利于采购转运、物资调度，还可以用各地间歇资金相互支援，加速资金周转，同时也扩大了企业的知名度，这本身就是一个巨大的广告。更为重要的是，这种联号制有利于商业信息的传递，加强商品进、销、调、存的主动性，是提高商业经营效益的重要原因之一。

当代商业，包括物资供销企业、粮食企业，必须注意相互联合，优势互补，提高企业经营效益。因而，提倡联合、反对垄断、保护竞争，发挥商业企业规模效益是十分必要的。

九、审时度势，人弃我取

审时度势，人弃我取，是山西商人重要经营策略之一。

做生意，是在市场中竞争，必须要有自己的竞争方略。山西商人注重深思远谋，审时度势，不以眼前利益为重，注重长远发展，主张人弃我取，出奇制胜，反对搞短期行为，贪图近期利益。对于别人不重视的业务，他们却往往锐意经营。南方有名的商帮徽州商人，占据长江流域和江浙一带，对于塞北苦寒之地和蒙古、新疆等沙漠瀚海，多驻足不前，而山西商人则充分利用地理优势——位于北方游牧民族地区和中原汉民族农业地区的中间地带，把目标投向长城以北蒙俄地区和新疆西区。他们在经营上不断开发新的服务领域，为人之所不为，走人之所不走，办人之不办的商务，如冬季在蒙古地区供应冻饺子，把饺子包好冷冻后装箱运到草原上的蒙古包，很受牧民欢迎。对于经营内容和方法审时度势，及时调整。乾隆二十年（1755 年）是个丰收年，内蒙古、山西粮价低落，黄豆价格尤其疲软。山西徐沟商人秦某本来在包头磨豆腐，他便趁机大批购进黄豆，准备磨豆腐，生豆芽，但是第二年黄豆却成了紧俏产品，价格不断上涨，它便出售黄豆，赚取了丰厚利润，遂由卖豆腐转向粮食生意。这就是驰名华北、蒙古、俄罗斯的大商号——包头复字号的前身。

审时度势，不仅表现在产品供应的选择和变换上，更重要的表现在市场的分割和占有上。山西商人首先"封闭"了山西市场。当然这不是也不可能是用行政干预，而是用商人自己的业务势力牢固地垄断山西市场。有谁听说过明、清时代有南方人或者别省的人来山西开店设铺，垄断山西市场呢？没有。山西商人在"封闭"山西市场之后，第二个方向是垄断蒙古和对俄贸易，在东起山海关西至新疆塔尔巴哈台（今塔城）以北的广大中俄边境从事贸易活动。在黄河以北地区则选择自己认为有优势的若干行业，分帮、分路，各有侧重，不一哄而上，相竞争于一地一业。比如在北京，文水人垄断干鲜果生意，榆次人垄断煤球生意，平遥、祁县、太谷垄断票号、颜料生意，潞安人垄断铁货生意等。在长江以北、黄河以南，则主要从事丝织品和茶叶收购，向北发运，同时大办钱庄、票号等金融业务。乾隆三十年（1765 年）仅苏州城内就有山西人开的钱庄 81 家。山西商人也因县别不同，各有帮口，其商路及经营都比较固定，自然形成了经营"领地"，如临汾、襄陵帮除北京外，主要走天水、兰州，绛州帮走西安、三原、宝鸡、兰州；平、祁、太帮走北京、天津、东北、张家口、外蒙古、新疆、苏州、扬州；汾州帮和徐沟帮走蒙古、俄国；宁武、代州帮走呼伦贝尔和归化；泽州（晋城）帮走河南、安徽、山东；潞安帮走北京、河北等。走东北者，榆次常家商号输出四川夏布，购进长白山和高丽人参，人称"人参财主"。在扬州者，祁县渠家、临汾亢家主做淮盐生意，今日扬州的"瘦西湖"就是昔日山西临汾亢家的"亢园"。

审时度势表现在业务管理上为"谨慎将事"，尤其是对商号的资产和负债管理，山西商人创造了许多新的业务。他们既发行钱帖，创造自己的资金来源，又注意现金充足准备，防御钱帖挤兑，保证存户提现、当票质典，甚至还要准备地方政府财政亟待周济时的立即垫付，处理好与政府的关系。这样，客户满意，认为是"相与"，可以信赖，乐于往来，业务自然扩大，而政府认为有实力，"急公好义"，乐于支持，形成良好的经营环境。

十、服务周到，薄利多销

晋商的经营策略是服务周到，价格公道，由此博得客户欢心，这是其扩大营业额、增加利润的基本方法。

专门走草地的山西商人，为了多做生意，精心研究蒙古人的生活需求，尽力迎合消费者心理。鉴于蒙民不擅长算账，他们就把布料和绸缎剪成不同尺寸，任蒙古人选购。蒙医治病用的药，习惯于用药包，分72味、48味、36味、24味4种，他们就把药材按此配伍分包，药包上用蒙、汉、藏三种文字注明药名和效用，以方便医生和病人。

当然，在晋商某商号的招牌还没有闯出来之前，也会发生顾客对其商品质量表示怀疑的事，例如，怀疑布鞋底内用的是布还是草纸，商号伙计便当着众人的面，用力将鞋底砍为两段，借以宣传，扩大影响，赢得了顾客的信任。

山西商人办的金融机构，也都很重视周到服务。如祁县复恒当，一年360天，天天营业，到农历除夕，还要通宵开业，直到次日，即大年初一的早晨。初一早上第一笔业务成为天字第一号，当户可以足额贷款，不打折扣。因而腊月三十晚上，当铺门口当货者拥挤不堪，给当铺带来了好生意。就是在平时，当物的估价也要尽量高一点，为的是多收当品，增加当本，当主一到，伙计总是千方百计协商收当。由于作价比较公道，且服务周到，顾客盈门，生意兴隆。一次伙计一时疏忽，把一件狐皮大衣误认为羊皮大衣被人赎走了，当户到期来赎，发现差错，掌柜夜以继日组织伙计查对当票，寻找线索，亲自出马查访，利用各种关系找回了狐皮大衣，不仅当户满意，而且当铺也减少了损失。

中外赞誉的山西票号，作为以异地汇兑为主要业务的金融机构，为了多做业务，扩大利润，不是提高汇费，而是给顾客以便利，争取顾客，扩大业务。坚持款不分巨细，客不分生熟，只要存款、汇款，都必须认真办理，而且不分昼夜，随到随办，给予充分的便利，尤其是他们给存款户一地存款，多地取款的便利。如日升昌票号在1906年（光绪三十二年）5月27日在山西平遥总号收存"五福堂"存银2000两，年息四厘，存期一年，在河南开封日升昌提取本息。而结果却是1907年（光绪三十三年）2月9日在开封支息60两；1908年（光绪三十四年）1月2日在广州支息80两；1909年（宣统元年）6月15日在上海支取本金2000两及利息144.44两。这笔存款一年期变通为一地存款三地提取，这种服务方式当代银行可以办吗？

服务周到，价格合理，可以更多地招揽客户，扩大营业额，从而也就扩大了利润。这一种经营策略，比只见大钱，不见小钱，见客就挖一把的做法高明得多。当今生意经，是不是仍然需要提倡服务周到，薄利多销呢？百年以前的山西金融业就懂得一地存款、多地提取的金融创新，而今的银行业务在交通电讯电子技术日益发达的条件下，是不是可以有更多的业务创新呢？

十一、以销联产，销运结合

晋商的商业活动，多为异地贩运贸易，沟通生产与消费，它不仅需要了解销地人民群众的消费需求、消费习惯、消费水平、市场容量，也需要了解产地商品的性能、质量、规格品种、产量与售价。

晋商为了保证商誉，保证服务质量，扩大业务，十分重视稳定销产关系，实行以销联产的办法，销产挂钩。山西太谷、祁县、平遥、榆次等县的茶商，多在湖北省羊楼洞、羊楼司、安徽六安、福建武夷山等地，设立茶叶加工厂，包购茶山，就地加工，统一包装，加盖自己商号的商标，保证质量。到销地，客户只认商标，不加检验。从而保证了客户稳定、市场稳定、业务稳定。当然，包购茶山，就地加工，此中也有不少斗争和经营技巧。阳城商人吴甲乙在河南周口开设"吴老泰南货铺"，因其身材高大肥胖，人称吴老胖。一次在安徽六安购茶，因为他是资本不大、信誉未浮的小茶商，已在六安的大茶贩个个趾高气扬，他很难插进去。吴老胖闷闷不乐，只身在街上散步，忽然发现当地百姓家家户户都在编制竹筐、木箱，躬身打问，方知是为茶商准备包装用品，就想到一个办法。第二天，他走家串户，预付现银，订购茶筐、茶箱，仅五天时间，将当地茶筐、茶箱全部收购，其他大茶商忙于谈判购茶，唯吴老胖只购茶筐、茶箱，不购茶叶。当各茶商购足茶叶来购买茶筐、茶箱时，到处都说是给山西吴老胖的。各茶商大为惶恐，不得不来找吴老胖请求转让一部分包装用具。吴老胖初时佯装不可转让，说"我的茶叶很多，这些筐子还不够用"。经各路茶商再三央求，价格高抬，吴老胖才说"看在兄弟面上，先让你们一批"。遂向茶商高价出售茶筐、茶箱，赚下的钱购进茶叶，满载而归。当地留下了"不会写，不会算，山西来了个吴老盼（胖）"。

晋商销产挂钩，不仅茶叶经销如此，就连绸缎、皮货、铁等也是如此，大部分商品都有销产固定关系，使得货源充足，质量可靠，客户满意。

贩运贸易离不开运输，要供货及时，货物完好，成本低廉，最好的办法是运销结合。晋商大部分商号多有专业运输队伍，自运自销，同时赚取商业和运输两种利润。晋商业务活动的最大特点之一，是在北方游牧民族和中原农业民族之间从事物资交流，在广州购进洋广杂货，在长江中下游购进南方茶叶、糖类等当地土特产，然后沿长江、汉水、运河等水运至河南周口、山东临清等地，再以骡马、骆驼驮运，经开封、清化、泽州、潞安运抵晋中，再按销地分装，经太原、雁门关、黄花梁，出西口（杀虎口）进入蒙古草原。戈壁瀚海中行进的商队，多为各大晋商商号自己的驮队。当然，此间的艰难困苦是一般人不可设想的，不仅要风餐露宿，还要与狼、豹周旋。不怪晋商的驮工们歌曰："上了黄花梁，两眼泪汪汪，走时壮汉子，归来皮包骨。"但是，当商人贩运致富归来时，却又是一番风光："君不见东邻前日去买茶，肥马轻裘人共嗟；又不见，西邻姑苏去市帛，不厌金波与玉液。车牛瘦且劳，远者何遥远，关西与淮右，弃走甘尘嚣。"（《榆次县志》）可谓之苦尽甘来。

现在研究经济增长，提倡发展企业集团，遗憾的是有人高喊搞多少个企业集团，多少个实业企业集团，岂不知在社会主义市场经济中，工业和商业混二为一，商业与金融混合成长，工、商、运、银行相互渗透、相互结合是一种必然趋势，建立以商为头的企业集团，才更有利于经济成长。

十二、组织行会，保护商利

读者不知是否注意，全国各地，到哪个县城，都有三庙：孔庙、关庙、城隍庙。这关庙就是供奉三国时山西解州人关云长的庙宇。可能有人不知，全国各地的关庙，绝大部分是山西人修建或者参与的，这是什么缘故呢？

晋商无论何地经营生意，均要修建关庙，建立同乡会或行会。如面行、当行、布行等。不论同乡会馆还是同业会馆，参加者有掌柜，也有伙计，有手工业者，也有徒弟。他们从同乡同业的利益出发，以乡里、行业划分帮伙，各立门户，各有势力范围。在行会内，定有严格的规约制度，入会者必须严格遵守。其会首由大商号的掌柜轮流担任。山西人在各地建立的会馆之多，是十分惊人的。在北京城内的会馆中，山西人的会馆是最多的。早在明朝，山西人在北京建立的会馆有平遥颜料商人的颜料会馆，临汾、襄陵两县油盐粮商人的临襄会馆，临汾纸张、干果、杂货、烟商的临汾东馆，临汾县商人的临汾西馆，潞安铜、铁商人的潞安会馆，至清代，又有新成立的山西烟商的河东会馆，太平县（今汾城）商人的太平会馆，山西布商的晋翼会馆和通州晋翼会馆，山西盂县箍辘商人的盂县会馆，山西平定雨衣、钱庄、染坊商人的平定会馆，以及太原会馆、洪洞会馆、浮山会馆、汾阳会馆、襄陵会馆等。有人在1961年调查，在北京的55个商业会馆中，山西商人会馆15个，占27%。北京以外的其他大城市，如上海、苏州、天津、汉口、聊城、亳州、阜阳、西安、三原、凤翔、西安等，无一处没有山西会馆。就连国外，还有山西人的同乡会馆。作者听东北大学日本教授寺田隆信先生说，他母亲做姑娘时，在他们家乡不远的地方就有山西商人会馆。

现在还是以一个城市为例，看一下行会与关帝君的关系吧。比如归化城内（今内蒙古呼和浩特市旧城）山西人几乎占70%，以商业和手工业为生，组织了各种行社，以祀奉关帝为号召，联络同行与同乡，保护本行业或同乡利益。在清代中期，晋商在归化城的行会有：醇厚社、生皮社、镇威社、仙翁社、金龙社、结锦社、德胜社、药王社、聚仙社、敬诚社、义和社、钉鞋社、纸房社、马王社、净发社、金炉社、公义社、六合社、成衣社、青龙社、毡毯社、缸油社、集锦社、银行社、义贤社等39社，同时还有忻州社、太谷社、宁武社、祁县社、文水社、寿阳社、晋阳社、太原社、平遥社、定襄社、榆次社、应浑社、云中社等几个同乡会。这52 个同乡同行的山西商人行会，绝大部分崇祀关帝，以关云长为偶像，讲求义气，联络同乡同行，保卫集团利益，并以关云长的武功，希求保护其财产安全。一个小小归化城，清代就修了 7 座关帝庙。归化城钱业行会设在三贤庙，庙内有一块"严禁沙钱"铜碑，是山西钱业行会宝丰社为维护正常货币（制钱）流通，搜缴社会私铸沙钱熔毁后立下的永久性布告。在包头的山西商会，还建有商团武装保护商务，以至巡查弹压，维护地方治安。清末在河南经商的徐沟人张联辉，在捻军进逼陈州时，出面组织山西商人成立商人武装，配合清军作战，受到清廷嘉奖。商会最大量最经常的任务则是以行会名义，出面与当地政府官员或其他商帮交涉商务纠纷，维护本帮商人利益。这也是山西称雄商界数百年的原因之一。

当今人们对于行会组织不甚了了，这当然是高度集中计划经济长期统治的结果，在市场经济中，无论国家宏观经济调节还是企业微观经济协调，行业组织可以为人们提供许多的方便。

十三、人身顶股，协调劳资

晋商在处理劳资关系方面，创造了人身顶股制，这在企业管理史上的贡献是不可低估的。当代风行欧美的职工购买本企业股票的做法，何尝不是为了解决使资本家头痛了三百多年的劳资问题呢！

人身股制度，是商号中出资者同意掌柜、职员用自己的劳动力作股份，与财东（或资本家）的资本股一起，参与分红。财东的资本股称为银股，职工的劳动力股称为身股（或顶生意）。晋商一般习惯以 1 万两银子为一个资本股，也有低于 1000 两的。职工身股计算方法，习惯上总经理为 8 厘至一股，谓为"全份"，不能再高了。协理、管理，即二掌柜、三掌柜一般为 6～8 厘不等，会计员为 4 厘上下。最少的身股为 1 厘或几毫。当然不是所有职工都可以顶股，学徒是不能顶股的，刚出徒的伙计也不能顶股，能顶股的只有那些有经验、贡献大的老职工。谁可以顶股，一般由掌柜提名，东家决定。能顶股的职工大体占到全体职工人数的 1/3。一个商号中的银股与身股的比例是很不相同的。即使一个商号，在不同时期也不相同。祁县大德通票号 1889 年为银股 20 股，职工有 23 人顶身股，为 9.7 股，为银股的 48.5%；1908 年顶身股者增至 57 人，共身股 23.95 股，为银股的 119.75%。不论银股还是身股，在规定的四年一个账期进行红利分配时，按股平均分红。票号资本股和人身股差不多每个账期（四年）每股分白银 8000～10000 两。

晋商的人身顶股制度，把职工的心都拴在了本商号，让职工尽心竭力为企业工作，"视营业之衰为切己之利害。"职工们为了取得顶身股资格，或为了顶股更多，都要千方百计多为商号做贡献。掌柜则以服务态度和业务能力考核至上。态度不好不会招徕顾客；不能多做生意的人，是不可能顶股的。负责了解市场信息，了解顾客需求的人，或银号票号中分管信贷业务的人，称为"跑街"。这种业务多独自在外，但他们不督自勤，主动了解市场行情、钱盘行市、银根松紧、利率变动等，每晚均在经理面前详细汇报，并保证情报准确、及时。职工们为了多顶股，人人勤奋刻苦，钻研业务，学习技术，取信东家和掌柜。

晋商的人身股制度，是晋商调动职工积极性的一个绝妙办法，是协调劳资关系，理顺职工与企业利益关系的一种有效办法。当今谁都知道，要让职工关心企业利益，卖命地为企业工作，必须在分配制度上解决好职工与企业的利益关系。也许是受此启发，近代中国著名银行家上海陈尤甫先生，在他任职中国通商银行总经理时，借钱给本行职工，让职工购买本银行股票，使中国通商银行业务获得迅速发展。

我们可以自豪地说，当美国在 19 世纪 80 年代发现职工购买本企业股票有利于调动职工为企业工作的积极性时，已经比晋商的人身股制度晚了数百年。

十四、严格号规，节欲杜弊

"经商之道，端赖得人。营运之道，贵乎章程。"这是山西票号大德通章程的"开场白"。

晋商在企业管理中的一套独特办法，很多都是值得借鉴的。当然，由于历史的原因和封建的伦理道德，有些规定在今天看来也许是很可笑的。现在我们不妨先看一下大德通票号对驻外分号职员所规定的规则：①不准接眷外出；②不准在外娶妻纳妾；③不准宿娼赌博；④不准在外开设商店（即不得搞第二职业）；⑤不准捐纳实职官衔；⑥不准携带亲故在外谋事。除这六个"不准"外，不论外庄距总庄路途远近，一律以三年为班期，中间不得回家，除父母丧葬大事外不得请假。每月可以寄平安家信，但必须开封口，交分号检查寄出，来信亦同，并且不得私寄银钱和物品。有些商号还规定：不准长借短支；不得挪用号内财物；不得接待个人亲戚朋友；非因号事不得到小号串门；回家休假时不得到财东和掌柜家闲坐；不准向财东和掌柜送礼；如有婚丧喜庆，号内送礼，伙友之间不准相互送礼；伙友之间不得互相借钱；不得在外惹是生非；若有过失不得互相推诿包庇。规定打架斗殴者开除；结伙营私者开除；不听指挥调动者开除；等等。他们认为，这些号规的用意，一则是"悲伤精神"，二则是"恐耗金钱"，这不是没有道理的。

晋商不仅用严格的号规约束一般职工，就是财东也得有规矩，不能任意所为。规定：财东只能在结账（一般为 4 年一个账期）时行使权力，在平时，不得在号内食宿；不得借钱或指使号内人员为自己办事；不得干预号内事务；不得以商号名义在外活动，对外代表商号经理。可见，商号资本所有权虽然是股东的，但商号经营权则是经理的，两权是互相分离的。而且商号对外代表是总经理，资本所有权不得瞎指挥。这一套办法，不是对现在解决国有企业自主权问题很有参考意义吗？

晋商的学徒制度也是很严格的，也许有些商号的个别条规过于苛刻，比如大谷县志信票号所定招收伙友规则，年龄必须在 15 岁以上，20 岁以下，身高上满五尺，家世清白，五官端正，毫无残缺，语言利落，举止灵敏，善珠算，精楷书，而保证人还必须与总号有利害关系。这几条是不必挑剔的，不过存义公票号则有一点颇为可笑：它保存有创业老板（老掌柜）所遗鞋子一双，欲入该庄学业者，须本人之足与此鞋适合，方肯收录。还有的商号以帽子取人，或以衣服量裁的办法等。但多数商号的学徒制度均在业务和思想两方面从严训练和考核：学徒 3 年内不得回家探亲；出师后每 3 年（最短的为一年）探亲一次；作坊工匠和饲养放牧工人均系雇工，不属号内正式职工。从事蒙古地区和在新疆或俄罗斯贸易的商号，还要求学徒接受民族语言训练，在实践中学习民族地区的生活习惯和商品销售技术，熟记熟背营地路线和宿营地点。新学徒一进号，先是提三壶，即茶壶、水壶、尿壶，只让站立服务，不设座位，还要练字码、打算盘，背记"平码银色歌"。

总之，晋商严格号规，严学徒、严职工，也严财东和掌柜。通过这一套严格的号规和管理，来实现他们重使用、除虚伪、节情欲、敦品行、贵忠诚、鄙利己、奉博爱、薄嫉恨、喜辛苦、戒奢华，从而达到节欲杜弊的目的。

十五、预提护本，倍股厚成

资金，是企业经济活动的血液。血流通畅，企业生机勃勃；血流不畅，或动脉硬化，或脑血栓，或心肌梗死，或中风偏瘫，企业必亏损以致倒闭。晋商在企业资金管理上，很早就创造了一套近似现代企业管理的卓有成效的办法，这是山西人的骄傲。这里不妨介绍几例。

预提"护本"。商业资本在经营过程中，不可避免地会遇各种风险，比如市场风险、信用风险、自然风险等，造成亏赔倒账，以致损及资本。为了企业的正常经营，防止发生风险后造成的损失，他们设计了一种预提"护本"的办法，即在到账期（每4年一个会计账期，进行盈亏总结算）分红时，从红利中先提出一定数额的利润，专款记存，参加资本周转，一旦遇到坏账不能收回，以此款冲账。预提的这块资本叫"护本"，有的叫"预提倒款"，有的叫"撤除疲账"。实际上预提的这块资金就是现代人讲的"风险基金"，预提"护本"就是建立风险基金。现在有很多长期明盈实亏的企业，最后变成"空壳企业"，而没有办法，但300年前晋商就有了"预提护本"的办法来"严防空底"。西方国家现在会计制度中的坏账基金就是这种办法，现代会计制度主张建立坏账基金，与其说是"引进技术"，不如说是"挖掘传统"。

"倍股"。为了增加流动，在账期分红时，要按照资本股股东份额比例，提留一部分红利，充作扩大经营的资金来源。这部分资金不是股金，不参加分红，但参加周转，故称"倍股"，从而保证企业有较充裕的流动资金。现在不少企业急功近利，短期行为，分光吃尽，甚至搞"超分配"，寅吃卯粮，怎么能行呢？

"厚成"。"厚成"与"倍股"的目的一样，是晋商在财务上的创造。它是在年终结账时，将应收账款、现存商品以及其他资产，予以折扣，使企业实际资产超过账面资产，增强企业实力，提高企业竞争能力。

"公座厚利"。"公座厚利"是账期分红时，不论财东资本股还是职工人身股，分红前都要按比例提留部分利润参加企业生产周转。"公座厚利"与"倍股"的区别，后者是在财东红利中提取的，前者则是从财东和顶股职工两方应分红利中提取的。

以上几例介绍的做法，不论是预提"护本"，或是"倍股"、"厚成"和"公座厚利"，都是晋商在长期经营中不断创造的，很值得我们认真学习。目前学习西方会计，改革中国高度集中计划经济体制下的会计办法，是非常必要的。对建立风险基金，充实企业流动资金的具体办法，具有重要的现实意义。

十六、抽疲转快，灵活调度

晋商和全国其他商帮比较，一个突出特点是总分支机构制度。总号设在山西老家，而分号设在全国各城镇码头，由总号实行统一核算。由于各地经济状况不同，再加上市场变化，随时都可能发生各分号资本分布与业务发展不相适应的状况，出现有的分号资金不足，有的分号资金多余，不足者不能多做生意，多余者却浪费资金。因而，在总号与分号之间，分号与分号之间，需要经常灵活地调度资金，尤其是金融企业，更需要经常调节。如某票号甲地分号因现金多余，银根松，利率低，款放不出去，资金闲置；乙地分号因现金不足，银根吃紧，利率上升，无款可放，支付困难。为了尽可能多地盈利，必须在各分号之间调度现款，否则不仅不能放款生息，而且现金盈余地客户向现金紧缩地汇款的业务也做不成，因为现金短缺而无现银可供支付。这时，按理需要从甲地分号向乙地分号运送现银，这就要雇用镖局，武装押运，长途跋涉，费用高昂，还需要相当长的运送时间。山西票号商人对此困难，创造了一种"酌盈济虚，抽疲转快"的办法，就是用现银多的甲地分号的钱，去接济现银短绌的乙地分号，具体操作技术是异地顺汇和逆汇，实现资金市场供求的平衡。某票号北京分号现银盈，库伦（乌兰巴托）分号现银短，库伦分号可以主动吸收向北京的汇款，在库伦收款，北京付款，这叫"顺汇"；也可以由库伦分号先贷款给当地商人，允许其在北京取款购货，北京先付出，库伦后收进，叫"逆汇"。这样，不仅平衡了两地银钱盈绌，又多赚汇款汇费和贷款利息。做好这项业务的关键，是北京和库伦，即各分号之间必须及时通报业务，沟通业务信息。

然而，各地现银的短绌，即便酌盈济虚，少量的现银运送还是不可避免的。对此，山西商人自设镖局，武装押运。据考证，镖局鼻祖，是山西神拳张黑五。当然现在人们对张黑五的说法不一，但无论张黑五是何时代人，是不是镖局的祖师爷，全国各地开镖局最多的是山西人确是事实，这肯定与商业运送现银是有关系的。北京、张家口、蒙古三岔河等多处有山西人经营的镖局。

镖运现银之外，晋商还创造了"汇兑"、"克钱"、"克兑"、"拨兑"以及"谱拨银"、"城钱子"等多种信用形式与工具，发明了"凭帖"（相当于本票）、兑帖（相当于汇票），上票（相当于商业承兑汇票）、上帖（相当于银行承兑汇票）、壶瓶帖（相当于融通票据）、期帖（相当于远期票据）等，这些都是中国最早的商业票据和银行票据，实际与货币无大差别。几百年前山西商人已经使用了票据来办理资金融通业务，而几百年后的山西人有多少人对商业票据与银行票据了解呢？改革开放以来已试点商业汇票 12 年，正式在全国推广也已经三四年了，但此项业务仍寥若晨星，不用钱就可以做生意的好办法至今有很多企业负责人是不懂的。

十七、扬州园林与山西商人

扬州园林，天下闻名。筑园者谁？山西商人。当然绝不是说扬州园都是山西商人所建，但是，山西商人在扬州确实建了不少园林。日前作者有幸赴扬州一游，江苏朋友领游两处——瘦西湖和个园，恰全为山西盐商所建。

瘦西湖在扬州西北角，因湖窄瘦长而得名。据李斗所著《扬州画舫录》（卷九）记载：扬州城西北角虹桥小秦淮河附近，建有"亢园"一所，"亢氏沟园城阴，长里许，自头敌台起至四敌台止，临河造屋一百间，土人呼为百间房"。在扬州小东门外，亢家还建花园一处。这"长里许"的亢园，很可能就是现在的瘦西湖的一部分。"亢园"，是山西临汾亢家堡商人亢百万的园林。亢家发迹于明末清初的亢嗣鼎。清"康熙时，平阳（今临汾）亢氏……富可敌国，享用奢靡，埒于王侯"。亢家致富之途，是经营盐业、金融业、粮食业。明清时扬州为淮盐集散之地 扬州最大盐商，称"北安西亢"。北安是指扬州盐务商总安麓村，西亢即是临汾亢家亢嗣鼎。亢家资财多少，至今尚未搞清楚，但是，有文字记载说康熙年间家有金罗汉 500 尊，每尊可典价银 1000 两。北京大栅栏附近粮食店街的大粮行是亢家生意。徐珂《清稗类钞》说："京师大贾多晋人，正阳门外粮食店亢掌柜者，雄于财。"亢家业盐于扬州建筑园林是准确无误的。

个园，在扬州城东北角，建于清嘉庆年间，为山西大同盐商黄至筠所建。黄至筠祖父三代均为大同富商家奴，到至筠时，受主人之托去扬州受联盐店生意。总揽整纲盐课，集产、供、销于一身。很快成为盐商总领，大发盐财，成为巨富，遂购筑园林。因喜欢竹子，取半个竹字，也是竹叶形象，故命"个园"。园内，"曲廊邃宇，周以虚栏，敞以层楼，叠石为小山，通泉为平池，缘梦袅烟而依回，嘉树翳睛而翁匐，阎爽深隐，各极其致。"可以不出户而壶天自春。乾隆皇帝巡游扬州园林后惊叹道："扬州盐商……拥有厚资，其居室园圃，无不华丽崇焕。"扬州园林之秀，自然因其得天独厚的地理和气候；扬州园林之多，恐怕是因自古就是商业都会。商业发达则缘起于两淮盐务与水上运输。今扬州市人民政府机关大院就是明清至民国初年的两淮都转盐运使衙门。山西人在扬州贩运淮盐者多少，今不好稽考，但他们与徽商一起垄断食盐生产和运销是不必怀疑的。山西盐商依靠运河和长江水，运盐于长江流域各地，依靠骡车运骆驼载长芦盐于黄河流域，运四川井盐于云贵高原，运山西潞盐于晋、陕、豫各地，不论晋商对川盐、长芦盐、潞盐是怎样地独占贩运买卖，而淮盐运销仍是山西盐商的主力军。坐落在扬州市东关街的山陕会馆，就是当年山西盐商聚会议事之所，雕梁画栋、厅台楼辅，进进出出，好不风光。

我想，当今扬州旅游城的人民不会忘记山西商人，当代山西人也不会忘记扬州商业城；改革开放以来山西人欢迎扬州人来山西经商，飞速发展中的扬州城，山西商人也许会想到："骑鹤下扬州"，"腰缠十万贯"。开发的利益是相互的。

十八、山西钱业商会与中国金融市场

读者不知是否去过苏州，当您从观前街东行过石桥不远处会看到一座宏伟的古建筑——全晋会馆，现为江苏省戏剧博物馆。全晋会馆是1765年（清乾隆三十年）由山西货币商人——钱庄老板们所建，为同乡会馆。这组建筑群正门两侧有两个亭阁式的吹鼓楼，上层建筑为单檐歇山，东西分列、南北相向，依倚门庭，雄势不凡。再往里则是一个金碧辉煌的戏台，东西看廊，正殿亭台，形成庞大而又和谐的整体。西侧还有两排大院，为园林式建筑。这里是当年的山西钱庄商人聚会议事的地方，也是供奉关云长——晋商保护神的地方，同时也是演戏娱乐的地方。因戏台和吹鼓楼的独特风格，被江苏省选为戏剧博物馆。在此大院西侧园林之中有一石刻，上书"中华民国十五年十二月一百五十周年纪念"，为张一麐手书。民国十五年（1926年）是这座钱业商会建立150周年，商会的名称叫"光裕社"，也就是说，1775年（清乾隆四十年）在苏州开设钱庄的四百商人共同组织成立了同业行会——光裕社。光裕社 150 年周年纪念和山西商人的裕才学校 20 周年纪念同时举行，刻有纪念石碑，还有 500 块石碑刻有官绅题词。据碑刻，1777 年，苏州城内有山西钱庄 81 家，光裕社就是他们的"联谊会"。

大约在同样的时代，晋商在其他城市也建立了相同的钱庄会社。如归化城（今呼和浩特市旧城）三贤庙的宝丰社，包头城的裕丰社等。山西钱庄商人在江南的光裕社，在塞外的宝丰社，到底是干什么的？让我们随便翻一下《绥远通志稿》吧："清初归化城有商贾十二行，相传为都统丹津由山西北京招致而来，成立市面，商业始有萌芽……为百业周转之枢纽者，厥为宝丰社。在有清一代始终为商业金融之总汇。其能调剂各商行而运用不穷者，在现款、凭帖而外，大宗付对省拨兑一法。""为交易便利计，故有钱市之设。按市面之需要，定银分及汇水之价格，自昔至今一仍旧贯。""每日清晨钱行商贩，集合于指定地区不论以钱易银，以银易钱，均系实现行市。"银钱拨兑之法，有谱拨银和城钱子之别。可见，现代银行转账办法已在当时产生。中国金融业同业拆借市场、票据市场和转账结算等已经在此时开始发育。这些银行业务技术的创新，在时间上、做法上大体与地中海沿岸各国商人，尤其与意大利商人是一致的。这是山西商人的光荣和骄傲。请不要忘记，山西货币商人的钱业商会，不论是苏州的光裕社还是包头的裕丰社，或是归化的宝丰社，都可以在公议基础上制定行业规定，约束行内各钱庄的行为，起着管理金融市场的作用，实际上是中国中央银行制度的萌芽。这比 19 世纪中期世界上最早的中央银行——英格兰银行命名这一职能还要早。

山西货币商人的这种行会，除苏州、归化、包头外，在北京、张家口、上海、开封、洛阳、阜阳、亳州、西安、西宁等全国各商埠码头都先后设立，成为清代中国金融市场上的骨干力量。

晋商称雄中国商界数百年而不衰，有赖于商品经营资本与货币经营资本的融合生长和发展，当代晋商队伍中，不论工业巨头还是商业贩子，无不为资金问题而日夜发愁。当代山西金融业的重振之日，就是山西经济起飞之时。

天下第一富商"亢百万"

背景说明

本文原载《金融家》2005年创刊号。

一

清初，有一年山西大旱，万民祈祷老天降雨，富商"亢百万"却洋洋得意地说："上有老苍天，下有亢百万。三年不下雨，陈粮有万担。"这"亢百万"何许人也，竟然如此口出狂言？

"亢百万"，乃清代山西临汾亢家堡的巨富。根据徐珂《清裨类钞》记载："亢氏为山西巨富"，"号称数千万两，实为最富"。日本《中国经济全书》说，在明朝末年，山西临汾亢家得李自成遗金而富。书中说道，李闯王经山西将金银"运藏亢处"，后来"所有乃归亢氏"，并说亢家"拾得……财货约计千万"。在山西民间也有这一说法。传说李自成自北京败退后，由河北进入山西，经晋中、临汾退到陕西，在京所掠金银财宝，仓皇撤退中携带不便，埋入地下，被农民捡得，经商致富，不仅有临汾县亢家堡亢家，还有祁县孙家河的员家、万荣县荣河老城的潘家等。所以，张一銮有歌曰："莫打鼓来莫敲锣，听我说段因果歌，自从那李闯败北京，农夫掘地财主多。"不过，即使亢家捡得遗金，也不可能成为数百年的巨富。"亢百万"是怎样致富的呢？

临汾亢氏家族致富是在明朝，"亢百万"乃亢嗣鼎，明末清初人，到清康熙末年仍然健在。他是一位自幼笃志力学，一生勤奋的成就事业者，也是一位孝子，对母亲特别孝敬，且抚养侄子，如同亲生子女，"居乡尤多义举"，经常为大家举办公益事业，被《临汾县志》载入"义行"。他有一位堂兄弟，叫亢嗣济，是康熙年间的监生，曾经担任"河南通判"。

但是，也有人说"亢百万"恃富骄横，是一位贪婪无比、为富不仁的大盐商、大当商、大钱商、大粮商、大地主，家有"仓庾多至数千"，"人以'百万'呼之"。所以，才有前述"上有老苍天，下有亢百万"的狂言。

公元1699～1701年，也就是康熙三十八年到四十年，满族官吏葛礼担任山西省巡抚，其人刚上任不久，就下令全省，要"每两钱粮加索火耗银二钱"，以增加省库收入，自然花用方便，也好从中有所聚敛。但是命令一出，即刻引起全省百姓的群起反对，地主、商人亦无不拍案叫骂，尤其是临汾、汾阳、长治等各府州县反对更强烈，于是联名上书，恳请巡抚大人收回成命。因为加索火耗是按纳税比例分摊，富室负担最重，遂推富商牵头。亢嗣鼎作为临汾首富，自然包括在内。巡抚葛礼一见部下送来的"呈状"，火冒三丈，下令拘捕带头闹事的富室大户，亢嗣鼎名列在首。恰在此时，亢家的山东济南钱庄发生银钱纠纷，要亢嗣鼎亲自去处理。临汾县县令根据山西省巡抚的命令，一次又一次下达传票，亢氏全家气急交加，不知所措，后来想到"钱能通神，何况人乎？"家有钱财还怕一纸通缉令干什么？这时，临汾、汾阳、长治等地富室大户多被拘囚于省城大牢，吃尽苦头。但是亢嗣鼎却已经在他的山东济南钱庄处理他的商务了。那些被拘于省城大牢者的家属们见此，亦均通过人钱关系，以"认罚万金"，得以释放了事。

若问"亢百万"的千万贯家产是怎样积累的，有言道：家有金湖银海，必有源头活水，"亢百万"的生财之道容下次再谈。

二

却说那山西临汾亢家，致富起于贩卖食盐，是明清有名的大盐商。

山西富室起于盐者，最早可以追溯到战国时期。鲁国穷士猗顿，衣食不给，求救于陶朱公，"用卤盐起"，在山西运城经营潞盐，成为巨富，"资比王公，名驰天下"。临汾亢家离运城只百公里之遥，安能不介入潞盐买卖？不过历代盐政由政府统管，朱元璋推翻元政权后，北方并不安定，元政权的残留势力盘踞北方，常常伺机侵扰。朱皇帝被迫在北方修建

"东起鸭绿，西抵嘉峪，绵亘万里，分地守御"的长城，先后设置辽东、宣府、大同、延绥、宁夏、甘肃、蓟州、太原、固原等边防重地，统称九边，驻扎80万边防军，抵御外族入侵。如此庞大的队伍，人用马食，费用浩繁。最初，是用军屯的办法，解决军队粮食供给。但是北方无霜期很短，天寒地冻，军队自给粮食困难很大。山西行省建议皇上，令商人在大同仓交米一石，太原仓交米一石三斗，发给淮盐一小引，相当于200斤，商人在边关交米后，拿着政府发给的"盐引"到指定盐场领盐售卖。朱元璋采纳了这一建议，"召商输粮而与之盐，谓之开中"。于是山西、陕西商人捷足先登，撵粮北上，扬州两淮盐场便成为营运中心，盐场上的山西、陕西商人尤为活跃，在扬州尽显风头。

根据历史资料的记载，"康熙时，平阳亢氏，泰兴季氏，皆富可敌国，享用奢靡，埒于王侯"。这亢、季两家都是盐商。时人钮秀说："江南泰兴季氏与山西平阳亢氏，俱以富闻于天下"。泰兴季氏是指季沧苇，清初官僚地主，康熙初年"以御史回籍后，尤称豪侈"，建有豪华住宅，"其居绕墙数里，中有复道周巡"，雇有60余人的卫队巡逻。而山西临汾亢氏，且不说在山西老家如何，仅扬州寓所，就屋宇宏伟得令人咂舌，还在扬州城西北角虹桥小秦淮河附近建筑一处"亢园"。"亢氏构园城阴，长许里，自头敌台起，至四敌台止，临河造屋一百间，土人呼为百间房"。这"亢园"就是今日扬州瘦西湖公园的一部分；另外，亢氏又在小东门门外，建有"亢家花园"一处，成为扬州的显贵。

亢氏在扬州的资产到底有多少，谁也不清楚。《扬州画坊录》说："亢氏业盐，与安氏齐名，谓之北安、西亢"。安是安鹿村（亦说安禄村），为康熙年间的扬州"盐务商总"，他在接待客人时，灯笼挂到十里以外。扬州盐商常常聚集观看唱戏，各养戏班子，多者不止一个。经常演出名家制作的大戏，戏剧《长生殿》初出，在扬州的山西临汾亢家，就令自己的家庭戏班子演出，光置办乐器服装等道具就花费40万两白银。其富可以想见。

怎奈当时有一位诗人描述山西盐商在扬州发财致富后纳妾的情景时写道："二十四桥边，当垆谁可怜，妆成窥客坐，不奈数青钱。东家女十三，西家女十五，夜半牵娘啼，嫁与并州估。罗衣束素云，绣衣裹纤玉，低回不自前，含娇灭华烛。大鳊银万箱，广场盐万禀，峨峨虬髯商，日簇红儿饮。"这并州估者，就是山西商人。

三

山西临汾亢家不仅是个大盐商，也是一个大钱商。他经营当铺、钱庄，据说亢家还开设了票号。

亢家从事金融业是从当铺开始的。当铺是一种赚钱最快的生意，经营消费品抵押贷款，利息很高，所以人们都称其为高利贷，因为剥削太重，清朝政府曾经多次下令做出规定，"典当财物，每月取息，不得超过三分"，但是当铺常常超过三分，违禁取息。亢家的当铺开了多少，现在没有具体数字，但是其实力之强、势力之大、欺行霸市、垄断市场的情况却令人吃惊。根据徐珂《清稗类钞》第24册《豪奢》说，清康熙年间，亢家在山西临汾城内开设了当铺，别的商人就不敢再在临汾城内开设当铺了。可是有一家人不以为然，在临汾城内也开了一家当铺。有一天，一个人拿着一尊金罗汉来其当铺当钱，当价1000两白银。第二天此人又拿来一尊金罗汉，又当了1000两白银。第三天还是此人，又拿来一尊金罗汉，又当了1000两白银。第四天、第五天……一连三个月不间断，用了99尊金罗汉当了99000两白银，当铺的掌柜害怕了，"这是什么人，他有多少金罗汉？"便恭恭敬敬地问客人："先生，您是哪里来的，怎么这么多金罗汉？"客人说："我家有500尊金罗汉，刚刚当了99尊，还有401尊没有拿来呢。"然后扬长而去。这家当铺掌柜立即差人四处打听，方知是亢家堡"亢百万"差人干的，意在挤走竞争者，垄断临汾城的银钱业。便急急忙忙把东家请来商量，然后请了当地有名望的人出面，请亢家赎当，归还金罗汉，匆匆忙忙关门而去。

"亢百万"开设的钱庄有多少，现在没有人能够弄清楚。但是，可以肯定地说，他在整个清朝，在山西、山东、北京等地的钱庄势力是很大的。前面说到的康熙三十八年葛礼担任山西省巡抚刚上任就下令钱粮加征火耗银时，"亢百万"因联名上书，被葛礼下令拘捕，后来送了银钱才免了追究，而借口其山东济南钱庄发生银钱纠纷，要亲自去处理，逃往山东，可见济南亢氏钱庄的实力是很强的。

至于亢家的北京钱庄，则一直开设到1948年北京解放。当年解放军解放北京时，负责接管官僚资本金融机构的一位老革命是山西临汾人，是笔者的上级领导。1982年5月的一天，这位老革命对笔者说："当时进城不久，接管工作刚刚开始，一天晚上突然来了一个电话，通讯员接起电话说是我的老乡，要和我说话，我还很纳闷。只听见电话中说，'我是山西临汾亢家堡的，我姓亢，我在北京大栅栏开钱庄，还有几个商铺。您的大名我早就知道，现在咱们都到北京了，老乡嘛，我请您吃饭，我们认识认识，希望您能够赏光。'一听说临汾亢家堡，我立刻想到他是'亢百万'的后代，大资本家，我只能回答，我是解放军，我们有纪律，任何人不得私下会见客人，婉言谢绝了亢氏的邀请。"

至于亢家是不是开过票号，不好肯定。不过，不管票号、账局、印局，还是钱庄、当铺、银行，都是清代的金融机构，山西临汾亢家是中国清代的金融世家是肯定的。有道是：钱庄账庄汇兑庄，印局当铺与银行，生财生意钱换钱，翻来覆去利无边。

四

晋商"亢百万"，不仅是一位大盐商和大钱商，还是大粮商和大地主。

根据《临汾县志》记载，山西临汾亢家"仓庾多至数千"，在北京开有大粮食商行。传说，从山西临汾到北京，或骑马或坐轿，三十多天的路程，沿途不住别人的店，每晚都住在自己的商铺。

在北京，亢家的粮行设在前门外大栅栏西口粮食店街，这里是北京城最重要的粮食市场。根据《清稗类钞》第21册记载，"京师大贾多晋人，正阳门外粮食店亢掌柜者，雄于财"。有一天，亢家粮行数十辆牛车拉着粮食由外地而来，浩浩荡荡，络绎不绝，途中遇到一位无赖平某，带着一帮恶棍，拦住去路，不仅强行借粮，还要粮行掌柜酒席招待。亢家粮行掌柜无奈，只好送给平某十石大米。但是，平某并不罢休，恰在此时，一位王爷路经此地，问明缘由，遂拔刀相助，令卫兵赶走了强盗。也许是因为树大招风，大粮行遭遇大强盗，亢家有钱难应付。

在临汾亢家堡，亢氏家族"宅第连云，宛然世家"，人呼"百万"。康熙年间，临汾发生一场特大旱灾，从康熙五十九年三月到康熙六十年六月，连续15个月没有下一滴雨，两年颗粒无收，赤地千里，饿殍载道，草根树皮都吃光了。临汾知县魏星煜动员富户捐粮，设立南北两个粥厂，赈济饥民，由亢家堡"亢百万"亢嗣鼎领头，还有其他富户共九家负责煮粥，招饥民进食，每天达到一万人以上。接着，朝廷派大学士朱轼来山西赈灾，动用国库储备，拯救饥民，亢家堡的亢嗣鼎、亢在时、亢挚时等十四位乡绅，踊跃捐钱捐粮，帮助老百姓度过荒年。这场旱灾，一直延续到康熙六十年六月十五日，方才落雨，能够下种时已经到了中伏天。"亢百万"在关键时刻还是能够做到大富大德，亦属难能可贵。不过，也有人说，"亢百万"自恃富有，好为狂言。如前所说，他竟然当众扬言"上有老苍天，下有亢百万，三年不下雨，陈粮有万担"。"亢百万"的狂言，得罪了上苍。有一天，天降暴雨，夹带冰雹，亢家的田地里禾苗尽毁，然而别人家的禾苗却没有任何损伤，说这是对"亢百万"的报应。其实，有没有报应谁也说不清，倒是"亢百万"富甲天下，声名在外，引起官场巨贪的注意。康熙年间的山西巡抚葛礼，借讼案勒索"亢百万"的事，平遥人郭明奇联合乡众奔赴北京御前告状，所列葛礼七大罪状之一就是敲诈勒索"亢百万"的事。

山西商人魁首临汾亢家堡的亢氏家族，发迹于明朝中期，到清初"亢百万"亢时鼎时，已经是家产百万，富甲天下的大盐商、大钱商、大粮商和大地主了。亢家以商闻名于海内一直延续到清朝末年，家业日渐衰微。及至民国，山西省内已经败落，省外在北京等地勉强维持到 20 世纪 40 年代。其破落的原因，与整个山西商人的衰落是沿着同一轨迹发展的。这正是：金马银舟已渺渺，夕阳明灭乱流中，河东百万凄凄去，江南新富应潮来。

寿阳克钱与晋商拨兑

本文原载《炎黄地理》2009 年第 10 期。

寿阳商业兴于明代，县内仅有少数零售买卖，一些农民迫于生计，多外出河北、雁北贸易，至清代中期，返乡设庄贸易者日见增多，本地商业迅速发展起来。彼时全县商号 1000 多家，分布四大镇八小镇和一些较大村庄，其中宗艾镇和寿阳县城商号最多，达 600 多家。它们在天津、汉口、归绥、包头及晋中、忻州、雁北等市场上，派有大量买客和卖客。由于交通原因和批发贸易较多，宗艾镇商业比县城更为繁华，是清代寿阳县批发贸易中心。宗艾镇有 300 多家商号，各个行业俱全，其中货币经营资本有钱庄 24 家，账局（放账铺）7 家，典当 3 家，银楼 3 家；商品经营资本有粮行 8 家，花布行 24 家，六陈行 24 家，颜料行 10 家，京广杂货 7 家，药店 8 家；服务业有饭铺 7 家，骡马店 10 家，每日市场上热闹非凡。诚如清寿阳籍内阁大学士祁寯藻有言，"经济博通，言达于行"。

一、宗艾商人的金融创新

寿阳地处山西中部东区，清光绪《寿阳县志》记载，"贸易于燕南塞北者亦居其半"，如内蒙古、河北、北京、天津，有的远走关东三省。他们积富而归时，都将所赚银钱委托所在地票号，汇至太谷、祁县总号，只身轻装安全而返。回到寿阳老家以后，一般都不马上提取现银，而是暂存票号。其原因有三：一是这些商人多数不是巨商大贾，多为中等之家，不到一定的积累不会修房盖屋，或者投资新企业，没有重大急需，不必急于提款；二是地方不靖，治安不佳，盗贼时有出没，提现在家也很不安全；三是银两收藏必有成色鉴定或者熔炼之麻烦，加上平砝折合等琐事，亦很费心。

寿阳人的钱存在县域以外，不为当地所用，自然是件不利乡里之事。既然宗艾镇是该县第一大镇，又为山西南北东西交通要道，交通便利，生意兴隆，商家聚集。宗艾商人看到外出寿阳商人的钱放在县域之外，就想方设法将其吸引过来为我周转所用，倘若流动资金增加，商务自然可以扩大，甚至有可能与太谷、祁县、平遥一比高低。

于是，宗艾商人开始争取这笔存款。他们对宗艾周边乡村及寿阳外出商人开出就地存储款项的优惠条件：第一，保证银两成色与平砝公道合理；第二，保证存取方便；第三，保证利息随行就市，不低于太原、榆次的市场利率；第四，倘若发生差错由承办人负责，不让客户吃亏；第五，无论存款人外出或在家休假期间，存款商号负责对存款人热情服务、周到安排。这几条措施，特别是最后一条确实感动了寿阳外出商人，纷纷移款回存。这些外出商人一般只在家住数月或者一年，作必休整后又出走外地，一去又是多年。当再次返回家乡，发现存款安全，家属满意，利息计算合理，自然十分满意，遂将原先存储于太谷、祁县的款项提出，转存本县宗艾镇商户。外出商人一传十，十传百，辗转相告，寿阳宗艾商号存款迅速增加，日常周转的现金流越来越宽裕。这些存款的委托代理人宗艾商人也很谨慎地把这些存款称为"客钱"，客客气气，予以优惠。就这样，宗艾商户受托代理照料外出商人家中一切经济事务，安排其家属生活，充当存款者的理财顾问与管家，这一招彻底改变了自己的财务环境和经济实力。由于"客钱"的创新，宗艾商人的信誉大振，借助交通与地理优势，在山西开始崭露头角。

需要指出，存储客钱的商人多是中小商人，大商家一般不在宗艾镇商号大量存储现银现钱。所以寿阳宗艾客钱，只服务中小客户。但是由于在商人之中小客户是多数，自然存款数量可观。宗艾商人利用手中的存款，四处奔波，收购或者赊购当地农民和手工业者的土特产品，贩运外地销售，再采购外地商品运回当地，进行大宗批发贸易。在批发给当地零售商时，多数零售商现银现钱不足，就谨慎地有选择地赊销给这些零售商，赊售所形成的批发商与零售商的债权债务均各自记在账上，到年终结算时，批发商与零售商相互冲销债权债务，所剩差额用现钱找清，或者结转下一年度。这样，寿阳市场的商品交易迅速扩大，但是现银（银两）现钱（制钱）却未必增加，通过信用货币这种方式促进了当地商品化、市场化的发展。

二、寿阳"客钱"到"克钱"

在寿阳市场上，不仅批发交易扩容，零售业也随之扩大，寿阳地区的商品化、市场化进程加快，很多农民也卷入商品大潮。由于农民的现银现钱有限，就与当地商人发生赊销赊购的信用交易，农商之间的债权债务信用链开始建立并且渐渐延长。在秋冬农产品上市时，商人收购农民的产品采用记账办法，年终农商之间的赊欠交易全部结清。20世纪末新修《寿阳县志》记载，"零售商也小心翼翼地有选择地赊给农村中有偿债能力的人们，如高利贷者，地主、富农、富裕中农等，以后又扩大到可信赖的中农。这样，农民可以赊欠商人的商品，商人也可以赊欠农民的商品，他们彼此发生了债权债务的关系，到年终结账，在商人账上把收和取（即正负号）抵消后，只把差额找清，就算了结。"由此可见，寿阳客钱使宗艾商人扩大了自己的现金流，有了这些现银现钱准备，就可以大量组织当地土产输出，外地商品输入的贸易活动，不仅带来了自己的发展，也带来了寿阳市场的繁荣，推动了寿阳地区自然经济向市场化商品化的过渡。这是发生在18~19世纪的事情。

但是好景不长。太平天国起义，占领南京，切断长江一线，南方税收不能上解清中央政府，同时中央还要派兵镇压，财政顿感收少支多，入不敷出，极为困难。为摆脱困境，咸丰皇帝不得不在咸丰三年（1853年）做出两项决定：一是命令户部发行官票和宝钞；二是命令户部宝泉局、工部宝源局铸面值大于实际重量的铜铁大钱，简称重钱。官票代表银两，面值一两、二两、五两、十两、五十两五种；宝钞代表制钱，面值500文、1000文、1500文、2000文、5000文、100千文6种，都是政府发行的不兑现纸币。为了推行这一通货膨胀政策，令各省设立官银钱局，强制推行。但是，清朝定制，每文制钱（一个标准钱）重1钱，后改为1钱2分至1钱4分。此前咸丰帝已经铸造了当十大钱，实际重量只有5钱多，又铸当五十大钱，实际只有面值的3/10。当千大钱则只有2两。铜钱铸造因为铜源不足，又铸铁钱，铸炉一百，调运山西生铁铸造。咸丰四年至咸丰九年（1854~1859年）铸铁钱1500万吊（每吊1000文）。加上民间私铸不足值的铜钱，在山西有沙板子、鸽子眼、水上漂等小平钱泛滥于市场。结果造成市场不足值的大钱、劣钱和干脆没有价值的纸币到处泛滥，商民拒收，物价狂涨，市场混乱，严重的通货膨胀造成民怨沸腾。

在这种背景下，寿阳存款商人心急如焚，如果提出在宗艾商号的客钱存款，可能损失惨重，数十年的辛勤劳动会顿时化为乌有；如果不提取这些存款，还能不能保全自己的资财？代理商号会不会破产？在进退两难的情况下，寿阳宗艾商人为了联合维持市面，决定从两方面做出应对：一是做一定的牺牲，剔除了手中一切大钱、劣钱和铁钱，一律使用原来的足值制钱，命名"宗艾钱"，宣布凡是和宗艾商人进行交易，非宗艾钱不办；二是引入批发商、零售商与农民的赊欠兑转的办法，对所有存款户办理足值转账，商民可以不动用现银现钱而划转债权债务。这样，宗艾商号的存款者——外出寿阳商人便放心了，他们不再提取现银现钱，继续保留原来的债权债务关系，通过转账流通将存款用于必要支付，市场现银现钱收付仍然一如既往。宗艾商人由此进一步提高了信誉，稳定了市场。

由于寿阳商人的信用交易的发展，债权债务通过记账划转，商品交易的现银现钱收付以商号为枢纽进行结算，便产生了客户之间现银现钱"克兑"的新业务联系。所谓"克兑"，是寿阳地区的方言。在寿阳方言中，"克"和"兑"是同义词，常常有"克兑"一词，客户之间的债权债务通过转账结清，在寿阳话里，就是"克兑"。由于宗艾"客钱"的"客"与"克"同音，因为银钱的"克兑"活动与"客钱"存款活动相关联，于是，"寿阳克钱"一词就这样逐渐成为地方商民常用的金融术语。比如某寿阳商人在沈阳有款，用款却在寿阳，另一寿阳商人正好相反，在寿阳有钱，在沈阳需要用款，两人商议，相互"克兑"，交换两地货币所有权。这种货币行为，寿阳商人称为"克钱"，即"兑钱"。于是寿阳"客钱"也就转化成为了寿阳"克钱"。

不过，寿阳客钱存款的利息，习惯称作"加头"，加头每年结算一次，并入存款本金。寿阳客钱余额，实际上也就成为存款以复利计算的本利和。当客钱被克兑以后，克钱可以提现，也可以继续存储在原商号，转换为新的存款人的存款，建立起新的债权债务关系。

办理存款、放款和转账结算，是金融机构的基本业务。宗艾商号在过去吸收客钱的基础上，现在又办理债权债务转账。随着业务量的扩大，有一部分这样的商号就自然演变为钱庄，势力较强的钱庄很快集中了大量的金融业务，便放弃原先的商品交易活动，专心于钱庄业务，而另一些兼搞客钱的宗艾商号在钱庄的竞争面前实力不足，也就逐渐淡化客钱业务，集中精力于商品贸易，原来的宗艾商人就由商品经营资本兼营货币经营资本分化为钱庄与普通商号两类型商人。

由上可见，克钱（客钱）有四个特点：第一，客钱存款，享受复利利息；第二，客钱存款，存款人随时可以提取；第三，客钱存款，存款人可以随时用于转账结算；第四，客钱存款不受存款期限限制，可以直接用于支付本地购买商品，冲销存款。

这样一来，寿阳市场商品交易量大大增加，而现银现钱流通量大大缩小。寿阳克钱是寿阳县的一种信用货币，被山西寿阳商人所独创和利用，19世纪到20世纪20年代末，流行了一个多世纪，对当地商业发展起到了很大的促进作用。

三、寿阳克钱与晋商拨兑

寿阳克钱的有趣现象，在于当地商人把外出经商的当地人的客钱存款视作"酵面"，只要有交易发生，支付手段就可以像酵面一样膨胀起来，启动当地土产出口和与购进外地商品，扩大内外物资交流。不是吗？假如某农民甲，有一定的资产和信用，在春夏青黄不接之时，从零售商丁那里赊购了30吊钱的日用品，零售商丁将农民甲欠款记在账上，秋后，农民甲把自己的价值40吊钱的农产品卖给粮商丙，粮商丙也把农民甲的卖粮款记在账上。到年终结算，农民甲把他在粮商丙那里的债权40吊钱的30吊钱转让给零售商丁，而零售商丁对粮商丙取得了债权，各自记在自己的账上。这时，农民甲在粮商丙那里还存有10吊钱。假定当时市场上的加头每吊钱是80文，农民甲买进日用品和卖出农产品都是克钱往来，自然应当获得40吊钱的秋季卖粮到年终的加头。可见克钱制度对农民也是有利的，它刺激了农民厉行节约，进行存款。当然，如果农民甲资信不佳，就不能享受日用品的赊购便利，从而也就不可能使用克钱进行买卖。足见克钱是以信用为基础的。

大量使用克钱主要是在商人与商人之间。商人间债权债务一般在五百千文（500吊）以上，期限一年，市场术语叫借大账，资金供应者借出资金谓之"放借贷"若干，或者叫"放大账"若干。一经"放大账"，贷放者就暂时失去自己资金的使用权；如果资金供应者放了大账，又在市场得了加头，就变成了克钱。克钱的加头，是吸收社会游资的措施。克钱保留存款者使用这一部分资金的权力，以开支他们的生活费用。这样，克钱制度就使得货币的贮藏手段和支付手段职能得以结合，利用信用的功能，以转账代替现金，大大节约了社会流通费用，扩大了商品交易。所以，人们为了方便而且又能使存款增值，都乐意把现钱投入市场，去参与克钱活动。宗艾货币商人借此把货币资金集中到了自己手中，用转账方法代替现金支付，把现金从市场中分离出来，用到扩大对外商品交换上。由于克钱灵活、便利、稳妥的优点，受到人们的欢迎。寿阳钱铺不仅吸收了寿阳县内的游资，还吸收了盂县等周围地区的资金，不仅增加了商业资本，扩大了商业的活动范围，提高了寿阳商人的经济地位（寿阳商人被称为宗艾帮），而且解决了农民在青黄不接时的困难，减少了现钱的需要量，大大促进了商品生产和商品流通，繁荣了市场。

其实，寿阳克钱，是晋商在寿阳地区的灵活运用。"在有清一代……在现款、凭帖之外，大宗过付，有拨兑之一法"（《绥远通志稿》卷四八），晋商的商品交易，一吊制钱以下者，直接使用制钱支付，一吊以上的商品交易通过拨兑划转，如商号甲无钱购货，经与钱庄乙商议允许借用，甲便可向商号丙购货，商号丙与钱庄丁有往来，钱庄乙便通知钱庄丁，声明甲已有存款，丙便可放心发货，无须现款，仅在甲、乙、丙、丁之间划拨转账。但这笔款，只能辗转相拨，不能提取现金，即代表现钱而又不见现钱。大额交易用银两，银两拨兑称为"谱银"，办法与拨兑相仿，其差别在于谱银既可兑现，也可以转账。仅用以周行而不兑现者叫"客兑银"（《绥远通志稿》卷三八）。商户之间转账结果，形成各个钱庄之间的债权债务关系，在钱行商会的组织下通过"订卯"结清。在规定的时间，各钱商齐集钱业商会，"会同总领，举行总核对"，"如甲号以过拨结果存有乙号之款，乙号不愿存放，则提出另兑丙号收存，甲号如无实现指向可以转拨别号……营业立呈险象，本行均予拒绝往来……"谓之"顶账"。某商号一旦出现顶账，立即失去信用，没有人与之往来，经营遂告失败。可见晋商惯例，经营活动一定以信用为根据，有信用者有货币、有资金，有市场的通行证，没有信用者则没有货币、没有资金，也就失去市场的通行证。

寿阳克钱之妙，乃晋商信用制度的一个缩影。

从商业金融到政府金融：
票号史话

漫谈山西票号

背景说明

　　这组文章是应《山西日报》编辑部约稿而写，连载于该报
1980 年 1 月 21 日、1 月 28 日、2 月 21 日、2 月 22 日、3 月 3
日和 3 月 24 日。文章以史话形式，评价了清代红极一时的山
西票号的渊源、发展、管理，与政府关系以致衰亡的历史，是
改革开放后初次展示山西人在历史上的市场意识和开拓精神的
文章。

一、票号的渊源

　　180 多年来，在平遥县民间流传着这样一段顺口溜："人养好儿子，
只要有三人，大儿雷履泰，次子毛鸿翙，三子没出息，也是程大佩。"这
雷、毛、程何许人也？乃山西票号的鼻祖"日升昌"票号的首创人，分
别为该号的大掌柜、二掌柜、三掌柜。他们都籍贯平遥，为清朝嘉道年间
人。由于他们创办了这一生财之道，红极一时，一直为世人相传。

　　票号，是一种专门经营汇兑的信用机构，亦称"汇兑庄"或"票
庄"，但它也办理存款放款业务，是中国近代史上一种封建高利资金融组
织。因为经营此业的多系山西人，所以也称"山西票号"。票号的总号多
设在平遥、祁县、太谷，分支机构遍及全国各大城市及重要商埠码头，并
远及国外如朝鲜、日本、俄国，蒙古、印度等国也设有分庄，甚至欧洲的
巴黎、伦敦也有代理处，故有"山西票号汇通天下"之称。在帝国主义

银行未侵入我国之前，它实操全国金融大权，公私汇兑，悉以票号为中心。它下连官绅，上结朝廷，内携水客，外交洋商，盈利之巨，累百上万。然而，辛亥革命以后，却随着清廷的垮台，匆匆退出了历史舞台。

对于票号这一世界金融史上的独特形式，中外学者极为注意。就说票号的起源吧，英国人说在隋末唐初，日本人说在明朝中期，国内学者也有许多不同说法，不过近年来人们的看法渐趋一致：多认为发生于清道光初年，即 19 世纪 20 年代。

票号为什么能发生于山西呢？其渊源于山西人经商的历史。据《易·系辞》记载，早在 5000 多年以前，就开始有了"日中为市"，"交易而退"的商业活动，说的就是上下晋南一带的事。宋朝以来，山西商业有了进一步发展，至明清时代，山西经商人之多，商业资本积累之巨，已十分显赫。读过《红楼梦》、《品花宝鉴》、《官场现形记》的，大概还记得常有"西客"如何的记述，大观园里的王熙凤一次找药，说道家里有人参，牛黄未必有，外头买又怕买不得真货时，王夫人说："等我打发人到姨太太那边去找找，她家潘儿是向与那些西客们做买卖，或者有真的，也未可知。"这"西客"，指的就是山西商客。一百多年来，一提起经商，人们自然首推山西人。至今，"山西人善于理财"的佳话还在国内广为流传。

清朝嘉道年间，货款的交付，多赖镖局运现（因社会治安不好，道路不靖，由拳艺高强的人组成镖局，武装护送），就连在外经商的人年底向老家捎寄现银也得通过镖局办理。驮骡镖队，开支浩繁，费时误事……又常出差错，在商品经济已经有了较大发展的情况下，靠镖运现金与商业及时清偿，以及现款稳妥调拨的矛盾日渐尖锐。这样，外出经商的山西人就不能不寻求新办法解决。正是：寻生道山西商人走异乡，运现银镖途遇阻思新法。欲知新法如何，容后再叙。

二、票号的产生

话说清朝嘉庆年间，平遥城内西街有个"西玉成"颜料庄，掌柜雷履泰，二柜毛鸿翙，三柜程大佩，东家李箴砚，人称"李二魔子"。该庄在北京设有分庄，在京的一些山西商人和西玉成北京经理商议，并经雷同意，在京交款，由北京写信在平遥西玉成用款。起初，这种异地拨兑，只限于亲属朋友，不出费用，后来要求拨兑的同乡越来越多，在双方同意之下，出一部分汇费。此时，李二魔子和雷掌柜都感到这种生意油水不小，如广为开展，必获厚利。于是另设"日升昌"，兼营汇兑，果然营业旺盛，门庭若市，遂于道光四年（1824 年）基本放弃颜料买卖，以"日升昌"汇兑庄名义专营汇兑，兼办存放。他们调查了晋中商人经营药材、茶叶、绸缎、布匹及京广杂货的进销地点，派精明干练的伙友，先后在天津、汉口、苏州、上海、重庆、长沙、厦门、广州、桂林等地设立分支机构，与各地山西商人拉关系，招揽生意，此处交款，彼地用钱，手续简便，信用可靠，颇受欢迎。于是南方商人也要求为之汇兑，营业范围越来越大，日升昌真是日升月昌，一派兴旺。历史上第一家票号就这样应运而生了。

不过这种办法并不是雷掌柜的发明，早在唐朝时就有了汇兑，那时叫"飞钱"，宋代又叫"便换"，只是数千年来一般都由官家兼办，没有多大发展，直至清中期，随着商品经济的扩大，由日升昌专业化了。可是雷履泰却因之踌躇满志，渐渐变得唯我独尊，独裁专断，引起了二掌柜毛鸿翙的不满，二人当初融洽相处被今日明争暗斗所替代。此事很快为坐落在日升昌旁边的"蔚泰厚"绸缎庄东家介休大财主侯荫昌察知，他正为日升昌日进斗金眼红，苦于没有里手为他经营，便趁机把毛鸿翙挖了过来，将他的蔚泰厚及蔚丰厚、蔚盛长、蔚长厚、新泰厚等商号（统称蔚字号）一律改为票号，统委毛鸿翙掌管，并在蔚泰厚和新泰厚给毛鸿翙顶了人身股两股（相当于资本银两万两参加分红）。毛鸿翙对侯东家的赏识大为感激涕零，便怀着誓与日升昌一决雌雄之志，锐意经营。在毛掌柜苦心孤诣管理下，蔚字号 6 家拧成一股劲，分庄很快扩至上海、宁波、厦门、昆明等 34 处，大有后来居上之势。据传，雷履泰对此十分恼火，遂给自己的小儿子起名鸿翙，借以泄愤，毛鸿翙闻之怒发冲冠，干脆给自己的孙子起名履泰。

三、票号的发展

自道光初日升昌改为票庄后，汇兑生意极为兴隆。山西商人见此票号生财其易，便纷纷仿行，当时除平遥蔚字号外，接踵者还有祁县合盛元，太谷志成信等。到咸丰十年（1860 年）发展到 17 家，形成了平遥、祁县、太谷三帮。这个时期，票号主要是办理商业汇兑。但自咸丰初洪秀全率众金田起义后，太平军所到之地，票号商人便携款潜逃，责骂农民革命军为"贼人"，山西总号"寄信各伙"，声称此乃"报国之时"，令竭力捐款助饷。各伙接令，争相表功，捐炮捐饷者有的竟达"数十万金"，由此得到清廷青睐，开始办理官款汇解。彼时清王朝内耗糜巨，战费庞浩，入不敷出，实行卖官鬻爵，借以弥补，地方豪绅，捐官谋缺，票号便积极为之承汇卖官银两，交结官场，营业渐次扩张。咸同之交，捻军活动于冀鲁豫一带，截断了清廷在南方搜刮所得白银的北解，票号趁机大做汇兑生意，又借垫镇压西北回民起义的军饷。这个时期，官款存放汇兑及财政透支，概由票号承办，操纵国家金融，成为清王朝的财政支柱，同时票号插手对外贸易，交结洋商，分支机构远设国外，承办国际汇兑，因而也成了庚子赔款的解缴人。江浙商人见山西商人票号如此白银滚滚，自然垂涎三尺，遂仿学西商，设立汇兑庄，这就出现了票号的南帮。至光绪十九年（1893 年）票号发展到 32 家，分号总达 400 多处，遍布全国 20 多个省区和欧亚数国，资本总额一千数百万两。在中华民族外患洋人内祸清廷之际，票号从存放利差、汇费收入，压平擦色（平指白银重量，色指质量）中获得巨额利润，跃居中国金融界之牛耳。

有道是"物极必反"。票号借清政府镇压农民革命和对帝国主义赔款，成为暴发户，而这一切反使中国半殖民地半封建化步步加深，帝国主义银行逐步扼住了中国财政金融的咽喉，买办官僚也开始兴办银号、银行，从而夺去了票号大量业务，使票号日趋衰亡。至辛亥革命后，票号更加失去了政治上的依托，歇业倒闭接连发生，到 20 世纪 20 年代，只剩下四五家苟延残喘。

百余年间，票号红极一时，要数 19 世纪 90 年代。庚子事变，八国联军进攻北京，慈禧太后慌忙西窜，途经太、祁、平入陕，票号筹办皇差，借垫路费，曾得到官府"急公好义"的牌匾。当时，力主承借者要数票号经理贾继英了，从而深得慈禧赏识。后来，慈禧"回驾"，在筹建官方银行时，由贾继英上任户部银行（后改大清银行）山西分行经理。

四、票号与官场

从前书生进京赶考，携带现银不便，一般都经票号汇去。有些贫穷书生也向票号预借旅费，尤其考中的人借钱较多，因为封建官吏很爱面子，及第上任之初非巨款不能应付场面。而那些豪门富户之纨绔子弟，或出钱捐官，或借钱捐官，票号都特别喜欢与这些人打交道，一是本利可靠，

"三年清知府，十万雪花银"，新官到任便是钱，拖欠甚少；二是利息高，而且往往在借款时票庄就扣下了利钱；三是与官吏发生交往，辖内官款尽可存入该号，公款存入又不计利息；四是借助官势，可以增强票号信誉。这说的是票号依官有利。而官吏依赖票号也有他的原因，一是依靠票号借垫款项，方能爬上官阶；二是票号分支机构遍布各地，对官场的消息灵通，某地有官出缺，可以及时提供情报。于是双方互相利用，互相勾结。

蔚盛长北京经理交结清室庆亲王奕坤，往来甚密，出入王府，俨然似清室官吏。还有百川通交好洋务派首领张之洞，协同庆交好清兵将领董福祥等。有些票号经理跟官吏跑，官吏调任，他们同行。大德通有位高经理，追随赵汝巽，赵赴东北，他到东北，赵到北京，他到北京，赵下四川，他也到四川，大德通简直就是赵汝巽的账房。可以说上至部府衙门，下至道台知县，大都与票号有着密切往来，并出现了官僚与西商合资的票号，云丰泰票庄就是云南总兵杨玉科与平遥商人的合资企业。

光绪十年，鉴于上年南帮票号阜康和胡通裕的垮台，倒欠公私款项甚多，清政府下令，凡经营票号一律要请领部帖，年纳银 600 两，而与票号有联系的封建官僚千方百计为票号开脱。遗臭万年的卖国贼李鸿章曾上疏清廷说，天津票号都是由北京分设的，只替京泸号"传递信息，函运银两，不做生意，无力完课"。清政府下令"所有应解部库银两，概委员装鞘"，到部交纳，"勿得再行汇兑"，而川督丁宝桢辩解说，票号"家道殷实"，又皆"连环互保"，"公款不虑无着"，如解现至京，"既多扰累，更延时日"，仍坚持票号汇兑。甚至在重庆每年银根紧张时，出道库拨银 10 多万两，无息借给票号周转。其内中自有不可告人之秘密。

自攀结官场后，票商作风派头与初期大不相同。他们媚上傲下，盛气凌人，小商小贩不在眼里，一张汇票最少 500 两银子，少了不汇，渐与商界关系淡薄，热衷于交结贵族豪门，以致操纵官吏升迁，包揽诉讼以致地方兴革大事。据传，光绪年间日升昌驻开封经理邱基泰，本是平遥城内一普通商人，竟与开封抚台、藩台称兄道弟，出入衙门，如回家中，外出访问，坐绿围四抬大轿，十分耀武扬威。后来，邱经理调任西安，出门仍是绿围大轿，仪仗喊道，一次碰上了没有眼色的长安知县，以冒充官员禀上问罪，陕西省抚台一见是日升昌邱经理，客客气气地请进了客厅。仅此一例，票商之权势足可见一斑。

五、票号的管理

山西票号能够称雄于商界百余年，与其严密的组织管理是分不开的。特别是它的"劳资合营"的封建管理制度，在金融管理史上也是独特的。

票号或为一个东家独资，或为数个东家合资，都采取无限责任制。成立时，由东家和经理出面邀请中证人 3～5 人，订立合同，写明资本若干，以一定的银两作一股（一般为一万两），出钱者（东家）称为银股。东家平时不问号事，大权赋予经理独裁，仅年末结账一览账簿，4 年一次大账期评论功过。号内经理和主要职员，均顶人身股，经理一般为一股，最高至一股二三厘，主要职员，由经理视人才能力和贡献大小酌定身股 2～9 厘。一经获利，银股和身股平等分配。平素待遇，顶身股者，按股厘数目，每季支给三四百到四五百两不等，其他不顶身股者，为薪给人员，按年支给几十到一百两不等，而日用伙食，均由号内开支。一般说来，上至经理，下至伙友，无不尽心竭力搞好经营管理，从而使票号的盈利与伙友的个人物质利益联在一起。票号内部规定，分号人员无论离家远近，一律三年探亲一次，非父母丧葬大事，不得请假。票号内部有一套严格的制度和纪律，如每人每月只准寄平安家信一封，但寄银钱衣物，必须由经理允许等。

票号的资金，全部存入总号，新设分号，不另拨资本，只给路费和开办费，营业需款，由邻近分号源源接济。分号间资金调度的原则是："酌盈济虚，抽疲转快"，统由总号指挥调度。营业员（跑街）每天晚上必须在经理面前报告本日营业情况及各地商情，以便掌握各地银根松紧及汇水涨落动态，筹划全盘营业。各分号对当地银钱行情，必须分别平稳暴涨、暴落两种情况，向各分号和总号及时通报，月终详造清册并附未来三个月的预测报告总号及各分号。

票号总号与各分号统一账簿，采用旧式复式记账，月月清，年有总结，各地平码繁杂，银色各有差异，决算时必须统一折合为票号本平本色，入账，不准错讹和拖延。总分号之间的往来函件，分为主报、复报、附报、叙事四种，条分缕析，一目了然。

对于上述号规，也许由于人身股的制约，一般都是谨慎尽职，对于年轻伙计（练习生）没有身股的，不准回家，稍有过失，即予开除。由于多系山西同乡，亲朋引进，若有作弊，老板很轻易找到老家追究，所以更是小心翼翼，任劳任怨。

这些规章制度，对于票号业务的发展确实起过重要作用，但它终归是封建社会的产物，随着时间的推移和社会经济的变革，它根本无法制约经理的腐化堕落和落后保守，当然不可进取。

六、票号的衰亡

清朝著名书法家徐润弟，曾给蔚字号票庄东家介休北贾村侯家的厅堂上写了这样一副对联："读书好经商亦好学好便好，创业难守成亦难知难不难"。这话是有一定道理的。可是票号后人都是些"八旗子弟"，怎么能懂得这些呢？

驰名中外的山西票号，历经道光、同治，至光绪末年已呈不景气状况。大多数分号有识之士一再呈文总号，建议改组银行，均被总号一一斥回，后相互串通，再作呼吁道："如不及早变计，后将追悔无及。"而票号之盟主对此不仅不听，反而大发雷霆。因而，票号江河日下，逐渐有人离开票号投身银行。1911 年清廷皇冠落地，票号与官场的旧日关系，被辛亥革命的炮火摧得七零八落。基石既毁，票号只得土崩瓦解，归于消亡。追溯票号消亡的历史原因，不外主、客观两个方面：

从客观方面讲，第一，随着辛亥革命的爆发、清王朝的垮台，与官吏相依为命的票号当然就无法生存。就日升昌而言，仅四川、陕西各分庄就丢失现银 30 余万两，加上皇室贵族和官吏下台损失达 300 万两以上。辛亥革命后，又出现了军阀割据，战患连绵，金融停滞，票号旧日贷放失散无着，存款逼提，不堪挤兑，分庄经理伙友也有的趁火打劫，伪造账目，多报损失，或携款潜逃，致使票庄倒闭。第二，甲午战争后帝国主义的银行越来越多，不仅办理国际汇兑，而且伸入内地办理汇兑和存款，票号无力竞争，自然不堪一击。第三，铁路、轮船、邮电等现代交通运输工具的兴起，以及民国以后纸币的大量发行，也使专营汇兑的票号失去了不少业务，营业日趋萧条。

从主观方面讲，第一，票号虽由商业发展而创始，后来则步入政府银行之路，摒弃了旧日原旨。这种非生产性的经营活动实为作茧自缚。第二，因循守旧，顽固保守，不能随着社会政治经济的变革而变革。如国内电报通达后，曾一度不准使用电报汇款。在近代工业已经兴起的形势下，窖藏白银数百万两，不敢向产业投资，固守封建高利贷方向。第三，票号东家和经理们腐化堕落，纸醉金迷，不管号事，这些都起了催命剂的作用。

综观山西票号史，对于商品货币经济的发展和自然经济的解体曾起过积极的促进作用，后期部分票号与近代工业已发生了一定联系，但总的说来它的作用是消极的。其利润虽主要来自对政府放款的利息和汇费收入，而政府将借得的钱用于镇压人民革命、对帝国主义赔款和皇室官吏的腐化生活开支。政府又把借款本利以捐税形式加在了劳动人民头上，这对社会生产发展无疑是一种破坏。同时票号为帝国主义对华经济侵略办理汇款也扮演了不光彩的角色。不过就经营管理方面讲，山西人理财的一些办法，尚值得探索。

民国初年，阎锡山曾多次对商界大加斥责："现在票号，奢华习气大得厉害"，"是山西商务下落的原因"。要求商界迅速挽回这种局面。然而大势所趋，阎锡山怎能使山西票号起死回生？还是《红楼梦》里的一句话："落花流水春去也。"

山西票号史话，挂一漏万讲到这里，不对之处，欢迎同志们指正。

山西票号史话

背景说明

这组文章是应《中国金融》杂志编辑部预约而写，连载于该刊2003 年第 11 期、第 13 期、第 15 期、第 17 期、第 19 期。文章就山西票号的创办时间、金融创新以及衰落的原因等进行了讨论和分析；还特别讨论了胡雪岩等南帮商人学习晋商在杭州、上海等地创办南帮票号的历史，并简要分析南帮票号起步晚、结束早的原因。

一、票号的产生与发展

票号①，最初是一种专门经营异地款项汇兑的信用机构，称为"汇兑庄"，因为汇款必须出具票据，所以也叫"票庄"或"票号"。但是它也办理存款放款业务，是中国古代社会向近代社会转变中商业革命的产物，是继当铺、钱庄之后又一种金融机构。因为经营此业的多系山西人，人们也称"山西票号"，外国人称其为"山西银行"。

既要办理异地款项汇兑，必有一定分支机构，票号的总号虽然设在山西平遥、祁县、太谷三县（后来有几家经营时间很短的设在杭州、昆明、上海等地），但是分支机构遍及全国各大城市及重要商埠码头，并远及朝鲜、日本等国家，在俄罗斯也有代理处，故有"山西票号汇通天下"之称。清朝地方政府甚至中央政府在财政拮据之时，也不得不依靠票号借垫

---

① 此处原有一段文字与本册《漫谈山西票号》中"一、票号的渊源"第一段相同，此处从略。

汇兑或贷款，所以票号能够下连官绅，上结朝廷，内携水客，外交洋商，盈利之巨，累百上万，"执中国金融之牛耳"。然而，辛亥革命以后，却随着清廷的垮台，匆匆退出了历史舞台。

对于票号这一世界金融史上的独特形式，中外学者极为注意。就说票号的起源吧，英国人说在隋末唐初，日本人说在明朝中期，国内学者也有多种不同说法。到目前，山西票号研究者有三种说法。

第一种意见是清顺治十六年（1659 年）说。据祁县李淇口述、杨立仁整理的《祁县最早的票号——义振泉》一文，明末清初北方反清复明的代表人物傅山、顾炎武、戴廷栻等，在祁县丹枫阁秘密组织反清力量，搜集流散的金银，支援反清义军，曾成立义振泉票号，顾炎武为票号起草了章程，总号在祁县城内西大街"昭余世家"牌楼北侧，由余剩源当铺改组而成。由戴廷栻、李恳投资为东家，戴惇林为掌柜。祁县李氏家谱记载，顺治十六年（1659 年）余剩源当铺改为义振泉票号庄时，总资本金 40 万两。顺治十六年某月，由傅山经手，支大同义军白银三万两，支江浙军费四万两。走镖运出，后被政府发觉，于康熙二年（1663 年）被政府查封。

第二种意见是清康熙十八年（1679 年）说。按康熙年间说，第一家票号是山西太谷志诚信。首创志诚信票号的人是太谷沟子村员成望。据员成望的第十世嫡孙员文绣说，员家在明代已经是有名的商人，员成望承袭父业，博览强记，精明练达，被顾炎武、傅山称作"员家人龙"。员家棒槌楼上到 20 世纪 40 年代还供奉着经商起家时做卖豆腐、豆芽的全套用具，棒槌楼南门门额上砖雕"望凤"二字是傅山亲笔所写。志诚信票号号规严密，经营策略和票号管辖商号的体制相传为顾炎武为员家所定。康熙十八年顾炎武客居员家，员家为顾举办了隆重的 66 岁庆寿活动。志诚信就产生于此时，设总号于太谷城内西大街，随后在北京打磨厂开办了义合昌汇兑庄和志一堂镖局，义合昌专营款项汇兑，志一堂专管各分号现银平衡武装押运，并且建立了票号管理商号的体制。员文绣说他上中学时曾经将乾隆时志诚信票号账本空白页（高等宣纸）拆下来使用。清初顾炎武与太原傅山、祁县戴廷栻是好友，民间传说票号号规为顾炎武"亲手所订"，是为第一家票号。

第三种意见是清道光三年（1823 年）说。按道光初年，平遥城内西街有个"西玉成"颜料庄，掌柜雷履泰，二柜毛鸿翙，三柜程大佩，东家李箴砚，人称"李二魔子"。该庄在北京设有分庄，在京的一些山西商人和西玉成北京经理商议，并经雷同意，在京交款，由北京写信在平遥西玉成用款。起初，这种异地拨兑，只限于亲属朋友，不出费用，后来要求拨兑的同乡越来越多，在双方同意之下，出一部分汇费。此时，李二魔子和雷掌柜都感到这种生意油水不小，如广为开展，必获厚利。于是另设"日升昌"，兼营汇兑，果然营业旺盛，遂于道光三年（1823年）基本放弃颜料买卖，以"日升昌"汇兑庄名义专营汇兑，兼办存放。先后在天津、汉口、苏州、重庆、广州等地设立分支机构，与各地山西商人拉关系，招揽生意，此处交款，彼地用钱，手续简便，信用可靠，颇受欢迎，营业范围越来越大，日升昌真是日升月昌，一派兴旺。

不过，不管哪一种说法，票号确实发生于清代山西，渊源于晋商。据《易·系辞》记载，早在5000多年以前，山西开始有了"日中为市"，"交易而退"的商业活动。唐宋以来，山西商业有了进一步发展，至明清时代，山西经商人之多，商业资本积累之巨，已十分显赫，但是货款交付却十分困难，外出经商的山西人就不得不寻求新的解决办法。不管是员成望与顾炎武，还是李二魔子与雷履泰，这种办法并不是清代的发明，早在唐朝时就有了汇兑，那时叫"飞钱"，宋代又叫"便换"、"会子"，只是数千年来发展缓慢，直至清代，随着商品经济进一步扩大，才由志诚信或日升昌带头专业化了。

可是雷履泰却因之踌躇满志，渐渐变得唯我独尊，独裁专断，引起了二掌柜毛鸿翙的不满。此事很快为坐落在日升昌隔壁的"蔚泰厚"绸缎庄东家侯荫昌察知，他正为日升昌日进斗金眼红，苦于没有里手为他经营，便趁机把毛鸿翙挖了过来，将他的蔚泰厚及蔚丰厚、蔚盛长、蔚长厚、新泰厚等商号改为票号，统委毛鸿翙掌管，并在蔚泰厚和新泰厚给毛鸿翙顶了人身股两股（相当于资本银两万两参加分红）。毛鸿翙对侯东家的赏识感激涕零，怀着誓与日升昌一决雌雄之志，锐意经营，分庄很快扩至上海、宁波、厦门、昆明等34处，大有后来居上之势。雷履泰对此十分恼火，遂给自己的小儿子起名鸿翙，借以泄愤；毛鸿翙闻之怒发冲冠，干脆给自己的孙子起名履泰。不管东家和掌柜以什么手段竞争，票号这种金融机构却在中国诞生了。

二、票号的金融创新

美国著名汉学家费正清在他的《伟大的中国革命》中讲到："便利于

中国国内商业的信贷，开始于最低级的当铺和高利贷……在外国人来到以前，最上层信贷的转让以及地区间公款的转让，是由钱庄经手，这些钱庄集中于山西中部汾河流域的一些家族。山西银行常常靠亲属关系在全国设立分号，把款子从一个地方转给其他地方的分号，为此收取一些汇水。""在上层和低层之间还有几类大大小小的外国人称为'地方银行'的钱庄。"看来老外还是无法细分我们的票号、钱庄、账局、当铺和印局，笼而统之都是山西银行。总的来看，票号在国外挂牌就是银行，如合盛元票号在日本的牌子是"合盛元银行东京出账所"。实际上，1500～1850年欧洲人在农业经济时代向工业经济时代转变过程中发生的那场商业革命和金融革命，在中国就是自明中期以后的所谓明清资本主义萌芽。商业革命和金融革命在欧洲与中国是平行发展的，票号或山西银行正是在这场革命中产生发展壮大的。这期间，票号的业务和服务社会的内容，一是汇兑商业款项，二是为商人融通资金，三是汇兑公款，四是代办捐纳和印结，五是借垫京协各饷，并进行了卓有成效的金融创新。

一是组织制度的创新。票号或由一个东家独资经营，或由数个东家合资经营，都采取无限责任公司制度形式。票号成立时，由东家和经理出面邀请中证人3～5人，订立合同，写明资本若干，以一定的银两作一股（一般为1万两），称为银股。东家将资本交付于管事人（大掌柜）一人，平时不问号事，既不预定方针于事前，又不施其监督于事后，大权赋予经理独裁，仅年末结账一览账簿，4年一次大账期评论功过。这就是资本所有权与经营权两权分离的银行制度。为了激励企业职工的经营积极性，给业务骨干"顶身股"，总经理一般为一股，对业务骨干，视其能力和贡献大小酌定身股八厘至零点几厘。4年一个会计年度，银股即货币资本股与身股即人力资本股平等分配所获利润，并视业绩大小，晋升身股数厘，将其名字录入"万金账"（即股份账）。这不就是美国近年研究试行的人力资本制度吗？

二是金融工具的创新。中国在9世纪就出现汇票萌芽——飞钱，到清初，经过这些"银行家"和商人们的手，创造出多种票据形式：①会票，即汇票，办理异地款项汇兑的票据。②凭帖，即本票，本号出票，本号兑现。③兑帖，本号出票另号兑现的票据。④上帖，金融机构之间相互协议兑现的一种票据，信用可靠。⑤"壶瓶帖"，一种暂时不能兑现的支票。⑥上票，非金融机构出的凭帖，信用较差。⑦期帖，即远期期票，以赚利息。

三是业务制度的创新。票号等金融机构创造了银行转账结算、票据贴现、旅行支票、银行轧差清算、货币交易市场等业务制度。转账结算在17世纪已经诞生，据《绥远通志稿》记载，当时银两转账为"谱拨银"，铜钱转账为"拨兑钱"，商号之间的银钱往来均通过银行拨兑。银行同业之间的短期资金交易市场，即现在的拆借市场，在清代就已经有了一定规模，当时呼和浩特每日清晨钱行商贩，集合于指定地点，不论以钱易银，还是以银易钱，均系现行市，逐日报告官厅备查。票号商人的款项汇兑，其汇票有见票即付，还有见票过几日再付两种，如果会票已到，兑付时间未到，提前支取，须交纳一定的费用，即如今的期票贴现。会票使用，可以一次交款，分期、分地提取现银，如同现在的旅行支票。

四是金融风险管理创新。票号当年已经建立了风险基金制度，叫作"预提倒款，撇除疲账"，即在盈利中提取一定数量的款项，存入号中，一旦发生借款人"倒账"，不能归还，可以冲销，以消除不良资产。票号还设置安全经营防线的资本充足率制度，在资本金交足之外，每个会计年度分红时，按股东股份比例提存一部分红利，留在企业参加周转使用，以扩大经营中的流动资本，叫作"护本"或"副本"，享有人身股的职工也要提存同一比例的红利，称为"护身"。有的企业还要将应收账款、现存资产折扣一定比例，使企业实际资产超过账面资产，谓之"厚成"。这些资金只计息不分红，实际与资本金无异。

五是资金营运信息管理。票号资本全部存入总号，新设分号，不另拨资本，只给路费和开办费，营业需款，由邻近分号源源接济。分号间资金调度的原则是"酌盈济虚，抽疲转快"，统由总号指挥调度。跑街（营业员）每天晚上必须在经理面前报告本日营业情况及各地商情，以便掌柜掌握各地银根及汇水涨落动态，筹划全盘营业。各分号对当地银钱行情必须分别平稳暴涨、暴落两种情况，向各分号和总号及时通报，月终详造清册并附未来三个月的预测报告予总号及各分号。

六是会计制度管理。总号与各分号统一账簿，采用旧式复式记账，月月清结，年有总结，4年一个账期统一核算。因为各地平码繁杂，银色差异，决算时必须统一折合为票号本平本色入账，不准错讹和拖延。总分号之间的往来函件，分为主报、复报、附报、叙事四种，条分缕析，一目了然。

七是人事管理。票号职员全部为亲朋引进，若有作弊，老板很轻易找到老家追究，一旦因为过失被开除，其他票号一般都不录用。票号内部设有严格的号规，分号人员无论离家远近，一律三年探亲一次，非父母丧葬大事，不得请假，每人每月只准寄平安家信一封，凡寄银钱衣物，必须由经理允许等。虽然管理严格，但是职工皆小心翼翼，任劳任怨，尽职尽责，因为人身股制度把职工的利益牢牢地捆在企业中。难怪山西晋中地区的老奶奶抱着孙子唱的《摇篮曲》是：俺娃娃亲，俺娃娃蛋，俺娃娃大了捏兰炭，捏不来兰炭吃不上饭；俺娃娃蛋，俺娃娃亲，俺娃娃大了走关东，深蓝布，佛头青，虾米海味吃不清。

三、票号的汇票与密押

在山西平遥日升昌票号原址，有一个"中国票号博物馆"，在其后院正厅廊柱上，挂着一副日升昌票号当年的木刻对联，上书："日丽天中万宝精华同耀彩，升临福地八方辐辏独居奇"。横批："丽日凝辉"。这"丽日凝辉"显然是因为"独居奇"，"奇"在什么地方呢？奇就奇在对面厅堂上的牌匾："汇通天下"。

山西票号一纸风行，款项可达数万里之遥，安全便捷，成本低廉，他们在全国以至国外广设分支机构，承揽异地巨额款项的汇兑，成为中国传统金融机构中最有影响的金融形式。其神奇之处，就在那一张汇票和专业承揽异地汇兑的组织上。

但是，当时的"汇票"叫"会券"或"会票"。当今的汇票就是从"会券"演变而来的。南宋时，中国曾经行使"会子"，亦称"便钱会子"，由政府发行，代替铜钱流通，发行一界，行使三年，具有汇票和兑换券的性质。不过后来发行过度，发生贬值，政府不得不折价收回。明朝政府发行钱钞，属于官方纸币，明末在民间出现了异地存取款的信用工具，称为"会券"。《皇朝经世文编》卷五二、陆士仪《论钱币》说："今人家多有移重资至京师者，以道路不便，委钱于京师富商，取票至京师取值，谓之会票。""会票"一词由明末一直沿用到清朝。可惜在明朝还没有出现专业汇兑机构，而且汇票是根据需要临时书写的。

票号的会票，由三张构成，一张是票根，留存出票票号；一张是送票，由出票票号寄达付款票号；一张是主会票，交给汇款人，以持票取款。会票是由总号专门统一印制，分发各分支机构使用的，交给汇款人的会票，为麻纸四折。第一折上部印"会券"，下部印花纹图案；第二折汇款人、汇款金额、取款地点、承兑汇票号财务印章；第三折汇款时间、汇出地票号印章、经手人；第四折中上部印"信行"，左上角是水印暗号，如日升昌票号汇票有一个水印"昌"字。后来汇票四个角上均有暗号，如蔚长厚的汇票是在汇票右上、右下、左上、左下分别有水印"蔚、长、厚、记"四个字。

山西票号的银行密押，除了水印之外，还有以下几个特点：

一是"会票"纸质是特制麻纸，上印红格绿线，由平遥总号精选纸张，加制水印，统一印刷，印毕立即销毁印版。只有本号职工可以识别，别人无法仿制。

二是各分号书写汇票，责定专人用毛笔书写，其字迹在总号及各分号预留备案（好像现在的银行预留印鉴），各号收到汇票，要与预留字迹核对无误，方可付款。

三是汇票书写完毕，需要加盖印鉴，票号印鉴正中多为财神像，周围有蝇头小字，以防假冒。

四是汇款金额设有银暗号，如用"生客多察看，斟酌而后行"或者"赵氏连城璧，由来天下传"十个字，分别代表壹、贰、叁、肆、伍、陆、柒、捌、玖、拾；用"国宝流通"分别代表万、仟、百、两。如"伍仟两"，即背面暗书"璧宝通"。

五是汇款时间设有月暗号和日暗号，如月暗号："谨防假票冒取，勿忘细视书章"12字为1~12月代号；日暗号："堪笑世情薄，大道最公平，昧必图自利，阴谋害他人，善恶终有报，到头必分明"30个字为一个月的初一至三十日的代号。如"三月五日伍仟两"，在背面暗写"假薄璧宝通"。不论银暗号或者是月暗号、日暗号，各票号由自己设置，一定时间更换，以防外人窃取。

上面说的银暗号、月暗号、日暗号，写在会票的后面，汇款人或持票人是无法知道的，只有票号内部专人才能辨别真假。暗号编成歌诀，死记熟背。为了万无一失，在银暗号、月暗号、日暗号之外往往再加一道锁叫自暗号："盘查奸诈智，庶几保安宁"。

笔者从1963年参与山西票号史料整理、研究至今，很少看到过关于票号汇兑款项因为票据技术问题而使款项被诈骗的资料，其严密程度，令人叹服。

四、票号与官场

清代晋中商家流传一本《俗言杂字》，供幼童识字，内中有道："几年光景，十万有零，没有顶戴，体面不成。捐个国学，监生前程；要请诰封，加捐州同；六品职衔，顶子水晶。"经商发财与当官掌权之间总有一种不言自明之理，官商相维，在票号发展史中始终涂抹不尽。

据志诚信票号创始人十世孙员文绣说，受康熙皇帝尊重的安亲王岳乐有二十子，受王公爵位者三，为"三公门"，有功受赏，在志诚信存款很多，志诚信东家员成望干脆以三公门为堂名设账局由志诚信管理，为亲王服务，自有需要亲王为之服务的秘密，开票号与官场结托之先河。①

咸丰初，洪秀全率众金田起义迅速占据南京，长江以南税收无法上解，政府还要出兵镇压，清王朝内耗糜巨，战费庞浩，入不敷出，财政十分困难，号召商人捐炮助饷。同时大开捐例，卖官鬻爵，借以弥补。票号总号一方面"寄信各伙"，声称此乃"报国之时"，令各地分号竭力捐助。各地分号争相表功，咸丰二三两年，山西票号商人捐款267万两白银，由此得到清廷青睐，允许官款汇解；另外，积极为地方豪绅捐官谋缺服务，承汇卖官银两，利用分支机构广罗信息，为报捐者谋缺，交结官场，营业渐次扩张。

咸同之交，捻军活动于直鲁豫一带，截断了清廷白银北解，票号趁机大做汇兑生意，又借垫镇压西北回民起义军饷。这个时期，官款存放汇兑及财政透支，概由票号承办，几乎成了清王朝的财政支柱。同时票号插手对外贸易清算，交结洋商，分支机构远设国外，后来又做了庚子赔款的解缴人。江浙商人见山西票商如此白银滚滚，自然垂涎欲滴，遂仿学西商，设立汇兑庄，出现南帮票号。至光绪十九年（1893年）票号发展到32家，分号总达400多处，遍布全国20多个省区和欧亚数国，资本总额达一千数百万两，从存放利差、汇费收入，压平擦色中获得巨额利润。票号因此也就由商业金融走进了政府金融的胡同。②

庚子事变，八国联军攻入北京，慈禧、光绪慌忙西逃，途经山西入陕，票号筹办皇差，借垫路费，清廷十分感激。当时力主承借款项的票号

---

① 此处原有一段文字与本册《漫谈山西票号》中"四、票号与官场"第三段类似，此处从略。
② 此处原有 3 段文字与本册《漫谈山西票号》中"四、票号与官场"第 2~4 段一致，此处从略。

青年职员贾继英，在慈禧"回驾"筹建户部银行时，被邀请进京参与，贾氏因之走红，晋商盛赞"五百年必有王者兴，一千年才出了个贾继英"。

五、票号衰亡原因与教训

清朝著名书法家徐润弟，曾给蔚字号票庄东家介休北贾村侯家的厅堂上写了这样一副对联："读书好经商亦好学好便好，创业难守成亦难知难不难。"这话讲得很有哲理，但是事物的发展变化能由书法家设计吗？

声势显赫的山西票号，19 世纪末到 20 世纪初，业务发展到了顶峰，其实已是一种表象。由于市场竞争越来越激烈，凭借清政府的支持和庇护是不能持久的，票号已经潜伏着危机。外国银行潮水般的涌入，国内新式银行不断增加，火车轮船开通使得对欧贸易商路改变，邮政交通进步也使票号业务减少，票号急需制度创新，这一切虽然没有被票号的决策人重视，但驻外分号的经理们却早有预见，纷纷寄信总号东家和掌柜，倡议改组现代银行。1904 年 8 月中旬《南洋官报》发表《劝设山西银行说帖》道："票号之生意，视商务为盛衰……中国近年以来，市面萧条，银根紧急，商务已不可问。票号生意遂因之不能持久，若不及时别开生面，另立根基，窃料数年之后，号东因无利可图，收庄回里，势必坐吃山空，伙友知号业将收，急于自谋，群思趁机攫取，彼时即欲设法挽回，而大势已去，噬脐无及，山西票号之利权从此去矣，山西之生计从此绝矣。所望晋省富商从速变计，予筹善后，以保大局。"列陈 16 条具体建议，却被东家斥回。蔚丰厚北京经理李宏龄联络各地票号经理上书总号，亦被束之高阁。更为遗憾的是清政府责成户部组设户部银行，聘请山西票号派人筹划，共商金融改革大计，也被山西票号财东回绝。

1911 年 10 月 10 日武昌起义，继而各省响应，清军反扑，土匪蜂起，社会混乱，许多城市发生焚烧抢掠，殷实商号和金融业受灾最重。天成亨票号仅汉口、成都、西安 3 处被抢现银达 100 多万两，至大局底定共计亏损 200 多万两。日升昌票号仅陕西、四川损失 30 余万两，放款无法收回，损失 300 万两以上。天成亨、大德川等 14 家票号在全国 68 个城市的 222 个分支机构存款 25091708 两、放款 31509295 两，放款大于存款 25.57%，居然因挤兑而关闭。曾代理国库的志诚信票号在庚子以后把业务重心移至北京，该号尽收国库余资，贷放南省，辛亥革命中清廷用款刻不容缓，在应收款 400 余万两，应付款 200 余万两的情况下，因周转不灵而宣布倒闭，号中经理人员连同股东均被押入大牢。山西票号在 1911 年 10 月以前有 26 家，1912 年 24 家，1913 年 20 家，1915 年 17 家，1917 年 12 家，1920 年 9 家，1921 年 5 家，此时的票号事实上已经不是原来意义上的票号了。

追溯票号消亡的历史原因，不外主、客观两个方面：

客观方面讲，第一，随着辛亥革命爆发，清王朝垮台，政府和官吏存款逼提，贷放回收无着，资产损失巨大。辛亥革命后，又出现了军阀割据，战患连绵，金融停滞，分庄经理伙友也有的趁火打劫，伪造账目，多报损失，或携款潜逃，票号倒闭关门。第二，甲午战争后，外商银行大量涌入，国内现代银行也越来越多，票号竞争对手迅速增加。第三，铁路、轮船、邮电等现代交通通讯工具的发展，以及纸币的大量发行，使专营异地汇兑的票号失去了大量核心业务，营业日趋萧条。第四，票号本是晋商的一部分，五口通商后晋商走上了下坡路，辛亥革命、十月革命、蒙古独立，晋商不仅业务重心倾覆，且资产损失惨重，票商东家几乎气竭囊空。

主观方面讲，第一，票号虽由商业发展而产生和发展，后来却步入政府金融之路，摒弃了原旨，部分的发生异化，不能不受政府命运动影响。它重复了意大利热那亚银行和荷兰阿姆斯特丹银行的路子。第二，因循守旧，不思进取，不能高瞻远瞩，在大变革时代拒绝改革，不能不被时代抛弃。比如国内电报通达后，曾一度不准使用电报汇款。在近代工业已经兴起的形势下，窖藏白银不敢向产业投资。第三，票号东家腐败堕落，纸醉金迷，吸食鸦片，不理号事。第四，票号企业制度的股东无限责任制的严重缺陷。第五，票号的所有权与经营权两权分离制度，缺少所有权对经营权的有效监督和控制。

民国初年，阎锡山沉重地说：“现在票号，奢华习气大得厉害”，“是山西商务下落的原因”，要求商界迅速挽回这种局面。然而大势所趋，阎锡山怎能使山西票号起死回生？还是《红楼梦》里的一句话：“落花流水春去也”。一批轰轰烈烈的金融创业者们的后辈子孙没有能够守住自己应有的事业，徐润弟的教诲并没有为票号带来久盛不衰。后来者，歌颂昔日辉煌者有之，讨论失败教训者亦有之。

一个世纪过去了，又是一个变革的时代，面对国际化的冲击，前车之鉴后事之师，我们总该有所领悟。山西票号历史告诉人们，创新制度就会走向发展，拒绝改革就是死路一条。

中国银行业的先驱

中国银行业的先驱

背景说明

这组文章除开场白为文集新加以外，各篇均为应《中国金融》杂志预约而写，载于该刊 2009 年第 17 期和 2010 年第 7 期、第 8 期、第 12 期、第 15 期、第 18 期、第 19 期、第 21 期。文章评价中国古近代金融业的发生发展，即中国土生土长的商业银行发生发展过程。中国的银行业不是舶来品。但中国早期的银行业不叫银行，有多种名称，最初业务也都比较单一，后来逐渐走向综合。如质库、典当、邸店、公廨、柜坊、寄附铺、钱铺、钱庄、银号、印局、账局、乡账商号、汇兑庄、票号、侨批业等，名称各异，逐渐发展成为存款、放款、兑换、汇兑、发行、承兑、贴现、代理、代办等多种综合性银行业务。他们所经营的货币资金，其实体为铜钱与白银。白银作为货币始于唐，行于宋元，明朝进一步通过立法确立了白银货币制度，与铜钱并行，规定"凡买卖货物，值银一钱以上者，银钱兼使；一钱以下只许用钱"，官方以法定形式肯定铜钱为有限法偿货币，白银为无限法偿货币。中国用白银做货币时间很长，公元 845 年（唐会昌五年），苏州有"金银行"；宋元有"银行"、"银行街"名称；1675 年（清康熙十四年）广州有"银行"会馆，均指经营白银货币存放兑换、熔炼、加工这一行业。所以，中国将西方经营货币的金融机构 BANK 翻译为银行，这是与中国白银货币制度有关的①。公元 1870 年（日明治三年），日本伊藤博文到美国考察，建立金融机构，把 BANK 翻译为"金馆"，后来看到中国广东邝其照所编《华英辞典》将 BANK 译为"银行"，遂将"金馆"改为"银行"，颁布了"日本银行条例"。

现代人们都知道，金融机构有两类：一是代表国家管理金融业的宏观管理机构，像中央银行、外汇管理部门、金融监管部门等；二是金融业投资者的金融企业，如银行业、证券业、保险业等微观金融企业。前一类金融机构的产生，比后一种金融机构要晚得多。当代金融企业大体可以分为银行、证券、保险三类。中国最早的银行、证券、保险企业是在什么时候产生的？中国第一家挂"银行"牌子的金融机构是 1845 年的香港英商丽如银行，第一家挂"保险"牌子的金融机构是 1805 年广州英商谏当保安行，第一家挂"证券交易"牌子的金融机构是 1891 年外商"上海股份公所"，由此，有人认为金融业是西方的舶来品，其实是不对的。在西方近代银行到来之前，中国人已经有了自己的金融机构，如质库、典当、邸店、公廨、柜坊、寄附铺、钱铺、钱庄、银号、印局、账局、票号等，它们是中国金融业的先驱。②

中国人把从事货币存款、放款、兑换、汇兑机构称为银行，概与中国长期以银为货币有关。

银行不是舶来品

近百年来，中国经济社会向哪里去，是学习西方还是弘扬传统时有争论。前者认为中国封建社会延续太长，封建糟粕根深蒂固，必须引进西方制度，甚至照搬西方一切；后者则认为泱泱大国，传统文化，至善至美，必须独立自主发展自己。其实，历史虚无主义是不对的，拒绝学习别人的长处也是不对的，坚持中国特色的社会主义才是唯一正确的选择。确实，

---

① 《太平广记》卷八二七、耐得翁（南京）《都城纪胜》铺席、周应合（宋）《景定建康志》、阮元（清）《两浙金石志》、加藤繁《中国经济史考证》第一卷、陈度（南京）《中国近代币制问题汇编》。

② 此处原文与本文"邸店·柜坊 寄附铺"中"四、柜房生前身后事"第 1～3 段内容一致，此处从略。

中国金融业第一家挂"银行"牌子的金融机构是 1845 年的香港英商丽如银行（也称东方银行，Oriental Bank）；第一家挂"保险"牌子的金融机构是 1805 年广州英商谏当保安行（Canton Insurance Society）；第一家挂"证券交易"牌子的金融机构是 1891 年外商"上海股份公所"（Shanghai Stock Exchange），由此认为金融业是西方输入的，银行是舶来品，其实是不对的。

一、早期银行业　不是舶来品

在引进西方近代和现代银行制度之前，中国人已经有了自己的金融机构，即土生土长的早期货币经营业，如质库、典当、邸店、公廨、柜坊、寄附铺、钱铺、钱庄、银号、印局、账局、票号等，它们是中国银行业的先驱。

春秋战国到秦汉，中国使用黄金和铜作货币，因黄金太少，逐渐藏匿，流通中以铜为主。白银作货币始于唐，先在岭南使用，至宋行使全国。唐、宋、元、明、清，银铜并行。公元 845 年（唐会昌五年），苏州有"金银行"出现，为金银器饰加工和买卖市场。1235 年（南宋端平二年），都城临安"自五间楼北，至官巷南御街，两行多是上户，金银、钞引交易铺，仅百余家，门列金银及见钱，谓之看垛钱，此钱备入纳算清钞引，并诸作匠炉鞴，纷纭无数。"1261 年（南宋景定二年），建康府（南京市）市场有 11 行，其中有"金银行"。1260 年（景定元年），马光祖修建"东南佳丽楼"就在"银行街"上。1314 年（元延祐元年），长兴州兴建东岳庙时，公德碑记载有"银行"捐款。1675 年（清康熙十四年），广州有 72 行，后来实际有 97 行，其中有"银行"，越秀公园镇海楼有康熙年碑刻记载"银行"捐款。可见从唐代到清初，已经使用"银行"一词。虽然这里的银行含义很宽泛，尚不是近代银行的概念，但包含了白银货币的经营与交易。1870 年（明治三年）日本伊藤博文到美国考察，建议学习美国，建立金融机构，把 BANK 翻译为"金馆"。后来看到中国广东邝其照所编《华英辞典》BANK 译作"银行"，遂将金馆改为银行，颁布"日本银行条例"。银行一词取得现代意义是 19 世纪中期的事。

一个国家是有边界的，但是市场和文化是没有边界的。如果一个国家长期闭关锁国，经济和文化上没有对外交流，不可能成为一个强盛的国家。中国银行业的发展史，就是一部银行业的自主创新和对外交流相结合的历史。中国人自己创造的土生土长的金融机构，经过了20个世纪的演变，到19世纪晚期，从西方引进了一些银行制度和管理技术，使中国早期的金融机构转型为近代银行业。

二、银行业先驱 革命性创新

我们之所以说质库、典当、公廨、邸店、柜坊、寄附铺、钱铺、钱庄、银号、印局、账局、票号是中国银行业的先驱，因为它们在中国土生土长，先后创造了中国早期的金融工具、金融业务、金融技术、金融制度，对中国经济社会的发展做出了巨大贡献。1912年梁启超先生在北京前门外对票号商人的一次演讲，曾谈到票号与意大利金钱商在时代背景、慎于出票、利润来源、与政府的关系等，有四个相同之处。中国早期的货币经营业伴随着中国资本主义萌芽即商业革命，同时也发生了金融的革命性创新。

一是金融机构创新。在14世纪以前的长生店、质店、邸店、公廨、柜坊、寄附铺基础上，15～19世纪初，又有了钱庄、银号、印局、账局、票号等金融机构的创新，其中有从事消费抵押信用的典当，有从事钱币兑换和存贷款的钱庄、银号，有从事短期信用贷款的印局，有专门从事贷款的账局，有专办异地款项汇兑及大额贷款、代办各种金融业务的票号等。各类金融机构遍布全国城镇，如1685年（清康熙二十四年）全国有当铺7695家，1724年（清雍正二年）有9904家，1753年（清乾隆十八年）有18075家。清代，仅山西富商太谷曹家开设的金融企业就有：钱庄锦泉涌、锦泉汇、锦丰焕、锦丰典、锦隆德、咸元会、振元傅、誉庆和、锦泉和、丰治通、富生俊、义太长、环泉福、源泉傅14家，票号锦生润1家，账庄励金德、锦元懋、三晋川、用通五、宝泉聚5家，典当锦丰庆、宝丰萃、保生当、瑞霞当4家，还有分布于山西、京津、东北、华东、西南、内外蒙古、俄罗斯数十个城市的兼营金融业务的机构等。

二是金融工具创新。唐宋时，财富转移就常常使用票据代替金属货币，到清代中期以前，商人们已经广泛使用多种信用工具，如凭帖，本铺出票，由本铺随时负责兑现，相当于现在的本票；如兑帖，本铺出票，到另一铺兑取现银或制钱，相当于现在的支票；如上帖，有当铺上给钱铺的上帖和钱铺上给当铺的上帖之分，彼此合同在先，负责兑付，相当于现在的银行汇票；如上票，非金融商号所出的凭帖，信用相对差一些，相当于现在的商业汇票；如壶瓶帖，有些商号或钱庄因逢年过节资金周转不灵，自出钱帖，盖以印记，用以搪塞债务，因其不能保证随时兑现，只得暂时"装入壶瓶"，相当于现在的融通票据；如期帖，出票人企图多得一些收入，开写迟日票据，到期时始能取钱，并计算期内利息，类似现代的远期汇票；如会券，即异地款项汇兑的提款凭据，始于唐代飞钱，明末清初异地款项汇兑逐渐发展，清后期出现专业汇兑机构票号；如旅行支票，票号签发的一种可以分次在不同的分支机构支取款项的会票。

三是金融业务创新。存款、贷款业务，包括贷款中的信用贷款和抵押贷款，早在贞观盛世之前已经比较普遍，到清代，金融机构可以为客户办理债权债务的非现金清偿，即转账结算，《绥远通志稿》记载："在有清一代，在现款凭帖而外，大宗过付，有拨兑一法……乃由各商转账，借资周转。"拨兑之外，还有谱银，"盖与拨兑之源流同。其初以汉人来此经商至清中期渐臻繁盛，初仅以货易货，继则加用银两，代替货币，但以边地银少用巨，乃因利乘便，规定谱银，各商经钱行往来拨账，借资周转，此谱银之所勃兴也。虽其作用类似货币，而无实质。"金融机构为商号办理转账后，形成金融机构间的债权债务，通过钱业行会的"订卯"结清，即现在的银行业同业轧差清算。社会各界经济往来如借贷或赊销形成的债权债务的清偿，由商会组织的"过标"来清结。偿还期限依镖局押运货物银两期限而定，谓之标期，有年标、季标、月标之分，商会定有各地过标日期；债权债务的利息依标期长短和标内标外由融资双方商定，谓之标利，从而形成社会债务清偿的信约公履制度。每逢过标，第一天清偿银两债务，第二天清偿制钱债务，第三天金融机构间"订卯"，成为中国北方金融不易之规。

四是金融制度创新。清代中国金融机构已经有了自己企业的管理制度，如晋商的票号、钱庄、当铺、账局的企业制度有如下特点：其一是资本金来源股份制；其二是所有权与经营权两权分离，市场出现职业经理人阶层；其三是实行总分支机构制，分号遍及全国；其四是人力资本制度，高级管理人员及业务骨干享有人身股；其五是资本金管理有正本与副本之分，副本从货币资本股与人身股分红中提取，建立风险基金，亦如新巴塞尔协议的经济性资本；其六是银行密押制度；其七是金融稽核制度；其八是人力资源管理制度等。

五是金融机构开始为政府融资。能够为政府融资的金融机构主要是票号，它既充当清政府捐纳筹饷的代办机构，又汇兑公款、解缴税收，还为各省关借垫京饷、协饷，代理部分省关的财政金库，甚至直接借款给政府，承办"四国借款"还本付息，认购和推销"昭信股票"，在庚子事变中承办皇上的财政事务，承办庚子赔款的借垫汇解任务，成为晚清政府的财政支柱。

六是介入国际金融活动。中国长期以银铜为货币，又是贫银贫铜国家。明清中国商人从国际市场净输入外国银元 10 亿多元，还有大量金银块。1666 年（康熙三十八年），介休皇商范氏等几家经清政府批准与日本做生铜贸易 80 余年，年购铜约 190 万~600 万斤。晚清时晋商对俄罗斯商人贸易融资，仅米德尔洋夫等五家俄国商人对大泉玉、大珍玉、大升玉、独慎玉等 15 家晋商欠款 62 万两白银，曾发生国际债务纠纷。1907年合盛元票号在日本神户、东京、大阪、横滨及朝鲜的仁川设立"合盛元银行出张所"；咸元会钱庄、三晋川账庄、锦泰亨小号等均从事欧美亚太地区金融业务。

七是金融同业公会创新。为协调金融业内部及社会关系，防范和控制金融风险，在一些城市建立起金融同业行会，如汉口的钱业公所、上海的"山西汇业公所"、北京"汇兑庄商会"、包头的"裕丰社"、归化的"宝丰社"等。"清代归化城商贾有十二行……银钱两业遂占全市之重心，而操其计盈，总握其权，为百业周转之枢纽者，厥为宝丰社。社之组设起于何时，今无可考，在有清一代始终为商业金融之总汇"。宝丰社等金融行会部分地起着"银行的银行"和金融管理的职能，在订定汇兑平色、市场利率、金融规则，组织头寸调剂、票据交换、债务清偿，仲裁金融纠纷、维护共同利益、协调社会关系中起着重要作用。

邸店　柜房　寄附铺

晚唐名诗人山西祁县人温庭筠的《乾𦠆子》中有《扶风宝父》一文，讲到一个故事，在长安城有一位胡人名米亮，穷极潦倒，一位富人父，常常予以资助，一过七年。有一日父又见到米亮，仍然衣食困难，父又给钱

5000 文。亮感激万分，对人说："亮终有所报大郎。"时隔不久，亮突然找父说："崇贤里有一套住宅要出售，值 200 千文，大郎应速买之。"父在长安西市柜坊"锁钱盈余"，决定立即取钱购买。书写契约时，米亮高兴地对父说："我没有别的能耐，专攻玉石，那套院宅内有一块黑色捣衣石，别人不知道，其实是真于阗玉。大郎，你可以立刻致富了。"故事中说到的柜房，就是盛行于唐代的金融机构。其实柜房出现之前有邸店。邸店、柜房、寄附铺等是古代经济发展的杠杆。

一、邸店柜房寄附铺

在东晋到南北朝时，已经出现一种商业兼营货币贷放业务机构，名曰"邸店"。隋唐时邸店仍然很活跃，服务于远距离和大宗商品交易。唐初法律规定，"邸店者，居物之处为邸，沽卖之所为店。"实际中"邸"与"店"很难区分，往往都兼营堆货、交易和商旅住宿。如长安西市秤行之南，大商人窦某在此造店 20 余间，日收利数千，号为窦家店。因为邸店获利丰厚，贵族官僚纷纷开设，唐玄宗时曾下令禁止官置客舍、邸店、车坊，但实际禁而不止，只好敕令贵族官僚的邸店跟百姓一样交税，邸店越来越多。《南史》记载，梁临川王萧宏经营邸店几十家，"出悬钱立券，每以田宅，邸店悬上文券，期讫便驱券主，夺其宅。都下东土百姓，失业非一。"

柜房，在唐代出现，与邸店不同，是专营钱币存放与借贷的机构。柜房经营规模很大，唐德宗时政府曾向长安富商借钱 80 余万缗，足见柜房财力之巨。柜房资产主要是钱帛、粟麦。钱，包括自有资金和客户存款，因其实力雄厚，有钱人乐于寄存，而帛、粟、麦则是农民借钱的抵押品。唐代流通中货币是铜钱，每贯（1000 文）重六斤四两，携带大量铜钱出门很不方便，柜房代人存钱，自然有利于贸易往来。柜房的金融业务活动主要有：第一，代客保管金银、货币，收取保管费；第二，接受存放金钱者所开出的支票，支付指定的钱数，即"持帖支钱"；第三，对客户贷款，多数需要抵押；第四，受人委托，出卖贵重物品。范文澜在《中国通史》写道："唐时商业多至二百余行，每行总有较大的商店。据现有材料看，最大的商业当是放高利贷的柜房。"

柜房又有僦柜、寄附铺、质库、质舍等名称。柜房中设置储钱、储物的设施，代客保管钱物或者"出租保险柜"，故称"僦柜"。柜房对外贷款，需要有抵押物品，到期未赎取的抵押品，要出售变现，同时还有受托寄卖商品，类似后世的寄卖商店，寄卖商店虽是商品交易行为，不过委托售卖具有信用性质，且为金融行业兼营，故将柜房、寄附铺认定为金融业当无争议。唐蒋防《霍小玉传》记载，霍小玉由于资用屡空，往往私令侍婢卖箧中服玩之物，多托于西市寄附铺。柜房办理借贷需要抵押，抵押信用称为"质"，后人也称"典"或者"当"，故柜房也称质库。隋唐已经有了代替铜钱流通支付的纸质信用工具，异地款项调运的工具谓之"飞钱"或"便换"。《唐会要》记载，"时商贾至京师，委钱诸道进奏院及诸军、诸使富家，以轻装趋四方，合券乃取之，号'飞钱'。""商人于户部、度支、盐铁三司飞钱，谓之'便换'。"便换汇费高昂，有时达10%。所以，唐代名之曰柜房、寄附铺、僦柜、质库、质舍等机构，是专业金融机构，兼营一定范围的商业活动，带有较大的综合性，在各城市非常活跃。彭信威在《中国货币史》中描述到，京城"长安的西市便是中国初期的金融市场，在这个金融市场里，流通着各种信用，供给这些信用的，除个人性质的富商官吏以外，还有供给抵押信用的质库；有供给普通信用的公廨；有收受存款或供给保管便利的柜坊、寄附铺和各种商店；有从事兑换业、买卖生金银的金银店；有办理汇兑业务的商人组织"。

二、公廨捉钱捉钱户

彭信威所说的公廨，是隋、唐时官办的任命有"捉钱令史"的放款取息的一种金融机构，收入归财政支配。不过隋、唐公廨有所不同，隋公廨是地方官府直接经营，目的是让公廨"回易生利，以给公用"，即"出举生利"，"诸处兴生"，"在市回易"，以解决地方政府"公用"经费不足，也包括官僚个人私用。唐公廨是诸州令史即"捉钱令史"，资金来源以税钱充本，全部高利贷给有偿还能力的"高户"经营，谓之"捉钱户"。官府不管公廨钱的具体经营，由捉钱户以公廨钱为资本进行营利活动，包括贸易、质库、高利贷等，唐代的这种制度安排，在形式上似乎是避免了官府与民争利，实际仍是一种官府经营的高利借贷资本。

三、飞钱便换交引铺

唐代金属货币数量不足且流通不便，出现票据，号称"飞钱"，不动现钱，可以"便换"。宋代飞钱发展，有便换、便钱、兑便等名称，政府在东、西两京开设便钱务，官营便钱务发行"关子"，民间便钱务发行"会子"，都是纸币。初由商人发行，后改为政府发行。在 8 ~ 14 世纪，中国的票据和纸币代替金属货币流通已经达到了很高的水平，其设计、操作、管理的大量工作，柜房等金融机构做出了重要贡献。"便换"的经营机构，在 811 年（唐元和六年）以前为诸道进奏院、诸使、富商等自由经营；812 年（元和七年）后改为户部、盐铁、度支三司垄断经营。便换使用广泛，但在江淮、两浙和四川等地，特别是茶商，使用便换最多。便换盛行于 8 世纪 80 年代至 9 世纪 20 年代初的自由经营时期，政府机构垄断经营以后就走了下坡路。宋朝生产活跃，商业发达，从事金融交易和兑换的店铺增多，有银铺、金银铺、金银交引铺、金银交引交易铺、金银盐钞交易铺等，流通中便钱、便换、兑便更是活跃。因而政府不得不进行必要的金融管理，如 1057 年（北宋嘉祐二年），福州府就有"银行辄造吹银出卖，许人告捉"的政令。

四、柜房生前身后事

中国金融机构本滥觞于西周。《汉书》记载："太公为周立九府环法"，时有"泉府"之设，办理赊贷，属国家信用。"凡赊者，祭祀无过旬，丧纪无过三月。凡民之贷者，与其有司辨而授之，以国服为息。"赊，仅限于祭祀或办丧事，属消费性开支，不计息；贷，限于经营产业，会带来收入，要计息。利息以国税的比例为准。《周礼》记载"听称责以别傅"，即政府的官员在审理民间的借贷纠纷时要以债券为凭。可见信用凭证在先秦已经萌芽。西汉武帝时，中央政府曾派博士在全国巡查，发现鳏寡废疾不能谋生者，就发放救济或救济性贷款，可谓政策性金融之始。这些政策性金融机构及其活动在历代时隐时现，与欧洲早期的公共银行相似。至于民间金融机构的源头，在欧洲抑或在中国，都是从"寺庙银行"和摊桌兑换商走过来的。

中国民间早期的信用活动在寺庙里进行，没有专业的金融机构。因为寺庙是神圣的地方，有神灵护佑，不会招惹强盗和小偷。唐《会昌解颐录·牛生》记载："牛生自河东赴举……至菩提寺……僧喜曰，晋阳常寄钱三千贯文在此，绝不复来取。某年老，一朝溘至，便无所付，今尽以相遇。"但是"寺庙银行"不可能满足广大社会的信用需求，与其平行发展的民间高利贷者、摊桌兑换商发展超过寺庙，逐渐取而代之。唐时许多商业城市的金融业很活跃，信用放款叫"出举"、"举放"、"举债"、"责息钱"；抵押放款叫"质"、"收质"、"纳质"。武则天的太平公主，就开有质店。针对当时寺庙质店放款利息过高，武则天在 701 年（大足元年）下令，不得复利计息。当时长安市场对外开放，外国商人也在这里放款。

至于民间借贷的种类、利息问题，近年陈国灿先生在《从吐鲁番出土的"质库账"看唐代的质库制度》一文中，利用敦煌借贷契券，研究过唐代民间借贷问题，认为唐代民间借贷有生息举取、质押借贷、实物或者人力偿付借贷、无息借贷等几种类型；生息借贷利率，民间高于官府法定，月息以 10% 者居多，年息 120%～200%；举粮多是春借秋还，半年期取利 50%，年利 100%～200% 者；贷绢者年利 120%～150%。实物或者人力偿付借贷，借契无利息规定，实际在折酬偿付中，隐藏着雇佣剥削；"质押借贷"利息大都超过官定，甚至有人身作押的典身借贷；民间借贷还往往通过土地借贷、赁租等手段，获得他人园田的所有权，等等。

柜房作为中国早期的专业金融机构的名称，在唐代以后逐渐消失，但柜房的别名寄附铺的名称到宋代仍然被保留着。柜房名目虽失，但后来出现的钱铺、钱庄实际是柜房的延续，所以，柜房是中国商业银行的开端。

典当　质店　押店

"典当"一词始于何时？宋朝范晔所著《后汉书·刘虞传》所记，"虞所赉赏，典当胡夷，瓒数抄夺之"，说的是东汉末年，甘陵相刘虞奉命攻打幽州，与部将公孙瓒发生矛盾。刘虞打算把受赏之财质押给外族，却被公孙瓒劫掠。有人据此认为典当萌芽于汉朝，距今约 1800 多年，也有人认为始于南北朝的寺庙。不过人们一致认为典当业是最古老的金融业，其名称较多，有质库、质肆、质店、解库、长生库等。北宋画家张择端的《清明上河图》中就绘有一座"解库"，其门首挑出一个"解"字招牌。按照资本数量与经营规模，典当大致可分为典、当、质、押四种。典的规模最大、资本最多、期限最长、利息最轻；当铺次之；质店又次之；押店最小，往往被称为"小押店"，其资本最少，期限最短，利息最重。

一、萌芽、发展、鼎盛

典当业萌芽于西、东两汉，兴起于南、北两朝，成熟于大唐五代，立行会于北金、两宋，鼎盛于明清，衰落于清末民初。宋朝行会组织相当成熟，典当行会也从市井工商诸业中脱颖而出，成为中国典当史上最早的行会组织。

唐宋时期的典当业通称为质库，有时亦称为解库、解典库等。宋代以后，质库在进行一般的消费性动产抵押放款的同时，也开始进行经营性质的放款。与此同时，还逐步发展出了有息存款，从而初步显示出了作为信贷中介人的职能。

明清时期，典当更是得到空前发展，与钱庄、票局并列为当时社会的三大金融机构主体。典当经营，既有贷款业务，又有存款业务，比较经常、固定地经营各类公私款项存储，常常与商人之间有比较固定的资金融通关系，还能够兑换银、钱，发行钱票，成了以动产抵押放款为主的综合性的金融机构。清代杭州丝商到南京做生意，"把银子交与行主人做丝，拣头水好丝买了，就当在典铺里，当出银子，又赶着买丝，买了又当"，粮商也做同样的生意。典当存款，依当时惯例，不但有息，而且可以零星支用，不但私人闲款存典取利，大量官款亦常常"发当生息"。明清"典肆，江以南皆徽人，曰徽商；江以北皆晋人，曰晋商"。山西商人开设的典当业遍及全国许多省份，如祁县的乔家在西北、京津、东北和长江流域等地的各大商埠均有巨资经营的当铺；介休的冀家，其资本 10 万两银子以上的大当铺就有钟盛、增盛、世盛、恒盛、永盛等多家；榆次聂店王家，以经营当铺为主，开设的当铺遍及江南、东北、河南、河北及山西各地。

二、寺当、民当、官当

当铺丰厚的盈利，引来皇宫贵族及官府垂涎，纷纷斥资典当业，涌现出不少皇当、官当，分割民当资本的经营利润，遂使典当业竞争加剧，内部分工明确，专业化趋势发展，经营管理水平有了提高，出现了《典业须知录》一类内部管理文献。于是，中国典当业有所谓寺当、皇当、官当、商当之别。

范文澜先生曾指出："后世典当业，从南朝佛寺开始。""兴佛"带来寺院香火鼎盛，财力日增，寺院经济发达，寺院将寺库余积资财按照佛教"无尽财"的思想，出贷济贫，"出息取利"，回转生财，用以事佛。周而复始，生息积财，又救助贫民，乃慈善之举，因而生意兴隆，这是最早的典当机构——佛寺质库。在欧洲大陆，金融机构亦创始于寺院。公元前 7 世纪古巴比伦寺院，经营放款业务。公元前 675 年，意大利之寺院金库亦经营存款及放款。

政府典当始于与宋朝并立的北方金朝，金世宗还专门制定了官营典当业管理规则，这是迄今见于我国历史文献最早的一部由政府颁布的典当业管理规则，是我国典当业成熟的一个标志。明初朱元璋痛恨寺庙，为了巩固其统治，不断限制佛教，寺院经济骤然衰退，寺院典当基本消亡。同时朱元璋也极其憎恨贪官污吏盘剥农民，官营典当在明朝也销声匿迹。此后，典当资本主要以商人典当为主，基本占有全部典当市场份额，民间商帮典当业非常发达。尤其是山西晋帮和徽州商帮，以其经营典当业的规模之大、分布之广、获利之多而著名。

民间典当，在唐代已经很兴盛，当时官营、民营、寺营形式并存。唐时老百姓将家具、衣服，甚至以庄田作为质物换取钱两，十分便利。由于公私质库争相牟取暴利，朝廷不得不严加整饬，颁布法令对质钱利率做出明确规定。如《大唐六典》载："凡质举之利，收子不得逾五分出息，债过其倍。若回利充本，本官不理。"当时，典当业为便利市民、促进流通、活跃唐朝经济做出重大贡献。

到明清时期，典当业进一步发展。1685 年（清康熙二十四年）全国有当铺 7695 家，其中山西省有 1281 家，占 16.6%；1724 年（清雍正二年）全国有当铺 9904 家，其中山西省有 2602 家，占 26.2%；1753 年（清乾隆十八年）全国有当铺 18075 家，山西省有 5175 家，占 28.6%。当时"京城内外，官民大小当铺六七百家"，年收典税 9 万两白银。嘉庆年间，全国当铺发展到 23139 家，年上交朝廷税银达 11.5 万两。清末著名的银行家李宏龄说："凡是中国的典当业，大半是山西人经理。"19 世纪 50 年代，在北京有当铺 159 家，其中山西人开办的当铺有 109 家，占 68.55%。

三、当俗、当技、当规

当铺的柜台，在 360 行中是最高的，一般五六尺高。鲁迅说，我

"几乎是每天，出入于质铺（当铺）和药店……药店的柜台和我一样高，质铺的比我高一倍。"当铺通常月息为 1 分，也有 2 分或 3 分的。日伪时期的"小押当"，利息从 10 分起，高达 40 分。

1888 年（光绪十四年），平江县知县为一个镇开设典当张贴一张布告说，北乡因"山阻隔城甚远，贫户称贷维艰又无富户，请帖开典……各捐银 100 两之例于梅柘围地方开设质店以通缓急。每串每月取息二分五厘。凡属用度店资雇请执事辛工火食等项皆在息内弥数，并非重利盘剥。"布告要求开店人"凡一切质物须公平交易，量物后质，缓急相通。"还郑重警告"倘地痞强质强取，勒索刁难，借端滋扰，许该店主随时扭禀拿究，决不姑宽。"这张布告的后面还列有四则条规：一是质店原为便时之计，每串每月取息钱 25 文，以 16 个月为满期，过期不取，听变价作本，执票作为废纸，不得异言；二是质物倘来路不明，不与本店相涉，如有遇落执票者，皆准请保，查明书字，审承照物，算明还钱给物，不得恃强勒取滋事；三是质有衣物等恐鼠咬虫伤，霉烂朽坏，自应各安天命；四是质当原为便民通融之计，非私押重利者，不得压质强取，妄作非分之求。

当然，有些当铺还有一些赚钱的花样，比如"晨当晚赎"，一些人力车夫、搬运工，生活困难，常常在清早将衣被入当，质钱买粮，赚一天钱后，晚上再赎回来，可是也要付一个月的利息。如果到期未赎，过五天就要再加一个月的利息。又如"死当"，因为借贷者没钱赎当或者死亡，无法赎取抵押品，当票过期，抵押品即归当铺所有。

典当时，当户送上押品，店员看货、出价、协商，同意后即填写当票。店员对押品进行编号，挂上查对期限的"月牌"，按月推动，将到期者移到第一、第二架，一看便知是否逾期，逾期押品另放一处，谓之"落架"，即成死当。可以抵押的物品范围较广，如贵重物品、衣物、大公司股票等，但一般不收土地、房屋等不动产、笨重铁木用具，可以用房地产契约为抵押品，而红木家具、大理石条案等则可通融，古玩字画因为真假难辨，需要鉴定，真品亦很受欢迎。军用品一般不收，而真正的将校呢、马裤呢也可以收当。所以，当铺老板一般都开设古董店、金店或者估衣铺，以便处理死当物品。

当品赎取，规定认票不认人，凭票赎当，当票遗失，也可找保补票。赎当时先问原抵押品的品种、数量，所以一般人拾到当票或偷来的当票，因不知当品的名称数量，冒领之事很少发生。

四、衰落、消亡、重生

清末民初，政权更迭频繁，社会动荡不安，军阀割据，货币混乱，苛捐杂税，经济凋敝，典当业生存环境极为恶劣，加上现代金融业的发展，典当业未能及时转化经营理念，适应社会发展，导致满货亏损，资金枯竭，逐渐走向衰落，到 20 世纪 30 年代，全国当铺比清中期大约锐减70% 以上。

新中国成立后，随着金融业的公私合营、社会主义改造，典当业作为一种高利贷剥削行业被全部取缔，典当业进入一个历史消亡期。

20 世纪 80 年代末，随着改革开放，多种经济成分得以发展。1987 年12 月，新中国成立以来我国大陆第一家典当行——四川成都华茂典当商行正式成立，沉寂了 30 余年的典当业，奇迹般地复苏了。接着，全国各地的典当如雨后春笋，迅速发展到数千家。由于人民生活水平的提高，新的典当业很少有生活费用抵押贷款的需求，借贷者多为个体工商业户、小企业，他们因生产和经营性资金周转不灵而需要抵押借贷，典当业的利润来源已经转化为个体工商业户、小企业经营利润的一部分，不再是平民的必要劳动，这是典当业性质上的飞跃。2001 年 8 月，国家经贸委颁发《典当行管理办法》后，现代典当业的经营日趋规范。

现代典当是老百姓的需要、多种经济成分发展的需要、金融市场多元化的需要，中国典当事业已经迎来了又一个春天。

钱铺 钱庄 银号

钱铺、钱庄、银号是明清商业发展的产物。到清代，这类金融机构已经成为城镇手工业、商业发展不可缺少的力量，是由农业文明向近代社会转型过程中各地数量最多、分布最广、业务最为灵活的土生土长的中国早期银行业。但是，它们大小不一，资本悬殊，名称各异，经过几百年的演进，最终还有钱庄银号的不同称谓。

一、钱桌、钱肆、钱铺

钱庄最早的名称，有钱摊、钱桌、钱肆、钱店、钱铺，也称钱局、钱柜、银钱桌子等。

钱摊、钱桌办理钱币兑换，最为原始，"凡换钱者，皆一椅一桌厨列于街上，置钱于桌，以待人换。午则归家食饭，晚则收起钱，以桌厨寄近人家。明日复然。"所以政府为了维护社会秩序，控制钱庄风险可能带来的社会后果，常常规定连环铺保。清杨静亭的《都门纪略》有诗《换钱摊》："小桌当街钱换钱，翻来覆去利无边，代收铺票充高眼，错买回家只叫天。"即使规模较大，设有铺面，发行钱帖，办理银钱票据兑换、存款、贷款的互保钱铺，也有一定风险。杨静亭又一首《钱铺》诗道："铺保连环兑换银，作为局面贯坑人，票存累万仍关门，王法宽容暗有神。"当然，毕竟违法经营是少数的。

中国历史博物馆存有一幅彩色国画，启功先生题为《明人画南都繁会景物图卷》，作于明末或清初，画上有两处"钱庄"的招牌，还有银铺，有"万源号通商银铺，公平出入"的市招。说明南都（今南京）已经存在钱庄和银铺。

二、银炉、银铺、银号

银炉是办理纹银冶炼、加工，倾销银锭元宝的机构，亦称炉房。对专门打制金银器物及首饰的也称银楼。银铺也称倾银铺，办理银锭倾铸，也称为银号、银局。银号的文字记载，最早见于清康熙初年。后来，银铺逐渐被银号替代，银号业务逐渐与钱庄趋同。纹银的熔炼、元宝的铸造归于炉房。民间还有一种"南钱北银"的说法，即南方多称钱庄，北方多称银号，如上海钱庄，京津银号。

三、兑换、存储、借贷

钱庄和银号与工商业的关系密切，随着工商业的发展，其地位作用越来越重要。到清乾隆年间，钱庄、银号的社会影响，超过了当铺，成为当时影响经济与社会的主要金融机构。中国的钱桌、钱摊，与欧洲的摊桌兑换商一样，始于钱币兑换逐渐发展成为存款、放款、兑换的钱庄，与欧洲的银行业是一样的。钱庄、银号的大发展是在清代，特别是在乾隆年间，他们经营的业务有货币兑换、存款、放款、汇兑、发行兑换券（钱票、银票）等。北京的恒和、恒兴、恒利、恒源四家带"恒"字的钱庄，人称"四大恒"，是北京最著名的钱庄，据说创立于康熙四十二年（1703年），"皆浙东商人，宁（波）、绍（兴）居多，集股开设者……凡官府往来存款及九城显宦放款，多倚泰山之靠。"所出银票信用极好，市民视同现金。

早期钱庄主要业务是银钱兑换，但在资本有剩时，也不放过放债取利的机会。虽数目较小、期限较短，但可以借钱还银或借银还钱，因而是比较方便的。当然主要是生活消费放款。至清代以后，钱庄、银号的资本性放款逐步发展起来，特别是从乾隆年间开始，它成了工商业者重要的资金来源。据说，乾隆间庐州知府祝忻令当商减息，商人抗拒不从，祝即扬言将从江苏各银号支借数百万两银子为资本，开典当竞争，当商只好听从减利。在佛山，嘉道时有安盛、晋丰、福记、中泰等银号，一家银号用于信贷的资金往往能维持数十家乃至百来家中、小店铺的资金周转。除对商业放款外，还贷款于手工业生产，资本放贷日渐增加。

四、凭帖、兑帖、期帖

《新唐书》卷五四《食货志四》钱货类，就记载宪宗元和年间"飞钱"事，当时商贾至京师，委钱诸道进奏院及诸军、诸使富家，以轻装趋四方，合券乃取之，号"飞钱"。《唐会要》卷八七《转运盐铁总叙》记载，"商人于户部、度支、盐铁三司飞钱，谓之'便换'。"唐代金属货币数量不足，出现票据，号称"飞钱"。宋代发展为纸币，名曰"交子"。金元时代仿行宋制，发行"交钞"。明清商业勃兴、分工专业化、贸易空间扩大，不仅借贷关系频繁，而且大量使用代替金属货币流通的信用工具，许多大宗交易，都用票据进行偿付和结算。票据未到期前，持票人只要在票据的背面签字画押，即背书后就可以转让第三者，第三者需要时，亦可背书后再转让于第四人，如此辗转流通。王学农、刘建明《山西民间票贴》中有一张票据，是光绪元年十月初七日平遥"蔚长永"出的票据，背书有 34 次之多。道光十八年（1828 年）六月二十五日山西巡抚申启贤对当时票据发行与流通转让有一份报告给皇帝，其中讲到钱票行使由来已久，"是以江、浙、闽、广等省行用洋钱，直隶、河南、山东、山西等省则用钱票。"他认为行用洋钱弊端丛生，行用钱票"有益于国计民生"。他分析道:"晋省行用钱票,有凭帖、兑帖、上帖名目。凭帖系本铺所出之票,兑帖系此铺兑与彼铺,上帖有当铺上给当铺者,有钱铺上给钱铺者。此三项均系票到付款钱,与现钱无异,应听照常行使,毋庸禁止。此外有别项铺户并非钱店所出之帖,亦曰上票,又有年节被债逼索,自行开给钱票,盖用图章,以为搪账地步,俗名谓之壶瓶帖,言其'装入壶瓶',并无实用,民间亦不甚流通。有期帖系易银时希图多得钱文,开写迟日之票,期到始能取钱。以上三项,均非现钱交易,应请禁止。"凭帖,本铺出票,由本铺随时负责兑现,相当于现在的本票;兑帖,也叫附帖,本铺出票,到另一铺兑取现银或制钱,相当于现在的支票;上帖,有当铺发给钱铺的上帖和钱铺发给当铺的上帖之分,彼此双方已有合同在先,负责兑付,相当于现在的银行汇票;上票,非金融商号所出的凭帖称上票,信用然要差一些,钱商也可以接受,相当于现在的商业汇票;壶瓶帖,商家因资金周转不灵,搪塞债务,开出的不能保证随时兑现的票据,相当于现在的融通票据;期帖,类似现代的远期汇票。

另外,还有兑条,对小宗汇款,不用汇票,而是书一纸条,从中剪开,上半条给汇款人,由其转寄收款人,下半条寄付款的分号,核对领取,概不用保;还有一种相当于旅行支票的会票,适应异地贩运商人在沿途不同地点办货的需要而签发的一种可以一次签发,分次在不同地点分支机构支取款项的汇票。

钱庄最早发行票据始于何年,没有准确资料,但在乾隆年之前已经行用是肯定无疑的,除了前面引文所记,南方的上海钱庄庄票也在17世纪早期出现,在五口通商之后,开始作为进出口贸易的信用凭证,并与外资银行进行融资。

五、结算、清算、过标

据《绥远通志稿》记载,"有清一代,在现款凭帖而外,大宗过付,有拨兑一法……乃由各商转账,借资周转"。"其初以汉人来此经商至清中期渐臻繁盛,初仅以货易货,继则加用银两,代替货币,但以边地银少用巨,乃因利乘便,规定谱银,各商经钱行往来拨账,借资周转,此谱银之所勃兴也。虽其作用类似货币,而无实质"。当时银两转账为谱拨银,铜钱转账为拨兑钱。"悉照内地习惯"运行。这是中国银行转账结算的开始。

钱庄办理商号之间的转账结算之后，商号间的债权债务转变为钱庄之间的债权债务关系，需要很快进行同业清算，多年称为"订卯"。所有因为商品交易与借贷形成的社会债权债务的清偿，一律按照商会组织的"过标"结清。即由商会根据镖局运现运货从甲地到乙地往返时间定标期，分年标、季标（春夏秋冬）、月标，定出各地过标的具体日期，到此时日，头一天傍晚标车一到，各商号鸣鞭放炮，当晚唱戏，连续三日。第一天清理所有银两债权债务，第二天清理所有的债权债务，第三天各钱庄订卯。谓之社会信约公履制度。不能叫清偿者顶标。凡顶标者，即为没有信用商家，以后无人与之往来，即行破产。

六、社会、会馆、行会

清代，钱庄发展得很快，仅山西太谷曹家在东北、内外蒙古、关内以及俄罗斯的钱庄就有振元博、锦泉汇、誉庆和、锦泉和、丰冶通、锦丰焕、富生俊、义太长、咸元会、锦隆德 10 余家。1765 年（清乾隆三十年）在苏州一地有山西人开的钱庄 81 家。1776～1796 年（乾隆四十一年到嘉庆元年），上海钱庄至少有 106 家。

《绥远通志》记载，"清代归化城商贾有十二行……其时市面现银现钱充实流通，不穷于用，银钱两业遂占全市之重心，而操其计盈，总握其权，为百业周转之枢纽者，厥为宝丰宝。社之组设起于何时，今无可考，在有清一代始终为商业金融之总汇。"由于钱市活跃，转账结算通行，"大有辅佐各商之力"，"平日行市松紧，各商号毫无把握，遇有银钱涨落，宝丰社具有独霸行市之权。"尽管它们没有垄断货币发行，代理财政款项收解，但它有类似"银行的银行"和管理金融行政的职能，能够为本行的营业事项订定共同规则，组织金融市场运行，如汇兑平色、汇水、市场利率、票据交换、银行清算等，约束同业遵守，协调同行间的无序竞争，同时能够仲裁会员间的商务纠纷，协调会员与其他社会组织以及政府间的关系，维护共同利益等。上海钱庄有汇划钱庄与非汇划钱庄，后者因为业务范围较小，不能参加钱业公所，直到 1943 年增资改组，才加入钱业行会。

钱庄、银号是中国早期土生土长的银行业。

印局与印子钱

一、印局生于明而壮于清

明朝末年，由于农村土地兼并严重，很多农民失去土地，成为流民，流入城市，以出卖劳动力为生，或拉脚送货，或充当杂役，或肩挑贩卖，他们收入微薄，且不固定，肩挑贩卖又无资本。这些人常常为吃饭穿衣犯愁，当铺借贷需要实物抵押，他们又没有可以抵押的财产，当铺自然不会提供贷款给这些城市贫民。于是，社会上就产生了一种晨借夕还或者三五日以至十数日归还的不用抵押品的融资机构，这就是印局。因为借钱时，需要借钱人与印局订立合约，签名盖章，还钱时也要盖印章，亦称"印子钱"。诚如张焘《津门杂记》之所说："印子钱者，晋人放债之名目也。每日登门索逋，还讫盖以印记，以是得名。每归还一次，盖一次印，还讫为止，故名印子钱"。

据《明实录·熹宗天启实录》卷五十二天启五年（1625 年）三月记载，"顾炳谦等题，有中书官郑荣光等陈说，前门绸缎、印、当各铺，一时俱关，且有逃去者。"可见印局在明末就存在了。到了清代，印局在南北城市都很活跃。清康熙朝的两江总督于成龙（1617～1684 年）曾在1681 年（康熙二十年）《兴利除弊条约》中讲到，江南曾"严禁借旗放债。驻防满兵，皆系禁旅大臣统帅，成守纪律，自是严明，断无纵容旗丁盘债，虐民之事。但地方无籍徒影射旗势，或串同苦独力营，厮狐假虎威，狼狈为奸，违禁取利，及印子钱各色，盘算估折，稍不遂意，鞭挞横加，小民无可如何，殊干法纪。"[①] 可见在 17 世纪印局借贷已经很普遍，甚至进入了兵营。

投资印局的人以晋商为多。清道光、咸丰朝宰相祁寯藻在咸丰三年（1853 年）的一份奏折中说道："窃闻京城内外，现有山西等省民人开设铺面，名曰印局，所有大小铺户及军民人等，俱向其借用钱文。"又说：

---

① 《于清瑞公（成龙）政书》卷七。

"京师地方，五方杂处，商贾云集，各铺户籍资余利，买卖可以流通，军民偶有匮乏日用以资接济，是全赖印局的周转，实为不可少之事。"但是由于太平天国革命暴动，印局止账，"旗民无处通融，生机攸关，竭蹶者居多。"① 由此可见印局在当时社会中已经是不可或缺的融资机构了。

山西平遥商人经营印局者颇多，有专营和兼营两种。据民国十五年三月一日《银行杂志》刊登黄既明的文章《汉口之平民金融》称，"山西人在汉口之放零碎借款与一般人者，始于雍正年间……同业凡三百四十余家，先设公会于西会馆内，会内附设和解处，遇有倒塌之事，有公会和解，以免讼累。现又迁移于西关帝庙上首堤街，每月初二、十六，开常会一次。新入会者，须由三人介绍，并遵章纳交入会金，且限于山西籍贯……经商会转县署立案，帮规颇严。但放款手续极为简单，只需一熟悉者，居间介绍……借款以钱码为多，数目由二串至二三十串不等，至多以一百串为限。日期分四个月、六个月、八个月，最多以十个月为限，须视借款人之信用以定之。"

印局借款必须由借款人与印局签约，其格式如下：

立借字第某某　　　今借到
某某宝号名下湖北官票（或双铜圆）若干串文，当日三面言定，每月行息二分，期限某个月为满还清取字，不得短少分文。恐口无凭，立此借字为据。

中华民国　　　　　年　月　日
　　　　　　　某某某　具
凭 保 人　某某

可以肯定，印局生于明而壮于清，是中国明清时期服务于城市贫民的专业小额信用贷款机构。

---

① 《祁寯藻奏稿》。

二、印局放款的特点

第一，印局放款对象是城市贫民。印局是基于城镇游民出卖劳动、从事搬运和肩挑贸易，为了糊口、换衣或做小本生意短缺资本等困难，开展业务活动的。借款期限分为两类：糊口困难和小本生意，是朝发夕收，按日取息；换衣困难多为一百天，一次借出，每十日（或五日）还本利一次，还讫为止。据张焘：《津门杂记》卷下《打印子》记载，"印子钱者……是虽盘剥小民，然剜肉医疮，亦权济目前之急。天津民贫地脊，有无缓急，非此更无法设施。且有贫民日中所入，仅敷糊口，而谋食之外，不暇谋衣。是以春夹秋棉，两季衣襟，俱借印子钱制造。"印局也贷款于乐户或妓女个人，其利率更高，甚至有三个月加倍之势。

第二，印局放款需要保人。借款之先，由熟人介绍，与借款人同至印局，三面言定，由借款人出立借据，保证人同时签字，才能生效。清代到民国初年始终如此。

　　立担保借款人某某今保到　　　　某某向

　　某某宝号实借得湖北龙洋若干元，每月行息二分，期限某个月为满每月，付款三次，每逢某日由借款人送往号内，如有迟延倒塌均归保人是问，所保是实，须之保款字者

中华民国	年	月	日
借 款 人	某某某	具	
保 证 人	某某某	盖章	
对 保 印	（保款人原章）		

汉口印局借款，一律须铺保盖印，并再对保一次，共盖二印，且该铺保经理人，并签字于上。口头允许，须使对保者满意，方为有效。为了使保证人真正对借款人的信用负责，常常在借据末尾，开列数行条款，作为保证条件。对担保人盖印的条款，内容为："对于本借款须担负全数偿还责任；过期某日不送至本公司者，得由保证人代付；借款人如因故离汉（口），每期应由担保人送款至本公司；保人盖章后，并签字于上，以昭

核实；对保时，须加盖原印一个；保款人对于以上条款，如有怀疑，请勿盖章。"

第三，印局放款为短期小额贷款。因为放款对象是城市贫民和小商小贩，故出借款项数额很小，放款多是制钱，很少借贷银两。一般借额百文、千文（串）、数千文，也偶有借纹银三五两者，但为数寥寥。以小额、短期借贷为主。印局一般期限以一日、十日、三十日为限，常常有早借晚还，本利两清，或七日为限，本利两清，但也有数个月的期限。与当铺不同，当铺借款一般期限为三个月、半年以及一年以上。放款利息，印局利息一般高于当铺利息。

第四，印局放款先讲扣头。印局利润来源，除利息外，还有一种特殊索利方式就是扣头。如借银 700 两，按"四扣三分行息"，即借款契约写 700 两，实际借款人拿到手的是 280 两，还得以 700 两借款月息三分付息，到期按本金 700 两另加利息归还。故当时有人写诗说："利过三分怕犯科，巧将契券写多多，可怜剥削无锥地，忍气吞声可奈何？"[1]

第五，印局收贷办法。印局放款的利息收取，分"上打"或"后缴"两法，"上打"也叫扣收，在放出借款时，依据协议利率，在放款数额中扣收利息。例如，某人借钱 500 文，利率为 10%，应付借款 500 文，实付 450 文。在到期还本付息时，则按 500 文归还本金和利息；"后缴"则按借款数额付款，还款时本加利一并归还。还款要求将本利送上门来。但是，也有的地方由印局派人携章催收，收讫于凭证上盖章为记，收足本利后，即退还字据。"如借钱十千或八千，则分一百日还清，每日还钱一百或一百二十文不等，如遇阴雨，翌日补足。春借则秋已还清，秋借则春已扫数。春秋两季，周而复始，无之则民不称便。是虽利钱不菲，然零星归还，子母双清，负贩小民尚觉轻而易举矣。"[2]

摊户及小商店、劳工、小贩借用印子钱，因整借零还，尚称便利，不过一与之来往，即难与之摆脱。甚至一而再，再而三，或同时二三个胯子。卒至无法应付，一走了之，是为倒账，也就成为印局的风险。

史料记载，对于汉口印子钱，"山西人之职是业者，颇能耐，每日外出收款，毫不间断，又常收进铜元百数十串，亦不为苦，劳年盈余，可一对本（如千串之……一年，连本利共二千串）。汉口人羡其有利可获，仿

---

① 得硕亭：《草珠一串》。

② 张焘：《津门杂记》卷下。

行者，有加无已，名为本帮，情形与西帮不同，每天收者亦鲜，盖人力不及山西之耐劳也。借款多以洋银为本位，借款完全由保人负责，又有并不派人收取，须借款人送至号内，逾三五日不送去，即向保人追索。汉口开设者，大小六百余家，资本雄厚者，有十余万，最小则五六百元，至一二千元，以十日一收者为多，回扣每百元二元至四元不等……又有每天收取之借钱，俗称爹爹钱，亦称阎王钱，言其厉害可畏也。"① 汉口印局一直延续到民国年间，到1926年，汉口注册印局尚有山西帮永德和印局、恒兴蔚印局等15家，汉口帮同益印局、裕源印局、裕和福印局等22家。

由于印局放款没有抵押，风险比典当高，自然放款利息也就高于典当。据清档记载，北京做小买卖的"贫穷之人原无资本，唯赖印局挪钱，以资生理……有挪京钱二三串者，而挪一串者尤多，皆有熟人作保，朝发夕收，按日取利。而游民或携筐或担担，每日所赚之利，可供每日所食之资……在印局虽重于取利，而贫民则便于用钱，群然隐隐，各得其所。"②

账局 账庄 京钱庄

一、账局是明清商业发展的产物

账局的产生，有人认为是源于商人"放京债"，即京城中的高利放款者，为新选官吏上任前借款全赴任后归还的一种放款，这类商号称为"京钱庄"。京债始于唐代，以后历代都有。清道光时梁章钜说："今赴铨守候者，所假京债之息，以九扣三分为常，甚有对扣、四扣、三扣者。得缺莅任之初，债主已相随而至，剥下不足，遂借库藏以偿之。欲求其为良吏循吏，其势甚难，则京债之为害大矣。"③ 所谓"九扣三分"，是放款人按九折支付贷款，再按月息三分行息。朝廷屡下禁令禁止这种信用借贷，但禁而不止。1749年（乾隆十四年）开始曾实行得缺官员可向户部借银赴任的政策，亦是希望遏制京债，有人认为这是账局的背景。其实，账局

---

① 黄既明：《汉口之平民金融》，《银行杂志》民国十五年三月一日。
② 清档《通政使司副使董瀛山奏折》咸丰三年三月初四。
③ 《退庵随笔》。

真正的根源在于商品经济的发展。

清康、雍、乾时期，工商业的蓬勃发展产生了对金融的强烈需求，以自有资本从事商品经营的商人，已经不能适应商品经营所需资本的要求，户部右侍郎兼管钱法堂事务王茂荫（1798～1865年）分析，"盖各行店铺，自本者十不一二，全恃借贷流通。若竟借贷不通，即成束手，以致纷纷歇业，实为可虑。且可虑者，店铺而尤不独在店铺也。即如各行账局之帮伙，统计不下万人。账局收而此万人者已成无业之民。各店铺中之帮伙，小者数人，多者数十人；一店歇业，而此数人、数十人，亦即成无业之民。是账局一收，失业之民，将不可数计也。"①。

据清档记载，山西汾阳商人王庭荣，出资白银40000两，于乾隆元年（1736年）在张家口开设的"祥发永账局"，是现有账局史料最早的记载。清乾隆时的文人李燧在《晋游日记》卷三中写道："汾（州）平（阳）两郡，多以贸易为生。富人携资入都，开设账局。"账局在京城和各地的设立，为工商业发展解决了资金融通的困难，得到社会的肯定，咸丰、同治朝宰相祁寯藻认为，京城"银钱所以不穷，尤藉账局为接济"。②由于账局适应了商品经济发展需要，发展相当迅速。据档案的不完全统计：1853年在京城的账局268家，其中山西籍商人开设210家，占78.35%，顺天府商人开设47家，占17.53%，山东、江苏商人各4家，浙江、陕西、安徽商人各1家，5省合计占4.12%。在山西商人中，汾州府商人146家，占69.52%，太原府商人54家，占25.72%，其他州府10家，占4.76%。到清末，账局分布已经拓展到京师、张家口、天津、保定、赤峰、安东、营口、多伦、归化、祁县、太谷、上海、烟台、汉口、成都等城镇，也在库伦、恰克图以至俄国莫斯科等边疆和国外设立分支机构，如恒隆光账局、大升玉茶庄兼账局，都与俄国商人有信用关系。宣统二年（1910年）因俄罗斯商人俄哨克、噶尔皱克、米得尔样夫等五家商号倒闭，欠山西15家商人的620000余两白银案，引起国际诉讼，其中就有祥发永、大升玉、大泉玉、独慎玉账局在内。有的账局在总号之外设有分支机构，开始经营汇兑业务和签发兑银的银票。据清档记载，1910年3月，在度支部注册的账局尚有92家，有人查阅注册档案52家账局，其中

---

① 清档《请筹通商以安民业折》咸丰三年三月二十五日，《王侍郎奏议》卷三。
② 祁寯藻等咸丰三年七月初九日奏折，转引自张正明等：《明清晋商资料选编》，山西人民出版社1989年版。

山西商人 34 家，占 65.38%；顺天府商人 8 家，占 15.38%；余为直隶、奉天、山东、浙江商人，占 19.24%。在 52 个总经理中，山西人 49 个，占 83%。到清晚期，账局也称账庄，1902 年账局商人在北京成立的行会就叫"山西账庄商会"。

账局作为专门办理放贷取息的金融机构，投资者以山西汾阳府、平阳府、太原府商人最多。它是中国商业资本发展的产物，当然也与清政府的捐纳制度有一定的关系，正是这些经济社会原因，使账局逐渐从商业中分离出来，独立从事金融活动，它继承了古老信用活动的一些做法，开创了中国近代专门从事信用放款业务的先河，继往开来，传承着中华古老的信用文明。

特别值得一提的太谷曹家的账庄。在 19 世纪 20~50 年代，曹家商业有 13 种行业，640 多个商号，37000 多个职工，资本 1000 多万两白银，分布于山西各县及东北、华北、京津、华东、西南、西北以及蒙古库伦、恰克图和俄罗斯的伊尔库茨克、莫斯科等地。曹家通过砺金德、用通五、三晋川三个账局，来管理全部企业。"砺金德"分管山西、江南各号，"用通五"分管东北各号，"三晋川"分管山东和国外各号，实行大号管分号，分号管小号的办法，各商号独立核算基础上，由上一级商号领导相互间进行信息交换、联合采办商品、融通资金、调剂人才等，是中国最早的金融控股集团的雏形。

二、账局的放账对象

账局放账的主要对象，一是工商业者；二是小金融机构印局、当铺和钱铺；三是候选官吏、蒙古贵族。

账局放款首先是商人。翰林院侍读学士宝钧的一份奏折说道，"账局之放贷全赖私票，都中设立账局者，晋商最伙，子母相权，旋收旋放，各行铺户皆藉此为贸易之资。"[1] 如果账局止放，立刻对市场产生影响。如 1853 年春，太平天国北伐军进逼北京，都城恐慌，账局收本不放，工商铺户纷纷关闭，危及京师市场流通。在这个时候，京城有许多官吏，纷纷上奏皇帝。道光、咸丰朝宰相祁寯藻讲道："查京城之大，商贾云集，其最便于民者有二，曰会兑局（即票号），曰账局。内外所以无滞，

---

① 《翰林院侍读学士宝钧奏折》，转引自《山西金融志》，中华书局 1991 年版。

全赖会局为流通。银钱所以不穷，尤籍账局为接济"（清档，祁寯藻等咸丰三年七月初九日奏折）。王茂荫也说："臣尝细推各行歇业之由，大体因买卖之日微，借贷之日紧。夫买卖多寡，由于时势，非人所能为也。而借贷日紧，则由银钱账局各财东，自上年（咸丰二年）冬以来，立意收本，但有还者，只进不出，以致各行生意不能转动。"① 这说明账局是工商业资金主要提供者，所以账局收本，各业纷纷歇业，以致市场萧条。

账局也放款给候选官吏。彼时典当铺多数资本微小，放款数额不可能过大，而且需要收取抵押品，一些借款人如候补官员并没有合适的可以抵押的财产，常常为之犯愁，也是账局放款对象。李燧在他的《晋游日记》中写道："遇选人借债者，必先讲扣头，如九扣，名曰一千，实九百也，以缺乏之远近，定扣头之多少，自八九至四五不等，甚至有倒二八扣者，扣之外，复加月利三分。以母权子，三月后子又生子也。滚利累算，以数百金，未几累积至盈万。"候补官吏一到京，账局就设法接近，发现其经济困难，就给予借贷支持。几年在京候选，时有招待送礼，交际应酬，一旦放以实官，制行装、买礼物，用款甚多，往往囊空金尽，只得向账局借贷，账局除抽收扣头，收取高利外，有时甚至扣押贷款人的证件或随行讨债。道光十六年（1836 年），江宁知府善庆欠京债本银 4500 两，利上滚利，本利合计积至 5 万余两，债主是北京恒太成账局。经两江总督陶澍和江苏巡抚林则徐奉旨审理，善庆革职，回京候补。②

同时，账局对印局、当铺和小钱庄也提供贷款。故一旦账局抽紧银根，不仅影响工商业，也影响到城市居民生活。从度支部档案中有关账局注册和章程看，大多数账局主要经营存款和放款业务，部分账局除经营存放业务外，还经营汇票、发行银票、买卖生金银和收取各种票据。可见，清代账局初步具有后来银行的主要功能。

三、账局的放款办法

"闻账局自来借贷，多以一年为期。五六月间，各路货物到京，借者尤多。每逢到期，将本利全数措齐，送到局中，谓之本利见面。账局看后

---

① 《请筹通商以安民业折》咸丰三年三月二十五日，《王侍郎奏议》卷三。
② 《清宣宗实录》卷二九〇第十二页，道光十六年十月。

将利收起，令借者更换一券，仍将本银持归，每年如此。"① 账局放款的方法，与现代银行贷款有较大的差异。乾隆年间的文人李燧在《晋游日记》中记述，"利之十倍者，无如放官债……遇选人借债者，必先讲扣头。如九扣，则名曰一千，实九百也。以缺之远近，定扣之多少，自八九至四五不等，甚至有倒二八扣者。扣之外，复加月利三分。以母权子，三月后则子又生子矣。滚利累算，以数百金，未几而积至盈万。京师游手之徒，代侦某官选某缺，需借债若干，作合事成，于中分余润焉，日'拉纤'。措大（旧指贫寒失意的读书人）需次（旧时候补吏，等待依次补缺）有年，金尽裘敝，甫得一官，如贫儿暴富，于是制赴任之行装，购上官之礼物，狎优伶则需缠头之费，置姬妾则筹贮屋之资。始扰挥金如土，及凭限已促，不能不俯首于豪右之门，明知为鸩毒也而甘之。除奴仆之中饱，拉纤之侵渔，到手不过数千金，而负债已巨万矣。可哀也哉！"②账局对候选官吏放账，收费高于典当铺，因为账局放款不收抵押品，对官吏也不熟悉，经营风险较大，交易成本较高。账局的收费分为三层：一是按借款额支付三分左右的利息；二是按官缺距京城之远近定扣头的多少，近者扣头少，远者扣头多，借银一千两，实付九百，或六七百；三是三个月或六个月"转票"收复利。

近年，在山西发现闻喜商人于五英开设的"厚德堂账局"档案，记录了从清嘉庆五年（1800 年）到同治六年（1867 年）的借贷情况。该账局放贷最大金额是道光五年（1825 年）"长盛公"商号借银二百两，最小一笔是道光二十九年（1849 年）吴家房村吴肖贞借银一两四钱。同治以前的借贷账簿只记明借银金额并注明有契约，而同治以后的借贷记录更加详细，但没有注明是否有契约。比如同治四年（1865 年）九月二十八日，秦锦借银二两六钱，同治六年（1867 年）二月初三收银一千三百二十文，又借银十两来置大褂和京闪带纬绒帽一顶，用于参加考试。"厚德堂"几乎每笔借贷都立有契约。道光二十八年（1848 年）三月初七，王承唐立的契约写道：

---

① 《请筹通商以安民业折》，咸丰三年三月二十五日，《王侍郎奏议》卷三。
② 李燧：《晋游日记》卷三。

> 立揭文字人东薛庄王承唐，今凭中揭到于五英宅元银五十两整，同中言明每月每两一分五厘行息，其银约至九月内本利付还，空口无凭，立字存证。
>
> 保银人：启贤堂、刘天德
> 道光二十八年三月初七日立

从契约中可以看出道光年间账局放款，有的借款人还清了本息，比如李家房村的一李姓村民在道光二十年（1840 年）揭银五两，直到同治三年（1864 年）才付清本息十两。而有的借款人却还不了钱，只能以其他方式还贷，李家房村的李学昌在道光九年（1829 年）揭银二十两，到 35 年后的同治三年（1864 年），只好把自家的一亩三分地抵给了"厚德堂账局"。

四、大盛魁印票庄

清代最大的旅蒙商大盛魁，在内外蒙古地区从事贸易活动，同时办理印票融资，亦称大盛魁印票庄。所谓印票，就是蒙古王公和各旗行政长官，向信用提供者出具的一种盖有王公或旗署印信的借款凭据。印票上大都写着"父债子还，夫债妻还，死亡绝后，由旗公还"的字样。大盛魁印票庄放贷形式，一种是信用贷款，一种是信用贷货。

按清政府规定，外蒙古各王公要定期进京纳贡和轮流值班。开支费用浩繁，远途携带也不方便。大盛魁为其提供信用贷款，其贷款的回收，习惯由各旗按照所管辖地区人丁数目分摊。例如清光绪十七至十八年（1891～1892 年），外蒙古扎萨克图汗盟长阿育尔公三次向大盛魁借用现银 8660 两，全部分摊各旗牧民偿还。在王公晋京值班居留期间，他们的服饰、送礼、宴客、朝佛、游览以及生活事务，都由随行的放印票账人员代为办理，大盛魁对此满足供应，也摊派到地方，在收印票账时一并收回。如果届时不能收清，转为印票账，按月行息，直到到期全部收回为止。

信用贷货就是赊货放贷，大盛魁以乌里雅苏台和科布多两个分庄为中心，划定通往内外蒙古各部、旗若干条营业路线，每条路线由一个掌柜负责，率领若干售货员，带领骆驼队和账房，驮着各种货物到各部、旗，把货物赊销给王公、贵族或广大牧民。然后由账房人员把赊销货物的价款折成银两，作为放印票账的本金，由王公门出具印票，按月计息；赊欠款项到期，以羊马牲畜作价归还欠款。牲畜若一时不能赶走，就暂留牧民代养，待膘肥肉胖时再来领取，并不付费。信用贷货的利率，由印票庄与王公门确定，一般为月息三分，满三年者，停利还本。大盛魁印票庄则规定行息期限三十三个月，期满停息，让息三个月，以扩大印票借贷业务，同时也缩短了印票账贷款期限，加速了资金周转。

据日本《经济调查丛书》中《外蒙古共和国》一书记述："从一个记忆不清的年代起，当外蒙古王晋京朝见，征收驻蒙古中国军队维持费，王公世子袭爵，向乌里雅苏台将军赠贿，对博克多葛根献礼的时候，蒙古各旗往往遇到财政上的不如意。蒙古人唯一的资产家畜，在刻不容缓的情况下，很难变折为白银，在这种迫在眉睫的时候，就不得不乞援于大盛魁或长义德两家商铺。"实际上从事蒙古地区印票业务的账局比较多，这仅是实力最大的两家。

五、账局与近代银行

据现有史料，到清末，印局、钱庄逐渐与账局的业务有所类同或交叉，所以民国年间的货币商人并不把账局与印局、钱庄作严格区别，一些学者也认为都是"贷金业"。

但全面考察，它们的差异还是存在的。典当以抵押为特征，甚少风险；印局从事信用贷款，比典当风险大，但放款不多，有人担保，且每天催款，风险也不甚大。而账局和钱庄做的是信用贷款，并不收受抵押品，而是建立在对贷款人无形资产——信誉、经营能力等信任的基础上，无疑这种贷款的风险是比较大的。当然，账局和钱庄规模较大，成本较低，回报较高。这实际是账局和钱庄的经营能力，包括对经济发展的预测能力、对不同行业利润率的判断能力、对该地域工商业者信息的搜集及判断能力，以及对恶意抵赖现象的处理能力都高于印局、典当。

印局放印子钱于贫民，其"资本全靠账局"。历史上有些文人常常为贫民说话，疾恶高利贷者，再加上印局没有自己的专业行会（至少现在没有看到史料），汉口印局与账局同在一个行会组织，于是有些人把印局与账局混为一谈，没有弄清账局、印局的内在区别，其实账局与印局是不同的：一是放款对象不同，账局放款于工商业者或者候补官吏，印局放款于城市贫民；二是放款数额规模不同，账局主要是大额银两放款，印局放款数主要是小额制钱放款；三是放款程序不同，账局放款多数没有扣头只收利息，收取扣头者为数不多，印局放款先讲扣头同时计收利息；四是资本规模与分支机构不同，账局资本雄厚且多有分支机构设于各地，印局规模小且没有分支机构。作为金融机构的类型，印局与账局是应当区分开来的。

所以，账局、钱庄已经接近近代银行的业务经营特点。这正说明中国土生土长的银行业是由小到大、由简而繁不断发展壮大的。

票号、票庄、汇兑庄

一、清代票号的崛起

票号最初是专门从事异地款项汇兑的金融机构，后来办理存放汇兑与委托代理等业务。票号原称"汇兑庄"，因为汇款必有汇票，亦称"票庄"，又因为同属商号性质，社会呼之为"票号"。因为中国早期金融机构当铺、钱庄、印局、账庄、票号的投资者，山西商人最多，且总号又多设在山西，外国人把这些金融机构统称"山西银行"，其实票号在国外注册的名称就叫银行，如山西祁县合盛元票号在日本、朝鲜挂牌就是"合盛元银行"。

中国用汇票进行款项的异地汇兑，早在唐元和元年（806年）已经出现，到明朝后期，有很多商号兼营异地款项汇兑，票号作为中国最早的专业汇兑业务的金融机构到底发生在哪一年？限于史料，现在仍然有分歧：

第一种说法是1823年（道光三年）平遥日升昌。平遥商人李箴砚经营西裕成颜料庄，经理雷履泰，该庄在北京设有分庄，在京的一些山西商人和西裕成北京经理商议，并经雷掌柜同意，在京交款，由北京写信在平遥西裕成用款。起初这种异地拨兑，只限于亲友，不出费用，后来要求拨兑的同乡越来越多，在双方同意之下，出一部分手续费。此时，东家和掌柜都感到这种生意前景看好，如广为开展，必获厚利。于是另设"日升昌"兼营汇兑，果然营业旺盛，遂于道光三年（1823年）基本放弃颜料买卖业务，以"日升昌"汇兑庄名义专营汇兑，兼办存放款。先后在天津、汉口、苏州、重庆、广州等30多处设立分支机构。与各地商人拉关系，招揽生意，此处交款，彼地用钱，手续简便，信用可靠，深受欢迎，营业范围越来越大，日升月昌，一派兴旺。

第二种说法是1679年（康熙十八年）太谷志一堂。据太谷志成信票号东家后人沟子村员文绣回忆，其十世祖员成望承袭父业，经销丝绸、茶叶、药材，富甲一方，被顾炎武、傅山称作员家人龙，交往甚厚。顾、傅常客居员家。1679年（康熙十八年），员家为顾炎武66岁生日举办了隆重寿庆，一起筹划创设了志成信票号前身志一堂，并制定了规矩和经营策略，世代承袭。总号设在太谷西大街，北京打磨场开办了义合昌汇兑庄和志一堂镖局（也称隆盛镖局）。并且青少年时期见过志成信的实物四件：一是乾隆年间的账簿。二是他家中和德钱庄嘉庆年间的跑街手账。三是志成信嘉庆年间的信章，全部用章都是水牛角质地、颜体字篆刻，他保存的一枚现存太谷县志办。四是少年时看过员家家谱。[①]

第三种说法是1659年（清顺治十六年）祁县义振泉。据祁县李淇口述、杨立仁整理的《祁县最早的票号——义振泉》[②]一文说，根据祁县李氏家谱记载，顺治十六年（1659）余剩源当铺改为义振泉票号庄，总资本金40万两，由戴廷栻、李恳两家投资，戴惇林为掌柜，顾炎武起草了章程，总号设在祁县城内西大街"昭余世家"牌楼北侧，业务是办理汇兑，存款贷款，发行银票。并且说，存款每标开利一次，存款1000两为一满价，每满价利息40两白银。存款过期。

在1982年春，中国人民银行山西省分行和山西财经学院联合举办山西票号史料学术讨论会，研究票号的专家们根据当时的史料，初步认定最早的专业汇兑机构——票号，是清道光初年的平遥日升昌。但是同时也认为专业汇兑机构的产生，不应当与明末已经产生的商号兼营汇兑迟了200多年，仍然需要继续挖掘史料。近几年随着晋商研究的深入与晋商热，又有第二、第三种说法，可惜原始的文字资料已经丢失。如果按照第一种说法，票号产生于1823年，到1921年基本倒闭或转型，存续98年；第二

---

① 《晋商史料研究》，山西人民出版社2001年版。
② 《晋商史料全览》晋中卷，山西人民出版社2007年版。

种说法，票号产生于 17 世纪 70 年代，到 1921 年基本倒闭或转型，存续 242 年；按照第三种说法，产生于 17 世纪 50 年代末，存续 262 年。所以，票号产生的时间的考证很重要，现在仍然需要存疑，有待新史料的发现。

票号的总号，集中在山西平遥、祁县和太谷三县，分支机构遍布全国及国外，实行总分支机构制。太谷帮先后有志成信、协成乾、会通远、世义信、锦生润、徐成德、大德玉、大德川 8 家；祁县帮先后有大德通、大德恒、大盛川、存义公、三晋源、大德源、中兴和、巨兴隆、合盛元、兴泰魁、长盛川、聚兴隆、松盛长、长盛涌、公升庆、公合全、恒义隆、天德隆、裕源永、福成德 20 家；平遥帮先后有日升昌、蔚泰厚、蔚盛长、蔚丰厚、天成亨、蔚长厚、协同庆、协和信、协同信、百川通、汇源涌、永泰庆、宝丰隆、乾盛亨、其德昌、谦吉升、广泰兴、承光庆、日新中、广聚兴、三和源 21 家。投资专业汇兑机构票号的货币商人，集中在平遥、祁县、太谷、介休、榆次县。

19 世纪 60 年代以前，经营汇业的金融机构仅山西平遥、祁县、太谷三县的票号商人。1863～1865 年，浙江买办商人胡光墉，仿照山西票号，在上海和杭州分别设立阜康、胡通裕两个票号，另在京师、镇江、宁波、湖南、湖北、福州等地设立分号。到 80 年代中期，江苏官僚、买办严信厚在上海设立源丰润票号，另在京师、天津、福州、广州、香港设分号。80 年代末，李鸿章之兄李瀚章开设义善源票号于上海，由其子李经楚出面经营。此外还有云南商人在昆明设立天顺祥票号，在重庆、成都、汉口、上海、京师分别建立分支机构。江苏粮道英朴和广东陆路总督、云南高州镇总兵杨玉科（湖南人）与平遥商人合资设立松盛长、云丰泰票号于平遥，分支机构设于长江南北。这些后期的南方商人的票号，被社会称为南帮票号。南帮票号成立时间较晚，倒闭时间较早。所以人们习惯上将票号称作山西票号。

票号的分支机构，除京师与中原地区之外，各省、关及重要商埠都有设置，诸如多伦、库伦、恰克图、泊头、赤峰、哈尔滨、赊旗、五河、周村、烟台、青岛、青江浦、安庆、芜湖、蚌埠、正阳关、屯溪、宁波、厦门、九江、河口、潮州、汕头、琼州、九龙、香港、梧州、桂林、湘潭、常德、汉口、沙市、宜昌、老河口、万县、自流井、昆明、蒙自、雅安、打箭炉、巴塘、里塘、拉萨、迪化等，约 560 多处，国外的分支机构有日本的东京、大阪、横滨、神户，朝鲜的仁川等地。总号与分号、分号与分号之间，通过"兹报、附报、行市、另起"等方式互通信息，"酌盈济虚、抽疲转快"，相互接济。使票号具备了"有聚散国家金融之权，而能使之川流不息"的能力。《汉口竹枝词》道："子金按月按时排，生意无如票号佳，街上不居居巷内，门悬三字小金牌。"

山西票号的特别之处，一是总号集中在山西平遥、祁县和太谷三县，分支机构散布全国及国外；二是票号投资者出资后，所有权与经营权两权分离，委托总经理全权经营，东家平时不干预号事；三是企业的组成，"有钱出钱，有力出力，出钱者为东家，出力者为伙计，东伙公而商之。"出钱的东家有银股（货币资本股），出力的伙计有身股（人力资本股），货币资本股与人力资本股共同参与企业利润的分配；四是投资经营票号的股东一般都是其他商品经营资本的所有者，商品经营资本与货币经营资本混合生长，互相支持。可见，票号经营管理企业化的特点特别突出。

为什么票号会由山西商人创办？作为专门从事异地汇兑的信用机构，必须具备三个条件：一是要有巨额资本；二是要有分布各大商埠的分支机构；三是要有卓著的信用。票号之所以为山西货币商人长期垄断，完全是由明代以来山西商人资本的迅速发展造成的。首先，明代以后山西商品经营资本的发展，为山西票号的产生积累了资本；其次，山西商品经营资本的发展，又为山西票号的产生准备了遍布全国的汇兑网，晋商的商号多采用总分支机构制，分号分设各地，这是与其他商帮所不同的；再次，山西商人资本的发展为山西票号提供了良好的资信；最后，明代以来山西商品经营资本和货币经营资本的发展，为山西票号的经营管理积累了经验，提供了技术和管理人才。

二、票号的业务与利润导向

在中国，票号之前的金融机构，利润来源多为存放利差，票号创造了利润来源多元化的盈利模式。

第一是汇费收入。异地款项汇兑的手续费亦称"汇水"，一般无固定的标准，由顾客和票号面商，依据两地"银色之高低，期口的淡旺，路途之远近，银根之松紧，汇兑之逆顺"等具体情况确定。交通便利的通都大邑，每千两仅需二三两的汇水；交通不便的地方，每千两汇水达二三十两，有时高至七八十两。

第二是存放利差。经营存款放款获取利息差额，是票号盈利途径之一。存款一般分活期、定期，定期之中有三个月、六个月、一年或长期存款等不同档次，短期存款利息一般为 2~4 厘，长期存款可达 8 厘。放款期限，短期者 1~3 个月或者半年为限，长期者一年以上。放款利息根据市场银根松紧而定，银根松时六七厘，银根紧时一分到一分一二厘。票号放款利息的特点，一是低于当铺、印局；二是在全国"北存南放"，南高北低。

第三是利用在途资金。票号汇款有票汇和信汇，除了即票（见票即付，见信即付或者见票三五日交付）外，一般汇款从起汇之日起到交汇之日的在途期间都比较长，可以充分运用于盈利。如某号张家口分号汇往江西河口需 75~100 天、汇往苏州需 80 天，公款汇兑较私款汇兑时间为长，这部分资金无须付息就可以用于短期周转或短期拆放而盈利。

第四是平色余利。所谓平，指天平；所谓色，即白银的成色。票号办理存放汇兑，收受银两，每次都要鉴定银两成色，称量银两重量。由于各地的天平砝码不统一，公私银炉并存，熔炼白银技术差异较大，纯度难以统一，各地所铸银锭的成色不一。票号为了较量各地平砝的大小，以便建立自身统一的记账货币单位，在度量衡没有国家统一标准情况下，每个票号都不得不建立自己的平砝，即"本平"，与各地之平砝权衡，较出每百两比自置的平砝大多少或小多少，作为银两收交的标准，以便维护顾客以及票号自身的利益。票号的本平制度，一方面方便了汇兑与存放款业务的进行；另一方面也为票号在承汇中获得"本平"提供了条件，即在收、交银两折合时多余出来的银两，亦是票号收入。

第五是代办捐纳和印结。历史上，统治者曾多次因为财政困难而实行捐官鬻爵制度，将政府官员按品级和虚衔实职定价出售，在京纳银叫常捐，在省纳银叫大捐。不论在哪里纳银对捐纳者都会有七折八扣和暗中扣各种费用。票号利用遍布各地的分支机构，代办捐项，一是资助穷儒寒士入都应试以至走马上任；二是代办、代垫捐纳和印结（签有印鉴的证明文书），收取手续费和融资利息。一旦成人之美，做了实职官吏，便可以争取其辖内公款存入，扩大业务。由于清政府规定金库收入不能存放商号，但是得到票号帮助而做官以后的地方官员也不能拒绝票号的请求，更何况自己通过各种渠道获得的银两也需要票号存储保密，公款放在公库根本不可能生息，票号收存公款虽然不付利息，但是逢年过节票号送以厚礼。票号无息获得存款，用于贷放生息自然获利丰厚。

票号的业务最初主要是三项：第一，汇兑商业款项；第二，吸收存款；第三，为商人融通资金。后来又增加三项，即第四，汇兑公款；第五，代理地方金库和借垫京饷、协饷；第六，代办捐纳和印结。1862 年（同治元年），上海一地有票号 22 家，对上海钱庄放款 300 多万两。1871 年，票号把自己的业务重心从长江中游的汉口转移到了上海，但是在汉口的票号，直到 1881 年（清光绪七年）仍有 32 家。在北京，1894 年（光绪二十年）票号对清政府户部放款 100 万两，1906 年汇兑政府公款 2257 万两。票号后期，代办政府捐纳、汇兑公款、代理地方金库、借垫京饷协饷、借垫抵还外债、借垫汇解庚子赔款等，成为清政府的财政支柱。有人说，19 世纪末到 20 世纪初的世纪之交票号业务的迅猛发展是山西票号的回光返照，其实是山西票号异化的顶点。

三、票号的衰落与转型

票号发展中曾经受三次重大打击，第一次是太平天国运动，第二次是鸦片战争，第三次是甲午战争和八国联军进北京。光绪二十六年（1900 年）八月光绪慈禧西逃途经山西时，各省巡抚纷纷电汇款项到平遥票号，在款项缓不济急时，票号慷慨支垫，外逃官吏、皇上及在京官员无不称赞，未待慈禧回銮，顺天府和都察院就咨会山西巡抚催促票号返京复业。以后就由票号承揽了各地庚子赔款的收解汇兑业务，各地分摊的赔款不能按时上解时，就请票号垫汇。从光绪二十年到宣统三年（1894～1911 年）承汇公款 141 两、864 两、475 两，汇往上海外商银行。票号在不知不觉之中业务重心由商业金融转向了政府金融。

19 世纪末到 20 世纪初十几年中，[①] 一部分票号亏赔倒闭，一部分票号改组转型为近代银行，其大批有经验的票号职员，进入了全国各地近代银行业，成为民国时期金融业的业务骨干。

历史上真有许多惊人的相似之处，张家口上堡的日升昌巷，下堡的锦泉兴巷，分别是日升昌票号和锦泉兴钱庄建设并以自己的商号名字命名的街巷。外蒙古的科布多有大盛魁街，是中国近代最大的长寿企业大盛魁建设的。这一些如同意大利北部伦巴第商人在伦敦、巴黎建设了伦巴第街，发展了伦巴第银行业务是一样的。同样，山西票号正在重复着意大利热那

---

① 此处原文字与本册中《山西票号史话》的"五、票号衰亡原因与教训"第 2～3 段一致，此处从略。

亚银行和荷兰阿姆斯特丹银行的路子。

票号衰败的原因是多方面的。首先是国内外社会经济环境的变化，票号不能顺应时代变迁适时进行改革，失去发展机遇；其次是山西商务衰落，票号依托的晋商走向没落，自然其投资的东家也必然撤回资本，停止营业；再次是票号自身的异化，由商业金融后期逐渐转向政府金融，不可避免地随着清政府的垮台，存款逼提，贷款无法收回，只得关门停业；最后是票号内部管理机制的缺陷，没有董事会，总经理权力过大，缺少监督机制，加上其股份无限责任制度迅速衰落的原因。

侨批业 兼销业 客钱业

中国早期的金融业，除了典当、钱庄、印局、账局、票号外，还有一些金融机构产生于地方、服务于地方，在全国影响不是很大，但却在现代银行未产生和到达之前，在一方土地上或一个领域，从事着金融服务，为区域经济社会发展贡献力量，不可不提。这里只列举侨批业、兼销业和客钱业三种。

一、侨批业

中国东南沿海居民向东南亚的移民源于唐代，16 世纪后规模逐渐扩大，19 世纪形成高潮。这些海外移民与中国原籍地亲属间仍然保留着联系，汇款、通信不断，形成了海外华侨解送信件、款项的跨国市场，这就是侨批业。

侨批业于 19 世纪中后期始于福建、广东和香港地区，为东南亚华人移民聚居地区解送信款，兼有金融与邮政双重功能的华人民间经济组织。侨批业存在仅百余年，名称多有不同，诸如"信局"、"批信局"、"侨信局"、"汇兑信局"、"华侨民信局"、"批馆"、"侨批馆"、"汇兑庄"、"侨汇庄"等。到 19 世纪 80 年代，国内侨批局厦门已有 8 家，汕头 12 家，海口 1 家；国外新加坡 49 家，其中潮州人开办 34 家，福建人 12 家，客家人 2 家，广府人 1 家。据 20 世纪初日本人的调查，在东南亚的新加坡、槟城、巴达维亚、万隆、日惹、梭罗、三宝垅、井里汶、马尼拉、曼谷、西贡、仰光等地已有侨批局 400 余家；在国内有厦门 70 多家，汕头 80 余家，广东等地 8～9 家，香港 7 家以上。形成了环南中国海的侨批业组织运营网络。

有资料显示，从 1840～1910 年，经由厦门口岸出国的移民人数为 257 万，回国移民人数为 152 万，净移民人数为 105 万。而这些侨居国外的华人寄回的汇款也以厦门为集散地。清同治十年到辛亥革命前（1871～1910 年），总计约有 34328 万元的汇款进入厦门，平均每年约 858 万元。进入厦门的侨汇，再从厦门转入内地，构成了厦门及其周围地区商业和金融业的支柱。

在福建等省的华侨亲属，一般都住在乡间，多不识字，不了解汇款手续，一向由信局直接派信差连信带款送到收款人家中。送款信差是由当地乡里和商铺作保的，绝少舞弊，薪工不大，还常常为收款人代写回信，收款人付给一二角钱代书费或脚力，且提供酒食，信使月收入数十元白银，双方都很高兴。闽省虽然地方治安不好，但是民间习惯，盗匪不劫信差，避免断绝地方财源。遇汇款数目大至二三百元者，信局往往开记名本票，可背书转让之商家携城市代兑，故送款危险不大，此乃侨批局一大特色。侨批局业务信款合一，直接递送，为汇寄人和接收人均提供了方便。影响较大的侨批局是"天一总局"，全称为"郭有品天一汇兑银信局"，由旅居菲律宾华侨郭有品，于清光绪六年（1880 年）在其家乡龙溪县流传社（今龙海市角美镇流传村）创办的。初称"天一批郊"，专门为海内外华侨和眷属办理信件投递和钱币汇兑接送。光绪十八年（1892 年）扩大为四个局，总局仍在流传社，外设厦门、安海（晋江）、吕宋（菲律宾）三个分局。光绪二十二年（1896 年），改称为"郭有品天一信局"，光绪二十八年（1902 年）再改为"郭有品天一汇总银信局"。辛亥革命（1911年）前后，天一银信局的分局多达 28 家，从菲律宾的吕宋、宿务、怡朗、三宝颜扩大到苏洛、怡六岸、甲塔育以及马来西亚的槟城、大呲叻，还有荷属印度尼西亚的井里汶、吧城、垄川、泗水、巨港、万隆，暹罗（泰国）的曼谷、通扣，安南（越南）的把东、西贡，新加坡的实叻以及缅甸的仰光 7 个国家 21 个分局。国内有厦门、安海、香港、漳州、浮宫、泉州、同安 7 个分局。民国初年，又增设马来西亚的吉隆坡、柬埔寨的金塔以及上海、港尾 4 个分局。天一总局重信誉、管理严格、汇率规范、服务周到，赢得海内外侨民侨眷的信赖。鼎盛时期的天一银信局年侨汇额达到 1000 万银元，占当时闽南一带侨汇总额的 2/3，是我国历史上规模最大、分布最广、经营时间最长的早期民间私营侨批信局。

现有史料表明，侨批局一般为独资或者合伙投资制，规模狭小，资本不多，但通过同行组织的多种形式的合作，相互代理，形成了侨批业高效的网络，嵌入东南亚的华人移民社会和中国侨乡，赋予侨批局极强的活力，是环南中国海华人移民汇兑市场的重要金融服务业。

二、兼销业

兼销业即炉房或者银炉，在云南等西南地区称兼销铺，在北方多称为炉房或银炉，是以兑换银两、代官府和商号加工销铸银锭为主要业务的行业。兼销业的主业是熔炼纹银，铸造宝银，但是，在不少地方也常兼营存款、放款、汇兑等钱庄业务。

兼销业有官营和民营之分，官营多附设在各省藩库、关、局及官银钱号等机构内，民营的多设于各大商埠，由富商经理。但不论官办或者民办，均须经户部许可，发给部照为凭，所铸宝银刊明炉号，负有无限责任。政府一般限定地方银炉数额，不得任意增设，如北京只许设立 26 家。到了清末，法令松弛，各地私自开设许多未经批准的银炉，官方亦不加干涉，遂有"私炉"之名，以区别于领有部照的炉房。

兼销业资本颇巨，多达数十万两，其势力大者，甚至可能操纵当地金融市场。在设有公估局的地方，银炉所铸宝银，须先送公估局，批定后才能使用。无公估局的地方，银炉所铸宝银自负保证责任。一般银炉铸造的元宝均为当地通行宝银，仅限于本地流通。宝银是称量货币制度的产物，自从银元流通地域扩大以后，宝银使用日渐缩小，炉房业逐渐衰落。辛亥革命后，北京炉房商会仅有 64 家，设前门外珠宝市 26 家，西单 5 家，西四 4 家，东四 5 家，地安门 5 家，北新桥 4 家，安定门 4 家。民国"废两改元"后，炉房业相继歇业或转为银号。

炉房业经营存放款等钱庄银行业务最为典型的是云南昆明。云南兼销铺产生于清嘉庆、道光时期，光绪年间仍然很活跃。特别值得指出的是该业在昆明除经营宝银铸造业务外，还代办库款的领解，办理存款、放款业务，以适应当时经济发展的需要。云南兼销业的存款，最初是各行业暂存于兼销铺委托其代办数额较大的上解或办货的款项，或委托其兑换制钱的定金。后因业务扩大，周转资金不足，兼销铺便对临时寄存款项付给一定的利息以留用更长时间，逐渐演变为正式存款业务。同时，也有许多商人急需现款，兼销铺也会给予抵押贷款的方便，放款业务亦由此产生。就这样，存款、放款遂成为兼销铺的一项正式业务。为了扩大存款来源，兼销铺还经营机关团体存款、地方专款，如省属衙门和州、府开支饷银，兼销铺代理其存取事务，一次存入，陆续支用，安全方便，经手官员还有利息或酬劳费，双方都很乐意。兼销铺的放款，除对商号之外也有时放款给各级官吏。兼销铺也兼办汇票贴现，以方便民间交易。兼销铺在资金紧张时，常常向票号融通，在资金多余时也存入票号生息，票号成了兼销铺的业务后台。

三、克钱业

克钱是山西中部寿阳县及其周边地区货币商人的金融创新。清光绪《寿阳县志》记载，"贸易于燕南塞北者亦居其半"，如内蒙古、河北、京津，有的远走关东三省。他们积富而归时，将所赚银钱委托所在地票号，汇至太谷、祁县总号，只身轻装安全而返。回到寿阳老家后，亦不马上提取现银，而是暂存票号。其原因，一是货币积累不到一定数量不可能修房盖屋或投资新项目；二是地方不靖，盗贼出没，提现在家并不安全；三是银两收藏必有成色鉴定之麻烦。寿阳人的钱存在县域之外，不被当地所用，被寿阳商业中心宗艾镇商号所关注，为争取这笔存款，他们开出就地存储款项的优惠条件：第一保证银两成色与平砝公道合理；第二保证存取方便；第三保证利息随行就市，不低于太原市场利率；第四若发生差错由承办人负责，不让客户吃亏；第五无论存款人外出或在家休养，存款商号负责对存款人家庭生活热情服务、周到安排。这几条措施，使寿阳外出商人纷纷移款回存。寿阳宗艾镇商号存款迅速增加，现金流越来越宽裕。他们很谨慎地把这些存款称为"客钱"，客客气气，予以优惠。就这样，宗艾商号充当了存款人理财顾问与管家，彻底改变了自己的财务状况和经济实力。接着他们利用手中的存款，收购或者赊购当地商贩收购的土特产品，贩运外地销售，再采购外地商品运回当地，进行大宗批发贸易。在批发给零售商时，多数零售商现款不足，批发商就谨慎地赊销给这些零售商，债权债务各自记在账上，年终结算时相互冲销债权债务，所剩差额用现钱找清或结转年。这样，寿阳市场商品交易迅速扩大，很多农民也卷入商品大潮，秋冬农产品上市时，商人收购农民的产品采用记账办法，年终农商之间的赊欠交易全部结清。

但是好景不长，太平天国起义，切断长江一线，南方税收不能上解中央，同时中央还要派兵镇压，财政极为困难。咸丰皇帝不得不在咸丰三年（1853 年）做出两项决定，一是命令户部发行官票和宝钞；二是命令户部宝泉局、工部宝源局鼓铸面值大于实际重量的铜铁大钱，简称重钱。官票代表银两，面值一两、二两、五两、十两、五十两五种；宝钞代表制钱，面值五百文、一千文、一千五百文、两千文、五千文、一百千文 6 种，都是政府发行的不兑现纸币。大钱铸造因为铜源不足，又铸铁钱，加上民间私铸不足值沙板子、鸽子眼、水上漂等小平钱泛滥于市场，不足值的大钱、劣钱和干脆没有价值的纸币到处泛滥，商民拒收，物价狂涨，严重的通货膨胀造成民怨沸腾。这时，寿阳存款人心急如焚，宗艾镇商号为了维持市面，做出两项对策：一是作出一定的牺牲，剔除手中大钱、劣钱和铁钱，一律使用足值制钱，命名"宗艾钱"，宣布凡是和宗艾商人进行交易，非宗艾钱不办；二是引入批发商、零售商与农民的赊欠兑转的办法，对所有存款户办理足值转账，商民可以不动用现银现钱而划转债权债务。这样，宗艾商号的存款人放心了，市场现银现钱收付仍然一如既往。宗艾商人由此进一步提高了信誉，稳定了市场。

由于寿阳商人的信用交易的发展，债权债务通过记账划转，商品交易的现银现钱收付以商号为枢纽进行结算，便产生了客户之间现钱"克兑"的新的业务关系。所谓"克兑"，是寿阳方言，"克"和"兑"是同义词，常常有"克兑"一词，客户之间的债权债务通过转账结清，在寿阳话里，就是"克兑"。由于宗艾"客钱"的"客"与"克"同音，又因为银钱的"克兑"活动与"客钱"存款活动相关联，于是，"寿阳克钱"一词就这样逐渐成为地方商民常用的金融术语。比如某寿阳商人在沈阳有款，用款却在寿阳，另一寿阳商人正好相反，在寿阳有钱，在沈阳需要用款，两人商议，相互克兑，交换两地货币所有权。这种货币行为，寿阳商人称为克钱，即兑钱。于是寿阳"客钱"也就转化成为了寿阳"克钱"。

办理存款、放款和转账结算，是金融机构的基本业务，宗艾商号过去仅吸收客钱存款，现在又办理债权债务转账，随着其业务量的增加，有一部分这样的商号就自然演变为钱庄，势力较强的钱庄很快集中了大量的金融业务，便放弃原先的商品交易活动，专心于钱庄业务，而另一些兼搞客钱的商号在钱庄的竞争面前实力不足，也就逐渐淡化客钱业务，集中精力于商品贸易，原来的宗艾商人就由商品经营资本兼营货币经营资本分化为钱庄与普通商号两类型商人。寿阳克钱的有趣现象，是当地商人把外出经商的当地人的客钱存款视作"酵面"，只要有交易发生，支付手段就可以像酵面一样膨胀起来，启动当地土产出口和与购进外地商品，扩大内外物资交流。克钱制度使得货币的贮藏手段和支付手段职能得以结合，利用信用的功能，以转账代替现金，大大节约了社会流通费用，扩大了商品交易。

可见克钱（客钱）有三个特点：第一，客钱存款，享受复利利息；第二，客钱存款，存款人随时可以提取；第三，客钱存款，存款人可以随时用于转账结算；第四，客钱存款不受存款期限限制，可以直接用于支付本地购买商品，冲销存款。这样一来，寿阳市场就出现了商品交易量大大增加，而现银现钱流通量反而缩小现象。寿阳克钱是寿阳县的一种信用货币，为山西寿阳商人所独创和利用，19世纪到20世纪20年代末，流行了一个多世纪，对当地社会的商品化、货币化、市场化发展起到了很大的促进作用。

明清金融革命及其货币商人

明清金融革命及其货币商人

背景说明

　　这组文章是应《金融博览》编辑部约稿而写，连载于该刊2009年第2期、第3期、第4期、第5期、第6期、第7期、第8期、第9期、第10期、第11期、第12期（明清金融业的人力资源管理除外），编者按说："在金融业的发展历程中，金融文化像跳跃翻腾的浪花，时隐时现，观察体味这些串起的浪花，有助于了解和把握金融发展的脉搏。每一个关注金融的人，都在用双眼观察、记录、见证着中国金融业向前迈进的每一步。'品茗斋'（《金融博览》的金融史专栏）就如同一个金融历史文化长廊，展示给我们的是一幅珍贵的金融历史文化画卷，让我们更好地认识金融，了解金融历史，感受金融文化的魅力。从本期开始，'品茗斋'将连续刊登金融理论和金融史专家孔祥毅教授撰写的'明清中国金融革命及其货币商人'专题系列文章，回顾中国在明清时期发生的伟大的金融革命，品味我们祖先的那场金融革命的背景、演变。"

明清金融革命的背景与标志

古之《管子》有道："疑今者察之古，不知来者视之往。"确实，历史上常常有许多相似之处。当今 30 年的金融改革，为中国经济社会发展注入了新的血液和能量，使中国发生了巨大的变化，而未来的改革之路仍然还很艰巨。金融改革，也是金融变革，重大的金融变革当然也可以称为金融革命。中国历史上有没有金融革命？发生在什么时间？它是怎样演进的？这是个有趣的问题。

回顾历史，中国在明清时期曾经发生过伟大的金融革命，中国金融业从此崛起。品味我们祖先的那场金融革命的背景、演变，对当今正在进行金融改革的推动者和实践者来说，也许是一杯浓郁清香、提神醒脑的茗茶。

一、明清金融革命的背景

从明代中期到清代晚期，中国发生了一场商业革命。这场商业革命是中国长期农业文明发展的必然结果，真可谓"商不出三宝绝，虞不出则财匮少。"其标志性变革是什么呢？

（一）农业手工业商品化程度大大提高

1405～1434 年（明永乐三年至宣德九年），中国铁产量由 114 万斤增加到 833 万斤，增加近 7 倍。1461 年（明天顺五年），仅山西阳城一县产铁就达 700 万～900 万斤，已等于 17 年前全国的铁产量。[①] 鸦片战争前全国粮食产量中商品粮约占 10.5%，值银 16333.3 万两；棉花国内市场商品量 316 万担，占 30.6%，减除进口商品棉 60.5 万担，国产棉花商品量 255.5 万担，占产量的 26.3%，值银 1277.5 万两；全国棉布消费量，国产棉布自给占 47.2%，国产棉布商品量占 52.8%，值银 9455.3 万两；全国蚕丝的商品量占 92.2%，值银 1202.3 万两；全国茶叶国内消费量 200 万担，出口茶 60.5 万担，茶叶产量等于商品量，为 260.5 万担，值银 3186.1 万两；全国食盐产量（也是销售量），为 32.2 亿斤，值银 5852.9 万两。[②] 16～18 世纪自给自足的农业社会开始走向商品化、货币化之路。

（二）大批商业城镇兴起

商品化、货币化必然带来城市化发展。鸦片战争前，非农业人口 2000 万人，占 5%。在非农业人口增加的同时，城市的发展很快。明代偏僻的宣府镇已经"贾店鳞比，各有名称，如云南京罗缎庄、苏杭罗缎庄、

---

①② 许涤新、吴承明：《中国资本主义发展史》第一卷，人民出版社 1985 年版。

潞州绸庄、泽州帕铺、临清布帛铺、绒棉铺、杂货铺、各行交易铺沿长四五里许，贾皆争居之"。[1] 至于京城，不仅人口增加，店铺林立，而且商业行会组织也达到了相当大的规模。"北京的工商业会馆，成立于明中期的很多，如山西平遥颜料商所建立的颜料会馆……当在明万历以前……还有山西临汾、襄陵两县油、盐、粮商建立的临襄会馆。山西临汾纸张、干果、颜料、杂货、烟叶五行商人建立的临汾东馆（亦称临汾乡祠）。山西临汾商人建立的临汾西馆。山西潞安州铜、铁、锡、碳、烟袋诸帮商人建立的潞安会馆。浙江宁波药材商人建立的四明会馆。陕西关中商人建立的关中会馆等。"[2] 到清中期，不仅南京、苏州、扬州、广州、泉州是有名的商业城市，就连张家口、包头、伊犁、库伦、科布多都成了有名的商业贸易城市。

（三）国际商路拓展

在东南地区的海上贸易，以广州、泉州、厦门、福州为中心，与交趾、泰国、马来半岛、爪哇、菲律宾、日本有大量的商品交换。日本学者滨下武志教授认为，"亚洲区域内的贸易网，主要是由中国和印度商人到各地去进行贸易而形成，并由此构成相应的结算网。"[3] 清初统一了北方，游牧民族需要的大量茶叶、布匹等大量北上，晋商得地理优势，开辟了由武夷山、羊楼洞经长江、汉口、襄樊、赊旗镇、洛阳、泽州、潞安、晋中、太原、雁门关、杀虎口或张家口、归化、库伦、恰克图的商路，后又进入俄罗斯，经伊尔库茨克、新西伯利亚、莫斯科到圣彼得堡，形成亚欧商道——茶叶之路。从而输出俄罗斯茶叶逐年增加，1845～1847年以前每年输出俄罗斯茶叶大约4万箱，1852年以后达到17.5万箱以上，俄罗斯商人也将茶叶转贩欧洲市场，获取厚利。以恰克图、塔尔巴哈台、海拉尔为中心的北方的对外陆路贸易，与俄罗斯和欧洲国家及西亚地区进行商品交换。如恰克图市场在1723年（清雍正初年）贸易额为100万卢布，1796～1920年（清嘉庆年间）增至600万卢布以上，道光、咸丰年间持续增加。正如马克思说：沙俄"独享内地陆路贸易，成了他们没有可能参加海上贸易的一种补偿"，"由于这种贸易的增长……恰克图就由一种

---

[1] 《宣府镇志》（嘉靖版）卷二十。
[2] 李华：《明清以来北京的工商业行会》，《历史研究》1978年第4期。
[3] 滨下武志：《近代中国的国际契机》，中国社会科学出版社1999年版。

普通的要塞和集镇发展成一个相当大的城市了。"① 17~18 世纪（明万历二十八年至清嘉庆五年），中国对外贸易的大量顺差，使外国银元大量流入国内，总计大约 13 亿元左右。除销熔、外购鸦片等外，净余白银货币大约 10.8 亿元。另外，大约还有 60000 吨银块。上述这些数字，虽然并不是很准确，但是，中国有大量的白银净流入，当是不争的事实②。诚如顾炎武《自大同到西口》诗所说："年年天马至，岁岁酪农忙。"

（四）商业手工业组织企业化

如全国铁生产中心之一山西晋城，一个生产工场都有秩序井然的管理：八个方炉设一大柜，供应四个炒铁炉和一个铸锅炉；四个炒铁炉供十六个条炉和一个圪渣炉（处理次铁），各设一大柜；经理、采购、会计、保管分工细致。云南铜场工人分工有领班、打洞、排水、捶矿、洗矿、配矿、煅窑、炼炉等，投资和管理人员分工有场主、管事、炉头等。③ 从企业组织制度看，明中期以后到清中期，中国手工业、工业、商业、金融业的组织形式走向企业化，其企业的基本组织形式，一是独资企业；二是合伙企业；三是股份企业。晋商商号大部分实行所有权与经营权两权分离，出现了职业经理人阶层和普遍的委托代理关系，有了规范的企业管理制度。

（五）商业革命带来金融业的革命性变化

贸易发展使得货币数量需求增加，金属货币总量不足，引起信用工具产生发展和金融机构的建立，发生了金融业的革命性变化。明朝中期，当铺、钱庄已经遍及大江南北，虽然还没有专门从事异地款项汇兑机构，但是已经出现了兼作异地款项汇兑的商号，并且使用会票。清代又有印局、账局和票号产生，将金融机构设到了日本、朝鲜、俄罗斯等国家。1912年 11 月，梁启超先生在北京对山西银行业界的一次演讲中谈道："英之金钱商，与吾之炉房类，姑且不论。若以意大利自由都府之钱商与吾票号较，则其相似处有四：一是与商业企业往来不少，但吸收官款存放，并与帝王贵族往来者居多；二是利用各地币制不一和平砝的差异，压平擦色，从中渔利；三是出票慎重，信用卓著；四是同时发生的时代背景相同。"④

---

① 马克思：《马克思恩格斯全集》第十二卷，人民出版社 1965 年版。
② 根据郝延平的《中国近代商业革命》、彭信威的《中国货币史》、佛兰克的《白银资本》等书整理。
③ 孔经纬：《明清资本主义萌芽研究论文集》，上海人民出版社 1981 年版。
④ 《山西票号史料》，山西人民出版社 1990 年版。

美国学者费正清先生说："中国在 18 世纪，如果不是更早些的话，已经有了一个真正的国内市场，任何一个地区的供应品，都可以用来满足其他任何地方的需要……好比说欧洲文艺复兴的开端，或者中国商业革命的起步……中国国内市场的兴起可以从各种专业化的商人群体的成长来衡量，诸如批发商、零售商、走南闯北的行商，上层都还有层层的掮客和代理人，他们为不同地区间的贸易服务。"①

在这场商业革命中，晋商、徽商、潮商、洞庭商、宁波商、龙游商、陕西商、山东商、江右商等都很活跃，商品贸易规模扩大，商路拓展，由其引起的远距离货币支付的方式、成本、时间等困难，导致了信用和信用工具的产生，由此引发了金融工具、金融机构、金融业务与金融制度等一系列创新，形成了中国明清时期的金融革命。

二、金融革命标志

明清中国金融革命的基本标志，可以简要概括为以下几方面：

（一）金融机构覆盖全国城镇

中国最早的金融机构是典当，早在南北朝时已经出现。明朝，出现了钱铺、钱庄，从清康熙开始，不仅当铺、钱庄遍布全国城市集镇以至于农村，而且又出现了印局（印票庄）、账局（账庄）、票号（汇兑庄）等金融机构。当铺是从事消费抵押信用的金融机构，1685 年（清康熙二十四年）全国有当铺 7695 家，其中山西省有 1281 家，占 16.6%；1724 年（清雍正二年）全国有当铺 9904 家，其中山西省有 2602 家，占 26.2%；1753 年（清乾隆十八年）全国有当铺 18075 家，山西省有 5175 家，占 28.6%。清末著名的金融家李宏龄说："凡是中国的典当业，大半经理是山西人。"② 19 世纪 50 年代，在北京有当铺 159 家，其中山西人开办的当铺 109 家，占 68.55%。钱庄最初是从事钱币兑换业务的金融机构，后来业务扩展，办理存款放款。1765 年（清乾隆三十年）在苏州就有山西人开设的钱庄 81 家。1853 年（清咸丰三十四年）在北京有山西货币商人开设的钱庄 40 余家。③ 山西货币商人在北方很多城市钱行中居于垄断地位，如北京、苏州、张家口、归化、包头、库伦等地，都有自己的钱业行会，

---

① 费正清：《伟大的中国革命》，世界知识出版社 2000 年版。

② 李宏龄：《晋商盛衰记》。

③ 清档《朱批奏折》咸丰三年四月三日。

在南方很多城市势力亦很强大。19 世纪 40 年代后期，金融业界增加了清政府内务府设立的五个"天"字号官钱局，这是第一批官办金融机构，以后各地官钱局发展得很快。印局是办理短期小额信用放款的金融机构，无论京城还是蒙古草原，都相当活跃。内阁大学士祁寯藻给皇帝的报告说："窃闻京城内外，现有山西等省民人开设铺面，名曰印局，所有大小铺户及军民人等，俱向其借用钱文"，"京师地方，五方杂处，商贾云集，各铺籍资余利，买卖可以流通，军民偶有匮乏日用以资接济，是全赖印局的周转，实为不可少之事。"① 账局是从事放款的金融机构，18 世纪中后期，迅速蔓延，服务对象重点转向工商业商人，账局自清初至民国，大体存在了 300 多年。1853 年北京有账局 268 家，其中山西商人开设的账局有 210 家。当时负责管理货币事务的户部右侍郎王茂荫说"账局帮伙不下万人"②。票号主要业务是办理异地款项汇兑，清初出现，中经波折，到 19 世纪 20 年代迅速崛起，40 年代有 9 家，60 年代中期达到 20 多家，80 年代初达到 30 多家。1862 年（清同治元年）上海一地就有票号 22 家，对上海的钱庄放款达 300 多万两。1871 年，票号把自己的业务重心从汉口转移到了上海，但 1881 年（清光绪七年）在汉口的票号仍然有 32 家。票号总号所在地有：平遥、祁县、太谷三县，后来在太原、上海、昆明、杭州也有新设，其分号则遍布全国。这些中国土生土长的金融机构，最初虽然都是单一的金融业务，但很快业务拓展，向着存放汇兑综合经营发展。正在国内商业金融业迅速发展的时候，西方国家，以鸦片、大炮打开了中国的大门，外资保险与银行机构开始进入中国，1845 年第一家外资银行英商丽如银行在香港、广州、上海设立分行。

（二）票据流通代替金属货币

在票号出现以前，山西货币商人已经根据社会需要创造了许多信用工具。根据现有资料，明末，中国使用会票，代替现银的运送支付；清代，大体上雍正、乾隆时，票据代银的金融工具不断创新，到道光年时金融工具使用已经普及，有相当于现代本票的"凭帖"，有相当于现代支票的"兑帖"，有相当于现代银行汇票的"上帖"，有相当于现代商业汇票的"上票"，有相当于现代融通票据的"壶瓶帖"，有类似现代远期汇票的"期帖"，有及小宗汇款的"兑条"，有类似现代旅行支票的特种会票等。

---

① 清档《朱批奏折》咸丰三年四月三日。
② 《王侍郎奏议》卷三。

各种票据信用度差异较大，良莠不齐，道光皇帝曾下令准许凭帖、兑帖、上帖行使，不许行用上票、壶瓶帖、期帖。[①] 事实上，因为金属货币受资源产量制约，不能满足商品交易需求，必然出现票据代银问题，行政禁令是不可能奏效的。不仅各种票据照样行使，而且会票（汇票）的发展，又衍出即票、期票、票汇、信汇、电汇等。

（三）非现金清偿基本形成

清代，金融机构逐渐开始为客户办理债权债务的非现金清偿，即现代的转账结算，据《绥远通志稿》记载："在有清一代，在现款凭帖而外，大宗过付，有拨兑一法……乃由各商转账，借资周转。拨兑之外，还有谱银，谱银与拨兑之源流同，其初以汉人来此经商至清中期渐臻繁盛，初仅以货易货，继则加用银两，代替货币，但以边地银少用巨，乃因利乘便，规定谱银，各商经钱行往来拨账，借资周转，此谱银之所勃兴也。虽其作用类似货币，而无实质，然各商使无相当价值之货物以为抵备，则钱行自不预互相转账，其交易即不能成立。"当时银两转账称为"谱拨银"，铜制钱转账称为"拨兑钱"。[②] 金融机构为商户转账解决了商人间的债权债务清偿，却形成了金融机构之间的债权债务，需要通过金融机构间清算予以结清，即现在的银行清算制度。银行间的清算有两种情况，一是系统内清算，如票号各地分支机构相互之间在一定时间内发生的汇差，我欠人，人欠我，以"月清年结"上报总号，总号将月清收汇和交汇差额分别记入各分号与总号的往来账，收大于交差额为分号收存总号款项数；交大于收差额为总号短欠分号款项数，互不计息，全号实行统一核算，这种办法类似现代银行清算轧差的办法。二是各金融机构在为商户办理转账结算之后，形成金融机构之间的债权债务，通过定期"订卯"（银行清算）相互冲销，差额按照"标期"，在"过标"时结清。

（四）金融机构企业化管理

清代中国金融机构已经有了企业管理制度，晋商的票号、钱庄、账局的管理制度主要有：资本股份制。所有权与经营权分离的委托代理制，总分支机构制，联号管理制，人力资本制等，正是这种灵活、严密的企业化组织制度，使票号具备了"有聚散国家金融之权，而能使之川流不息"的能力。

---

① 《中国近代货币史资料》第一辑，中华书局1964年版。

② 《绥远通志稿》民国抄本卷三八。

（五）为各级政府融资

清代晚期，由于政府财政恶化，通过卖官鬻爵，捐纳筹饷，票号抓住机会，创办代办捐纳印结业务，利用分布全国的分支机构，为政府捐纳筹饷服务，成了清政府财政体系中不可或缺的捐纳筹款办事机构。继而办理汇兑公款，解缴地方税收，据不完全统计：1865~1893年，鲁、赣、湘、鄂、川、晋、浙、苏、皖、滇、黔各省及江海、粤海、闽海、浙海、瓯海、江汉、淮安各关通过票号汇兑公款达15870余万两，1862年汇款10万两，1893年汇款525万两，32年增长到52.5倍。[①] 各省关按照清政府分配的京饷、协饷的银两，在地方不能按时汇出时，票号予以借垫汇兑，获得汇费与借款利息双重收入，同时解救了中央和地方政府的财政危机。镇压捻军和回民起义时，清政府曾向怡和洋行、丽如银行等外国商人借款，1867~1881年（同治六年到光绪七年）先后六次，共计1595万两，均在上海办妥，由票号汇往山西运城或西安，转左宗棠军队提用，所借款项，以海关税作抵，由票号经办汇往上海外国银行还本付息。[②] 后来的《马关条约》对日赔款2亿两、赎辽费3000万两，以至向英、德借款、"四国借款"等均由票号包揽了各省债款汇兑：四川省由协同庆、天顺祥票号包揽；云南省由同庆丰、天顺祥包揽；广东省由协同庆票号包揽；广西省由百川通票号包揽；浙江省由杨源丰、源丰润票号包揽；安徽省由合盛元票号包揽；江西省由蔚盛长票号包揽；湖南省由乾盛亨、协同庆、蔚泰厚、百川通票号包揽；陕西省由协同庆票号包揽；福建省由蔚泰厚、源丰润票号包揽；河南省由蔚盛长、新泰厚、日升昌票号包揽；山西省由合盛元、蔚盛长、日升昌、协成乾票号包揽。票号还代理地方金库，当时《申报》评论说："无论交库，交内务府、督抚委员起解，皆改现银为款票，到京之后，实银上兑或嫌不便，或银未备足，亦只以汇票交纳，几令商人掌库藏之盈亏矣。"[③] 票号为政府认购和推销"昭信股票"，他们是百川通、新泰厚、志一堂（志成信）、存义公、永隆泰5家和恒和、恒典、恒利、恒源4家钱庄。在京城的48家金融机构，每家认购股票1万两，共计48万两[④]。1901年9月，清政府与外国侵略者签订了《辛丑条约》，

---

① 《山西票号史料》，山西人民出版社1990年版。
② 《左文襄公全集》卷二一、卷二九、卷四六、卷五〇、卷五三、卷五八。
③ 《论官商相维道》，《申报》1883年12月3日。
④ 《户部昭信股票章程》、《认领股票》，《申报》1898年4月13日。

规定付给各国战争赔款 45000 万两白银，年息四厘，分 39 年还清，本息共计 98223 万两。清政府为支付赔款，除从国家财政收入中腾挪出一部分款项外，其余则全部摊派各省，要求各省按年分月汇解上海集中，以便交付外国侵略者。庞大的赔款汇解、垫借汇兑，全部由票号承办，由驻上海的票号集中交付汇丰银行、德华银行、华俄道胜银行、法兰西银行、日本横滨正金银行等外国在华银行，转往外国侵略者手中。后来又承办庚子赔款的借垫汇解等，票号成了清政府的财政支柱。

（六）介入国际金融市场

铜钱与银两长期是中国的金属货币，但是中国是贫铜贫银国家，不得不设法进口洋铜和白银。明清时，中国商人通过对外贸易获得大量白银与外国银元，补充了白银货币。1666 年（康熙三十八年），皇商山西介休范氏等提出了低价交售日本铜的竞争性条件被清政府准允，垄断中国对日本的生铜贸易 70 多年。范家的大型帆船每年两次从长江口出海，乘季风开往日本长崎，运中国生丝及丝织品、药材及土产等，换取日本生铜运回国内，年购铜约 190 多万斤，最多时达 600 万斤，补充铸钱的铜源。同时中国商人也对外国商人继续贸易融资，晚清晋商对俄罗斯商人在贸易往来中，为了扩大贸易量，常常实行信用交易。米德尔洋夫等 5 家俄罗斯商人对山西商人大泉玉、大珍玉、大升玉、独慎玉、兴泰隆、祥发永、碧光发、公和盛、万庆泰、公和浚、复源德、广全泰、锦泰亨、永玉亨、天和兴等欠款 62 万两白银不能按时偿还，后来官司打到了清廷与彼得堡沙俄政府。俄罗斯的恰克图、伊尔库茨克、新西伯利亚、莫斯科、彼得堡、多木斯克、耶尔古特斯克、克拉斯诺亚尔斯克、巴尔纳乌、巴尔古今、比西克、上乌金斯克、聂尔庆斯克等地都有山西商人包括货币商人的活动。山西货币商人的金融机构恒隆光、锦泰亨 19 世纪初期已经在俄罗斯建立分支机构，1907 年，合盛元票号向东发展，先后在日本神户、东京、大阪、横滨及朝鲜的仁川等处设立"合盛元银行出张所"，这些都是中国在国外建立最早的商业银行。在国内称为票号，在国外直称银行。

（七）金融同业公会形成

为防范和控制金融风险，协调金融业内部及其与社会各方面的关系，清代金融机构在一些城市设立同业行会，如汉口的钱业公所、上海的山西汇业公所、北京的汇兑庄商会、包头的裕丰社、归化的宝丰社等。归化城中，银钱两业是全市商业之重心，宝丰社操其计盈，总握其权，为百业周转之枢纽。"平日行市松紧，各商号毫无把握，遇有银钱涨落，宝丰社具有独霸行市之权。"① 宝丰社可以组织钱商，商定市场规程，监督执行，如收缴民间私沙钱，销毁不足价货币，铸成铜碑，昭示商民不得以不足价货币行使市面，确保商民利益等，具有类似"银行的银行"和管理金融行政的职能。这些行会能够为本行的营业事项订定共同规则，组织金融市场运行，如汇兑平色、汇水、市场利率、票据交换、银行清算等，约束同业遵守，协调同行间的无序竞争，同时能够仲裁会员间的商务纠纷，协调会员与其他社会组织以及政府间的关系，维护共同利益，举办社会公益事业。

总而言之，在中国由农业社会向近代社会转型过程中，商品化、货币化、城市化的一步步发展，就是中国商业革命—金融革命的进程，商品交易引起的货款信用清偿、货币借贷、转账结算、异地资金汇划、票据发行与流通、票据识别与防伪、商业资本金筹措、资本金管理等一系列革命性的创新，构成了明清中国金融革命的辉煌。只要我们细心地品味中国金融革命的这段历程，你就不会说中国银行业是舶来品，就不会说中国资本市场始于 1987 年等。我们要说，历史虚无主义者不是龙的传人。

明清货币商人的金融机构创新

现在人们都知道，金融机构有两类：一类是代表国家管理金融业的宏观管理机构，像中央银行、外汇管理部门、金融监管部门等；另一类是金融业投资者的金融企业，如银行业、证券业、保险业等微观金融企业。前一类金融机构的产生，比后一类金融机构要晚得多。唐朝大诗人白居易（772～846 年）说："谷帛者生于农也，器用者化于工也，财物者通广商也，钱刀者操于君也。君操其一，以节其三，三者和钧，非钱不可。"主张政府利用货币工具调节经济社会，可是政府没有建立起货币调控机构。后一类金融机构最早是典当业，明代又出现了钱庄，到了明末清初，货币商人又先后创造出了印局、账局、票号等。这些金融机构的迅速发展，客

---

① 《绥远通志稿》民国手抄本卷三八。

观上产生了管理与协调金融业的需要，在政府没有意识或者没有能力管理的情况下，金融企业自发地产生了行业协会，亦可简称行会，就是政府管理宏观金融的萌芽。可以说，金融机构的创新是明清金融革命的最重要的内容。现在我们来聊聊其发展的轨迹。

一、当铺、质店

当铺、质店，称为典当业，也称当质业，是一种小额抵押消费信用机构。历史上名称比较多，有质库、质肆、质店、解库、长生库、解典库、典库、抵当库等，按照资本数量与经营规模，典当业大致可分为典、当、质、押四种：典的规模最大、资本最多、期限最长、利息最轻；当铺次之；质店又次之；押店最小，往往称为"小押店"，其资本最少，期限最短，利息最重。但是，都是以抵押方式提供信用，即出物质钱。

当铺自南北朝产生以后，历经唐、宋、元，其间虽然有经营保管钱物的柜房，有官办的公廨，有金银交引交易铺等出现，具有信用机构性质，但是都发展不快。明清时代，随着商人资本的迅速发展，典当业有了较快的发展。1685年（清康熙二十四年）全国有当铺7695家，1724年（清雍正二年）9904家，1753年（清乾隆十八年）18075家。

经营当铺者，晋商与徽商最多。1607年（明万历三十五年）河南巡抚沈季文说："今徽商开当遍于江北"，河南即有汪充等213家。明末南京当铺500家，徽商经营者最多。咸丰中期，仅山西介休冀家所开当铺，今有铺名可考者13家，即增盛当、广盛当、悦盛当、钟盛当、益盛当、恒盛当、文盛当、永盛当、星盛当、仁盛当、世盛当、鼎顺当、永顺当。还有许多当铺名不可考，大部分设在湖北樊城、襄阳、河北大名以及北京等地，相传有几十家之多。据《汾阳县志》载，光绪三年灾荒，汾阳各商号捐款名单中能够肯定是当铺者就有45家。19世纪50年代，在北京有当铺159家，其中山西人开办的当铺109家，占68.55%。据1764年（乾隆二十九年）《大清会典则例》卷五十记载，各省当税排序前十名为：山西26560两，直隶14610两，江苏9675两，甘肃7717两，陕西6860两，山东6755两，河南5175两，浙江5030两，福建4400两，安徽3715两。由于山西货币商人经营稳健，所开当铺也就有不少被地方政府所利用。1756年（乾隆二十一年），山西巡抚明德上奏说："查晋省当商颇多，也善营运，司库现存闲款，请动借八万两，交商以一分生息。五六年后，除归新旧帑本外，可存息本银七万余两，每年生息八千六百余两，足敷通省兵之用。"政府收入除常常发当生息外，也有设立官当，或者官僚自办当铺等情事。特别是清雍正以后，清政府内务府和地方政府办理不少当铺，1753年（乾隆十八年）内务府有14家当铺。

当商与商品经营商人联系密切，多数当商和商品经营商人是一个东家。当铺除了用月息1~3分收息之外，还往往与粮商等其他商人结合进行投机，在秋收粮价下跌时，粮商以贱价收购粮食，典给当铺，取得质钱后再去买粮，随收随当，来年高价出售，当商粮商坐收厚利。至于当铺在戥秤上、银色上的高进低出，压平擦色，克扣贫民之事亦常有传闻。不过总的看来，典当业对于社会经济发展是还有积极意义的，它纾困救急，融资融物，所以长盛不衰，绵延1500多年。当铺的经营思想与理念，从几副当铺的对联大体上可以看得明白："熙熙攘攘，有无相济"；"笑待当剑客，欣迎典衣人"；"君子困穷须寄物，英雄失志暂留衣"；"上输国课裕国富，下济民急慰民生"。北京城有一句谚语道："南通州，北通州，南北通州通南北；东当铺，西当铺，东西当铺当东西"。

二、钱庄、银号

钱庄，也称钱铺、钱店、钱局、钱号等，主要经营钱币兑换。这类金融机构，最初是街市上的钱摊。因为，明清时期社会周行的货币有铜钱、银块和银票、钱钞，零星小额交易需要钱文，大额交易一般需使银两，铜钱和银块之间、银票与银两之间、制钱与钱钞之间兑换较多，初由殷实商号代为办理，随着商品交易扩大，专门从事银钱兑换业务的钱摊便应运而生。它们在通衢闹市，设一木桌，按照市价，以银块制钱相交易，收取手续费，也称帖费。日久天长，又代客保存货币或临时借垫。营此业者，盈利颇厚，于是发展为店铺，设立铺面，业务范围也逐渐扩大，成为钱庄。有的则是商品买卖店铺兼营钱庄，后来放弃商品经营，专门从事钱业。这种演变从明代已经出现，直到清末市场上还有卖茶又兑钱，或卖烟又兑钱的小钱铺、钱摊、钱桌，常因信用不佳，客户上当受骗之事发生，政府也时常出面管理，但是往往管而不严。清代北京就有一首打油诗说道："铺保连环兑换银，作为局面惯坑人，票存累万仍关闭，王法宽容暗有神。"

钱庄的创设是在明代。1529年（明嘉靖八年），私贩铜钱猖獗，朝廷下令禁止贩卖铜钱，导致经营货币兑换业务的钱桌、钱铺等"私相结约，各闭钱市，以致物价翔踊"。1577 年（明万历五年），庞尚鹏奏准设立钱铺，大概是法定钱铺的开始，当时以市镇中殷实户充任，随其资金多寡，向官府买进制钱，进行兑换，以通商品交易。清初北京最有名的钱庄是"四大恒"：恒和、恒兴、恒利、恒源，据说是 1703 年（康熙四十三年）由宁波商人投资开办的。

另外有一种纹银熔炼与银饰品加工制作的银炉演变来的银号，与钱庄业务相近，只是各地称谓习惯不同而已。华北、东北、西北各地习惯上称为银号较多，称钱庄较少；长江中下游及东南各地称钱庄较多，而称银号者较少。所以，银号与钱庄可列入一类，它们的业务后来发展为存放汇兑等银行业务。

经营钱庄、银号的货币商人，晋商、徽商、浙商、苏商、陕商、鲁商、粤商、闽商等都有，但晋商、徽商、浙商、苏商最多。晋商在全国开设了多少钱庄，详不可考，仅据江苏工商业碑刻资料，1765 年（清乾隆三十年），在苏州就有 81 家山西人开的钱庄。1853 年（清咸丰三年），"山西祥字号钱铺，京师已开四十余家，俱有票存，彼此融通。"据现有史料，北京、天津、张家口、归化、包头、西宁、兰州、河南、汉口等商业重镇的钱业势力多以晋商势力为强。到民国年间，虽然政局动荡，商业困难，山西省内钱庄仍然不少，1912 年有 412 家，1913 年有 529 家，1914 年有 561 家，1915 年降为 360 家，1934 年为 182 家，商号兼营钱庄者 22 家。徽商、浙商、苏商也开设了很多钱庄，它们以上海为中心，活跃于长江中下游。在外国银行进入以后，上海钱庄一方面向山西票号融资，另一方面也向外商银行融资，迅速崛起，晚清在上海形成钱庄、票号、外商银行三足鼎立之势，随着钱庄与买办商人的结合，后来形成了影响国民政府的江浙财团。

三、印局、账局

印局是一种小额信用借贷机构，放款无须抵押，凭人信用，借贷一般按日或者按月计息归还，有的朝借夕还，有的十日或三十日归还。每归还一次，盖一次印，故名"印子钱"。由于这种放款不要求抵押品，要答应说什么时候归还，到期还款就可以了，所以也有人说叫"应子钱"。印局放款对象，是城市贫民与小商人。张焘在《都门杂记》中说，"印子钱者，晋人放债之名目也。"

印局出现于明朝晚期，清初就已经很活跃了。投资印局的人以晋商为多，北京、天津、汉口等地也都有这种金融机构。1853 年（咸丰三年）内阁大学士祁寯藻在一份奏折中说："窃闻京城内外，现有山西等省民人开设铺面，名曰印局，所有大小铺户及军民人等，俱向其借用钱文。"又说："京师地方，五方杂处，商贾云集，各铺户籍资余利，买卖可以流通，军民偶有匮乏日用以资接济，是全赖印局的周转，实为不可少之事。"由于太平天国革命暴动，印局止账，"旗民无处通融，生机攸关，竭蹶者居多。"由此，可见印局的作用。

印局借贷，利息较高，还有扣头，如借银 700 两，按"四扣三分行息"，即借款契约写 700 两，实际借款人拿到手的是 280 两，还得以 700 两借款月息三分付息，到期按本金 700 两另加利息归还。故当时有人写诗说："利过三分怕犯科，巧将契券写多多，可怜剥削无锥地，忍气吞声可奈何？"

账局也称账庄，是专门办理放款的金融机构。投资账局者，山西汾阳府、平阳府、太原府商人最多。大约在清雍正、乾隆年间已经产生，1736 年（乾隆元年）汾阳商人王庭荣在张家口设祥发永账局。

最初账局放款，主要对象是候选官吏和商人。李燧在他的《晋游日记》中写道："遇选人借债者，必先讲扣头，如九扣，名曰一千，实九百也，以缺乏之远近，定扣头之多少，自八九至四五不等，甚至有倒二八扣者，扣之外，复加月利三分。以母权子，三月后子又生子也。滚利累算，以数百金，未几累积至盈万。"这种业务，称坐放官账。候补官吏一到京，账局就设法接近，发现其经济困难，就给予借贷支持。几年在京候选，时有招待送礼，交际应酬，一旦放以实官，制行装、买礼物，用款甚多，往往囊空金尽，只得向账局借贷，账局除抽收扣头，收取高利外，有时甚至扣押贷款人的证件或随行讨债。有诗道："账西行鸷若鹰，深机胈剥占层层，九成对扣三分利，尚勒穷员往任凭。"账局也放款给一般商人。据清档军机处《录附奏折》，咸丰三年三月二十五日，御史王茂荫奏称："闻账局自来借款，多以一年为期，五六月间各路货物到京，借者尤多。每逢到期，将本利全部措齐，送到局中，谓之本利见面。账局看后，将利收起，令借者更换一券，仍将本银持归，每年如此。"

账局从清初到民国初年存在了近三百年。一般资本都不大，大者十数万两，小者数千两，遍设长城内外，大河上下，大江南北。1853 年（咸丰三年）北京有账局 268 家，其中晋商开设的账局有 210 家，占 78.35%。当时负责管理货币事务的户部右侍郎王茂荫说："账局帮伙不下万人。"在清《翰林院侍读学士宝钧奏折》中也有这样的记载："账局之放贷全赖私票，都中设立账局者，山西商人为最，子母相权，旋收旋放，各行铺皆藉此为贸易之资……"账局也在库伦、恰克图以至俄国莫斯科等地设立分支机构。如恒隆光账局、大升玉（茶庄兼账庄），都与俄国商人有信用关系。1910 年（宣统二年）因俄罗斯商人米德尔洋夫等 5 家商号倒闭，倒欠山西 15 家商人的 62 万余两白银案，引起国际诉讼，其中就有大升玉、恒隆光在内。

根据现有资料，账局的经营方式和业务活动，与印局区别不大，后来与钱庄的业务也逐渐趋于一致。所以有不少人认为他们是一回事，民国年间的晋商自己并不把账局与钱庄作严格区别，许多学者也认为都是"贷金业。"

特别值得一提的太谷曹家的账庄。在 19 世纪 20 ~ 50 年代，山西太谷曹家商业有 13 种行业，640 多个商号，37000 多个职工，资本 1000 多万两白银，分布于山西各县及朝阳、锦州、沈阳、赤峰、北京、天津、徐州、济南、苏州、杭州、上海、广州、四川、兰州、新疆、张家口、库伦、恰克图、伊尔库茨克、莫斯科等地。曹家通过砺金德、用通五、三晋川三个账局，来管理全部企业。"砺金德"分管山西、江南各号，"用通五"分管东北各号，"三晋川"分管山东和国外各号，实行大号管分号，分号管小号的办法，在各商号独立核算基础上，由上一级商号领导相互间进行信息交换、联合采办商品、融通资金、调剂人才等，是中国最早的金融控股集团。

四、票号

票号最初是专门从事异地款项汇兑的金融机构，后来办理存放汇兑与委托代理等业务。票号产生的时间，在 20 世纪 80 年代初，研究票号的专家们根据当时的史料，初步认定最早的票号，是 1820 年（清道光初年）的平遥日升昌。近几年随着晋商研究的深入与晋商热，又有一些新的说法。据祁县老商人李淇口述、杨立仁整理的文章，1659 年（清顺治十六年）傅山与戴廷栻等将祁县余剩源当铺改为义振泉票庄，总资本金 40 万两，傅、戴两家投资，因汇兑大同、江浙反清义军费用，于 1663 年（康熙二年）被政府查封。又据太谷商家后人八十多岁的老人员文绣口述、董维平整理的文章，员家于 1679 年（清康熙十八年）创办志成信票号，在北京打磨厂设分号称志一堂镖局，1914 年歇业，历经 230 余年。

票号的总号，集中在山西平遥、祁县和太谷三县，分支机构散布全国及国外，实行总分支机构制，统一制度，统一管理，统一核算。太谷帮先后有志成信、协成乾、会通远、世义信、锦生润、徐成德、大德玉、大德川等；祁县帮先后有大德通、大德恒、大盛川、存义公、三晋源、大德源、中兴和、巨兴隆、合盛元、兴泰魁、长盛川、聚兴隆、松盛长、长盛涌、公升庆、公合全、恒义隆、天德隆、裕源永、福成德等；平遥帮先后有日升昌、蔚泰厚、蔚盛长、蔚丰厚、天成亨、蔚长厚、协同庆、协和信、协同信、百川通、汇源涌、永泰庆、宝丰隆、乾盛亨、其德昌、谦吉升、广泰兴、承光庆、日新中、广聚兴、三和源等。19 世纪 60 年代南方商人介入票号领域，先后有胡雪岩的阜康、胡通裕，云南的天顺祥、云丰泰，浙江严信厚的源丰润等几家，被称为南帮。南帮票号成立时间晚，倒闭时间早。所以，票号也被人们称作山西票号。票号的分支机构，除京师与中原地区之外，各省、关及重要商埠都有设置，诸如多伦、库伦、恰克图、泊头、赤峰、哈尔滨、赊旗、五河、周村、烟台、青岛、青江浦、安庆、芜湖、蚌埠、正阳关、屯溪、宁波、厦门、九江、河口、潮州、汕头、琼州、九龙、香港、梧州、桂林、湘潭、常德、汉口、沙市、宜昌、老河口、万县、自流井、昆明、蒙自、雅安、打箭炉、巴塘、里塘、拉萨、迪化等，约 560 多处，国外的分支机构有日本的东京、大阪、横滨、神户，朝鲜的仁川等地。总号与分号、分号与分号之间，通过"兹报、附报、行市、另起"等方式互通信息，"酌盈济虚、抽疲转快"，相互接济。使票号具备了"有聚散国家金融之权，而能使之川流不息"的能力。《汉口竹枝词》道："子金按月按时排，生意无如票号佳，街上不居居巷内，门悬三字小金牌。"

1862 年（同治元年），上海一地有票号 22 家，对上海钱庄放款 300 多万两。1871 年，票号把自己的业务重心从长江中游的汉口转移到了上海，但是在汉口的票号，直到 1881 年（清光绪七年）仍有 32 家。在北京，1894 年（光绪二十年）票号对清政府户部放款 100 万两，1906 年汇兑政府公款 2257 万两。票号后期，代办政府捐纳、汇兑公款、代理地方金库、借垫京饷协饷、借垫抵还外债、借垫汇解庚子赔款等，成为清政府的财政支柱。

历史上真有许多惊人的相似之处，张家口上堡的日升昌巷，下堡的锦泉兴巷，分别是日升昌票号和锦泉兴钱庄建设并以自己的商号名字命名的街巷。外蒙古的科布多有大盛魁街，是中国近代最大的长寿企业大盛魁建设的。这些和意大利北部伦巴第商人在伦敦、巴黎建设了伦巴第街，发展了伦巴第银行业务是一样的。

五、金融行会

如前所述，代表国家管理宏观金融的那一类金融机构，最初不是国家设计成立，而是在民间金融业投资人的微观金融企业经营管理的需要中产生的行会组织。

清代北京一首《换钱摊》的打油诗说："小桌当街钱换钱，翻来覆去利无边，代收铺票充高眼，错卖回家只叫天。"因为钱庄家数增多，业务发展，各钱庄之间及其与社会的关系越来越复杂，于是产生了同业协调管理的行会组织。中国的商业行会在唐代就已经萌芽，而金融业的行会组织是在金融革命中产生的，史料未见详细记录，但是最迟在乾隆年间，内蒙古的钱业行会和上海钱庄行会就已经成立。《绥远通志稿》记载："各钱庄组合行社，名曰宝丰社。社内执事，号称总领，各钱商轮流担任。"宝丰社之"组设起于何时，今无可考，在有清一代始终为商业金融之总汇"。由于钱市活跃，转账结算通行，宝丰社作为钱业之行会，"大有辅佐各商之力"。宝丰社可以组织钱商，商定市场规程，监督执行，确保商民利益，尽管没有垄断货币发行，代理财政款项收解，但它有类似"银行的银行"和管理金融行政的部分职能。如清末，市场上不法之徒私造沙板钱，冒充法定制钱流通，绥远一带到光绪年间，沙钱越来越多，为维护经济秩序，归化城各行会积极配合当局，整理货币。经各行会负责人与有威信的长者共同协商，决定在三贤庙内设立交换所，让人们以同等重量的沙钱换取足值制钱，并将沙钱熔毁，铸成铜碑一块，立于三贤庙内，上书"严禁沙钱碑"，碑文写道："如再有不法之徒重蹈覆辙，察官究治，决不宽恕。"立碑经理人为归化城十五社与外十五社。这是1889年（光绪十五年）的事。归化城南茶坊关帝庙内《整立钱法序》也讲到钱业行会宝丰社对短百钱抽拔整理的情况等。包头的钱业行会叫"裕丰社"，大同的钱业行会叫"恒丰社"，上海的钱业行会叫"钱业公所"。它们承担着当地商业票据转账结算、银行清算、确定利率、组织货币市场、管理金融市场等职责。

金融业的行会组织，是金融机构自我管理、自我约束和利益自卫的社团。但是，金融行会组织名称，似乎始终没有统一规范，各依自己的信仰及偏好而命名。有的叫"社"，有的叫"会馆"，后来有的改称为"公所"或"公会"，有的改为商会。清代归化城的当铺商行会称为"集锦社"，票号商行会称为"银行社"，钱庄业行会称为"宝丰社"。清末北京的金融业，有当业商会、钱业商会、金银号（银号、炉坊）商会、账庄（账局）商会、汇兑庄（票号）商会。各行有自己崇拜的祖先，如票号供奉金花圣母，钱庄银号供奉金龙四大王等。

上海的票号行会称为"上海山西汇业公所"，成立于1876年，比北京早一些。关于北京汇兑庄、金银号创立商会的记载，1904年《大公报》有这样的报道："中华商情向称散涣，不过同业争利而已。殊不知一人智慧无多，纵能争利亦属无几何，不务其大者而为之。若能时相聚议，各抒己见，必能得巧机关，以获厚利，即或一人力所不及，彼此信义相孚，不难通力合作，以收集思广益之效。兹定于每月初一、十五两日为大会之期，准于上午十一钟聚会，下午一钟散会，同业各家执事齐集到会，或有益于商务者，或有病于商务者，即可公平定议，禀请大部核夺施行。如同业中有重要事宜，尽可由该号将情告知商会董事，派发传单随时定期集议。"北京票号商会规定：中国汇兑银号，除汇兑银两外，间有与官家、商家通融借贷之事，息银多少各有不同，书立信据，书明归还日期，即应如期归还；无论官商，立据后如有退款不办之事，议定不退兑费，收交以票、信为凭，往来以折条为据；以本地通行银色收交，一律两不相亏等。20世纪初，日本人柏原文太郎在《中国经济全书》中记述："上海汇业公所是山西票号设立的……各票号还依赖公所图谋相互的利益。如果有同业违背公所协定的规约时，协同加以制止，并且在发生交涉事件的时候，董事加以裁决。在中国这种公所是为他们利益唯一的机关，其规约是严正而不可侵犯的。"金融业行会的功能，在于组织市场公平交易，协助政府监督货币，维护本行共同利益，协调行会对外关系，协调处理商务纠纷。

1908年11月，北京蔚泰厚票号发起，拟联络票商、钱行、当商组织金融业联合商会，《大公报》报道说，金融业"各行向不联络，每行各设会馆，各为风气，不相闻问，亦交通之一大阻滞也"。呼吁创立金融业的总商会，推动金融业与经济社会的共同发展。然而，直到清末这一愿望也未能实现。

在明清金融革命中，中国土生土长的金融机构，遍布全国各地乃至亚欧一些国家，外国人将其统称"银行"。其实合盛元票号在日本、朝鲜挂牌就是"合盛元银行"。它们是中国早期的银行业。1909年，日本出版的《天津志》载："汇票庄俗称票庄，总称山西银行。据说在一百多年以前就已成立。主要从事中国国内的汇兑交易，执行地方银行的事务。"美国著名汉学家费正清著《伟大的革命》一书说："在外国人来到以前，在最上层信贷的转让，是由钱庄经手，这些钱庄集中于山西中部汾河流域的一些小镇。山西银行常常靠亲属关系在全国设立分号，把款子从一个地方转给其他地方的分号，为此收取一些汇水。""在上层和低层之间还有几类大大小小的外国人称为地方银行的钱庄。小钱庄可以服务于它们所在地的社区，大钱庄则常和分布在通都大邑的地方银号有往来。"德国学者李希霍芬，于1868～1872年7次在中国旅行，著有《中国》三卷，他说："山西人具有卓越的商才和大企业精神，当时居于领导地位的金融机关——山西票号，掌握着全中国，支配着金融市场。"

明清货币商人的金融工具创新

中国商人以票代银，运用金融工具历史悠久。早在公元9世纪的唐代，就已经开始尝试用"飞钱"作异地款项汇兑。在明清金融革命中，货币工具与信用工具进一步结合，而清代则行用多种金融工具服务商品流通，出现了近似现代本票、支票、汇票以及转账支票、商业汇票、银行汇票、融通票据甚至旅行支票等。

一、古代金融工具的萌芽

中国民间借贷，古籍记载始于西周青铜器铭文，并且政府开始管理借贷纠纷。《周礼》记载有"听称责以傅别"，规定负责审理民间债务纠纷的官员，要以"傅别"为依据，"傅别"就是债券，一式两份，用竹木制成，债权债务双方当事人各持一份。战国时期，齐国的孟尝君田文放债取息，年利息收入 10 万钱，门下"食客三千人"。孟尝君派冯谖到薛地收债，临行问要买什么东西回来时，孟尝君回答说家中缺少的东西。冯谖到了薛地，召集债户带来借券，以孟尝君的名义，付之一炬，取消债务，民呼万岁。复命时问道为什么要这样做，冯谖回答说："乃臣所以为君市义也"，孟尝君很不高兴。但是，一年后孟尝君罢政回薛，薛民扶老携幼，夹道欢迎，孟尝君才明白冯谖"市义"的道理。这里的借券，也是信用工具。

唐建中元年（780 年），因为铜制钱币数量不足，各地禁钱出境，影响商人的贸易活动。贞元十四年（798 年）浙西观察使李若初，奏请取消此项禁令，得到皇上批准。于是，京城商人"赍资四方贸易者，不可胜记"。但是，这又影响到了京城货币流通，政府又下令禁止货币出京。商人便将钱交给各地驻京办事机构——进奏院，换取凭据，到异地合券取钱，谓之"飞钱"或者"变换"，这是中国历史最早的异地款项汇兑，"飞钱"也就是最早的汇票。唐代商人还创建了柜房，可以办理借款和货币代保管业务，想必也应当有借据和存款的文字凭据。

此外，唐代还出现了一种与存钱业务密切相连的信用票据，称为帖。著名金融史专家彭信威先生在《中国货币史》中讲了一个故事：隋末有书生，居太原，苦于家贫，以教授为业。所居抵官库，因穴而入。其内有钱数万贯，遂欲携拿，被武装卫士阻止道："你要钱，可拿尉迟恭帖子来，这是尉迟敬德的钱。"书生在一个铁冶处找到正在打铁的尉迟恭，等到尉迟休息时，上前提出借钱五百贯的请求。尉迟恭说，我是个铁匠，哪有钱借给你，你分明是侮辱我！书生说，若能可怜我，请赐一帖，以后就会知道。尉迟恭只好令书生执笔写：钱付某乙五百贯，具明月日，迟敬德署名其后。书生拜谢而去。尉迟恭与徒弟们拊掌大笑，以为是个疯子。书生持帖至库中，呈给武装卫士，卫士将钱帖系于梁上高处，付给书生钱五百贯。后来尉迟敬德随唐王征战立有战功，请归乡里，唐王敕赐钱财，库物未开，阅簿少五百贯。忽于梁上得帖子，乃打铁时书帖。故事出自《太平广记》，成书于北宋李昉，其真实性暂且不论，是否可从中看到唐代已经有了支票性质的取钱凭证呢！彭信威先生说，如果是这样，那么中国在世界上就是最早使用支票的国家了。尉迟恭所书之帖，与支票要素基本相近：付款数目、出帖日期、收款人姓名、出帖人署名等俱全。

宋代仍然有"飞钱"或者"变换"。据《中国金融通史》，宋"开宝三年（970 年）置便钱务，专办汇兑业务。商人向便钱务提出便钱申请，当日输钱左藏库，领取券证。朝廷命诸州，凡商人赍券至，当日给付，不得住滞，违者科罚。自是毋复停滞。"宋元丰六年（1083 年）永兴等路提举司讲道，"安抚司近出公据钱二十万缗，召人入便"，这里的"公据"就是取款凭证，后来亦称"见钱公据"，也是汇款的汇票。但是有些公据，预先写明钱数，供汇款人领取，相当于定额汇票。后来又发展为政府部门印发面额五贯、十贯的小面额公据，送往诸州换回原发的大额公据，供军队向商人购买物资使用，这已经具有纸币的性质。

对宋代出现的各种信用票据，据宋史记载，还有"会子"、"交子"。有的学者认为，交引也是由唐朝的飞钱演化而来，宋代的票据，在飞钱基础上又增加了一些新的功能：一是演化为新的汇兑模式交子、会子。二是演化为专卖制度下商人参与专卖商品贸易的交引。宋代票据有盐交引、茶交引、见钱交引、香药犀象交引、矾引和其他交引等。其实宋代票据主要有两类：一是期票类交引，先交纳货物后兑取现钱或其他货物，或是先交纳现钱后兑取货物。商人到西北边地交纳军需粮草或现钱，到京师或政府指定的地区兑取现钱或茶、盐、矾、香药犀象等禁榷商品，都是持票人先付出，后凭票取得报酬，是一种带有汇兑性质的提款票据，只是在异地兑取款项或用物货折算，具有期票性质。二是先交纳现钱，然后才领取代表入纳现钱价值的票据，持票人持票据到指定地区和入纳地兑取现钱，是以现钱兑取现钱，解决入纳人在空间和时间上携带现钱不便，具有汇票性质。宋代的交子、关子、会子等纸币产生的初期，和便钱、见钱公据等金融工具，已具有货币与票据相结合的功能。

二、明代会券的行用

明代实行田赋货币化政策之后，把数以万石计的粮运改作纳银，促进了粮食贸易和商品流通，而商人感身携万金之不便，进而创制了"以空囊而赍实资"的会票，异地款项汇兑成为经济生活中的常事。汪庆元先生在《徽商会票制度及其历史意义》一文中讲到，在徽州文书遗存中有一件《万历二十七年卢道义限约》，内容如下：

"立告限人卢道义：今在仪真原领家主本银柒仟两买盐生理，为因历年失手侵用，共缺本银叁仟壹百壹拾肆两贰钱五分。以致家主具告爷台，蒙审追并，一时无措，自情……家主亲众劝谕宽宥，愿立限约陆续偿还。

恳准立限，付主执照。

万历二十七年八月十七日告立限约卢道义。"

官批："卢道义领家主吴可学本银柒仟两未完。"今据吴谦、吴世德处议："陆续付还。如仍前故负，执此赴告。"通过这张限约可见，17世纪中期徽州地方政府对徽商资本是予以保护的，但这种保护力度有限，政府只能根据乡族"处议"，"陆续归还"，具有民事调解的性质。

明崇祯年间，陆世异在他的《论钱币》中讲道："今人家多有移重资至京师者，以道路不便，委钱于京师富商之家，取票至京师取值，谓之会票，此即飞钱之遗意。"办理汇款的机构为富商之家，当然是当铺、钱铺、银铺及其他商号等。有人认为会票之外还有券，为取款凭证。崇祯年间陈子龙说："今民间子钱家多用券，商贾轻赍往来则用会，此即前人用钞之初意也。"

明代会票制度的意义，首先在于它在形制上达到了近代纸质票据的很高水平，相关要素基本齐全。不过商人会票，仍然具有古代"合券"的特点（券分为两半，债权人与债务人各执其半以为凭证），表现为以骑缝印章保留了"合券"的遗意，也有的省略了。其次是会票异地支付的汇兑方式已具有了近代金融意义，它传承了唐宋"飞钱"和"便换"的形式，又是清代专业汇兑机构票号的准备。是明代商品交换发展、资金调度频繁的必然趋势。

三、清代票据存废的争论

清代商品交换和市场的进一步发展，金属货币数量不足且流通行使不便问题更加突出，不仅交易成本高，而且运行亦不安全，以纸质票据代替银钱的制度从民间迅速发展起来。

《文献》杂志1985年第2期，公布了由安徽休宁渭桥谢氏收藏的清康熙年间的会票23张。在这些会票中，共计汇兑银两13980两，其中康熙二十二年（1683年）4060两，二十三年6505两，二十五年3415两。这批会票所反映的汇款，都是汇到"北京前门外打磨厂长巷头条胡同日成布店"兑付。其第9号会票注明：三百两白银"将鼎谦号布价兑付"。这表明汇到的款项是为支付布价，是商用会票。

大体在18世纪，即乾隆年间，各种金融工具民间票帖，已在很多城市流通行使，不仅是因为票据简便易行，同时也因为铜制钱数量不足。各省情况大体是这样：北京钱票行用，听军民自便，可以照开，唯不准开写期票及注写外兑外换票，其非钱铺而开写钱票亦予以禁止；直隶钱票随支随付，有票即可取钱，以银易钱不准强行付票，用票不得强行携钱；山西行用钱票有凭帖、兑帖、上帖名目，均系票到付钱，与现金无异，非钱店所出之上票和民间私出壶瓶帖、期帖等均非现钱交易，应行禁止；山东钱铺收付银两系现钱与钱票相兼并用，仍由本铺取钱，随到随支，并无票上注写外兑票字样；河南均以现钱交易，间有行使钱票者，无论何人何时都可以随到随付；江苏钱票皆系本店所出，票到即行发钱，无批注外兑及磨兑之事；安徽皆现钱交易，间有出票，即行付钱，无批注外兑之事；江西现钱交易，间有出钱票，持票即付，无批注外兑磨兑之事；浙江钱铺较多均现钱交易，不用钱票，间有开票，只为计数之据，无批注外兑磨兑之事；湖南银钱与票并行，其票亦随时取用，从无兑换外票之事；陕西南北两山各府州使用现钱，汉中、兴安两府间有钱票，与现钱交易无异，西安、凤翔、同州所用钱票，有不用本字号票据，而以别字号票交付，与外兑相同，还有空立期票，非钱店亦出钱票；甘肃均系现钱交易，间有钱票均注明本号取钱，无外兑支吾；四川现钱交易，开写钱票均注明本铺兑付，不准写外兑；广西现钱交易，无须出钱票外兑，偶用钱票为随时支取凭据，随立随消，不容辗转多时；云南俱系现银钱交易，从无钱票外兑之事。

清道光十六年，盛京将军奕经报告皇上，发现在东北、海南等地有票据不能随时兑现问题，引起商务纠纷。四川总督宝兴于道光十八年也报告说，民间钱票有不能兑付等流弊。道光皇帝在十八年五月初七，曾下令步兵统领衙门、顺天府、五城会议研究处置办法，从而引起一场对待民间金融工具存废的大争论。当时步兵统领奕经、山西巡抚申启贤、直隶总督琦善、山东巡抚经额布、两江总督陶澍、贵州巡抚贺长龄、陕西巡抚富呢扬、湖广总督林则徐、江苏巡抚陈銮、浙江巡抚乌尔恭额等官员，均给道光皇帝上奏章，陈述不可禁止钱票的道理。

如道光十八年（1838 年）六月二十五日，山西巡抚申启贤在给皇帝的奏折《胪陈钱票不能禁止及山西钱票流通情况》，提出民间票据流通有四个好处，一是"民间置买房地，粜籴米粟，贸易货物，用银之处少，用钱之处多。其价在千文者，尚系现钱交易，若至数十千、数百千以上，不特运转维艰，且盘查短数，收剔小钱，尤非片时能完竣"，行用钱票，

（六）期帖

期帖，期帖乃出票人企图多得一些收入，开写迟日票据，有指定日期，到期时始能取钱，但需计算期内利息，类似现代的远期汇票。

（七）拨兑帖

拨兑帖，商品交易或者经济往来中，钱款通过当地钱业组织往来拨账，不付现钱，只能用于转账结算，相当于现在的转账支票。故拨兑帖一般都在票面上注明"执帖来丁"。"丁"即"订"，指"订卯"，即相互转账，不支付现金，拨兑帖持有人，只能持帖到金融机构办理转账。

（八）外兑帖

外兑帖，也称换外票帖，是出票人在出票时，在票帖上注写"外兑"或者"换外票"字样，一般只能辗转磨兑流通，不能兑付现银现钱，这种票据一般是不法商人所出以骗取本银为目的的不兑现票据。清道光朝步兵统领奕经在奏折中分析道："……所出之票倍于所易之银，奸商因以生心，辄将所易现银据为己有，转行放债取利，虑及票存钱文一时不能开发，故于票上加写'外兑'及'换外票'字样，凡以银易外票者，较易现钱每两又多得数文，以致故昂银价，钱数增添，民间贪得微利，不觉堕其术中。外票只能换外票，终不能付现钱。是以实在现银，半成虚纸，彼此支吾，辗转磨兑……"

（九）会券

会券，也就是汇票，古代多用会券，清末方用汇票。汇兑初为有分支机构的商号偶然代办，后出现专营异地款项汇兑的金融机构票号以后，汇兑业务扩大，汇票的制作、管理很快也完善起来。有票汇、信汇，后来又有电汇。汇票按期限不同，又分即票和期票两种，即票是见票即付，期票则是约期付款。西方学者瓦格尔 1914 年在他的《中国金融》中写道："开封商人当得悉他所购买的货物须于某日付款若干之后，马上向他往来的钱庄开一张地方性期票，交与当地山西票号的分号，向该分号买一张汇票寄他的上海代理人，代理人把汇票送与山西票号在上海的分号，换取该分号的限于当地流通的期票，交与他的掮客，就开封商人的代理人而言，这一交易就到此结束了，代理人收到货物，用通常的办法送往开封，至于向外国商人接洽并负责交货的掮客，当货物还在洋行手中时，是不能从开封商人得到货款的。他就要求和他往来的钱庄开出一张期票，用以支付洋行，洋行接到期票后就交付货物，然后得到开封商人的期票，把它偿还给他的往来钱庄，此时交易对有关方面才算完全结清。"

（十）旅行支票

旅行支票是山西票号因异地贩运商人在沿途不同地点办货的需要而签发的一种可以一次签发、分次在不同地方分号支取的汇票，类似现在的旅行支票或信用卡。假设由北京至苏州办货，可将一定数额的旅费交票号北京分号，开出一张汇票，当即说明途中经过济南、徐州、南京需要提取部分现银，到苏州后全部提出使用。北京分号即通知济南、徐州、南京分号，说明汇款人（提款人）的姓名，待提款人到济南后，可到指定分号提款若干，济南分号在提款人手执汇票上记录提款若干，下余若干。到徐州、南京亦如此，直到苏州提毕，由苏州分号收回汇票。

（十一）兑条

兑条，对于小宗汇款，一般不用汇票，而是书一纸条，将其从中剪开，上半条给汇款人，由其转寄收款人，下半条寄交款的分支机构或者连号，核对领取，盖不用保。

（十二）小票

小票，原系临时便条，凭票付款，并不记名，50～1000两不等，常常被人长期收藏，有一定的银行券性质。

票据能否流通转让、背书贴现，是票据的生命力所在，只有这样才能够为社会融通资金提供更大的支持。现今发现的清代票据，有乾隆、嘉庆直到光绪宣统时期行用过的实物，大部分都有背书转让痕迹。平遥县蔚长永在光绪元年十月初七日的一张一千文的凭帖，正反面有34次背书记载，可见其信用之佳，商民信任之深。

票据流通转让与转账结算有关。清代的制钱债权债务转账，谓之"拨兑钱"，银两债权债务转账，谓之"谱银银"。据《绥远通志稿》记载：在内蒙古地区的商品交易，"有清一代，在现款凭帖而外，大宗过付，有拨兑一法……拨兑之设，殆在商务繁盛之初，兼以地居边塞之故，交易虽大，而现银缺少，为事实之救济及便利计，乃由各商转账，借资周转。历年既久，遂成金融不易之规，且代货币而居重要地位"。拨兑之外，还有谱银，"商市周行谱银，由来已久，盖与拨兑之源流同。其初以汉人来此经商至清中叶渐臻繁盛，初仅以货易货，继则加用银两，代替货币，但以边地银少用巨，乃因利乘便，规定谱银，各商经钱行往来拨账，借资周转，此谱银之所勃兴也。虽其作用类似货币，而无实质，然各商使无相当价值之货物，以为抵备，则钱行自不预互相转账，其交易即不能成立……拨兑行使情状，亦与谱银相类，所不同者，仅为代表制钱而已"。不要忘记，内蒙古地区银钱商人的转账结算办法，史料记载"悉照内地习惯"，可见转账结算历史之久远。

明清货币商人的金融业务创新

明清中国货币商人创造了多种金融机构，创造了多种金融工具，这是与他们的业务创新同时进行的，是明清商业革命的必然结果。明朝中后期，货币商人已经承担货币兑换，货币借贷，有的也偶尔兼作一点汇兑业务。到清代，历经康熙、雍正、乾隆几朝，货币商人的金融业务随着商品交换的扩大而迅速发展，已呈满园春色关不住之势，开始走向近代金融业。

一、货币兑换　贷款融资

明代新的金融机构是钱庄，不过钱庄的名称比较杂乱，有钱铺、钱肆、钱店、钱桌、钱米铺、银号、银铺等不同称谓，他们主要是经营货币兑换业务。历史上，银行业一般都从货币兑换业务开始，中外如此。因为商品交易最初遇到的问题便是货币杂乱，不便交易，需要兑换服务。货币兑换业务的发展，使货币商人集中了大量钱财，有了对熟悉的客户提供贷款的可能，渐渐地贷款越来越多。

清代，在当铺、钱庄之外，又有账庄、印局、票号，都向社会提供借贷。贷款对象主要有两种人：一种人是候选官吏，据《明实录·明武宗实录》卷四十六正德四年正月记载："先是，诸司官朝觐至京，畏觐虐焰，恐罹祸，各敛银贿之，每省至二万两。往往贷于京师富家，复任之日，取官库之贮倍偿之，其名为'京债'。"也就是"官吏债"。票号除借京债外，还直接为清政府和各省地方官府融资，如1894年（光绪二十年）8月，因为"征兵购械，需款浩繁"，户部向京城银号、票号借银100万两，备充饷需。接着户部制定《息借商款章程》，要各省息借商款，解部备用，汉口日升昌票号曾为湖北省提供借款140万两，广州源丰润票号为政府提供借款 10 万两，江西则由蔚长厚、天顺祥两票号存储汇交，立摺计数。另一种是商人，晋商、徽商、洞庭商、宁波商、粤商、闽商、陕西商、山东商、江西商、龙游商等，不仅活跃于当地集市与城镇贸易，更重要的是异地贩运贸易越走越远，越做越大，支付手段的需求也越来越多，货币融资与信用需求越来越突出。当时金融机构放款多为信用放款，偶有担保放款，抵押放款少见。信用放款的前提条件是需要对借款人的信用熟悉，所以账庄、钱庄、票号等金融机构经常派出"跑街"，主动发现客户。如果对于客户的信用不能把握，货币商人常常采取两种办法化解信贷风险：一是介绍放款，即由借款人寻找一位金融机构熟悉的有信誉的商号出面介绍，保证借款人到期履约，借款人到期不能履约时介绍人承担经济责任，相当于现在的担保放款。二是抵押放款，借款人将自己的贵重物品抵押于金融机构，取得借款。放款利息高低不等，票号利息低于钱庄、账局，通常月息 3～5 厘上下。

但是，早期货币商人的存款业务并不发达，有钱人把自己的钱交给不相识的人保管是不放心的。存款业务发展迟于贷款业务的发展，似乎是中外银行业发展的共同问题。16～17 世纪，英国伦敦商民不把钱存在金融机构，而是放在坚固的伦敦塔，以获得政府保护，谁知 1640 年政府竟挪用了这些存款，所以人们普遍喜欢私藏。18 世纪，在中国也只有资本雄厚、规模较大的钱庄、银号，才有人敢于存款。19 世纪，票号存款业务，远远超过其他金融企业，其存款中商款较少，官款较多。原因在于票号存放款利息低于钱庄，商人多存钱庄，官款则多存票号。官款有两种，一是地方政府公款，多为上解款项，上解多请票号汇兑，不足数额常常请票号垫汇，故将公款存于票号甚为方便。官款存储无论期限长短多不计息，或者仅付很低的利息。二是官员个人私蓄，由于票号资本雄厚，存款比较安全，官吏调动比较频繁，无论迁至何地，票号都可以通过广布各地的分支机构随时汇转，在转任时若遇旅费短缺，票号亦可随时予以借款支持。此种便利，使官吏与票号的关系甚为密切。票号吸收个人存款时，一般只写一凭折，按月计息，月息 2～4 厘不等。存款分定期与活期两种，定期有三月、六月、一年等几种期限。

二、顺汇逆汇　抽疲转快

明代中后期，随着商业的发展，已经有了异地款项汇兑的要求，但均为有异地分支机构的殷实商号兼办。清代北方统一，商品流通范围扩大，异地汇款需求增加，但各地用来权衡银两轻重的平砝并不统一，官衡有库平、关平、漕平等，市衡则各地区各行业自立标准，名目繁多，往往一个商埠就有几十种平砝。票号办理异地银两汇兑，首先要解决的就是平砝之间的差异问题。为此，票号商人创置了自己的天平砝码，简称"本平"，与各地平砝折合，固定比率，不仅便利了存放款和汇兑业务的开展，而且使其总分号账务的记录及汇总有了一个统一的单位，便于及时掌握资产、负债情况，解决了记账核算的技术障碍，成为票号的记账货币。

票号异地款项汇兑，最初只有顺汇，甲地先收款，乙地后付出。后来发现有的分号收汇多，库存现银亦多，有的分号付汇多，库存现银常常短缺，甚至不能付汇。为了平衡现银摆布，他们创造了"逆汇"，改变先收汇后付汇的顺序，由乙地分号主动联系需要在甲地购货的客户，允其在甲地先付出、乙地后收进，谓之"逆汇"，亦称"倒汇"。当时的《东方杂志》称，"中国此种汇兑，向所未有，至近年与外国通商，关系密切，内地市场间之贸易随之而盛，汇兑之种类不得不因之变化……倒汇之手续亦别无烦累……有信用之商人立一汇票，交于票号，票号即买取之，送交收汇地之支店，索取现金。"逆汇的意义不仅是平衡现银布局，同时也是存款、放款、汇款的结合，能够扩大利润来源。如果是甲地分号先付款，乙地分号后收款，是汇兑与贷款结合；如果是乙地分号先收款，甲地分号后付款，是汇兑与存款结合。此种逆汇，不仅收取汇费，还计利息。这种财务创新，一方面满足了商人异地采购急需款项的需求；另一方面减少了票号资金闲置，增加了利润收入，同时也减少了异地现银调动运送的麻烦，是票号"酌盈济虚，抽疲转快"的技术创新。

三、以票代银　票据流通

明清社会流通的货币是白银与铜钱，常常由于货币供应不足，使商号流动资金短缺，商人们只有依靠"信用贷货"和"信用贷款"来解决。信用贷货就是商品赊销，空口无凭，需要立约为凭，创造了商业票据融资制度。信用贷款是向钱庄、账局、票号等金融机构贷款。商人所使用的票据因出票程序与兑付方式的不同，种类较多。清代前期的票据，大概是由于晋商最为活跃的原因，在山西流通的票据花样最多，有凭帖、兑帖、上帖、上票、壶瓶帖、期帖等，大大缓解了流通中货币数量不足与商品流通发展的矛盾。票据有一定的期限，未到期之前不能兑付，但是可以由持票人背书转让。

除背书转让外，有的也可以提前支取，但是持票人需要承担一定的费用，作为帖费。票号的汇兑有见票即付或见票过几日再付两种，如果汇票已到，而商定的兑付时间未到，则不能提款，如果一定要提前支取，就交纳一定的帖费，犹如今天的票据贴现。

四、转账结算　银行清算

大体在 17～18 世纪，中国金融业已经有了转账结算、银行轧差清算的金融技术。最早的转账结算由山西货币商人首创。据《绥远通志稿》记载，内蒙古归化城的"银钱业商人，以山西祁（县）、太（谷）帮为最，忻（州）帮次之，代（州）帮及（大）同帮又次之。故其一切组织，亦仿内地习惯办理，各钱商组合行社，名为宝丰社"。"宝丰社在有清一代，始终为商业金融之总汇，其能调剂各行商而运用不窘者，在现款、凭帖之外，大宗过付，有拨兑之一法。"当时，"商市周行谱银由来已久，盖与拨兑之源流同……各商经钱行往来拨账，借资周转。"一般是付款商号开出凭帖，相当于支票，持票人可以转账，亦可以提现，现款限期在一月以内的又叫"点个儿现银"。假如商号甲无钱购货，经与钱庄乙商议，允许代理，商号甲便可以向商号丁购货，商号丁与钱庄丙有往来，钱庄乙便通知钱庄丙，声明商号甲已有存款，商号丁便可以放心地发货，无须现款，仅在甲、乙、丙、丁之间划拨转账。但这种凭帖，只能相互间辗转划拨，不可提现。

转账结算的结果，形成了各金融机构之间的债权债务关系，需要进行银行间债权债务清算。这里有两种情况：

第一种是系统内清算，如票号各地分支机构相互之间在一定时间内发生的汇兑差额，"我欠人"，"人欠我"，均以"月清、年结"两种账，向总号报账，月账、年账均以"收汇"和"交汇"两项分列，既有细数，又有合计数，分别按与各分号和总号业务清列。总号收到报来的清账，核对无误后，将"月清"收汇和交汇差额分别记入各分号与总号的往来账，收大于交，差额为分号收存总号款项数；交大于收，差额为总号短欠分号款项数，互不计息。全号实行统一核算。这种办法是现代银行清算相互轧差办法之源。

第二种是各金融机构债权债务清偿，钱业商会规定定期"订卯"，相互冲销，差额清结。"订卯"由钱行商会组织，具体做法是在规定时间，各钱商齐集钱业商会，"会同总领，举行总核对"，相互轧差。"如甲号以过拨结果存有乙号之款，乙号不愿存放，则提出另兑丙号收存，甲号如无实现指向，可以转拨别号，则本标骤期（月标），营业立呈险象"，即出现信用危险，各金融机构就拒绝与之往来。所以，金融机构放款多，收款少，不良资产过多，不能诚信经营，在订卯时周转不灵，无法应付，往往因之倒闭。因而在订卯以前，收付银钱项目，必须有切实的抵备，保持信用。而且，在订卯时相互核对账目，发现错误，如空过账目，核对出来以后，还可以收回，不生效力，谓之回账。如果登账疏忽，找不到错付原因，则不可回账，其损失自然由登账疏忽者负责。当然，拨兑账款也有"面拨"，即当事人直接到钱庄当面通知转账。一般面拨是不能回账的。16世纪意大利商人的转账结算，最初只有面拨，亦无回账之习惯。订卯的意义，在于使金融机构每月轧实一次债权债务，可以预防随意转拨，外强内空，资不抵债，是金融机构防范风险的一种方法。银行间清算以白银10两或制钱10吊为起点，以下则是现银现钱清理。

五、拆借市场　调剂头寸

清代金融机构同业之间的短期资金交易市场，与转账结算基本同时出现。《绥远通志稿》说："为便利计，故有钱市之设，按市面之需要，定银分及汇水之价格，自昔至今，一仍旧贯……每年经由绥省输出货物，贸易总额不下二千余万两，汇兑频繁，金融流通，钱市发达。"当时，"商家买卖银钱，向例均在市口交易，每日清晨钱行商贩，集合于指定地点，不论以钱易银，还是以银易钱，均系实现行市，逐日报告官厅备查，各钱行抽收牙佣，均遵章领有部颁牙帖，入民国后，相沿未改，谓之钱市"。货币商人在这里相互拆借，调剂头寸。

这项工作的组织，由金融业行会负责。在归化城就是宝丰社。《绥远通志稿》记载："清代归化城商贾有十二行，相传由都统丹津从山西北京招致而来，成立市面商业……其时市面现银现钱充实流通，不穷于用，银钱两业遂占全市之重心，而操其计盈，总握其权，为百业周转之枢纽者，厥为宝丰社。社之组设起于何时，今无可考，在有清一代始终为商业金融之总汇。"

由于钱市活跃，转账结算通行，宝丰社作为钱业之行会，"大有辅佐各商之力"。"平日行市松紧，各商号毫无把握，遇有银钱涨落，宝丰社具有独霸行市之权。"可见金融业行会已经能够控制金融市场。

六、代办代理　货币掉期

清代货币商人经营的金融业，特别是资本雄厚、信誉卓著的票号，业务不断开拓创新，至 19 世纪后半期，已经开始办理委托代理业务，如代办捐纳印结、代理地方官府金库等中间业务。钱庄、银号也常常为客户代收货款、代垫税款、代发股票债券等中间业务。

代办捐纳筹款。太平天国进占南京，切断清政府南方诸省的税收收入上解，还要派兵镇压，收入锐减，支出剧增，为解财政之困，最后想出了卖官鬻爵，捐纳筹饷，当时规定捐官纳银，在省则交省库，在京则交户部，省库缴户部或其他用款地点，因为票号垄断异地款项汇兑，此项业务亦由票号办理，利用分支机构的便利，招揽捐纳事项，代办甚至代垫捐款汇兑，同时代办捐官手续文书诸事宜，票号遂成清政府的捐纳筹款的代办机构。

代理地方金库。清政府与一些地方政府虽然也办有官钱局，但是由于财政恶化，捐纳筹饷是一项扩大财政收入的来源，票号抓住为政府融资的机遇，拓展自己的业务，步步深入，代理地方财政金库。最初仅仅是少数省关，以后相互效尤，大多交由票号代理。当时《申报》评论说："无论交库、交内务府、督抚委员起解，皆改现银为款票，到京之后，实银上兑或嫌不便，或银未备足，亦只以汇票交纳，几令商人掌库藏之盈亏矣。"1900 年"庚子事变"，慈禧太后与光绪帝逃出北京，亡命西安，经太原时住山西巡抚衙门，慈禧宴请驻太原各票号经理，并请求借款。大德恒票号慷慨应允借银四十万两，各票号全力承办皇帝、太后西逃财政事务。

认购和推销"昭信股票"。1898 年，清政府以盐税为担保，发行"昭信股票"，并把办理股票推销业务的任务，交给了百川通、新泰厚、志成信、存义公、永隆泰 5 家票号和恒和、恒典、恒利、恒源 4 家钱庄，当时在京城的 48 家票号，每家认购股票 1 万两，共计 48 万两。由于流弊太多，社会抨击，被迫在同年停止了这种股票的发行。其他钱庄、银号亦有代办企业股票的事项。

货币掉期业务萌芽。19 世纪八九十年代，货币市场和汇兑行市出现后，即因各地白银成色和平砝不同，付款地点不同，汇票在交易中出现了价格差异，汇兑行市围绕各地白银价差、银根松紧，在平价加减汇费的范围内浮动。票号业务记录中有"贴咱"和"贴伊"等项目，当是票号在做白银的"调期"业务。

七、镖局标期　信约公履

商品交易与金融交易中的债权债务清偿，像如今的"三角债"，是一个重要的社会问题。清代货币商人，创造了通过"过标"实现经济合约公履的制度。商会根据镖局押运商品物质与现银的距离远近，决定各地标期时日，再按照标期的时间长短和标内标外的信用合约，决定利率高低，称为标利。标期有年标、季标（一年内有春标、夏标、秋标、冬标四标）、月标（亦称骡标）之分。

到达标期，谓之"过标"，仍由会馆或商会负责。那天，运载现银的标车到达，一般是在下午时分，夕阳西斜，押解现银的镖车接近城门时，便鸣火枪一声，赶车人高扬长鞭，人欢马叫，高喊而入，络绎不绝。商会组织商号和金融机构筹措资金，聘请梨园优伶到城中的财神庙或关帝庙唱戏三天，娱乐庆贺，并祈求神灵保佑，发财致富，吉利平安。三天之内清偿债务，第一天清偿银两债务，第二天清偿制钱债务，第三天金融业相互轧差清算，到此"过标"即算结束。标期来临，犹如"过节"，亦如"过关"，关系到所有商号资金供求和资产负债能否平衡，是企业兴衰存亡的关键时刻，金融业或者一般商号无不重视。不论是信用贷货，还是信用贷款、介绍贷款，其货款清偿和借贷，都按约定标期履行清债之责任。至标而不能履行清偿债务者，谓之"顶标"，一经顶标，债务者立即停止再借再赊，没有人与之交往，就可能成为倒闭之商号。按照春、夏、秋、冬四标归还欠款，在商界十分严格，不能超过一日，否则其经营顿归失败。但是居民住户，赊欠商家之账，则于标后逐渐清收，不以过标之日为严限。民户欠项，每到过标，多数先付半数，等到年终，才全部清偿。商人对住户之所以能够这样宽松，主要是由于商号采购办货付款期限较长，有较大的回旋余地。

现银交付的标期，最初是由于山西商人对蒙古和俄罗斯贸易引起的。因为对蒙古、俄罗斯贸易的中心在外蒙古的库伦，而长城关口张家口（东口）和杀虎口（西口）是通往库伦和乌里亚苏台、新疆等西北方向的关口。内地商人采购南方商品，经过张家口、杀虎口进入蒙古地区，经库伦—恰克图，或科布多—迪化—塔尔巴哈台，销往俄罗斯，购回俄罗斯的回绒、哈拉、哔叽等毛织品，和蒙古地区的牛、羊、马、骆驼、皮毛等发售或销往内地。在口外交易，以货易货，依靠东口、西口的金融机构为之融通，贩运商人相互订立合同，每年总结账一次，以镖局运送现银交付，因此有一年一次的标期，按返程标建立归标。另外有些商人不出库伦贸易，仅从内地运货到东口、西口，期限较短。那么归还现银的标期，一年分为春、夏、秋、冬四标。简言之，标期是中国北方社会信约的公履期。

票号、账局商人的借贷利息，随制钱银两、标期长短、信用高低等不同差别较大。通常有以下几种情况：第一，无息借垫。商号与住户在金融机构的存款，谓之"浮事"。金融机构对于"浮事"，一般都要付息，存入银两利率高，存入制钱利率低。各商号平时在钱庄支付银钱，如果发生欠项，即出现透支，可以在月底清偿，月内透支可以免加利息，如果拖至下月，必须支付利息。第二，满加利。商号和住户在金融机构的浮事，如果遇到季标、月标，本商号存款不足支付，必须向金融机构借用银两，此时利息较高，要在既定的银两借贷利率基础之上临时议加若干，谓之满加利。其满加利利率一般为每20‰。由于市场银根经常变动，某季标内的3个月中，每日有每日的满加利行市，甚至每日早、午、晚三次行市。满加利的高低，每天都由银行业商会决定，既随距离标期远近有升降，也按市场银根松紧而涨落。比如，秋冬粮食上市，需要款项紧急，市面上资金紧张，但归标时间临近，故满加利并不因此而降低；春季银根松，款项需求比较少，虽标期还比较远，可是满加利反而低。可见，名义上满加利是以借款时间为期限，实际上是按标归现为标准。第三，长年利。长年利因为是跨标的，每标标利都会有些变化，要考虑到年内标利的实际情况，所以要重新开出，并不固定。第四，月息。月息也是按标开盘，归还期限以标期为准。第五，短期利。短期利息计算分为两种：一种是按当地粮标确定，粮标20天为一期，所以短期利以20天为限。这期间如果某日没有交易则停开利率，那么商号借款利率就按前一天行市执行。另一种是按5天、10天、15天、20天确定利率，也有按一两天确定利率的。

综观清代借贷利率高低涨落，一般决定于以下因素：一是银根松紧不同，银根越紧则满加利率越高；二是标期内外不同，标内利率低，标外利率高；三是银钱借贷不同，银两借贷利率高，制钱借贷利率低；四是商号住户不同，住户欠款按标清偿归还并不严格，但年底必清，利率不变，商号则以月或者以标清偿，月标加息，商号利重而住户利轻。

明清货币商人的金融企业治理创新

清代中国金融机构，开始逐步走向企业化管理。当然，各类金融机构规模大小不同，企业化管理的制度与水平也有较大差异。最具代表性的是在 100 年以前被德国人、日本人、美国人称为"山西银行"的票号、账局、钱庄和上海钱庄等一大批金融机构。它们的组织管理制度或曰治理机制，逐渐摆脱了家族管理的随意性，走向规范。这是土生土长的中国早期金融企业内部治理机制不断创新的结果。这可以从资本筹集的股份制、经营管理的委托代理制、货币资本与人力资本的合作制、总分支机构与联号制等方面作一透视。

一、资本筹集的股份制

中国早期的金融机构，多是家族独资经营，资本金不多。当明政府实行"开中法"后，中国商人的活动地域扩大，走向全国，独资经营显然资本不够充裕，有些商人就向他人借资经营，这就是当时流行的贷金制。据光绪版《山西通志》卷一四二《义行录》记载："蒲（今山西永济）商某，假资贸易，被盗，惧不敢归。绅曰：全躯足矣，资何足云"。贷金制使经营者增加了资本，但经营者能否成功获利，能否如期如数偿还贷出者，却增加了资金所有者与使用者的风险和压力。

与此同时，社会还出现了一种经营上的伙计制，两人或者多人合伙，有利于资本筹集，扩大经营规模。明隆庆年间，总理屯盐都御史庞尚鹏给皇帝的奏折《清理延绥屯田疏》中说道："间有山西运商前来镇城，将巨资交与土商，朋合营利，各私立契券，捐资本者，计利若干，躬输纳者，分息若干，有无相资，劳逸共济。"[1] 这种伙计制，是建立在一种地缘或者血缘关系之上的劳资合作。明人沈思孝在他的《晋录》中讲道："其合

---

[1] 《明经世文编》卷三五九。

伙而商者名曰伙计。一人出本，众伙共而商之，虽不誓而无私藏。祖父或以子母息丐贷于人而道亡，贷者业舍之数十年矣，子孙生而有知，更焦劳强作以还其资，则他大有居积者，争欲得斯人以为伙计，谓其不忘死，焉肯背生也？则斯人输少息于前而获大利于后。故有本无本者，咸得以为生。且富者蓄藏不于家，而尽散之于伙计。估人产者，但数其大小伙计若干，则数十为万产，可屈指矣。盖是富者不能遂贫，贫者可以立富。"由此可见，伙计制中出资者与伙计之间是以信义为本，其联结纽带是地域或者血缘因素。这种形式，要比贷金制在组织上较为牢固紧密，它除了资本与劳动力结合外，还增添了劳动力素质的积极因素。但也常常在利益分配上发生摩擦而不能善终。

到明末清初，国家疆域扩大，为商品经济的发展提供了有利的环境和条件，以往那种贷金制和伙计制，受其经营规模、范围和区域的局限，显然不能适应大规模商业经营和流通的需要，为了增加资本，扩大经营规模，山西货币商人率先在上述经营方式的基础上开创了股份制。但是这种股份制与西方的股份制比较有很大的不同，其基本内容主要是：第一，多家共同集资。金融机构的资本金为多家商人共同筹集，规定每股白银若干，每个投资人根据各自的意愿和实力，在共同协商的基础上确定入股者的资本份额和股数，统称银股，即货币资本股。第二，银股与身股结合。除投资人的货币资本股外，还有人力资本股，称为"人身股"，俗曰"顶生意"，从大掌柜（总经理）到业务骨干，根据能力大小、所在岗位、业绩贡献等确定某掌柜或某伙计股份若干，一般最高为大掌柜1股，其他伙计（员工）则为1股以下。人身股的1股与货币资本股的1股享有索取企业利润的同等权利，一起参与企业利润分配。如志成信票号在1873年的股份合约：

"立合同员仝同管事伙友孔宪仁、马应彪等，情因志成信生意开设，历年已久，号体屡露，参差不齐。今东伙共同议定明白，业已复行振作，从此原日旧东有减退增加，另有新添东家，有人本账，逐一可考，字号仍系志成信设立太谷西街……正东名下本银三万四千两，按每二千两，作为股银一俸，统共计银股十七俸。众伙身股，另列于后，自立之后，务要同心协力，以追管晏圣明之遗风，矢公矢正，而垂永远无弊之事业。日后蒙天赐福，按人银俸股均分，倘有不公不法，积私肥己者，逐出号外。照此一样，立写二十二张，从东各执一张，铺中公存一张，以为永久存证。恐口难凭，立合同为证。"

上文是入本银股东员汝楫等 21 人的银股份额股数与孔宪仁等 8 名职员的身股数。实际上志成信人身股不止 8 人，合同未一一列入，而在万金账中详细记录。这个合同，是志成信股东资本的证明，也是未来利润分红的依据，更是对东掌关系的制度约束和经营管理的准则。账局、票号每年都要对员工进行人事考核，有功者晋升身股，过失者降低身股，均计入万金账。第三，正本与副本之分。金融机构的资本金，即东家的货币资本投入是正本，另外设置副本。副本的资金来源，从东家和享有身股的员工的利润分红中按照同一比例提取，这部分货币资金以存款形式存在号内，不得随意提走，年终只付利息不分红，如果出现经营亏损，先从这里支付，不得"亏煞老本（正本）"。所以，副本也称"护本"或者"统事"。在正常盈利时，没有货币资本投入而顶有身股的大掌柜和员工，以自己的身股与东家的银股一起分红；亏损时，大掌柜和员工一起与东家承担损失，不过大掌柜与员工只是有限责任，即以存入的护本为限。第四，无限责任制。当时的金融企业还不是经济法人，如果发生破产倒闭，东家负有无限责任。所以在清政府垮台时，票号因对政府放款过多，存款逼提，放款不能收回，大批倒闭，票号东家很多被迫卖房卖地，倾家荡产，偿还债务，严重者甚至沦为乞丐。第五，股权不上市交易。握有银股的东家的股权，一般不能撤走，特殊情况下撤走也需要在会计年度终了时办理，股权没有上市交易的习惯和做法；人力资本股属劳动者个人所有，不能转让和继承。第六，股份制金融机构的组建。投资人筹办股份制金融企业的意向确定以后，由投资人出面物色大掌柜（总经理）人选，请中人从中周旋商谈条件，取得一致意见后，再由财东择日邀请中人三五人和拟任大掌柜聚会，书写合约，包括商号名址、经营项目、银股资本数额、大掌柜身股、结账期限，按股分红等，一一写入合约。然后将白银货币资本集齐，交与大掌柜，组织开张运营。

天津、上海、宁波、汉口、广州等地由徽商、宁波商、洞庭商、潮商、闽商等开设的钱庄、银号等金融机构，资本金相对较小，到清乾隆、嘉庆时期逐渐由独资转向 2 人以上合资经营，大部分演变成为合作股份制，没有票号商人的资本雄厚，晚清上海规模较大的汇划钱庄，平均资本也只有 2 万两左右①（当时票号资本金正本多在数十万两，副本亦在数十甚至数百万两）。其股份钱庄的资本，也有的实行正本副本制度，股东无限责任。这里不再赘述。

二、经营管理的委托代理制

明末清初，中国已有一些商业企业和金融机构，实现了所有权与经营权两权分离，所有权归投资人所有，经营权授权给其聘用的大掌柜掌控。聘用者与被聘用者之间订有契约，履行各自的权利和义务，不论投资者东家，还是受聘者大掌柜，双方均恪守信用。当时社会已经出现了职业经理人阶层，账局、票号的发展强化了这一管理模式。究其原因，主要是因为票号多为合资而非独资企业，资本数额比普通商号大得多。票号资本，既有本族和至亲者所出，也有志同道合者所出，而后者在票号发展的全盛时期所占比重更大。在市场竞争下，对资本经营的好坏直接关系到资本所有者的利益，因而，物色一个能谋善断、驾驭全局的经营者来经营票号、账局、钱庄，便成为资本所有者的祈盼。可见，资本所有权与经营权的分离，是商品经济条件下资本运作的必然趋势。东家对大掌柜授以经营管理的全权，号中的财务、人事、经营等权力全部交给大掌柜，谓之"疑人不用，用人不疑"。史料记载，东家"将资本交付管事（即大掌柜）一人，而管事于营业上一切事项，如何办理，财东均不闻问，既不予定方针于事前，又不施其监督于事后，此项营业实为东方之特异之点"。② 当然，聘请大掌柜并非易事，绝不可任意而为，"财东起意经营聘请经理，由介绍之人说项，或自己注意察访，确实认定此人有谋有为，能守能攻……则以礼招聘，委以全权。""被委之经理，事前须与财东面谈，侦察财东有否信赖之决心，始陈述进行业务及驾驭人员之主张。如果双方主见相同，即算成功。"而后"财东自将资金全权委诸经理，系负无限责任，静候经理年终报告。平素经营方针，一切措施，毫无过问。""经理既受财东依赖与委托，得以经理全号事务……领导同仁，崎岖前进，其权限尽乎独裁，而非独裁，实即集权制也。"③ 大掌柜"受人之托，忠人之事"，兢兢业业，苦心经营。经理若经营有方，盈利丰厚，财东还予以加股、加俸，

① 陈光明：《钱庄史》，上海文艺出版社 1997 年版。
② 《山西票商盛衰之调查》，《中外经济周刊》1925 年 7 月 4 日。
③ 《山西票号史料》，山西人民出版社 1990 年版。

若遇年终亏赔，只要不是决策失误、人为失职或能力欠缺造成的，财东不仅不责怪经理，反而多加勉励，补足资金，令其重整旗鼓，振作经营。

这其中，号内伙友虽然要听命于经理，但经理并不能独裁，较大之事项，经理则须报告财东。作为经理，权力不小，但责任重大，既需"忧勤惕励"，为企业的发展而操心运筹，又要深入一线，巡视调查；既要与同仁、伙友和睦相处，以领导他们同舟共济，又要对财东负责，控制风险。因此，财东对经理人员的遴选特别重视，犹如古之点将选帅。

作为委托人的东家与作为代理人的大掌柜之间的委托—代理关系，需要激励机制，就是委托人设计的一套能够诱使代理人自觉地采取适当的行为，实现委托人的效用最大化。其激励机制包括身股、津贴、预支、伙食、衣资，退休后身股待遇照常享受，身故后享受八年的待遇不变，并且享有子弟就业优先与担保等薪酬社保待遇。几乎与现代大型股份企业的薪酬激励如固定薪金、奖金、股票期权等基本相似，同时还有职位特权，如外出骑马、坐轿、生活服务、获得社会赞誉以及同行好评的声誉激励等。

从财东与大掌柜各自的权利与职责中，可以清楚地发现，票号在资本所有权和经营权这两权的分享上是比较彻底的。这样，对财东而言，把资本交与自己信赖的大掌柜以后，会有更多的精力和时间，从长远和全局上考虑资本的最佳投向以及整体结构的调整等重大问题。对大掌柜而言，由于实际上掌握着财权和人权、经营权，少了很多制约，可以放心大胆地去做自己认为可行的事情，从而更好地发挥其才能，而且为报答财东的知遇之恩，也必须对企业的发展殚精竭虑，尽心尽职，使企业进入一种规范有序的良性循环状态。所以，两权分离，资本所有者能够更好地从宏观上把握资本的运用，经营者可以不被资本所有者的主观意志所约束，从而使资本效益达到最大化。这一制度，对票号、账局、钱庄等金融机构的发展起到了重要作用。

但是，票号在两权分离中权责利是不对称的，尤其是大掌柜权力偏大，但并不承担经营失败的最终风险，仅以副本中自己的"倍股"损失为限。而且金融机构没有董事会和监事会，缺少民主决策机制和监督机制，经营成败，完全决定于大掌柜个人的才智与德行，这也是明显的制度缺陷。

三、货币资本与人力资本的合作制

中国的人力资本制度萌芽于明代中期，清代账局、票号等金融机构设置人力资本制度，由财东根据职工任职时间、能力、贡献大小决定。这些金融机构成立时，是"有钱出钱，有力出力，出钱者为股东，出力者为伙计，东伙共而商之。"身股最高封顶是大掌柜1股，由于各金融机构每股的资本数额不同，由数千两到一万五千两不等。若某票号额定一万两白银为1股，那么大掌柜身股为1股，即与财东的一万两白银资本一样参与分红。人身股是可变的，企业定期进行人事考核，以"结利疲账定功过"，有功者，增加人身股厘数，有过者则适当降低身股厘数。对员工劳动力资本的衡量与考核，已经注意到了劳动者的劳动数量和质量。人身股的多少，标志着个人的能力、地位、贡献，能激发员工的"成就感"和"归属意识"，实现了物质激励与精神激励的统一；同时人力资本股把职员的利益与东家的利益紧紧捆在一起，是一种长期有效的激励机制和动力机制，极大地增强了这一激励机制的可持续性。

一般企业的货币资本股是不清退的，但可以转让。人身股不能转让，享有人身股的职工被辞退、解雇或者自动离职，当即终止人身股。享有人身股的职工退休以后，其原有股份照常分红；死亡之后，还有"故股"待遇，在一定时间内参与分红，但是家属子女不能继承。大德通在1904年（光绪三十年）的号规中规定："号伙故股，一厘至三厘者以三年清结，四五厘者以四年清结，六七厘者以五年清结，八九厘者以六年清结，一俸者七年清结……当过领袖者以八年清结。"[①] 也就是说，普通员工也可根据拥有身股的多少，在身故后享受3~7年的红利分配，如果曾担任过经理人，红利分配还可延长至8年。一般货币资本股不可以随便增减，而人身股则常有变化。如大德通票号在1889~1908年银股数没有变化，一直是20股，身股则由23人9.7股，增加为57人23.95股。协成乾票号1860~1906年银股始终是13.25股，身股则由3.9股增加到17.5股。据说大盛魁后期员工的身股总数，已经超过了股东的资本股总数。而且，由于不同的金融企业所定每1股的资本数量有高有低，所以各个金融企业的身股含金量也是不同的。

人身股是一种长效的激励机制和动力机制。因为顶身股者只有在大账期（会计年度）才能参加对企业利润的分红，一个账期一般是3~5年不等，这一机制具有延期支付的特点，是一种长期的激励，可避免掌柜与伙

---

① 人民银行山西省分行、山西财经学院：《山西票号史料》，山西人民出版社1990年版。

计的短期化行为。收益的无限性必然产生激励的无限性，人身股极大地增强了这一激励机制的可持续性，解决了劳资双方的对立，实现了劳资双赢的经营格局。人身股是在不减少财东利益的前提下，从增量财富（利润）中分割出一块让渡给员工，作为员工拥有的资产，这样就使员工从纯粹的无产者变为有产者；财东并没有无偿割让既有的存量资产，只是期利的承诺。员工在可以获得一定资产的预期下，热情高涨，积极工作，使得企业的利润大幅增加。同时，人身股制也是一种精神激励，人身股多少，标志着个人的能力、地位、贡献，激发员工的"成就感"和"归属意识"，实现了物质激励与精神激励的协调一致。诚如民间有谚道："做官的入了阁，不如在茶票庄当了客"。"家有万两银，不如茶票庄上有个人。"

中国的人身股制度，与 20 世纪末在美国兴起的企业高管的期股制度比较，有异曲同工之妙，但是却比美国早了 400 多年。而且中国人身股的职工享有面，远远大于美国的高管们，调动员工积极性的影响面也就远远超过美国的期股制度。

四、总分支机构与联号制

清代账局、票号实行总分支机构制，即总号下设分号于全国通都大邑、商埠码头以至国外。山西票号总号设山西省太谷、祁县、平遥三县，分支机构最盛时设国内有 500 多个分号。票号、账局、钱庄在国外的分支机构一直设往东京、神户、大阪、横滨、仁川、莫斯科、伊尔库茨克、恰克图、孟买、新加坡等地。

票号总分支机构组织架构，一般分为两层：一是总号决策层与管理层，二是分号管理层。

总号对分号实行集中管理，从分号的开立、经营、人员配置、资金调度、收益核算等都归总号指挥，采取"酌盈济虚、抽疲转快"的方针，相互接济。统一制度、统一管理、统一资金调度。总号大掌柜在每年终了，汇总各路业务数字，写出书面报告，向东家汇报。四年一个会计年度完毕进行财务决算，大掌柜要提出利润分配方案，提出对员工的奖罚意见和晋升身股的建议，由东家裁定。

总号对分号的控制办法主要是：

首先，严格的考核制度。考核原则是以"结利疲账定功过"，考核期盈利多少，疲账（即不良资产）多少。在认定盈利时，其前提是以不对其次，报告制度。报告制度分书面报告和口头报告。书面报告有正报、附报、行情、叙事报告和年终书面报告几种。各分号之间以及分号与总号之间，不断的业务信息的沟通和协调，使总号能及时掌握全国各地市场动态以及各分号的业务进行状况，而且能够把总号决策层的决策变成统一行动，同时各分号之间能够及时通报业务，协调配合，调度资金，实现"抽疲转快"。口头报告，一是每日晚上面报；二是大掌柜巡视面报；三是班期回总号面报。票号成规，不论总号抑或分号，每天晚上营业终了，职员或管理部门负责人都必须向自己的主管当面口头汇报当天自己所办业务的情况，并且聆听主管对明天的安排。管理层则要综合情况，口头（本地）或写信书面（外地）向总号汇报情况，以便上级及时掌握业务动态，做出第二天或者近期业务安排。另一种口头汇报，是在大掌柜按例巡视各分号时（每年 1～2 次）的当面汇报。再是员工下班休假回到总号时，直接到大掌柜办公室当面汇报情况，不得先回家再返总号汇报。

最后，阅边制度。由于分支机构多，路途遥远，交通不便，票号建立阅边制度，大掌柜对不能亲自到达的分号，特派专门代理人到分号实地检查，派出人员，有的称"阅边老板"，有的称"钦差"。阅边老板的职责有三：一是巡视营业情况，发现问题及时报告总号和财东，但不得随意干涉业务；二是了解分号掌柜有无越轨行为或违章操作，分号掌柜之间能否团结合作，共挑重担；三是发现分号掌柜营私舞弊，挥霍贪污，道德败坏，造成重大经济损失，或者严重影响企业声誉者，有权直接代总号撤除。

明清票号、账局商人，常常不仅从事货币经营业，多数同时又是商品经营资本的投资者，开办多个商业或手工业企业，这些各自独立经营和核算的商号、金融机构，在业务上相互联系，相互服务，相互支持，构成一个庞大的网络体系，类似现在的集团公司或者金融控股集团公司。山西太谷的曹家，有 640 多个商号，13 种行业，其中今已考证清楚属于金融机构者，有账庄砺金德、用通五、三晋川、宝泉聚、锦元懋 5 家；票号有锦生润 1 家；钱庄有振元博、锦泉汇、誉庆和、锦泉和、丰冶通、锦丰焕、富生俊、义太长、咸元会、锦隆德 10 家；典当业有锦丰庆、锦丰典、宝丰萃、宝丰当 4 家；另外有绸缎、百货、茶叶、粮油、棉花等商号数百家。在管理上，则由 3 个账庄作为 3 个总部，砺金德分管山西、江南各号，用通五分管东北各号，三晋川分管山东和国外各号，包括恰克图、伊尔库茨克、莫斯科等地各号。以大号管小号，连成一个庞大的集团，各号独立核算，由上一级商号领导相互间交流信息，融通资金，调剂人才，发挥综合优势，获取巨额利润。这种货币经营资本与商品经营资本相结合的投资管理体制，在清代已经显现出了其经营优势。

以上货币商人对金融业治理机制的创新，是不是让人们已经闻到了某种近现代金融业的气息？

明清货币商人的金融风险控制

明清货币商人的金融机构，对于金融风险的控制已经有了清醒的意识，在制度设计和资金安排调度上，坚持了谨慎稳健的原则，努力避免经营中遭受损失，这是票号、钱庄、账局等金融机构的共同特点。其中票号资本雄厚，信用卓著，控制风险的制度也最为严密。晚清宁波商人等所开设的钱庄发展很快，在一定程度上也吸收了票号的一些做法，共同构成了中国早期金融业风险控制的特点。

一、风险控制首重用人

票号、账局的投资者认为，经营能否成功取决于天时地利人和，但是"天时不如地利，地利不如人和"，人的因素第一。

在人员的使用上，首先是有严格的选拔机制，新员工选拔一律限于本地十五六岁的青年男子，要经过有地位、有经济实力的人推荐，然后依次经过查三代、笔试、面试、担保、考验，最后请进等几个程序，方能入号当学徒。

其次是训育机制，学徒期三年，一般在总号训练，聪明出众者二年也可以派往分号，过分愚笨者不到三年就会打发回家。学徒期内，第一阶段是为掌柜"提三壶"（茶壶、水壶、夜壶），扫地、干杂活，不设座位，晚上练习打算盘、写字，掌柜考察是不是忠诚克勤，有无出息，适合不适合做票号生意；第二阶段由掌柜口传训练背记"平砝银色折合口诀"，做一些抄写或帮账之事；第三阶段在柜上跟着师傅（老职工）学习做生意。

学徒期内，同时训育道德修养，要求重信义，除虚伪，节情欲，敦品行，贵忠诚，鄙利己，奉博爱，薄嫉恨，喜辛苦，戒奢华。"练习成熟，再测验其做事能力与道德，远则易欺，远使而观其忠；近则易狎，近使而观其敬；烦则难理，烦使而观其能；卒则难辨，卒间以观其智；急而易爽，急期以观其信；财则易贪，委财以观其仁；危则亦变，告危以观其节；久则易惰，班期二年以观其惰；杂处易淫，派往繁华以观其色。如测验其人确实可用，然后由总号分配各分号任事"。

再次是激励机制，山西货币商人的激励机制是薪酬激励与晋升人身股制度，职员享有薪金、应支、津贴、衣资、伙食等，业务骨干可以根据岗位职责贡献大小给予人身股，与东家的货币资本股一起参与利润分配，退休后身股照常享受，身故后享受 1~8 年不等，未享有身股者发给薪金。职员身股制度始于晋商，但到晚清时其他商帮的货币商人亦有效仿。薪酬与身股激励，使得大掌柜以至分号掌柜、大小管事、伙计、学徒无不竭尽全力为企业效力，均感到自己不仅是为东家卖命，更是为自己干活，是东家和大掌柜创造了自己为自己赚钱的机会，劳资双方的利益紧密地拴在一起，收入丰厚，待遇颇高，令社会刮目相看，员工自己在社会上也多了几分神气，这是票号高效执行力的动力源泉。

最后是担保约束机制。它们只聘用同乡人，又要由有身份的当地人推荐，轻用重托，无论掌柜还是职员，必须有殷实商铺担保，倘若被保人发生越轨行为，保证人负有不可争辩的完全责任。所以，非对被保证人本人以至家族几代有相当了解者是不会作保的。如果保证人中途疲歇或者撤保，被保证人必须很快找到新的保证人，否则将有被逐出号门之虞。所以票号职员无不小心谨慎，忠于职守。倘若出了问题被号辞退，就不再可能找得新的从业岗位，便断了一家人的财路。即使逃跑躲避，迟早落叶归根，回来后亦因行为不端，有辱祖宗面子，家族也不能让其进入祖坟。这种依靠社会宗法力量约束职工行为，是票号有效控制风险的又一个武器。所以同人感于如此厉害，再受号上道德陶冶，故舞弊事情很少出现，职员无不小心谨慎，忠于职守。

另外，票号放款也是重人信用大于重物信用，它们重信用，轻抵押，这与意大利金钱商有着惊人的相似之处。他们不做抵押贷款的原因，一是当时尚无大工业，贷款大部分是商业性贷款，具有自偿性；二是大商家以信誉为生命，而且资力雄厚；三是无合适抵押物，商家贷款采购的商品不宜作抵押物，商品损毁，抵押也无用，借款人的家产也不宜抵押，尤其行商背井离乡，行游天下，家产不易估价不易处理。在票号看来，放款风险集中于借款人的个人信用而非实物抵押。

二、倍股护本风险基金

明清金融机构的资本金，多设置一种副本，即在资本金之外，附设一部分比较灵活的资本以保证资本金在经营中的完整性，借以控制经营风险。这种做法，以山西票号最为典型。正本是股东的货币投资，副本也叫"护本"或者"倍股"、"积金"、"备防"、"伙友护身"，还有的以"统事"或"小帐"名之。"护本"有两个来源：一是投入货币资本的东家和顶人身股的职员于大账期（会计年度）分红时，在所分红利中按照同一比例提留一部分利润存入号内，所有权不变，但不得随意抽取，参加未来资本周转，只拿利息，不分红利；二是东家的存款，因为票号是股东无限责任制，东家存款，也是护本，经营中若发生亏损，由护本支付。一些票号原来的资本金并不多，由于历年提取护本较多，往往实际资本比最初资本金要多出好几倍。如山西祁县大德通票号，由在中堂、保和堂、保元堂、既翁堂、九德堂 5 家股东投资，其资本金共计 10 万两，除光绪二十二年（1896 年）每股护本 500 两外，其他账期最少每股护本 1000 两，光绪三十四年（1908 年）每股护本高达 2000 两，因此大德通票号的资本便从光绪十年（1884 年）的原本 10 万两，到光绪三十四年（1908 年），24年实际资本达到了 25 万多两。日升昌票号的护本曾经达到 200 多万两，它是东家所分红利未全部提走，作为"统事"存在号中。该账户存款，若没有冲抵亏赔，其所得利息由东家与伙友共享。

票号的护本制度，实际上是"预提倒款"，以备冲呆账。它们为防患于未然，防止拖欠倒累，亏折资本，必须确保有充足的资本作后盾，巩固票号信誉与正常经营，在竞争中立于不败之地，便将"预提倒款，严防空底"作为制度，也叫"撇除疲帐"，在岁末账期分红时从红利中提取一定比例的风险准备金，专户储存，专款专用，以防发生意外。建立风险基金是票号的一种积极稳妥、目光深远的经营方略。

票号的这项制度，使我们想起了 2007 年 1 月 1 日起实施的巴塞尔银行监管委员会的新资本协议，新协议把原来的资本金称为管制性资本，是最低资本额，具有强制性和约束性；出于谨慎性原则考虑，要求增加经济性资本，是自身设定的资本额，不具有强制性和约束性，目的在于降低破产的可能性，同时为经营活动提供融资。票号在几百年以前的护本制度与巴塞尔新资本协议的原则是一致的。

三、酌盈济虚稳健经营

票号、账局放款，多数坚持五不准：一不准超限额放款，史料记载，"各庄共交字号，宜定限额，上上招牌借贷不得过三万元，上招牌不得过二万元，上中招牌不得过一万元，上中招牌必须谨慎。分庄连枝一并在内不得逾越，倘有特别，必须声明"。二不准垫贷官吏，"凡有官场及人名挪用借款项，一概谢绝，分两不准"。三不准大额贪做，特别是"逢标（指标期债权债务结算日）过节，银两松紧不常"，"利息增昂，吃亏败名，大有可虑"。四不准亲友浮借和为客户担保，规定"各码头禁止亲友浮挪暂借，与亲友字号、相与之家，不外当承作保，免受日后牵累"。五不准向客户暂借拖欠，要求"各码头人位，不准向号中相与之浮挪暂借，及街面置买货物也不准拖欠账目"。

早期金融机构都很重视掌握市场信息，以防决策失误。它们内部均设有"跑街"伙友，选用精明干练的人员早出晚归，进行调研，掌握本地区商情走势与银根松紧。每日跑街归来，首先向掌柜报告银市动态，市场商情。"票庄做生意，必须视各庄之出产，四时之遭遇。比如两湖出产茶叶，是三四月洋（茶）庄上市；出产棉花之地，是八九月间收获，预测某处之丰歉，早定计划以兑款，届时银根松紧，于中取利，得贴水，可卜优胜。"可见他们办理存放汇兑，是根据市场走向，确定资金计划，确保安全而盈利。

四、票据密押安全支付

票号用以汇兑款项的主要凭据是汇票，但明清时期通称"会券"。普通汇款，是汇款人将款项交给票号，由票号开具会券，交给汇款人，汇款人将此会券交给收款人，收款人即可持此会券向汇出票号指定的分号（或者代理号）提取现款。票号遍布全国各地，会券使用数量较大，为了保证会券的真实性，不致被造假票者冒领款项，经过不断摸索，票号创造了一种严密的票据密押制度，为中国银行业密押之始。

票号的"会券"，由三张构成，一张是票根，留存收汇号，一张是送票，由收汇号寄达付汇号，一张是主汇票，收汇号交给汇款人，以持票取款。会券由总号精选特制麻纸，加制水印，花卉图案，红格绿线，统一印刷，印毕立即销毁印版。各分号领取空白会券，计数管理。各分号书写会券，责定专人用毛笔书写，其字迹在总号及各分号预留备案（好像现在的银行预留印鉴），各号收到汇票，要与预留字迹核对无误，方可付款。会券书写完毕，需要加盖抬头章、押款章、防伪章、落地章、套字章、骑缝章六枚印章。汇款金额，除汉字大写之外，另加暗号，有银数暗号，如用"生客多察看，斟酌而后行"，分别代表壹、贰、叁、肆、伍、陆、柒、捌、玖、拾；用"国宝流通"分别代表万、仟、百、两。汇款时间设有月暗号、日暗号，如用"谨防假票冒取，勿忘细视书章"12 字分别为 1 ~ 12 月代号；用"堪笑世情薄，天道最公平，昧必图自利，阴谋害他人，善恶终有报，到头必分明"30 个字分别为一个月的 1 ~ 30 日的代号。假如 3 月 5 日汇款 5000 两，在背面暗写"假薄璧宝通"。不论银暗号或者时间暗号，各票号均秘密设置，不定期更换，只有票号内部专人才能辨别真假会券。他们把暗号编成歌诀，死记熟背，绝对保密。为了万无一失，往往再加一道锁称"自暗号"，所以票号汇票没有被假票冒领的记录。

票据水印，各号不同、各票不同，票号会券一般直写号名，如日升昌票号会券水印为"日升昌记"四字。有的金融机构的票据使用吉祥语，如"福寿双全"等。水印是银行票据与钞票防伪的一种重要技术，中国水印在金融业的使用，最迟在清中期已经出现，现已发现的水印票据是晋商使用的票据，这大概是中国金融工具使用水印之始。

五、内部控制号规严密

票号的内部控制，主要反映在严格的号规和管理上。这些号规和管理制度，随着业务的变化和形势的发展，不断地进行调整、修改和补充，其内容不能一一列出，下面选列若干规定，大体可以看到当年票号在内部控制方面的情形。

分号掌柜及其成员遴选，东家不加过问，一律由总号大掌柜选派。大掌柜得人，号令畅通，办事亦能听从总号规定，分号业务报告亦能及时真实，指挥如意，效率较高。财东不得向各分号举荐人位，干预人事，只能在结账时行使权力，平时不得在号内食宿、借钱或指使号内人员为自己办事。不过后期修改为财东和顶股员工如遇特殊用项向号内借使银两，一股最多不准超过 3000 两。

总号大掌柜每年按例巡视各分号 1~2 次，如果分号过多，不能全部亲自巡视，亦派大员代理，称为"钦差"或"阅边大员"。各分号人位处度不宜，同人暗行不端，手续不合规定，市面情形变迁以及影响业务发展诸事，巡员可立即处置。票号大掌柜对总号、分号掌柜对分号，均负连带责任，如分号发生损失，认定为掌柜过失，掌柜及其家属不可不负连带赔偿责任。为防御此等事件发生，所以有顶股职员从人身股分红中提取"公积"留存总号的规定。

对号内人员的管理集中体现在号规，其内容大体包括：不准在外巨数支使；不准私自捐物；不准就外厚道；不准私代亲族，影射号中银钱；不准私行囤积，放人名贷款；不准奢侈浪费，以耗财物；不准侵袭号中积蓄；不准花酒赌博，至堕品行；不准吸食鸦片；不准亲友浮挪暂借；不准向财东和掌柜送礼；不准到财东和掌柜家闲坐；不准到小号串门；非因号事回家探亲时更如遇号内有婚丧喜庆之事，伙友之间不准互相送礼；下班归里，不准私先回家后到柜上；等等。从票号内控规章制度中，可以看出当年票号内部管理贯穿着儒家的仁、义、礼、信、智、廉，实事求是，反对欺诈，平等竞争，利益均享等思想理念。

六、会计核算金融稽核

相传明末清初，太原傅山先生参考当时官厅会计和"四柱清册"记账方法，为晋商设计出来一套既简单又明确的适用于民间商业的会计核算方法——"龙门账"。其要点是：将商业中的全部经济事项，按性质、渠道，科学地划分为进、缴、存、该四大类，分别设立账目核算。进是全部收入；缴是全部支出；存是资产；该也称欠，指负债。年度终了办理结算，通过"进"与"缴"的差额，同时也通过"存"与"该"的差额平行计算盈亏。进－缴＝存－该；该＋进＝存＋缴。以此来验算两方差额是否相等，相等称为"合龙门"，不相等则说明核算有误或者有舞弊。其账务处理程序图如下：

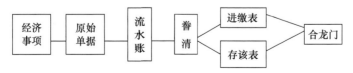

进缴表和存该表合龙门是中国最早的金融稽核，通过进、缴、存、该四大类的记账、算账、报账等环节，对经营过程进行控制和观测，为经营管理提供信息和决策依据，也使会计职能得到了拓展。

金融企业的安全支付是业务活动的大事，票号采取讨保交付、汇票挂失、出具甘结等许多措施，保证支付安全。讨保交付，是票号应商家要求，必须保证其汇款不得遗失，票号即在其汇票上盖有"讨保交付"或者"面生讨保"的戳记，讨保交付的汇款，在交付时必须取得商保；"面生讨保"则是在取款人生疏的情况下才要找保人。汇票挂失，是对于会券遗失的处理，各地分支机构视各地具体情况，采取了不尽相同的应对办法。在京师、保定，多"登报声明"，曰"日后此票复出，俱作废纸，不得为凭……特此布知"，"望中外绅商，切勿使用"；在天津，则报知商会局，"乞商会局宪大人恩准存案，无论华洋人等拾去作为废纸，以恤商艰，而免后患"，并在海关边署、巡警总局、商务总会备案；在汉口、重庆，则通知当地分号料理，并报告当地政府、商会总会，同时照会驻当地各国领事。下面是 1905 年 4 月 21 日《大公报》一则公告：

声明失票永作废纸启

因小号本年正月十二、十七两次由山东省城福兴润信局寄京信包迄今未到。查有天庆恒二月十二日期市平足银一千零四十八两四，永顺隆三月底期市平足银一千零四十八两四，又一宗四月半期市平足银一千零四十八两四，会票共三张，均在其内，该信局京号并不知情，而其山东人应全行逃走，以至无从根究，合即登报声明。日后此票复出，俱作废纸，不得为凭。诚恐华洋官商军民误为使为，特此布闻，伏望雅鉴。

保定 义善源具

出具甘结，是票号在办理公款汇兑上，不敢掉以轻心，除写立会券外，还要以票号名义与汇款人写下有汇款性质、数量、汇费等内容的字据。下面是源丰润票号福州分号对闽海关的一份甘结。

具甘结号商源丰润今于与甘结遵依结得

　　闽海关汇解度支部福、厦二口光绪二十八年八月二十六日起至七月二十五日止，连润计十二个月，洋税支销项下扣减六两平银一千零八十九两三钱六分四厘，三都口自光绪二十八年八月二十九日起至二十九年七月二十八日止，连润计十二个月，洋税支销项下扣减六两平银一百六十四两六钱二分二厘二，共扣平银一千二百五十三两九钱八分六厘。系遵照部砝兑交，不敢丝毫短少，除另立汇票外，合具甘结是实。

光绪三十三年六月十六日

具甘结号商福州源丰润记（印）

七、结利疲账确定功过

　　票号实行总分支机构制，总号设在投资人本地，分支机构遍布全国各地以至于国外。为了控制经营风险，总号对分号实行集中管理，从分号的开立、经营、人员配置、资金调度、收益核算等都归总号指挥，统一制度、统一资金调度。设置分号，不另拨资本，票号根据业务发展需要设置某分支机构，选派总号水平资历较优者出任分号掌柜，上任出发时只携带图章、砝码、盘缠前往，"资本皆存总号"。假如甲分号开办之后，营业需款，即由相连接之乙、丙、丁分号源源接济，全局统筹，不分畛域。此中联络的原则是"酌盈济虚，抽疲转快"八个字。分号可以互相联络，以资通融。

　　总号对分号的控制，一是通过考核制度。考核原则是以"结利疲账定功过"，即考查年度的经营利润与不良资产的状况，但以不对其他分号造成损失为前提，否则给予处罚。二是业务报告，分口头报告和书面报告两种。一种口头汇报是每天晚上营业终了，职员和管理部门负责人必须向自己的主管当面口头汇报当天自己所办业务的情况，并且聆听主管对明天事项的安排；管理层则要综合情况，口头（在总号或者分号内）或写信（外地）向总号汇报情况，以便上级及时掌握业务动态，做出第二天或者近期业务安排。另一种口头汇报是各分号在大掌柜巡视时当面汇报，分号掌柜、职员下班回到总号时，必须直接到大掌柜办公室面报情况，不得贻误时机。

书面报告是分号向总号的汇报或者对其他分号的报告，分为正报、复报、附报、行市报和叙事报五种。正报是以信函报告本号直接对其他分号的业务情况，由收汇号向交汇号报告，包括某日业务多少，何时交款，汇费和贴色多少；复报是信函报告本号前次报告过的内容，因当时交通不便，信函传递时间长，为避免途中遗失而造成损失，规定了复报制度；附报是各分号每天都必须把全部营业收付银两数字和业务情况通告各分号，目的是要各分号之间相互了解情况，相互支持，以便"酌盈济虚"，避免因某地付款过多，库存白银短少，以致发生支付困难，影响到该地业务与信誉；行市报告是报告当地汇水、利息行情和资金周转疲快，以及社会经济、贸易金融信息；叙事报是总号或分号对某分号业务的指示、评论及意见，多为掌柜们亲自撰写。此外，总号大掌柜在每年终了，必须汇总各路业务数字，写出书面报告，向东家汇报。4 年一个会计年度完毕进行财务决算，大掌柜要提出利润分配方案，由东家决定。

还有，大掌柜亲自巡视或选派稽核巡庄，每年一二次，稽核内容包括内外事件、账簿拆据、人位安排、社会情形，确定业务进退战略等。

八、行业协会协调管理

随着金融业的发展，同业间的无序竞争，以及倾轧、欺诈等行为，以及货币混乱，银两、银元、铜钱、宝钞、银票并行，平色不一，给一些投机者以可乘之机，严重地干扰着金融秩序，给货币资本的经营者带来了一定的风险。货币商人为防范和控制金融风险，自发地组织同业行会，以自治、自律、自卫，协调管理同业经营活动。光绪二十九年（1903 年）北京汇兑庄商会章程说："商会之设，原所以联络同业情义，广通声息。中华商情向称涣散，不过同业争利而已。殊不知一人智慧无多，纵能争利亦属无几，不务其大者而为之。若能时相聚议，各抒己见，必能得巧机关，以获厚利。即或一人力所不及，彼此信义相孚，不难通力合作，以收集思广益之效。"章程规定执董设置、聚会时间、定期不定期协商讨论，"或有益于商务者，或有病于商务者，即可公平议定，禀请大部核夺执行。"票号行会每月定期聚会一两次，岁始、端午、中秋三节，有定期例会。票号行会投资巨大，建筑豪华，光绪二年（1876 年）在上海的山西日升昌等 24 家票号，赁宝善街庆兴楼后院成立上海山西汇业公所，光绪五年（1879 年）上海各票号每家出资白银 500 两，共计 11000 两，购买上海北河南路口七浦路 188 号，大兴土木，前院大庙为供奉关帝、火神、财神、后天圣母和金龙四大王诸神，后院作为山西汇业公所办公之地。其他钱庄行会、账庄行会也都很活跃。

到晚清以至民国初年，上海钱业公会则最为活跃，鉴于 1911 年和 1924 年的金融恐慌与外商银行催收拆款的因素，1924 年 2 月上海钱业公会废除厉行 50 年的拆票传统，减少了风险，也削弱了对外商银行的依赖。1925 年 2 月将各种划条定期取消，一律改为支票，维护了钱业信誉，规避了金融风险。1925 年 7 月又决定成立"票现基金委员会"，负责基金运作，建立公库储备库，每家交纳基金 1 万两，由钱业公会保管作为准备金，废除每日送银，由基金在公会用以滚存解决每日轧差清算等，受到各方欢迎。

在今天看来，金融业坚持稳健经营的原则已成常识，既是合格的金融主体，又有稳健的经营方针，还有严格的内控机制，包括自我约束、自我控制、自我监督、自我完善的制度，包括严密有效的组织结构、相互独立的业务部门和明确清晰的职责分工、完善的会计控制体系、严格的授权审批制度、合理有序的内部稽核检查制度、有效的员工管理制度等。清代金融机构的风险控制虽然早成故事，但对今天的金融业也并非没有参考价值。

明清货币商人介入国际金融市场

明清中国的金融革命，不仅是在大江上下，南京、北京活跃于国内，也大胆地参与国际市场，与外国商人进行金融业务往来：支持对外商品出口，经营熔炼贸易白银；在国外采购国家铸造制钱的生铜，补充国内货币供应；对外商直接进行贸易融资；与进入中国的外国银行抗争合作；走出国门开设金融机构，办理国际汇兑与借贷，服务海外华商与侨眷；等等。总的考察，明清货币商人及其金融活动，已经介入国际金融市场。但遗憾的是在 19 世纪中期以后，却因国内外金融环境的改变而在强势发展中迅速衰落。

一、支持出口商品和输入白银

如果说公元 8 世纪以前，中国与世界的联系是通过丝绸之路相连的话，8～16 世纪中期中国与世界的联系，便是通过由朝贡贸易网形成的以中国为中心的"贸易区"与西亚及欧洲以区域形式相联系。16～19 世纪中期，由于西欧人的加入，中国与世界的贸易联系便复杂起来了。在海上，不仅衍生出了日本学者滨下武志所说的"英、印、中三角贸易关系"，而且首先是"欧、非、美"大三角贸易关系与亚洲贸易关系的交叉。欧洲人用工业品换非洲的奴隶，又用非洲的奴隶换取美洲的金银，而这些金银除了一部分流入欧洲外，大部分流入亚洲，尤其是中国。在陆上，中国通过对俄贸易，与北亚、北欧的贸易联系越来越多。欧洲人对中国的茶叶、瓷器与丝绸有极大的需求，但是几乎没有什么商品能够供应中国，只能付给白银。

从明中期到鸦片战争前，中国通过贸易从世界吸收的白银约为 51560 万两，约合 19334.998 吨。1821～1850 年，仅晋商经陆路向俄输出商品，每年约在 800 万卢布上下，而俄国对华贸易的差额用粗制的白银工艺品来支付，晋商将其熔炼改铸成银元宝，投入国内市场。17～18 世纪，中国商人在外贸中吸收了大量西班牙、墨西哥银元，补充了国内白银货币。日本学者田久川说："清商多买日本铜及金银，一些商人还成为内务府所辖的贩铜官商。1648～1708 年的 60 年间，日本金外流约 240 万两，银约 37 万余贯，1662～1708 年的 46 年间铜外流约 11450 万余斤"[①]。确实如此，从 1699 年（康熙三十八年）开始，晋商每年两次用大型帆船从长江口出海，乘季风开往日本长崎，先后七八十年，为国家购进生铜约 21000 万斤，补充了中国铸造铜制钱的铜源。德国学者贡德·弗兰克也认为，日本出口到中国的白银数量比从太平洋上运来的美洲白银多 3～10 倍，平均为 6～7 倍。由英国输入中国的白银约有 51106261 两；由欧洲其他国家输入的白银约 38536802 两；美国在 1805～1840 年向中国输送的白银，共 61484400 两；除了以上国家外，在 18 世纪西班牙仍然以菲律宾的马尼拉为中介，用美洲白银交换中国商品，1700～1840 年，从这一渠道输入中

[①] 田久川：《古代中日关系史》，大连工学院出版社 1987 年版。

国的白银数量约为 9360 万两。这些货币关系的展开和白银、铜甚至黄金的净流入，说明了中国商业革命对金融货币极大的吸纳能力，同时也说明商业革命和金融革命融合所产生的向外扩张的巨大能量。

其实，事情的发展并非如此简单，英国东印度公司在一次给其广州大班的信件中写道，"我们完全没有能力提供你们为下一季度购货所需资金的最小帮助"，不过这种窘迫的局面不久就有了缓解。东印度公司开始默许港脚商和英国散商将印度的原棉和鸦片运到中国销售，再用他们换回的白银来支付英国从中国购入丝茶的货款。于是在中、英、印之间产生了一个循环贸易：中国向英国出口丝茶，英国向印度出口棉织品，印度向中国出口原棉和鸦片。但这个循环贸易是单向的，因为广州不需要英国的棉制品，英国也不需要来自印度的鸦片，印度几乎不买中国的茶叶，为了维持这种单向的贸易循环，汇票的使用便成为必需的了，即出现了中国汇往印度、印度汇往英国、英国汇往中国的"循环汇兑"的结算办法。美国以伦敦签发的汇票来结算对中国的贸易逆差始于 19 世纪 20 年代。当时，在中国的美国商社，以美对英国出口棉花而拥有的债权地位为基础，签发由伦敦兑付的汇票来结清中美之间的贸易差额。从这时起，在中、英、印三角循环汇兑关系之外，又出现了同样以伦敦汇票为中心的中、英、美三角循环汇兑关系。

中国商人在对俄罗斯和外蒙古的商品交易中，还提供贸易融资。如总号设在外蒙古科布多的晋商大盛魁印票庄，像东印度公司一样，利用清政府颁发的"龙票"（一种营业特许证）特权，垄断部分对外贸易，并以他们的借据"印票"为据进行高利融资。在恰克图、伊尔库茨克、莫斯科有中国货币商人的金融机构，如恒隆光、独慎玉、咸元汇等。1899～1900年（光绪二十五至二十六年），俄商米德尔洋夫等 5 家商人，欠晋商大泉玉、大升玉、独慎玉、兴泰隆、祥发永、碧光发、公和盛、万庆泰、公和浚、复源德、大珍玉、永玉和、广全泰、锦泰亨、永玉亨、天和兴 17 家商号白银 62 万余两，延抗不还，宣统二三年晋商与俄商曾发生国际商务纠纷，库伦大臣上报外务部，照会俄领事追索。

弗兰克说，"中国人需求白银，欧洲需求中国商品，这二者的结合导致了全世界的商业扩张。""亚洲在 1750 年很久以前的世界经济中就已经如日中天、光芒四射，甚至到了 1750 年依然使欧洲黯然失色。西方最初在亚洲经济列车上买了一个三等厢座位，然后包租了整整一个车厢，只是到了 19 世纪才设法取代了亚洲火车头的位置。名副其实贫穷可怜的欧洲人怎么能买得起亚洲经济列车上哪怕是三等车厢的车票呢？欧洲人想法找到了钱，或者是偷窃，或者是勒索，或者是挣到了钱。"弗兰克认为，15～18 世纪末，是亚洲的时代。尤其是中国与印度，是这个时代全球经济的中心。全球白银产量的一半最终抵达亚洲，尤其是中国和印度。

可以肯定地说，明中期到 19 世纪中期，中国是当时世界经济产出的头号大国，国民生产总值居全球之前列，是国际贸易的强国。商品的出超，白银的大量涌入，使中国成为全球经济金融活动的中心。

二、与外资金融的斗争和合作

16～19 世纪上半期，商业革命引发金融革命，中国由"农业金融"过渡到"商业金融"。而领先一步的欧洲工业革命，使工业国家的金融网络开始"伸向"中国，不仅外国银元流入中国，而且铜币、纸币和银行也进入了中国国内市场。

外国银元的流入，最初是西班牙元（又称本洋），因其"计枚核值"，流通方便，几乎成为一些地区的标准货币，先闽、广地区，继而向北扩展，道光年间"自闽、广、江西、浙江、江苏、渐至黄河以南各省，洋钱盛行"，供不应求，本洋对纹银升水达 10%～15%。19 世纪 50～70 年代，墨西哥"鹰洋"取代了"本洋"的地位。后来，美国羡其厚利，仿制一种贸易银元出口远东，接着是日本银元、西贡银元、香港银元、印度卢比银元，也成为"鹰洋"的劲敌。外国银元流入中国后，排挤中国纹银，银元升水，引起大量纹银出口换取银元，并再度流入中国市场。道光皇帝 1829 年曾下令禁止，实际上禁而不止，各处仿造蜂起。光绪年间，自铸银元以维护利权的呼声越来越紧，清政府在 1887 年（光绪十三年）允许两广总督张之洞设厂试铸银元，直到 1910 年（宣统二年），才出台了统一成色为 900%，重量为 7 钱 2 分的规定。

大量外国银元流入的同时，还有一些外国铜元也流入中国市场，国人称其为"夷钱"，主要是越南和日本铜钱。日本宽永通宝多从宁波、上海、乍浦等港口贩入，"为数众多。近年一船所带或数千串至数万串不等"。越南光中、景盛、嘉隆、景兴通宝、景兴巨宝、大宝等在缺少制钱的闽、广地区大量流通，广东潮汕，福建泉州、漳州等地尤甚，"掺杂行使，十居六七"。清末，光中、景兴等钱至少流通于福建、广东、广西、台湾、山东以及北京附近乡村和四川、重庆。

外国纸币的流入是在 19 世纪 70 年代至清末，其中包括外国银行在中国境内发行和外国银行在境外发行的纸币，有的用中国货币单位，有的用外国货币单位，英钞行用地域最广，日钞、俄钞、法钞、德钞次之。

历史进入 19 世纪初，英资保险公司首先进入中国金融市场，40 年后的 1845 年，英资丽如银行进入中国，到 1858 年的 13 年中，有 5 家外资银行在中国的香港、广州、上海等城市设立分支行 13 个，清一色的英国资本。当时，上海钱庄使用的庄票，已取得外商的信任与欢迎，特别是经营茶叶的外商，他们认为"钱庄期票与现钱一样，无论在购货或还账上，均可流通无阻"。随着上海设立"租界"，"商贾云集，贸迁有无，咸恃钱业为灌输"，中外金融机构同时发展，尚未发现太多的矛盾。

19 世纪 60 年代，是外国银行来华设行的第二个高潮，首先是法国银行插了进来，英商银行又来了几家，英商汇丰银行干脆将其总行设到了中国的香港，并且发行货币，扩张业务，迅速形成垄断地位。彼时苏伊士运河的开辟、无线电通信的发展，大大缩短了中西贸易的周转时间，改变了信息和资金转移的方式。

19 世纪 90 年代，德、日、俄、法、美等国银行相继来华，出现外国银行第三次来华设行高潮，彻底打破了英国的垄断，中国金融基础被西方列强控制。明清以来的中国货币商人的金融机构、业务、利润逐渐受到外资银行的侵蚀。一向谨慎的山西票号看到沿海城市分号不能盈利，逐渐收缩回撤；上海为中心的江浙货币商人的钱庄，遇到强势外资银行，也不得不调整战略，本来它们的资本金都不太多，常常依靠向票号和外商银行融资才能正常开展业务，此时不得不更多地依赖外商，甚至干脆充当外商的买办。此时，票号、钱庄中落，而洋务运动以来中国人自办的几家新式银行，立足未稳，仍不可能支撑中国金融体系，必然演变出殖民地半殖民地金融的特征。当时，中国的外贸更多地被控制在驻华外商手中，出口商品自 19 世纪 70 年代以后几乎取决于伦敦市场的国际价格，使中国外贸商人变成了猜测银价涨落的投机者。特别值得重视的是，欧亚贸易的欧洲先锋英国，始终在考虑对亚洲贸易白银出超问题，于是在英国取得孟加拉之后，大肆在当地种植罂粟转销中国，用鸦片贸易逆转了欧洲与中国之间的贸易态势，中国开始了白银外流的历史。从此，全球金融格局改变，那些取自美洲的白银经由东亚重又回流到伦敦，进而回流到美国。鸦片贸易引发的白银危机瓦解了中国的货币体系，也改变了国际金融货币的格局，中国丧失金融大国的地位，改写了全球货币金融体系的历史。

在这里我们不能不重视近代以来中国金融环境的逐步恶化。外商企业与外国银行的进入，虽然在一定程度上对中国民族资本企业经营有一定的示范作用，但是资本的运作，毕竟须臾不会离开资本运动的基本规律。它们操纵股票投机和资本运作，1867 年上海金融风潮、1883 年上海金融危机、1910 年橡皮股票风潮等，其背后无不受制于外资。如 1883 年上海金融危机，不仅有胡雪岩联合国内丝商与美国为首的国际丝商竞价斗争失败的原因，同时还有上海怡和洋行受香港怡和洋行指使，操纵开平煤矿股票，将其从 1 两白银 1 股拉到 19 两白银 1 股，然后全数抛出，使其跟进者顿时破产，波及钱庄，上海 78 家钱庄倒闭 68 家，风暴继而波及汉口、天津、宁波、杭州甚至僻处东南的福州和远在华北的北京。更重要的是政府对外政策的失误，鸦片战争、中法战争、甲午战争、日俄战争、八国联军侵占北京，以及战后的不平等条约、战争赔款，被迫举借俄法借款、英德借款、英德续借款等大笔外债，让外资银行实际操纵了中国的财政经济命脉。恶劣的金融环境扼杀了明清中国金融革命的成果。

三、票号在海外的开拓与收缩

1894 年中日甲午海战和战后的《马关条约》，日本侵占我东北营口等地，合盛元票号营口分号业务停顿，濒临倒闭。总号东家郭嵘与大掌柜贺洪，大胆起用了 18 岁的申树楷为营口分号掌柜，令申树楷立即动身，马不停蹄，来到营口，一边接管业务，一边调查研究，发现合盛元营口票号存款，历来以官款为大宗，放款主要是借给钱庄、官吏及殷实商家。当时营口人心惶惶，存者纷纷提取，贷者无法收回，人心浮动，再无大宗汇兑业务；各钱庄、票号对随之而来的日商，心怀敌意，不愿交往，而日商对中国商民更怀有戒备，票号业务无法开展。申树楷鉴于日俄战争后很多日本人来到东北，看中东北大豆、豆油、豆饼，而中国人很喜欢日本的火柴、海味、杂货，便主动找机会，亲自与日商打交道，找到一个比较可靠的日本人，大胆地突破晋商只用山西人几百年的老规矩，雇用这位日本人为合盛元的"跑街"，向日商招揽生意。这一招，不仅基本解决了双方的疑虑，而且也解决了翻译问题，业务局面很快打开。就这样，合盛元营口分号起死回生。

稳住营口以后，申树楷把视线移向东北全境，建议总号先后在四平、哈尔滨、齐齐哈尔、黑河、丹东等地设立分支机构，他自己特别看中丹东，很快建立分店，其实心里想到是鸭绿江彼岸之朝鲜新义州，1898年在新义州设立代办所，1900年改为支号，并增设南奎山支号。合盛元票号东家和大掌柜看到申树楷的成功十分欢喜，遂想到英商汇丰银行、日商横滨正金银行等不断进入中国，为什么不把票号设往东洋和南洋？更何况我国在大西洋及南洋群岛从事工商业的华人为数众多，留学欧日的学生也不下万人，他们因其所在国无本国银行，其存放汇兑无不仰洋人之鼻息。海外华商侨民汇兑，悉由外国银行操办，利源外流，中国商务大受其困。我票号要设分号于外洋，须先将合盛元设于东瀛。东家、大掌柜所想与申树楷所做和谐、默契，总号便于1906年（光绪三十二年）派申树楷率伙友携巨款乘风破浪赶赴日本神户，几经周折，终在1907年（光绪三十三年）四月三十日，在神户建起了中国在日本的第一家银行"合盛元银行神户支店"。然后马不停蹄，穿梭于横滨、东京、大阪等处，筹划设立合盛元的出张所，几经周折，于同年冬季，合盛元票号在东京、大阪、横滨等几处出张所先后开张。合盛元除汇兑中国出使人员经费及官生留学费用等款项外，同时为日商办理商业汇兑。对国内通汇以天津、上海为大宗，仅1907年、1908年两年，全年汇兑额都在2000万元以上。清廷王公大臣亦盛赞合盛元票号"开中国资本家竞争实业之先声，亟应优予提倡"。1907~1909年的3年间，东京支店的现金出入额增加了6倍，1908年的存款总额达到4106047日元，超过了汇丰银行长崎支店的存款。

自从申树楷整顿营口、振兴东北、拓展日朝业务，到辛亥革命前夕十数年间，合盛元票号的分支机构扩大了三倍，进入了鼎盛时期，每股（1万两为1股）大账期分红时最高达到1.4万两白银。正当合盛元在日本站稳脚跟，蓄势发展，拟将海外银行推及西洋、南洋各埠之时，辛亥革命爆发了，军阀混战，溃兵骚乱，票号被掠，损失惨重，政府存款逼提，贷款无人归还，票号根基动摇，各地蜂拥挤兑，在股东无限责任制下，数十家票号无一逃脱破产的厄运，合盛元票号不得不宣告歇业，撤离日本和朝鲜。

四、服务华商与侨眷的侨批业

中国东南沿海居民向东南亚的移民，到16世纪时规模逐渐扩大，19

世纪后期形成高潮。移居东南亚的中国移民与原籍侨眷通过汇款和信件保持着密切的联系，由此形成了为华商和侨民解送信款的跨国金融业务，称为"侨批业"，其具体名称各地不一，有"信局"、"批信局"、"侨信局"、"汇兑信局"、"华侨民信局"、"批馆"、"侨批馆"、"汇兑庄"、"侨汇庄"等。侨批业最初于19世纪中后期始于福建、广东和香港地区，逐渐发展成为专为东南亚华商与侨眷解送信款的兼有金融与邮政双重功能的民间经济组织。据记载，19世纪80年代，国内已有21家，其中厦门有8家，汕头12家；国外新加坡49家。这些侨批业的投资人，潮州商34家，福建商12家，其他3家。20世纪初日商台湾银行调查，在东南亚的新加坡、槟城、巴达维亚、万隆、日惹、梭罗、三宝垅、井里汶、马尼拉、曼谷、西贡、仰光等地已有侨批局400余家；国内厦门70多家，汕头有80余家，广东其他地方10多家。如"郭有品天一汇兑银信局"（简称天一总局），由旅居菲律宾华侨郭有品于1888年（光绪六年）在其家乡福建龙溪县流传社（今龙海市角美镇流传村）创办，1892年（光绪十八年）扩大为四个局，总局设流传社，厦门、安海（晋江）、吕宋（菲律宾）为分局，专为海内外华侨和侨属办理书信投递和钱币汇兑接送提供服务，注重信誉、管理严格，赢得海内外侨民侨眷的信赖，业务日渐拓展，至清末分局达28家：在菲律宾、马来西亚、印度尼西亚、暹罗（泰国）、安南（越南）、新加坡、缅甸7个国家有21个分局，国内有厦门、安海、香港、漳州、浮宫、泉州、同安7个分局。鼎盛时期年侨汇额达千万银元。

侨批业的发展源于沿海移民，1840～1910年，经厦门出国的移民为257万人，回国移民152万人，1871～1910年汇款约34328万元，平均每年约858万元，他们寄回原籍的汇款以厦门为集散地，再经由厦门转入内地侨乡，构成了厦门及其周围地区商业和金融业的支柱。1914年，中国银行福建分行发现侨批业的巨大利源，曾一度自设侨批局，与之竞争，受到侨批局的反对和抵制。厦门侨批局的同业组织——厦门市银信业同业公会也致函厦门市商会，呼吁取消银行附设的侨批局，后经双方协商，达成谅解，签署合作协议共同扩展海外金融业务。中国银行与侨批局建立合作关系后，业务进展有了一定起色。不过，1936年与1932年相比，汇款仅提升了近28个百分点。环南中国海的东南亚华人移民汇兑市场，仍然是侨批局的天下。

侨批业为什么发展迅速而专门从事外汇业务的中国银行都无法与之竞争？因为华商与侨民汇款，百元以上者均由各银行用票汇由收汇人持票来领，而散处乡间的零星小额汇款，不仅地域分散，而且收款人多不识字，不明汇款手续，向由信局用信汇办理，直接派信差连信带款送收款人家中。此项零星信汇几占全部汇款的绝大部分，汇费每百元仅 1~2 元。南洋各地信局约 300 余家，委托厦门各信局 60 余家转交解付，由厦门各信局再委托福州、泉州、漳州各县区信局代为转解，南洋信局为收汇机关，厦门信局为媒介转解机关，各地信局为送达机关，此项送款信差有当地乡长和铺保作保，历来信用可靠，绝少舞弊，薪工不大，并能够为收款人代写回信，收款人仅付一二角钱代书费或脚力，被乡人所欢迎，信差收入颇佳，故多自重，地方官亦极力保护，为其地方税收一源。

下面是一份中国银行与侨批业合作的合同书[①]：

甲方：厦门中国银行

乙方：宿务永捷通汇兑信局

乙方在南洋一带办理信局汇兑业务，兹为扩展业务起见，委托甲方在闽省内地代解信款，双方同意订定条件如下：

一、乙方在南洋菲律宾所收闽省内地如厦门、禾山、鼓浪屿、晋江（泉州）、石狮、安海、南安、溪尾、诗山、洪赖码头等属各乡镇，委托甲方代解分发。每千实收代解费十二元。以后如有增减，由甲方随时函告（回条邮资另算）。

二、乙方如以菲币托甲方购买国币时，甲方允按当日净本结价，以示优待。

三、乙方托甲方代解之款，每批信到，应将托解款额，先行汇清，不得压欠。

四、乙方委托甲方代交汇票时，系用支票方式，即由甲方发给空白支票交乙方，乙方应预存款项，并留印鉴。如有汇款，随时开给汇款人凭票向甲方支款。如在甲方内地支行支款时，应预先指定地点，并留印鉴。每开出内地支款支票，应将金额数目同时通知甲方，以资接洽。前项汇款，甲方不另收费，但在内地支款，每千酣收手续费一元。

五、乙方每批解信，应附一目录，顺序编号，以资查考。除汇款直接汇交甲方，并书明第几号批信款项外，所有批信暂寄交厦门水仙路合昌信局收转。

六、此合约以一年为期，到期双方同意再行续约。试办期内，如有增加之件，双方同意再行补充。

七、本合约共缮两纸，各执一纸为凭共同遵守。

合约字人：厦门中国银行　宿务永捷通信局司理金永派

中华民国二十六年十月　日

可见，侨批业的发展，既有组织与经营网络化的制度优势，又有服务乡土性的特点，成为东南沿海金融业的一大特色。

明清货币商人的金融行会

中国工商业行会的产生最早可以追溯到唐代，但是金融业行会却是在明清金融革命中产生的。元朝仁宗延祐元年（1314年），浙江长兴州的东岳行宫功德碑中，记载龙王司施主为"银行"，这里的"银行"并不是现代意义的银行，只是经营金银买卖和加工金银饰品的行业组织。明清时期，随着金融业发展，机构增加，在同业竞争、纠纷，以及金融业与政府、社会等多方面的关系越来越复杂的情况下，自发产生了旨在自卫、自治和自律的行会组织。但是金融业行会在各地的发展是有差异的，时间的先后、规模的大小、地方的习俗差异，使得这些行会组织的名称有多种不同称谓，早期金融业行会，在南北多数地方称为"会馆"、"公所"、"公会"，有的地方称"社"，但广东、广西则称"堂"，湖南称为"公庙"，等。就说钱业行会，在呼和浩特叫宝丰社，包头叫裕丰社，大同叫恒丰社，梧州叫昭信堂，上海叫钱业公所等。

一、金融业行会应运而生

金融业行会中，最初是以各自的不同业务活动而相互联络建立的同业协调组织，各行都有自己崇拜的祖先，如典当业祭祀火神、号神，钱庄业祭祀金龙四大王、招财童子，票号业祭祀金花圣母，但是不论哪个行业都必须祭祀关公、财神，关公是商人共同崇拜的偶像，很多行会的办公地点就设在关帝庙。清代归化城的当业行会称为"集锦社"，票号行会称为"银行社"，钱业行会称为"宝丰社"。

（一）当业行会

中国典当业滥觞于公元 4 世纪末 5 世纪初南北朝时期的南朝，隋唐五代不断发展，到宋代已经出现了典当业的行会组织。据《梦粱录·顾觅人力》记载，南宋京师临安（今杭州）市上，"凡顾倩人力及干当人，如解库掌事、贴窗铺席主管、酒肆食店博士、铛头……俱各有行老引领"。又据宋元间人赵素所编《为政九要》第八项称："司县到任，体察奸细、盗贼、阴私、谋害不明公事，密问三姑六婆，茶坊、酒肆、妓馆、食店、柜坊、马牙、解库、银铺、旅店，各立行老，察知物色名目，多必得情，密切报告，无不知也。"这"行老"，即是行会主事人。柜坊、解库的行老，应当是典当业的行会负责人。明代沈榜《宛署杂记》卷一三记载，"今查得宛、大二县，原编一百三十二行，除本多利重如典当等项一百行，仍行照旧纳银，如遇逃故消乏，许告其首，查实豁免。"可见，明代当业行会的存在已确证无疑。

明清时期商业与金融业的革命性进步，使得政府收缴赋税改实物征收为折银征收，连地租也往往收取现银。社会经济活动和商品流通对现银的大量需求，为质贷业发展提供了机遇，商人乃至官府纷纷投资典当获得高额利润。《明神宗实录》卷四三四记载，明末河南典当业中，徽商就有213 家典当。明清典当业中最为活跃的是山西商人和安徽商人，其次是陕西商人、江西商人。清末民初，典当业流行的《当字谱》，据说就是明末清初山西著名思想家、书画家傅山所创制。随着各地典当业的兴盛，各种典当业行会组织纷纷建立起来。

《典当行会馆碑志》记载，清雍正十一年（1733 年），广州的数十家典当在原有会馆基础上，又外购状元坊处地基重建同业会馆。番禺县仅有20 余家典当，也建会馆于老城流水井处。北京的典当业行会，有史料记载始创于清嘉庆八年（1803 年）九月，初名"公合堂"，先后改称当商会馆、当业商会、当业同业公会，是北京建立较早较大的一个行会。天津典当业行会，在清嘉庆十七年（1812 年），于北城濠购地建房 80 余间作为当行公所，1928 年改名为典业公会。上海的典当业行会，据《清季上海地方自治与基尔特》载，是设立于清光绪十九年（1893 年）沪上吴家弄的典业公所，光绪三十年（1904 年）二月，经上海县批准，在此设立《典业公所公议章程十则碑》。《上海县为批准典业同业规条告示碑》称："数年前公议得规条数则，均各遵守。今又经公议，将前定规条加改详细妥治，保全大局。粘呈公议规条，环求立案，并给示勒石，以垂久远等情到县。据此，查阅所议规条，均尚妥洽，除批准立案外，合行给示勒石。为此示仰各典商人等，一体遵照后开公议规条办理，毋违！"

清末民初，各地典当业行会仍然很活跃。清光绪三十年（1904 年），广东佛山 36 家按押行组建行会，名为"振业堂"。清宣统三年（1911年）出版的《湖南商事习惯报告书》中，收录有此间议订或修订的长沙、湘乡、新宁、安化等地的典当业行规数篇。据民国十七年（1928 年）出版于哈尔滨的《中国工商同业公会》转录的 1921 年英文版《北京社会调查》资料显示，当时北京当业同业公会，包括当铺业主 70 户，从业人员总计 1670 人。

（二）钱业行会

钱庄银号业在明代已经发展起来，它们经营货币兑换、放款、存款等业务，到明末清初已经很活跃。据中国人民大学李华教授在 1958 年对北京市明清工商业会馆的调查，清同治四年（1865 年）北京《重修正乙祠碑记》称，"始于康熙六年（1667 年），浙人懋迁于京者创祀之，以奉神明，立商约，联乡谊，助游燕也。"正乙祠又名银号会馆，是浙东人在京经营银钱业的会馆。[①]

广州的钱业行会最早是"忠信堂"，据《重建银行会馆碑志》记载，忠信堂的成立要早于康熙十四年（1675 年），到乾隆三十四年（1769 年）入会银号已有 36 家，到同治十二年（1873 年）增至 68 家，1930 年多达120 家。

苏州的钱业行会，最迟在清乾隆三十年（1765 年）已经建立，据苏州全晋会馆碑刻，当时在苏州有山西商人开设的钱庄 81 家，建有全晋会馆。

上海钱庄业，在清朝乾隆年间已有一定规模，于上海城隍庙内设有钱

---

① 李华：《明清以来北京工商业会馆碑刻选编》，文物出版社 1980 年版。

市公所。乾隆四十一年至五十年（1776~1785年），承办祭业的钱庄有25家，乾隆五十一年至嘉庆二年（1797年）则发展到124家[1]。光绪九年（1883年）上海创建沪南钱业公所之后，光绪十五年（1889年）宁波余姚商人陈淦、慈溪商人罗秉衡等又创建了北市钱业会馆，据《上海北市钱业会馆壁记碑》载："上海当华裔南北要会，廛市骈阗，货别隧分。侨商客估，四至而集，废箸鬻财者，率趋重于是。就时赴机，归于富厚，羡靡所贮，欲靡所称。均之失也，备豫不虞，而钱肆之效乃著。钱肆者，与诸商为钱通合会，钱币称贷，而征其息，其制比于唐之飞钱，其例盖始于汉人所谓子钱家者，导源清初，至光绪间，而流益大。委输挹注，实秉壹切货殖之枢。"

内蒙古呼和浩特的钱业行会成立也比较早，据《绥远通志稿》记载："清代归化城商贾有十二行，相传由都统丹津从山西北京招致而来，成立市面商业……其时市面现银现钱充实流通，不穷于用，银钱两业遂占全市之重心，而操其计盈，总握其权，为百业周转之枢纽者，厥为宝丰社。社之组设起于何时，今无可考，在有清一代始终为商业金融之总汇。"宝丰社的"社内执事，号称总领，各钱商轮流担任。"由于钱市活跃，转账结算通行，宝丰社作为钱业之行会，"大有辅佐各商之力"。"平日行市松紧，各商号毫无把握，遇有银钱涨落，宝丰社具有独霸行市之权。"

全国各地的钱业行会，在清代中期已经普遍建立。天津的银号公所成立于清嘉庆年间（1796~1862年），设在天后宫财神殿后院。湖北汉口的钱业公所成立于清同治十年（1871年），设在芦席街。梧州的广东商帮银号钱庄创建的行会议事公所称为昭信堂，是清光绪年间的事。湖南长沙银号业行会在光绪二十五年（1899年）将公议行规公布于市，光绪三十年（1904年）长沙钱店同业重议银色条规，《湖南面事习惯报告书·商业条规》中，辑录有多种银钱业行规，如《长善银号公议条规》（省城）、《银号条规》（省城）、《钱店公议条规》（省城）、《钱庄条规》（永顺）、《钱铺条规》（新化）、《钱业条规》（巴陵）、《钱店重议银色条规》（省城）等。[2]

（三）汇业行会

随着票号业的发展，汇兑业行会组织应运而生。在太平天国进军苏州

---

[1] 曲彦斌根据嘉庆二十八年立于上海城隍庙内园钱业总公所的《钱业承办祭业各庄名单碑》注释。

[2] 曲彦斌：《行会史》，上海文艺出版社1999年版。

时，江苏南部各个商埠的票号均迁往上海，上海票号业随之发展。在鸦片战争后的 10 年里，即 1840~1850 年，仅日升昌、蔚丰厚、日新中三家票号在北京、天津、张家口、济南、南京、苏州、扬州、汉口、重庆、成都、广州、长沙、西安等 23 个城市设立的分支机构就达 35 处。为了联络感情，协商业务，票号认为对外以团体名义更为有利，出现同业组合，每月定期聚会一两次，岁始、端午、中秋三节，有定期例会。

光绪二年（1876 年），在上海的山西票号有 24 家，建立山西汇业公所，各号经理为委员，委员中推选二三人为董事，处理同业中的日常事务，定期或者不定期地召开同业会议，议定共同遵守的事项，裁断内部纠纷，对外以团体名义合力处理重大问题。到光绪五年（1879 年），上海各票号每家出资白银 500 两共计 11000 两，购买新地，大兴土木，前院大庙为供奉关帝、火神、财神、后天圣母和金龙四大王诸神，后院则作为山西汇业公所办公之地。《新建汇号公所碑记》载："天下之事，创始匪易，往往有图之经久不得，而忽得于一旦者，盖图事之赖有其人，而成事必有其时也。申江为中外交易之地，繁盛甲天下，汇业同帮贸易于此者，计二十四家，已历有年所矣。光绪二年丙子（1876 年）春，赁有宝善路东庆兴楼之后院一所，每遇神诞筵会及一切巨细事，皆诣此聚议。唯逼街市，喧嚣杂沓，既无以安神灵，而同人齐集亦形求爱湫隘，屡欲别寻一区，殊未易得雅静地。今于光绪己卯（1879 年）孟冬，购得上海县洋泾浜第二十五保头图英租界内徐氏花园一所……改创公所。"该碑碑阴记述地界、费用及捐银各票号名单 24 家，后又续捐 1 家，共计 25 家。

北京的汇业行会，称为汇兑庄商会，成立于光绪二十九年（1903 年）。其章程说："商会之设，原所以联络同业情义，广通声息。中华商情向称涣散，不过同业争利而已。殊不知一人智慧无多，纵能争利亦属无几，不务其大者而为之。若能时相聚议，各抒己见，必能得巧机关，以获厚利。即或一人力所不及，彼此信义相孚，不难通力合作，以收集思广益之效。"章程规定执董设置，聚会时间，定期不定期协商讨论，"或有益于商务者，或有病于商务者，即可公平议定，禀请大部核夺执行。"1904 年《大公报》载："兹定于每月初一、十五两日为大会之期，准于上午十一钟聚会，下午一钟散会，同业各家执事齐集到会，或有益于商务者，或有病于商务者，即可公平定议，禀请大部核夺施行。如同业中有重要事宜，尽可由该号将情告知商会董事，派发传单随时定期集议。"

20 世纪初，日本人柏原文太郎在《中国经济全书》中记述："上海汇业公所是山西票号设立的……各票号还依赖公所图谋相互的利益。如果有同业违背公所协定的规约时，协同加以制止，并且在发生交涉事件的时候，董事加以裁决。在中国这种公所是为他们利益唯一的机关，其规约是严正而不可侵犯的"。

金融业的同业行会，除上述当业行会、钱业行会、汇业行会之外，还有账庄行会。账局这类专门从事放款的金融机构，自清初至民国，大体存在了 300 多年。1853 年北京有账局 268 家，王茂荫说："账局帮伙不下万人。"他们 1904 年在北京设有账庄商会，这里不再详述。

二、金融业行会功能拓展

金融业行会最初设立，多为同乡、同行商帮，为了联络同业情义，广通声息，通力合作，维护同行利益。其功能主要是两个方面，一是集议和办理同业清算、修订行规的业务功能；二是祭祀行业神灵，加强同业内部联系，促进社交情谊，有一定的文化功能。后来，金融业行会在维护市场公平交易、维护本行共同利益、协调商务纠纷、协调对外关系的功能与职责不断发展。如当时市场货币混乱，银两、银元、铜钱、宝钞、银票并行，平色不一，给一些投机者以可乘之机，严重干扰着金融秩序，给货币商人带来一定的风险，他们为了防范金融风险，自发地相互联络，借以自治、自卫，在同业竞争、商务纠纷、与政府关系等方面，需要同行业的协调和管理，于是金融业行会的功能就自然不断得以拓展。

（一）维护金融行业利益

货币商人的业务经营，不可避免会发生与行内、行外之间的业务纠纷，对此，需要金融业行会的调解与仲裁。清末日本人柏原文太郎在《中国经济全书》中记述描述道："同业组合者，即票庄同业者所组织之公所是也……凡与外商交涉事件，及同业中交涉事件，皆由总董裁决……然为总董者，既有同业者共同选定，自得同业者全般之信用，故于总董提议之事，或裁决之事，几无不服从者也。"①

宁波帮钱庄在上海钱庄业中具有雄厚实力，他们利用票号折放头寸，扩展业务，仿效票号办法，联络长江及沿海各埠同业，办理地区收解，经

---

① 《中国经济全书》第 8 册，转引自编写组：《山西票号史料》，山西人民出版社 1990 年版。

营汇兑。特别是同治二年（1863 年），由上海钱业总公所议定，不入同行的钱庄不得出具庄票，开发可用于上海货洋商人之间的庄票便被入园钱庄所独占，这对于经营入园钱庄大有好处，于是业务蒸蒸日上。不仅如此，钱庄还通过钱业总公所建立以庄票为中心的汇划制度和九八规元制度巩固其地位，并影响其他各埠和内地市场，使他们无不唯上海钱业马首是瞻。

（二）调解金融商务纠纷

《中国经济全书》中记述："上海汇业公所是山西票号设立的……各票号还依赖公所图谋相互的利益。如果有同业违背公所协定的规约时，协同加以制止，并且在发生交涉事件的时候，董事加以裁决。在中国这种公所是为他们利益唯一的机关，其规约是严正而不可侵犯的"① 天津估衣街道的山西会馆建于乾隆四年（1739 年），光绪二十六年（1900 年）馆董李柱臣将灰瓦房 4 间和前后门共计 53 间，出租给华商张幼仙和日商森山元开设福义公华洋栈，年租金 460 银元。后来栈房歇业，张幼仙转租他人。光绪三十二年（1906 年）在津晋商集议，以此房改建学堂，向馆董催收房院，馆董以霸租名义将张幼仙告到官衙。张贿通日本人赤井嘉吉，自称森山元代表，受托处理房产。山西行会公启，要求商会饬令张幼仙交房，并查处转租。晋商 12 帮联名禀文直隶总督，指控张幼仙霸租，又私自转租、贿通洋人杠帮违抗、日人违约开栈，请求交涉，严禁日人帮讼。此事，直隶总督没有直接处理，而是批转商会处理。可见商会有相当权威，能够仲裁商务纠纷，协调会员与其他社会组织以及政府间的关系，维护共同利益。

据《上海钱庄史料》记载，在上海南北分立时期，仍以城隍庙内园为钱业总公所，"每逢岁首，南北各庄执事，齐集内园，举行年会，商讨一年营业方针及兴革诸事，凡有决议，制为条规，全体恪守，无殊宪章。此外，凡遇临时发生重大事件，须南北市全体同业协议取决者，亦于内园开会。"内园成为上海钱行内部管理的最高仲裁机构。但钱业日常管理的事务仍然被南北公所管理。所以，日本学者根岸佶说："总公所相当于一族的祖庙，南市公所和北市会馆相当于一族两个支派的祠堂。"所以，各钱庄协调运行，无重大事故发生。②

---

① 《中国经济全书》第 6 辑，转引自编写组：《山西票号史料》，山西人民出版社 1990 年版。
② 《上海的行会》，日本评论社 1951 年。

（三）协助政府管理市场

清末，市场上不法之徒，私造沙板钱，冒充法定制钱流通，使市场沙钱越来越多。为维护经济秩序，内蒙古归化城各金融业行会积极配合当局整理货币。经各行会负责人与有威信的长者共同协商，决定在三贤庙内设立交换所，让人们以同等重量的沙钱换取足值制钱，并将沙钱熔毁，铸成铜碑一块，立于三贤庙内，上书"严禁沙钱碑"，碑文写道："如再有不法之徒仍蹈故辙，察官究治，决不宽恕。"立碑经理人为归化城内十五社与外十五社。这是清光绪十五年（1889 年）的事。类似此种记述，还有海窟龙王庙内《重整四农民社碑记》所述关于处理商人使用短百钱问题、南茶坊关帝庙内《整立钱法序》所述对钱业行会宝丰社短百钱抽拔整理问题等。金融业行会为维护正常货币流通，做了大量有益的工作。①

上海辟为通商口岸以后，特别是从 1870 年左右钱庄可以从外国银行那里获得短期贷款即拆票后，上海钱庄更获得了迅速发展。由主要经营银钱兑换，发展为可以庄票形式与外商银行结算，业务范围扩大，继而发展到经营存款和放款业务。1910～1911 年的金融危机前，上海钱庄业可用的拆票总额达到一千几百万两，有些钱庄能用这种方式一次借款七八十万两，即超过其本身资本的十几倍，以应付日常交易所需的现金。通过庄票和拆票，银行源源不断地为钱庄输入了大量新的血液，有力地推动了钱庄的发展。②

（四）管理市场业务规则

为防范和控制金融风险，协调金融业内部及其与社会方面的利益关系，金融业行会，如汉口的钱业公所、上海的汇业公所、北京的汇兑庄商会、包头的裕丰社、归化的宝丰社等，他们组织货币商人，商定市场规程，为本行的营业事项订定共同规则，组织金融市场运行，如汇兑平色、汇水、市场利率、票据交换、银行清算等，约束同业遵守，协调同行间的无序竞争。北京汇兑庄商会规定，中国汇兑银号，除汇兑银两外，间有与官家、商家通融借贷之事，息银多少各有不同，书立信据，书明归还日期，即应如期归还；无论官商，立据后如有退款不办之事，议定不退兑费，收交以票、信为凭，往来以折条为据；以本地通行银色收交，一律两不相亏等。

---

① 孔祥毅著：《晋商行会——自治自束自卫的商人机构》，《金融贸易史论》，中国金融出版社1998年版。
② 张海嬴、张海朋主编：《中国十大商帮》，黄山书社出版，第135页、第342～343页。

三、金融业行会走向成熟

金融业行会发展到清末，已经逐步走向规范与成熟。上海钱业行会有总公所、南北会馆、钱业公会等几个层次，职责各有侧重。清末民初的上海钱业公会，已具备以下功能：联合同业研究经济金融问题；促进同业发展；校正营业弊端；倡导合群与信义；调解同业纠纷；沟通同业与政府的关系；处理同业与公会间的事项等。[①]

金融业行会组织虽然在金融业的自我管理、自我约束和利益自卫中发挥了一定的作用，但是当业行会、钱业行会、汇业行会、账庄行会等，直到 20 世纪初，仍然各依自己的信仰及偏好而运行。例如，汉口钱庄与同业组织中，同时存在钱业公所与钱业公会，公所与公会的功能有所区别：公所侧重于维系钱业同行的感情联络，每逢农历初一、十五要举行祭神团聚仪式；公会侧重于钱庄之间各种业务及对外联系，定期聚议，确定拆息、交换票据，办理转账。整个金融业统一的综合组织尚未建立。1908 年 11 月，由北京蔚泰厚票号发起，拟联络票号汇业商会、钱行商会、当行商会，创立金融业的总商会，推动金融业与经济社会的共同发展。诚如 1908 年 11 月 13 日《大公报》所说："商界各行向不联络，每行各设会馆，各为风气，不相闻问，亦交通之一大阻滞也。近由蔚泰厚票商发起，拟联络票商、钱行、当商组织商会，以期商业发达，逐渐推广，已在三晋会馆会议一次……大约不久即可成立。"[②] 倡导金融业商会问题，货币商人先后做了大量工作，如北京总商会，就是由北京当业行会与炉业、绸缎业行会倡导建立起来的。然而直到清末，金融业的总商会这一愿望始终未能实现。

应当肯定，从 19 世纪到 20 世纪前期，中国金融各业的行会，承担了当地货币借贷、票据收受转让、转账结算、同业清算、组织货币市场、确定利率、管理金融市场等职责，同时也具有团结金融各业，商定市场规程，监督制度执行，确保商民利益等作用，可见它已经具有类似"银行的银行"和管理金融行政的部分职能。

---

① 杨荫溥：《上海金融组织概要》第 53 页。

② 《陕西商会萌芽》，《大公报》，1908 年 11 月 13 日，转引自《山西票号史料》，山西人民出版社 1990 年。

明清货币商人的经营策略

明清货币商人经营的中国早期金融业，特别是清代中期以后的票号、钱庄、账局，已经实行企业化的经营管理，它们十分重视经营谋略，能够把握货币市场的经营战略。它们从商品经营资本中分离出来，带着丰富的普通商号经营管理的经验，重视信息，审时度势，灵活机动，慎待社会各方面的关系，营造和谐的经营环境，通过不断的金融创新，探索货币经营业的经营管理艺术和战略，一步步走向成熟。

一、稳健谨慎，重视市场信息

（一）审时度势，伸缩机构

清代货币经营业规模较大的金融机构要数票号，票号实行总分支机构制，增设新的分支机构，必先进行调查研究，在掌握市场发展趋势的基础上，决定新号布局，拓宽经营地域。在经营过程中，如果发现某地环境变化不能盈利，就果断撤庄。票号分支机构设遍全国通都大邑、商埠码头，拉萨、巴塘、理塘、打箭炉、雅安等藏区，虽然地处偏僻，但因财政和商务有汇兑需求也设有分号。在太平军进军南京时，在长江一线的分号受到侵扰，总号遂令该地分号急速收缩。日俄战争期间，东北营口等地业务困难，不得不停业，战后则迅速调整力量，扩展业务，在四平、哈尔滨、齐齐哈尔、黑河、丹东等地设立分支机构，继而设庄于朝鲜仁川，后又伸向日本神户、横滨、大阪、东京。可以说，票号分支机构的设置是随盈利与风险大小而伸缩。

（二）重视信息，严格情报

商谚道，"买卖赔与赚，行情占一半。"重视信息，自古皆然。孔子曾称赞其弟子子贡道，"赐不受命，而货殖焉，亿则屡中。"他说端木赐（子贡）没有接受官府的任命，而是以私人身份去经商，预测行情很准确。票号商人非常重视通过各种渠道了解市场信息，如各地物资余缺及其他影响经营的因素。《太谷县志》称，太谷商人"至持筹幄算，善亿屡中，讲信耐劳，尤为谷人特色，自有明迄于清之中期，商贾之迹几遍行省"。据史料记载，"票庄做生意，必须视各庄之出产，四时之遭遇……预测某处之丰歉，早定计划以兑款，届时银根松紧，于中取利，得贴水，可卜优胜。"① 票号根据自然气候，年成丰歉，分析市场走向，确定资金计划，确保经营安全而盈利。就是宁波钱庄商人也是如此，他们"凡事均宜刻意研究，从不知而求知。本行既为商业银行，所办之事皆为商业之事，则一举一动皆应与商业合拍，方不愧商业两字。现将聘请于丝、布、纱、糖、棉花以及其他种商品富有经验者为顾问，一一研究其来源出处，工本若干，售价若干。举凡涨落之比较，销路之淡旺，时间之关系，市面之需要，无不加以彻底研究"。② 票号、钱庄都重视从各种渠道掌握各种信息，包括市场信息、地方政治军事信息、工农业生产信息以及政界人事变动等。票号规定，当天晚上必须以信函形式，及时汇报总号，以便总号审时度势，深思远谋，谨慎决策，绝不贪图近期利益，甚少短期行为，注意别人不经营的业务，开拓市场，出奇制胜。在其资产负债管理中，又能谨慎行事，如既要发行钱帖，扩大资金来源，又要现金准备充足，防御凭帖挤兑、存户提现、当票质典，甚至还要准备地方政府财政亟待周济时的立即垫付。这样做，使客户感到"相与"，信用卓著，乐与往来，不断扩张业务。

二、预提倒款，资金抽疲转快

（一）预提护本，严防空底

票号在经营中会因市场风险、信用风险等发生亏赔，损及资本。为防御风险，票号商人设计了一种预提"护本"的制度，即在账期分红时，从红利中预提一定数额的可能发生倒账的损失，建立风险基金，专款存储，一旦发生损失，以此作为补偿，这种"预提倒款"，亦谓之"撤除疲账，严防空底"，防止亏煞老本。这是中国历史上最早的风险基金制度。票号在账期分红时，按股东份额比例，提留一部分红利，充作扩大经营的资金来源，谓之"倍股"；将应收账款、现存商品及其他资产，予以折扣，使企业实际资产超过账面资产，谓之"厚成"。还有一些企业实行"公座厚利"，即在职工身股和财东银股未分配之前就提取一部分利润，作为"公座"。无论是倍成、厚股或公座厚利，其目的在于保证资本的充

---

① 王之淦：《票庄实事论》史料第 769 页。
② 宁波政协、人民银行宁波中心支行：《宁波帮与中国近代金融业》，中国文史出版社 2008 年版。

足率，以扩大业务，防范风险，反对急功近利和短期行为。

（二）酌盈济虚，抽疲转快

票号实行总分支机构制度，在经营中往往出现此地现银多，彼地现银少，为了平衡现银摆布，保证票号的清偿力和安全支付，不致发生挤兑，他们创造了"逆汇"办法调度现银。逆汇与甲地先收款，乙地后付款的顺汇不同，而是主动在乙地寻找急需在甲地支用款项而无现款的客户，允许其在甲地先付出，随后某一时间在乙地后收进，这样就使得乙地商人在没有现款的情况下可以立即在甲地购货，待商品运抵乙地销售后再在乙地付款。一百年前的《东方杂志》评论道，"中国此种汇兑，向所未有，至近年与外国通商，关系密切，内地市场间之贸易随之而盛，汇兑之种类不得不因之变化……倒汇之手续亦别无烦累……有信用之商人立一汇票，交于票号，票号即买取之，送交收汇地之支店，索取现金。"① 逆汇的意义，不仅是平衡现银布局，减少异地现银运送的成本与风险，避免清偿力不足发生挤兑，同时也是存、放、汇结合的业务创新，能够扩大利润来源。上述例子中，如果是乙地分号先付款，甲地分号后收款，是汇兑与贷款结合。如果是乙地分号先收款，甲地分号后付款，是汇兑与存款结合，此种逆汇，不仅收取汇费，还计利息。这种财务创新，一是满足了商人异地采购急需款项的需求；二是减少了票号资金闲置，增加了利息收入；三是减少了异地现银运送，谓之"酌盈济虚，抽疲转快"。② 这是票号商人经营中的重要办法，即在总分号之间，各分号之间调度资金，增加放款，扩大利润的做法。因为各分号在营业中，经常会出现现金盈绌和行市疲快的矛盾现象，有的地方现金多余，银根松，利率低，款放不出去，资金闲置；有的地方则现金不足，银根吃紧，利率上升，无款可放，支付困难。为了尽可能盈利，必须在各分号之间调度款项，否则，不仅不能放款生息，而且盈余地客户向短绌地汇款的业务也做不成，因为该地无现银可以付出，这时按理应当调运现银，但费用高昂，而且需费时等待。"酌盈济虚，抽疲转快"，就是用现银多的地方的钱，去接济短绌的地方。如北京分庄盈，张家口分庄短，张家口可主动吸收向北京的汇款，在张家口取款，北京付出，此叫"顺汇"；也可以张家口分庄先贷款给当地的商人，允其去北京取款购货，北京先付出，张家口后取进，叫"逆汇"。这样不仅平衡

---

① 君实：《记山西票号》，1917 年第 14 卷 6 号。

② 颉尊三：《山西票号之构造》，《山西票号史料》，山西人民出版社 1990 年版。

了两地现银盈绌，也多赚了贷款利息和汇款的汇费收入。

三、金贸结合，两业混合生长

（一）金融贸易混合生长

明清钱庄、当铺、账局、票号等金融企业，大都是在商品经营资本积累和发展的基础上发展起来的。这些金融企业产生以后，它们中的很多货币商人不仅没有放弃原来经营的商号、货栈、店铺，反而还在某些方面予以加强，很多大商业家族不仅有众多商号，还设有多家金融企业。山西介休冀家有绸缎、茶叶、皮毛、布匹、杂货等商号，也有账局、钱庄、票号、当铺等金融机构，仅在湖北襄樊一带就有 70 余家商号，十几家当铺，其经营地点，南起湖北，北到喇嘛庙和库伦。其金融业首先是支持其百货业的资金需要，有的还多少地将一些资本投入了纺织、面粉、火柴、酿造以及采矿、冶炼等轻重工业。从而形成了金融资本与工商业资本的相互结合，互促互动。从而使其两类企业形成了高效融资、混合生长的机制，加速了资本周转和增值。

明清十大商帮之首之晋商中的大盛魁，是近代中国最大的长寿企业，从清康熙初年直到 1928 年，存续 280 余年，其组织机构精悍，灵活机动，指挥如意，办事效率较高。大盛魁的下属机构有两类，一种是直属机构，在外蒙古的科布多和乌里雅苏台两个分号，不设过多的中间环节，由总号直属机构直接发号施令，各营业单位在总号的直接指挥下，从事运销贸易，在整个蒙古地区东西 6000 多华里，南北 2000 余华里的区域内，基本是依靠其总号和两个分庄组织贸易活动并垄断着蒙区贸易。另一种是"小号"，是由总号投资独立经营的单位，进行独立核算。这些"小号"有商品经营业和货币经营业两类，商品经营业如"三玉川茶庄"、"长盛川茶庄"、"天顺泰绸布庄"、"德盛魁羊马店"、"东升店"货栈以及药材、粮店、饭馆等商店；货币经营业有"大盛川票号"、"裕盛厚银号"、"宏盛银号"，以及其他钱庄、当铺等。它的茶庄，既是商业，又是手工业，设庄于湖北、湖南产茶地区，就地收购鲜茶，按照华北人喜欢花茶、蒙古和新疆人喜欢砖茶、俄罗斯和欧洲人喜欢红茶的不同习惯和要求，加工成不同种类的茶品分别包装，北运销售。蒙古牧民只要看到印有"川"字的砖茶，便争相购买。茶庄分号在北方则设在转销堆栈地张家口、归绥、包头、宁夏等地。天顺泰绸布庄经常派人往返于京、津、苏、杭等地采办纺织品。专营马匹的小号南设汉口，专营羊的小号则设在北京。如此庞大的南北物资交流需要巨额的资金运转，大盛魁只通过自己的银号、票号、钱庄借贷、存放、汇兑、融通资金，就可以从全国各地进货，通过归绥、库伦、科布多、恰克图，营销于蒙古草原、新疆、西藏与俄罗斯；又从那里运回北方和欧洲特产，转销内地。大盛魁财雄塞北，垄断一方，每逢秋冬过标时，各地骆驼队先后返回归化，带来大量商品，顿时旧化城热闹非常，戏园饭馆也都活跃起来。那些拉骆驼的人从茂司嘎哇（莫斯科）回来，坐在茶馆里，津津有味地给人们讲述俄罗斯的风土人情。大盛魁最有特点的是"大盛魁印票庄"。大盛魁在蒙古地区销售商品因为牧民没有现银，便将日用百货赊销于牧民，按照购买商品额计息，偿还时牧民以牲畜皮张作价清偿货款和利息，有时还将收购的牛马羊等牲畜暂不赶走，交给牧民代为喂养，等膘肥肉圆时再赶走，并不付给牧民报酬。同样，大盛魁贷款给蒙古王爷贵族，或者代办王爷晋京值班全程后勤服务，印就借据，由王爷府盖以印信，偿还债务时由牧民公摊。其借据称为印票，上印偿债人亡故后，"父债子还，夫债妻还，死亡绝后，由旗公还"等字样。

（二）金融控股集团的雏形

清代中国已经出现进入跨国集团的雏形，这就是晋商的联号制。即由财东投资办若干个不同行业的各自独立核算和经营的商号或票号、账局、钱庄、银号，在业务上相互联系，相互服务，相互支持，形成一个网络体系，近似现代企业集团，其分支机构遍布全国各地以至国外。在明代，山西商人已有不少以家族形式出现的大型商业集团，到清代则进一步形成由金融企业领头并管理的企业集团。如祁县的乔家、渠家，榆次的常家、聂家，太谷的曹家，平遥的李家，介休的侯家、冀家，临汾的亢家，万荣的潘家，阳城的杨家，等等。这些商业家族的商号随着业务的发展扩张，不断增加，而形成了一个个商业集团。以太谷曹家为例，该家族在19世纪20~50年代，有13种行业，640多个商号，37000多个职工，资本1000多万两白银。商号名称多冠以"锦"字，如锦霞明、锦丰庆、锦亨泰绸缎庄、锦泉涌、锦泉兴茶庄、锦丰泰皮货庄、锦生蔚货行、锦丰庆当铺、锦泉汇、锦泉和、锦丰焕、锦丰典、锦隆德钱庄、锦元懋账庄、锦生润票号等。分布于朝阳、赤峰、建昌、凌源、沈阳、锦州、四平、太谷、太原、榆次、屯留、长子、黎城、襄垣、东观、天津、北京、徐州、济南、苏州、杭州、上海、广州、四川、兰州、新疆、张家口、库伦、恰克图、伊尔库茨克、莫斯科等地。在曹家这个"锦"囊集团之中，包容了多家商号、多种经营、多处分支庄号，形成了曹家庞大的商业网络。在管理上，通过"励金德"账局管理设在太原、潞安及江南各地的商号，通过"用通玉"账局管理设在东北的各商号，通过"三晋川"账局管理设在山东的各商号。励金德管辖的彩霞蔚绸缎庄下辖张家口的锦泰亨、黎城的瑞霞当、榆次的广生店、太谷的锦生蔚商号，其经营盈亏，财东曹氏不直接过问，是由彩霞蔚向励金德负责的。如果彩霞蔚所属锦泰亨等商号经理需面见财东，应由彩霞蔚所属锦泰亨等商号经理先引见励金德经理，再由励金德经理引见财东。在保持各商号独立核算基础上，由上一级商号领导相互进行信息交换、联合采办商品、融通资金、调剂人才等，发挥了综合优势，形成类似现代金融控股集团公司的组织。

四、慎处外界，营造经营环境

（一）重视企业形象

金融业的经营需要好的经营环境，环境虽然是客观的，但是也需要自己不断的营造，以形象创立事业。宁波钱业商人十分重视面子，他们认为，面子是形象、是牌子，人没有好的形象就没有朋友，企业没有好的形象就没有后劲。企业的形象往往与职员的形象有关，山西票号、宁波钱庄十分重视职员形象的教育与培训，言行举止和品行锻造，从自身节俭做起，常人看似"土财主"、"守财奴"，对自己刻薄，对他人宽宏，正是一个有眼光的大企业家应具备的品格。山西票商、宁波钱商的精明、开明加上节俭、"吝啬"是他们成功的重要条件。

（二）慎待商界相与

票号商人主张"和为贵"，认为和气才能生财。凡经常有业务往来的诚信客户称为"相与"。凡是相与，不讲价格，友好相处，世代相传；一旦发现不诚，永不往来。晋商重视稳妥经商，慎待"相与"。所谓慎待，就是不随便建立相与关系，一旦建立起来则要善始善终，同舟共济。如山西祁县乔氏的"复"字号，尽管资本雄厚，财大气粗，但与其他商号交往时却要经过详细了解，确认该商号信义可靠时，才与之建立业务交往关系，否则均予以婉言谢绝。其目的是避免卷入不必要的麻烦旋涡之中。但是当看准对象，摸清市场的状况，认为可以"相与"时，又舍得下本钱。对于已经建立起"相与"关系的商号，均给予多方支持、业务方便，即使对方中途发生变故，也不轻易催逼欠债，不诉诸官司，而是竭力维持和从中汲取教训。"复"字号认为，即使本号吃了亏，别的商号沾了光，也不能因此把钱花在衙门里。榆次常氏天亨玉商号，该号掌柜王盛林在财东将要破产时，曾向其"相与"大盛魁借银三四万两，让财东把天亨玉的资本全部抽走，天亨玉在无资金的状况下全靠借贷维持，仅将字号改名为天亨永，照常营业，未发生倒账，全凭着王盛林掌柜的人格信用。后来大盛魁发生危机时，王盛林认为该号受过大盛魁"相与"的帮助，不能过河拆桥，不顾一些人的反对，仍然设法从经济上、业务上支持大盛魁，帮助大盛魁渡过了难关。

（三）维护金融市场秩序

金融业的经营活动需要稳定的市场秩序，需要大家共同遵守的行为规范，在没有金融法规的明清时期，全靠银钱业行会来维持。金融业行会的制度是货币商人自发地联合议定的规矩，大家必须自觉遵守，久而久之，就成为金融业的习惯法，其本质是维护金融业的信用，使得各种金融交易得以持续不断地进行下去。这种金融业习惯法，一是为授人以积极的预期，得以继续融资；二是有章可循，降低金融交易成本。所以无论票号、钱庄、账局，无论在北方抑或南方，各地货币商人都很尊重行会的组织管理，否则就会被逐出市场。

（四）政府支持与保护

与政府的关系如何处理，是金融业经营中不可避免的问题，是历代银钱业都很谨慎对待的事。票号与政府关系密切是咸丰朝时开始的。咸丰皇帝登基正是太平天国起事之时，太平天国占据南京，活跃于长江一线，切断了清政府的南方税款的上解，财政收入锐减，同时又要派兵镇压，财政支出骤增，想了很多办法都不能平衡财政收支，遂想出卖官鬻爵一法。票号发现各地特别是边缘省区的穷儒寒士入京捐官成本过高，费用无多，便创新代办捐纳印结之业务，新官上任，有代办支垫应酬，赴任后随行开办票号分号，拓展业务，请求公款存入票号，一步步与官僚发生不解之缘。以致有后来的官商相维，官商结合。进一步票号商人也捐纳报效，取得虚职虚衔，需要时可以官服加身，与政府官员称兄道弟，平起平坐，追收逾期贷款或者延揽公款存入，就是轻而易举之事了。在遇到重大社会问题时，请求政府出面，维护市场稳定，如货币流通问题、社会治安问题等。明清虽然没有系统金融法规，但是也有一些政府的指令、文告是为金融市场秩序而出，诸如破坏货币流通、市场借贷利率等的规定。

五、竞争合作，吸收外来经验

（一）钱庄与外国银行

钱庄业由于资力弱，为了自存并扩展业务，不能不与洋行或外资银行建立业务联系。钱庄向外资银行融通资金的工具是庄票。当中国商人向洋行进货，在中国商人资金有限时，洋行不了解中国商人资信而不能赊销，商人仍请求钱庄提供信用，钱庄便开出自己的庄票，洋行对钱庄庄票较为信任，到期即可在钱庄取得现金。于是洋行扩大了销路，中国商人获得了购进洋货运销内地所需资金，钱庄扩大了放款，增加了利润。后来，经买办介绍，外资银行对钱庄以庄票为保证品提供贷款。此种业务不断扩大，遂使钱庄进一步依赖外资银行，只要外资银行稍微收紧贷款，钱庄就感到周转失灵。由于钱庄和外资银行拆款关系的建立，外资银行和钱庄之间通过相互轧抵，减少了现金的搬运，建立起了新的清算网，有利于中外贸易的开展。

（二）灵活的钱庄老板

鸦片战争以后，西方列强用大炮和鸦片打开了关闭的国门，外资银行、保险进入中国，但他们对在中国的经济活动很难直接进行，必须委托中国人办理，都实行买办制度。银行雇佣中国雇员，为银行在班（经理）了解经济和市场情况，招揽各项业务，经手银钱往来，这些买办及其雇员处理业务的地方叫作买办间。外资银行和买办订有契约，规定买办业务范围、责任以及担保事项等。钱庄与外资银行间收付庄票、鉴定金银、买卖汇票、款项拆借等均通过买办之手，故买办必须了解钱庄。这些买办不是出身于钱庄，就是与钱庄有密切联系，熟悉钱庄的情况。一切由买办搭桥挂钩。那些当了买办后又与人合开钱庄，一身二任，既是买办又是钱庄老板，外资银行、洋行与钱庄就这样联结起来了。钱庄商人常常托庇租界，进行金融市场投机。19世纪60~80年代金融投机盛行，上海县、苏松太道乃至江苏巡抚曾不止一次发出布告，要查办投机活动，而租界内钱庄竟敢不予理睬。1871年上海县知事出了告示，规定了钱庄连环互保，钱庄倒闭由投资人完全负责等。各国领事竟"拒绝在租界中公布这个告示"。①

———————————

① 中国人民银行上海市分行编：《上海钱庄史料》，上海人民出版社1960年版。

（三）钱庄是洋行和内商的联结器

根据海关《关册》记载，1864～1894年的30年中，中国进出口贸易的总值由9400余万海关两，逐步增加到29000余万海关两，而同期在中国通商口岸的所有洋行最多时不到600家，各国商人不到1万人。[①] 在当时这些洋行和洋人之所以能对中国的贸易达到如此庞大的数额，是和全国各地的钱庄为之效劳分不开的。比如，洋货进入我国西南省份，西南地区土产的出口，均借助于四川商人之手。而四川商人之所以有这样的力量是得助于汉口钱业和上海钱庄的信用。长江水运使外国商品进入四川需要较长时间，四川商人在汉口购进洋货时向当地钱业取得3～6个月的信用，然后经过两地票号的汇划关系来清算。或向上海进货，由上海钱庄通融资金。中国土产出口，如生丝和茶叶由乡村进入通商口岸，也经过了钱庄的活动。钱庄、票号使洋货从上海、广州来，土产从云南、贵州、四川、江西等地来，中间以上海、汉口、湘潭、重庆为集散地，金融机构是这种交易的联结器。洋行在华北的经济渗透和对北方土产皮毛等的掠夺，主要是天津票号和钱庄的资金支持。[②]

清末，近代银行、保险公司、投资公司等已经产生，虽然在工商业中的地位还不高，但它们普遍采用了股份有限公司的组织形式，资本较多，存贷额比较大，发展势头很好。钱庄与新式商业"同舟共济"，而且钱庄主和新式商人的身份常常是"二合一"。钱庄流通资金的来源有工商业存款、达官贵人的私蓄，但主要是外资银行和票号的拆放，后期也有本国银行的拆放。19世纪60年代以后，上海商人仿照山西帮票号的办法，设立南帮票号，如胡光墉的阜康、严义彬的源丰润、李经楚的义善源等，它们除汇兑外，其存放业务与钱庄相似。由于钱庄在进出口贸易中的地位如此重要，早期的洋行就支持买办开设钱庄，如徐润、杨坊、唐廷枢等，而严兰卿就经营有七八家钱庄。有的洋行还与买办合伙开设钱庄。银行买办开设钱庄者，如王槐山、席正甫、王宪臣、吴耀庭、徐庆云等。但是，外资银行虽然控制中国金融市场，但不可能控制钱庄的内部业务，钱庄仍然是民族资本金融业，与晚清时期国人设立的30家银行、14家保险公司、1家投资公司一起，服务于中国工商业的运行与发展。

中国的钱庄、当铺、印局、账局和票号，是中国土生土长的商业银

---

①② 张国辉：《十九世纪后半期中国钱庄的买办化》，《历史研究》1963年第6期。

行，它们由小到大，由弱到强，不断壮大，固然是各大商帮的支持，但是不能不说是伴随着工商业的发展而进行的不断的金融创新。在对外金融活动方面，进口货币金属、与外国商人信用交易、将票号钱庄设往国外；在金融制度创新方面，有股份企业制度、两权分离制度、联号制度、风险基金制度、人力资本制度、薪酬激励制度；在金融工具创新方面，有凭账、兑账、上账、上票、壶瓶账、期账、会券、旅行支票等；在金融业务创新方面，有"本平"制度、票据贴现、顺汇与逆汇、代办代理业务、掉期业务、转账结算、同业拆借、银行清算、信约公履制度；在风险控制方面，有"护本"制度、宗法与担保约束、银行密押、安全支付、金融稽核、内控制度等。金融创新是金融业发展的不竭动力。

明清金融业与政府关系

金融机构从商业中分离出来是一个漫长的历史过程，由小到大，由简而繁，服务的内容越来越多，对社会的作用越来越重要，不仅受到了商人们的欢迎，而且也引起了政府的关注。当然，货币商人稳定的经营环境离不开政府的支持，而政府也逐步发现民间金融机构有必要充分利用。特别是清代中后期，货币商人千方百计迎合官员与政府的需要，政府也先后经历官款存当生息、官办钱局管理调节货币、委托票号代理金融事务，以致自办近代银行的过程。

（一）官款存当生息与钱商融资政府

隋、唐时期，就有官办的放款取息的一种金融机构"公廨"，收入归财政支配。不过隋朝公廨是地方官府直接经营，"回易生利，以给公用"，以解决地方政府公用经费不足。唐代的公廨，在诸州有"捉钱令史"，资金来源以税钱充本，全部高利贷给有偿还能力的"高户"经营，谓之"捉钱户"。官府不管具体经营，由捉钱户以公廨钱为资本进行贸易、质库、高利贷等经营。金大定十三年（1173 年），世宗对宰臣说："闻民间质典，利息重者至五七分，或以利为本，小民苦之。若官为设库务，十中取一为息，以诸官吏廪给之费，似可便民。"① 在中都、南京、东平、真定等处开设官办质库，称为"流泉务"，制定了管理办法，后推广发展为28所。元代也有官办当质库，称广惠库或平准周急库，"轻其月息，以贷贫民"。明代商业发展，当铺、钱庄增加，盈利颇丰，政府对当铺、钱庄征收税捐，以实财政。清初有将财政收入借给商人生息的事情，后来各省效尤，将税收发当生息，或直接开办官当铺。康熙三年（1664 年），政府向官办商办当铺收取税款，年税银 5 两。

商人对候补官员放款，不仅利息很高而且加收"扣头"，有时使得官员长期负债以至于贪污受贿。故乾隆十四年（1749 年），政府禁止商人对选官放京债，但是实际上禁而不止。在外蒙古地区，按清朝定制，各王公要定期晋京纳贡和轮流值班，开支费用浩繁，远途携带也不方便，旅蒙商大盛魁等便为其提供信用贷款，其贷款的还本付息，习惯上由各旗按照所管辖地区人丁数目分摊。光绪十七至十八年（1891～1892 年），外蒙古扎萨克图汗盟长阿育尔公三次向大盛魁借用现银 8660 两，全部分摊各旗牧民偿还。在王公晋京值班居留期间，其服饰、送礼、宴客、朝佛、游览以及生活事务，都由随行的放印票账人员代为办理，大盛魁对此满足供应，也摊派给所属牧民，收账时一并回收。如果届时不能收清，转为印票账，按月行息，直到全部收回为止。因为这种信用贷款，借者要向资金提供者出具盖有王公或旗署印信的借款凭据，称为"印票"。大盛魁印票庄除对蒙古王公提供信用贷款之外，还有信用贷货，即赊货放贷，商人驮着各种货物到各部、旗，把货物赊销给王公、贵族或广大牧民，按赊销货物的价款折成银两，作为放印票账的本金，由王公门出具印票，按月计息，到期以牛羊马牲畜作价归还欠款。牲畜若一时不能赶走，就暂留牧民代养，待膘肥肉胖时再来领取，并不付费。印票上写着"父债子还，夫债妻还，死亡绝后，由旗公还"的字样，盟旗政府既已出具印信，商人的本利偿还当然不会有风险。

清代，民间金融业行会也千方百计取信政府和官员，希望得到政府和官员的支持，而业务活动又千方百计不受政府制约，通过自己的行会组织，管理行内事务，约束会员避免内部争斗，而一致对外。如清光绪十五年（1889 年），绥远市场上不法之徒私造沙板钱，冒充法定制钱流通严

---

① 《金史》卷五十七，《百官志三》，转引自《中国金融通史》，第一卷第 334 页。

重，为维护经济秩序，当地银钱业各商会积极配合当局，整顿货币市场，在三贤庙设立交换所，让人们以同等重量的沙钱换取足值制钱，并将沙钱熔毁铸成铜碑一块立于三贤庙内，上书"严禁沙钱碑"，碑文写道："如再有不法之徒重蹈覆辙，禀官究治，决不宽恕。"同样，南茶坊关帝庙内《整立钱法序》也记述了钱业行会宝丰社协助政府整理"短百钱"问题的历史。

（二）票号承办政府金融

票号业务本以商号和个人为对象，但是在 19 世纪 50 年代太平天国革命爆发后，与政府的关系越来越密切，逐渐代理了政府金融。

清代财政制度规定，各省征收赋税，存入公库，在中央批准的开支内动用库款，所余款项由中央调剂，运解中央者称为"京饷"，运解入不敷出之省份者称为"协饷"。京饷、协饷的拨付一律装鞘运现，"不得假手商人胥役。"[①] 但是自太平天国和捻军运动，交通常常被阻断，京饷不能运现送达，不得不在同治元年（1862 年）批准各省督抚将京饷觅殷实商号"设法汇兑"。[②] 当年有闽海关通过票号，汇兑三笔 20 多万两。次年又有粤海关，湖北、江西等十余省关汇款 66 万两。在同治元年到光绪十九年（1862～1893 年）的 31 年间，票号为政府汇兑京饷 6159 余万两。继而各省协饷，也照此办理，据不完全统计，同治六年到光绪十九年（1867～1893 年）共汇兑、甘、新协饷达 460 余万两。[③] 票号还为洋务运动汇解经费款项和海防经费、铁路经费、轮船经费。自 19 世纪 50 年代开始，票号与清政府的联系越来越密切，步步升级，成为清王朝的财政支柱。此间，咸丰时期（1851～1861 年）为票号与政府的最初结托；同治元年到甲午战争前夕（1862～1893 年）是进一步结合；甲午战争到辛亥革命（1894～1911 年）为票号与政府结合的顶峰。光绪三十二年（1906年），度支部在京各金融机构存款中，仅存大德通、大德恒、义善源、存义公几家票号的款项达 2064596 两，占度支部在外存款的 30%，而存入国家银行——大清银行为 61%，外国银行为 8%。票号吸收生息银两中，仅商部在上海合盛元票号就有 53 万余两。由于票号占有如此巨大的政府存款，不仅可以承办巨额汇兑和垫汇，同时又可以对政府放款。据《大

---

① 清《上谕档》同治元年十月十一日。
② 清《上谕档》道光八年十二月十五日。
③ 人民银行山西省分行、山西财经学院编写组：《山西票号史料》，山西人民出版社 1990 年版。

公报》报道，宣统三年（1911 年）十月，经度支部大臣绍英向内阁大臣袁世凯请示批准，"向京师各西票庄借银五百万两，当外款（外债）议定后再行发还。"但当政府要员赴票号议商时，各票号均因"前欠各号之款已逾七百余万，归还尚无着落"，均裹足不前。[①]

票号与政府及其官吏的最初结托，是通过三个门径：一是资助穷儒寒士入都应试，以至走马上任。咸丰以后，"各省试子入都应试，沿途川资，概由票庄汇兑。川资不足，可向票庄借款。对于有衔无职的官员，如果有相当希望，是靠得住的人，票号也喜欢垫款，替他运动差事。既放外官，而无旅费赴任者，也由票庄先垫，寒儒穷士感激票庄济急，一旦发达，则公私款项尽存于票庄。"[②] 二是代办、代垫捐纳和印结。清政府从咸丰朝起大开捐纳，按虚实官衔等级定价，输银加封。"文官可至道台，武职可待为游击，京堂二品，各部郎中，鬻实官并卖虚衔，加花翎而宽封典。票庄乘机居间揽办，得利优于其他汇款。"[③] 票号为其打听消息，如某地官位有缺，如何运动，打通关节。已放实官者，为了取得更高一级的职务，亦请票号代办"印结"（印结是一种签有印鉴的证明文书，官吏向上级办理印结，可以由票号代理，由代办捐纳发展而来，后成为票号的一种普通业务）。因为捐纳人直接向户部交款，必有若干挑剔，或层层关卡剥皮，而票号上结尚书、郎中，下交门房、库兵，手续娴熟，分别等级行贿，逢年过节，必赠款送礼，自管事至老妈子都有名单，按名奉送。对王公大人，均在相公下处殷勤招待。当报捐者取得实官，自然对票号感激不尽，个人之私款，贿赂之横财，尽存票号，票号亦代守秘密。三是票号财东与经理人员直接捐纳报效，买取官衔和封典。咸丰六年（1856 年）正月初十日咸丰皇帝对内阁指示："山西太谷县议叙员外郎监生员亿，着赏给举人……仍留员外郎衔，并赏戴花翎；伊子议叙守备职衔员不镛，着注销守备衔作为贡生，以道员分发陕西分缺先补用，并赏戴花翎。祁县后选郎中孙郅，着以道员不论单双月分缺先选；伊子监生孙中伦，着赏给举人……太谷县举人曹培滋，着以郎中不论单双月选用，并赏戴花翎。"[④] 日升昌票号的财东李箴砚，不仅自捐官衔，还给已经死去的父亲、祖父、曾祖父捐衔，其兄弟七人及下一辈男子十二人均捐有文武头衔，李家的妇

① 《印度支部急借商款而无效》，《大公报》1911 年 12 月 14 日。
②③ 陈其田：《山西票号庄考略》。
④ 《上谕档》咸丰六年正月。

女亦均受封为"宜人"、"夫人"。据不完全统计，咸丰三年（1853年）五月初三到十月初十日，山西各票号和账局捐资以"铸炮"共白银34万两，钱70000吊，同年十月下旬，日升昌、天成亨等13家票号又捐银6000多两。1852～1853年山西票号商人捐款共达267万两。票号分号的经理，大都与所在省份的督抚交往甚厚，总号调任分号经理也很注意与官吏的调任相协调。协成乾票号驻广州分号经理无一不与粤海关监督为磕头之交，所以能够长期经手粤海关税款存储及向国库汇解业务。从同治四年（1865年）以后，票号业务重心由内地逐渐向边远和沿海开拓，尤其是对外通商口岸，包括对俄贸易的蒙古、新疆各城镇发展，已经发展成为清王朝的财政支柱，表现为以下几方面：

1. 代办捐纳汇兑公款

票号最初是充当政府捐纳筹饷的办事机构，后来争取政府公款汇兑和解缴税收业务。按照政府常规，公款上解，全系押运现银，票号代汇公款，政府内部争论不休，经票号多方努力，最终获得通过，其理由如此：第一，农民运动使道路不靖，汇兑比解现安全；第二，解现费用昂贵，汇兑相对费用低廉；第三，南省款项由水运上解经天津入京须支付海运保险费，保费大大超过汇兑时的汇水，又有海盗威胁；第四，地方税款所收银两成色大多不佳，不能上解，就地熔炼加工，又增开支，款项必有亏空；第五，由于地方税款往往不能按时收讫，常常不能准时起解，不得不向票号借贷，票号只同意借垫汇兑，不借现银上解。故咸丰同治以后，装鞘解现日少，由票号汇兑日增。据不完全统计，同治四年到光绪十九年（1865～1893年），鲁、赣、湘、鄂等各省及江海、粤海各关通过票号汇兑公款达15870余万两。同治元年（1862年）为100000两，光绪十九年（1893年）扩大为5250万两，32年增长到52.5倍。[①]

2. 借垫京饷协饷

票号为各省关借垫京饷协饷，解救清中央政府和地方政府的财政危急。诸如"西征薪饷"（镇压西北回民起义的费用）、伊犁协饷、乌鲁木齐月饷、奉省捕盗经费等，本由户部指派各省关将税款直解用款地点。但因各省关收入困难，用款单位则"急如星火"，各省关不得不向票号借款汇解。据部分清档统计，粤海关从同治三年到光绪十六年（1864～1890

---

① 人民银行山西省分行、山西财经学院编写组：《山西票号史料》，山西人民出版社1990年版。

年）先后请协成乾、志成信、谦吉升、元丰玖、新泰厚票号借垫清廷指派"西征"军费，洋务经费等款项 142 万两。其他如闽海、浙海、淮安、太平各关与广东、福建、四川等省，均大量由票号借垫。光绪十年（1884 年）福州将军兼闽海关负责人穆图善给皇帝的奏折说："历年所以无误饷款者，全赖各号商通挪汇解。"云南省历年镇压乌索、景东、开化及腾越、顺之各处少数民族起义"紧急军需……先后向各商号借用银 39.81 万两，填给库收，令付各省分拨归还"。"滇省库藏空虚，住特此商号二三家（天顺祥、云丰泰、乾盛亨票号）随时通融，稍免溃之忧。"①据左宗棠说，从同治五年到光绪六年（1866～1880 年）的 14 年中，其军队在湖北、上海、陕西向票号借款 8323730 两，支付票号利息达到499591 两。②

3. 筹借汇兑抵还外债

据史料记载，阜康票号财东胡光墉为清政府镇压捻军和西北回民起义，向怡和洋行、丽如银行等外国商人借款，从同治六年到光绪七年（1867～1881 年）先后 6 次，共计 1595 万两，均在上海办妥，由票号汇往山西运城或西安，转左宗棠军队提用。所借款项，以海关税作抵，仍由票号经办将各海关税收汇往上海外国银行还本付息。③《马关条约》签订后，对日赔款 2 亿两，接着又增加赎辽费 3000 万两，当时清政府全年财政收入尚不足 8900 万两，为筹还赔款，被迫三次举借外债，先后向俄、法、英、德四国借款，折合白银 11200 余万两，以苏州、松沪、九江、浙东货厘及宜昌、鄂岸盐厘担保，每年计还本付息 1200 万两，加上清政府的其他外债还本付息和开支，每年增加 2000 余万两。户部将所增开支按省分摊，不管是用盐斤加价还是地丁货厘附加，必须按时将白银汇往上海还债，由几家票号包揽了各省债款汇兑：四川省由协同庆、天顺祥票号包揽，云南省由同庆丰、天顺祥包揽，广东省由协同庆票号包揽，广西省由百川通票号包揽，浙江省由杨源丰、源丰润票号包揽，安徽省由合盛元票号包揽，江西省由蔚盛长票号包揽，湖南省由乾盛亨、协同庆、蔚泰厚、百川通票号包揽，陕西省由协同庆票号包揽，福建省由蔚泰厚、源丰润票号包揽，河南省由蔚盛长、新泰厚、日升昌票号包揽，山西省由合盛元、

---

① 《左文襄公全集》卷二一、卷二九、卷四六、卷五〇、卷五三、卷五八。
② 《左文襄公全集》卷四五、卷五四、卷五五、卷五九。
③ 清档：军机处《录附奏摺》光绪二年，云南巡抚潘鼎新摺片。

蔚盛长、日升昌、协成乾票号包揽。

4. 代理地方金库

票号代理财政金库，最初仅仅是少数省关，以后互相效尤，大多交由票号代理。当时《申报》评论说："无论交库，交内务府、督抚委员起解，皆改现银为款票，到京之后，实银上兑或嫌不便，或银未备足，亦只以汇票交纳，几令商人掌库藏之盈亏矣。"[1] 后来直接为中央政府融通资金，据档案记载："倭韩事起，征兵购械，需款浩繁。本年（1894 年）八月间，当经臣部（户部）解派司员，向京城银号、票号借银一百万两，备充饷需"。[2] 接着户部又要各省息借商款，解部备用，并订有《息借商款章程》，日升昌票号汉口分号曾为湖北省提供借款 140 万两。[3] 源丰润票号广州分号也为政府提供借款 10 万两。[4] 在江西，这种借款，"随收随交蔚长厚、天顺祥两汇票号汇数存储，另立清摺计数"，听候藩台文批，发交该二号汇解。票号还为政府认购和推销"昭信股票"，1898 年，清政府以盐税担保，发行"昭信股票"，规定认购 10 两以上者给予奖励。清政府把办理股票推销业务的任务，交给了票号和几家满族人开办的钱庄承办，其中有百川通、新泰厚、志一堂（志成信）、存义公、永隆泰 5 家票号和恒和、恒典、恒利、恒源 4 家钱庄。当时在京城的 48 家票号每家认购股票 1 万两，共计 48 万两。[5] 由于流弊太多，社会抨击，被迫在同年停止了这种股票的发行。庚子事变中，票号承办皇帝太后西逃财政事务，经太原时住山西巡抚衙门，慈禧宴请驻太原各票号经理，并请求借款。大德恒票号太原分号经理贾继英带头，慷慨应允借银 40 万两，事后贾继英被召入京，赐穿黄马褂。

5. 借垫汇解庚子赔款

光绪二十九年（1901 年）九月，清政府与外国侵略者签订《辛丑条约》，规定付给战争赔款白银 45000 万两，年息四厘，分 39 年还清，本息共计 98223 万两。为支付赔款，除从国家财政收入中腾挪出一部分款项外，其余则全部摊派各省，要求各省按年分月汇解上海集中，以便交付外国侵略者。票号仅汇往上海归还"四国借款"和赔款达 94000370 两，占

---

① 《论官商相维道》，《申报》1883 年 12 月 3 日。
② 清档：户部档光绪二十年十一月二十九日《户部复议侍郎寥寿恒议提各省公款归官借的奏摺》。
③ 清档：军机处《录附奏摺》，光绪二十一年二月二十七日，湖北巡抚谭继洵摺片。
④ 清档：《朱批奏摺》，光绪二十一年二月初四日，江西巡抚法馨奏摺附片。
⑤ 《户部昭信股票章程》、《认领股票》，《申报》1898 年 4 月 13 日。

到 66.30% 。庞大的赔款汇解、垫借汇兑，全部由票号承办，由驻上海的票号集中交付汇丰银行、德华银行、华俄道胜银行、法兰西银行、日本横滨正金银行等外国在华银行，转给外国侵略者手中。

由于票号商人与政府的密切关系，票号盈利迅速增加，如大德通票号 4 年一个账期进行一次红利分配，光绪十四年（1888 年）每股分红 850 两，光绪二十六年（1900 年）每股分红 4024 两，光绪三十四年（1908 年）每股分红 17000 两，利润是甲午战争前的 20 倍。

（三）政府创办官钱银局以致近代银行

清初，虽然官办钱银号已经开始，不过与后来的官钱局和官银号是不同的。史料记载，康熙六十一年（1722 年），议将"平粜官米钱交五城市易以平钱直。"[1] "康熙六十一年，大、宛两县设立官牙，议平钱价。"[2] 雍正九年（1731 年）上谕，"朕思钱价之不能平减者，因兑换之柄操于铺户，官府不司其事，是以小人图利，得任意多取以便其私耳。若照五城减价粜米之道，将搭放兵饷之钱文，令八旗于五城各设一局，兑换于民，照铺户之数，多换数十文，以银一两换制钱一千文为率。如此，则钱价不待禁约，自然平减，于民用似有裨益。"[3] 可见，当时只是为了平抑银钱比价。乾隆十年（1745 年）"以钱价渐减，奸民每以在京贱买之，官钱运至近京钱贵之地，兴贩射利，议将官局停止。"[4] 嘉庆年间，为倾熔银锭事务的检查，不使"稍滋弊窦，粤海关等曾设立官银号"。"道光年间所设官号钱铺五处，分储户、工两局卯钱，京师俸饷照公费发票之案，按数支给，以钱代银。"政府对官钱局的开办、停止的交替变化，看得出其主要目标在于平抑钱价，调节货币流通。至于放款生息问题，康熙到乾隆中期虽然为增加收入，奖励旗兵，但并没有制度化。在乾隆中期以后则明显地为了盈利而"发商生息"，甚至没有本金向商借钱再发商生息。但是在太平天国革命以后，清政府中央与地方均开始设立官办金融机构，不仅名称有某某省官钱局、官银号，或者在官银钱局前面加上吉利的词语，如"广信"、"华丰"、"永衡"等，而且官银钱局职能和业务也发生变化，它们发行纸币，兑换银钱，调节银价，熔铸银锭，代理省库，吸收存款，

---

① 《鸦片战争》1 第 524 页，转引自《中国金融通史》，第一卷第 158 页。
② 《通考》卷 14，考 4980，转引自《中国金融通史》，第一卷第 158 页。
③ 《通考》卷 32，考 5146，转引自《中国金融通史》，第一卷第 158 页。
④ 《通考》钱币考 4，转引自《中国金融通史》，第一卷第 159 页。

发放贷款，办理贴现、汇兑，买卖生金银等，一步步趋向近代银行。

鸦片战争以后，外国银行陆续进入中国，到清末先后在中国设立机构的外资银行不下 40 家。国内商人亦引进西方商业银行的经营技术，于光绪二十三年（1897 年）在上海成立中国通商银行，综合办理存款、放款、汇兑、结算等金融业务。在此之前，清政府统治集团内部，也有人提出创办官钱银行，但是直到 1905 年才有户部银行正式成立。军机大臣主持财政处的奕劻在给皇帝的一份奏折中说，"中国向无银行，各省富商所设票号、钱庄大致虽与银行相类，特公家未设有银行相与维系，则国用盈盈之大局，不足资以辅助……现拟先由户部设法筹集股本，采取各国银行章程，斟酌损益，迅速试办银行，以为财币流转总汇之所。"[①] 两年后又有交通银行成立。大清银行和交通银行发行货币，代理国库，管理外汇，是中国最早的政府的银行和发行的银行，同时均从事普通银行业务。

到清末，中国人无论在民间或者在政府，已经将金融业视为经济发展的重要支撑力量。

明清货币商人的金融文化

明清货币商人的金融文化，孕育于古代商业，产生于明末清代。鸦片战争以后，中国金融文化受到了来自外域文化的冲击，又吸纳了西方金融文化的一些先进成分，丰富和发展了自己，适应了近代经济社会发展的需要。

一、金融文化的孕育

中国的传统文化，源于古代儒家思想的创始人孔子。《论语·子罕》中记载，孔子的学生子贡问孔子："有美玉于斯，韫椟而藏诸？求善贾而沽诸？"说这里有块美玉，是把它收藏在柜子里呢？还是找个识货的人卖掉呢？孔子回答说："沽之哉，沽之哉。我待沽者也。"孔子很痛快地说，卖掉！卖掉！连我都在等待识货的人来买呢。他很支持子贡经商，并且主

---

① 中国人民银行总行参事室金融史料组：《中国近代货币史资料》，中华书局 1964 年版。

张"礼以行义，义而生利，利以平民，政之大节"，将礼、义、利统一起来。日本第一银行首任总裁涩泽荣一以及天皇教席三鸟中洲在研读《论语》之后，都说过这样的话："《论语》中有算盘，算盘中有《论语》。"《周礼》要求"贾民禁伪而除诈"，《管子》认为"非诚贾不得食于贾"，《盐铁论》说"古者通商物不豫"，又说"子贡以著积显于诸侯，陶朱公以货殖尊于当世。富者交焉，贫者赡焉。故上自人君，下及布衣之士，莫不戴其德，称其仁"。称赞他们既有优秀的道德品质，又有搏击商场的本领，兼备义、利，诚信无欺，礼貌待客。后来司马迁堂而皇之为商人立传，称放款取息的商人为子钱家，他认为"商不通则三宝绝"。明初朱元璋为了提高商人的素质，"特命儒士编书以教之"。

但是后来有一些儒者，如荀子的"务本禁末"，李悝的"尽地力，禁技巧"，董仲舒的"正其谊（义）不谋其利，明其道不计其功"，宋明理学的"饿死事小，失节事大"，以至康熙年间的"禁海令"等，也可能是中国商业革命迟迟不能成熟的原因。这些都不是孔子的本来思想。唐、宋、元代的典当业及明代新产生的钱庄商人，特别是明后期的商人兼办异地款项汇兑的"会票"业务，无不建立在仁义礼智信的伦理基础之上的。明李光缙《景璧集》卷十七记载："天下无清士，则世风坏。天下无贾人，则世业衰。两者并存于天地间，如日之有月，如风之有雨。或振民行，或治民生，缺一不可。"

金融文化，是与金融业相关的人的行为，是主导着金融活动过程中的金融精神，反映为金融理念、金融习惯、金融行为。金融文化源于金融实践，随着金融实践的发展而发展。没有金融实践，产生不了金融文化。中国金融业的真正起步是明末清初以后，随着金融业的迅速发展而逐步产生的。

二、金融文化的诞生

历经明末到清代300年，逐渐形成中国货币商人的金融文化。一个人的名字，一个商号的名字，一般反映起名字的人和商号的主人的人生观、价值观与处世哲学。曾执中国金融之牛耳的票号，如志成信、协成乾、世义信、徐成德、大德玉、大德川、大德通、大德恒、存义公、中兴和、合盛元、聚兴隆、公升庆、公合全、恒义隆、天德隆、福成德、日升昌、蔚泰厚、蔚长厚、协同庆、协和信、协同信、其德昌、谦吉升、三和源等票号名字，无不反映了它们仁、义、礼、智、信商业伦理和中和之道的处世哲学。清代货币商人的金融文化的内容与特点，大体可以概括为关公崇拜的商业伦理、不囿传统的创新精神、严格谨慎的管理之道、东伙和谐的人本理念、执两用中的中和思想和博大兼容的发展内力。

三、关公崇拜的商业伦理

诚信义利的伦理观是中国早期金融业走上成功之路的灵魂。这一思想的根脉，源于伟大的思想家孔子。孔子思想影响了中国 2500 年，其核心是仁爱和中庸。他认为人立身处世的标准是忠义、诚信、礼节、德政，应当以此建立一种稳固、和谐的人际关系，实现"天下为公"、"讲信修睦"的大同世界。汉末关云长一生力行"忠义"二字，是孔子仁义忠信的典范，忠肝义胆，诚信磊落，令万民景仰的"关圣大帝"。天下县县有孔庙，村村有关庙。商人建关庙，拜关帝，以忠义仁勇统领商人精神。清代金融业的钱庄会馆、汇业公所、账庄商会都在关帝庙办公，货币商人在此祭拜、聚会、交流、议事，以孔子思想和关公行为为规范。大德恒和大德通票号的东家山西祁县乔致庸，对子孙的要求是"首重信，次讲义，第三才是利。"乔致庸最器重长孙乔映霞，因其天资聪颖，心地忠厚，授其立身之道为"唯无私才可颂大公，唯大公才可以无怨"，"气忌燥，言忌浮，才忌露，学忌满；胆欲大，心欲小，知欲圆，行欲方"。又说"为人做事怪人休深，望人休过，待人要丰，自奉要约；恩怕先益后损，威怕先紧后松"[①]。票号要求员工"重信义、除虚伪、节情欲、敦品行、贵忠诚、鄙利己、奉博爱、薄嫉恨、喜辛苦、戒奢华"。大德通大掌柜高钰，在该号发展最顺利、职员日渐追求奢华风气之时，号召全号"黜华崇实"，延请名师教育青年伙友，整顿号规，使大德通安然度过了后来的庚子之乱和辛亥革命时的信用危机。

光绪初年的一天，平遥日升昌票号柜台前来了一位衣衫褴褛的老妇人，拿着一张发了黄的汇票要求兑现，小伙计接过一看，是 30 年前从张家口分号开出的一张 12000 两白银的巨额汇票，立即向柜头柳芬汇报，柳芬看罢，跑步到后院向大掌柜张兴邦报告。张兴邦当即客客气气地将老妇人请进办公室，问明情况，是其丈夫在张家口经商，因病歇业返家，变卖

---

① 葛贤慧：《商路漫漫五百年》，华中理工大学出版社 1996 年版。

在口资产汇回平遥，不料途中病故，谁也不知有此汇款之事。并说"前些日翻捡旧物，发现了这张汇票，快 30 年了，不知能不能兑换，掌柜也不必太为难"。听了老妇人的话，张兴邦很感动，一面安排老妇人休息、用饭，一面让账房翻箱倒柜寻找 30 年前的各地分号往来账。几个时辰后，果然找到了张家口这笔汇款的原始记录，遂立即决定连本带利如数兑付，征得老妇人同意，提取少数现银外，其余另立存折妥存，并派伙计套车护送老妇人回家。此事立即传遍平遥城乡，日升昌的信用进一步提升。[①]

明清货币商人见利思义，先义后利，以义制利，认为义利相通相济的商业伦理，不仅强调合理盈利、热情服务，而且强调社会责任，认为"仁中取利真君子，义内求财大丈夫"。20 世纪初英商汇丰银行的一位经理称赞山西票号说："二十五年来汇丰与山西商人做了大量的交易，数目达几亿两，但没有遇到一个骗人的中国人。"

四、不囿传统的创新精神

明清货币商人虽然在经营中传承儒家伦理，但不囿于传统，他们随着经济社会发展的需要，不断地进行金融创新，清代 200 多年创造了账局、印局、票号等金融机构，创造了凭帖、兑帖、上帖、上票等十几种金融工具，创造了信汇、票汇、电汇、逆汇、贴现、委托代理等金融业务，创造了股份融资、两权分离、人身股、资本管理、本平、行会等金融制度。

票号的资本金管理非常特殊，有正本与副本之分。正本是股东的货币投资，副本是在会计年度利润分红后，按股份比例，包括东家的货币资本股和员工享有人身股的股份红利中，提取一部分红利存在企业，周转使用，只计息不分红，倘若经营中发生亏损，先由副本支付，以保证不"亏煞老本"，所以也称为"护本"。西方金融业只有资本金的设置，商法虽然规定了资本金与总资产的比率，要求有充足的资本金，但是对于资本金的超杠杆作用却无人去管，导致风险越来越大。巴塞尔银行监管委员会修订的从 2007 年 1 月 1 日开始实施的"新资本协议"，其中一项重大修改就是从管制性资本到经济性资本的转变，将原来的资本金定为管制性资本，新增加经济性资本，即处于谨慎性原则考虑自身设定的资本额，不规定数量，目的在于降低破产的可能性，且为经营活动提供融资。中国票号

---

① 赵荣达：《票号商帮解读》，知识出版社 2004 年版。

的副本，与"新资本协议"的经济性资本有很大的相似之处，但比巴塞尔银行监管委员会的"新资本协议"早了几百年。

五、严格谨慎的管理之道

严格谨慎的管理之道，表现在经营策略、风险控制、票据防伪、银行密押、财务稽核等业务管理诸方面。如大德通票号大掌柜阎维藩，给其成都分号关于章程修改的"四条指示"，足见其审慎与稳健：第一条"宗旨宜坚定也"，即在经营战略原则上，他要求：一是分号必须坚持本号办号宗旨；二是严格履行本号规矩，"凡事待人以德"；三是初开张不必贪展，宜先虑后动，站稳脚跟，再图发展；四是以营求浮存为要义，不宜大利上款，"作佃官场，为号规所忌。"第二条"择主宜认真也"，即坚持业务的审慎原则，要求"占庄因以求利为本，而尤以择主为贵。凡做迟期生意，则须极意详慎选择"，多事之秋，宜诸从活便，庶可进退欲如。勤阅报纸，耳目流通，更吾等分内之事。第三条"操守宜讲明也"，即对员工的品德要求标准上，"我号谦慎相传，以高傲自满、奢华靡丽为深戒。且勤为黄金之本，谦和圣贤之基。"第四条"自立宜切究也"，即在市场竞争策略上，"近来银行林立，我号利权几为所夺，值此商战之秋，显然优胜劣败，速筹自立之方。自立之道维何？一曰实事求是，二曰一意从公，三曰随机应变，四曰返璞归真。"为了满足商人对资金的需求，他们通过收受商业票据或发行自己的短期票据，满足社会需要，很少发行长期票据，出票慎而又慎。

六、东伙和谐的人本理念

清代账局、票号、印局和相当一批钱庄的治理机制，实行"委托—代理"制度，东家把金融机构的经营权力全部交给大掌柜，包括经营方针、人员配备、资产管理都由大掌柜定夺，东家不干预号内事务，唯到账期到柜决定利润分配，这种深信不疑的用人策略，给了掌柜以极大的个人尊严和施展才能的天地，谓之"用人不疑，疑人不用"；掌柜感激东家的知遇之恩，自然尽心竭力，克勤克俭替东家着想，兢兢业业，带领伙友崎岖前进，谓之"受人之托，忠人之事"。这种制度可称得人本管理的典范。据民间口传，太谷曹家欲在东北开一处钱庄，将 7 万两白银交与精心挑选的掌柜。不料掌柜赔掉了 7 万两，空手而归。东家与掌柜面谈后，认为失败根源在于客观原因，没有责怪反而安慰掌柜，又拿出 7 万两，鼓励他继续闯东北。哪知该掌柜二次失败，痛不欲生，向东家负荆请罪。东家分析原因后，仍然没有怪罪掌柜，反而又拿出 7 万两交与掌柜第三次闯关东。掌柜对东家的信任感激万分，终于克服困难，在东北为曹家开了三家酒坊，没过多久，钱庄也如愿以偿地在东北开张。可见，东家、经理、伙计以相互信任为基础，形成了劳资协调，和谐相处，友好合作的氛围。另外在股权融资、资本金制度、总分支机构网络、员工退休后的社会保障等方面，都体现了以人为本的管理理念。人本理念在金融业行会协调商务，组织公益活动，举办文化娱乐，甚至办义学、置义地等，都体现着人文关怀。

七、执两用中的中和思想

金融业的业务活动，每天都要与人打交道，存款人、贷款人、汇款人、贴现人、提款人等，经手的都是钱，必须执两用中，以礼待人，和贯始终。明清货币商人传统地坚持"仁义礼智信信中取利，温良恭俭让让内求财"，笃信"和气生财"，重视与社会各方面的和睦相处，凡"相遇"必善始善终。票号在录用新员工后，一律有一简单的仪式，名曰"请进"。如果认为某人不合适，也不直接拒绝，而是让他试用老掌柜的帽子、衣服或鞋，最后以不适合为由，给推荐人留一个面子，别伤了日后的和气。蔚盛长票号在北京的分号，庚子事变时遭土匪抢劫，将所有银两、账本全部丢失。慈禧、光绪西逃途经山西，许多随同两宫官员手持汇票，要求在平遥总号提款。蔚盛长总号令在北京分号多年担任司账的雷世炜在平遥设立京庄办理处，负责兑取与借贷。雷世炜等硬是靠记忆，重拟账目，竟获成功，按照账目兑付现银，使新旧顾客大受感动，由此蔚盛长票号临危不乱，恪守信用的品格被传为佳话。[①] 介休冀家乾盛亨票号，由于义和团在天津活动频繁，天津分号损失惨重，被迫破产，债台高筑，债主纷纷上门索银，冀家无奈，只好请介休名仕贾汝让代理其清理债务，承诺 3 年还清外欠。在此期间，冀家将家存的金银珠宝、古玩玉器、绫罗绸缎、名贵裘皮以及几十大箱云南尚好的烟土、全国各地字号（店铺、当铺、票号分庄）的房屋、财产全部拍卖，3 年内归还外欠总值 150 余万

---

① 赵荣达：《票号商帮解读》，知识出版社 2004 年版。

两，虽然倒闭得很惨，但是也很悲壮，没有骗一个人的钱。[①] 票号以义制利、善待相遇所反映出来的商业伦理、创新精神、管理之道、人本理念、中和哲学，与西方"经济人"理念是截然不同的。

八、博大兼容的发展内力

明清中国货币商人的金融文化，是我们优秀民族传统文化与金融行业特点的美妙结合。传统的"仁义礼智信"本身就是一种信用文化，其"修齐治平"的人生观、"义利相通"的价值观、"三人行必有我师"的虚心学习观，是明清金融文化的特点。鸦片战争以后，外国资本进入中国，外资银行业、保险业、证券业相继在华开办，虽然一些中国商人充当了外商的买办，出现了一批买办性的钱庄，但是他们学习外资银行先进的管理技术和经营理念，结合中国的传统文化，很快就创办了中国自己的新式银行，体现了中国货币商人政治上博大宽厚、兼容并蓄，经济上求同存异、自强不息的内力与特点。

1894 年中日甲午海战，中国战败，被迫签订了《马关条约》，日本侵占了我东北营口等地，合盛元票号营口分号业务停顿，濒临倒闭。年轻的营口新任掌柜申树楷到任后，一边接管业务，一边调查研究，发现营口人心惶惶，存款纷纷提取，贷款无法收回，各钱庄、票号对战后来华的日商心怀敌意，而日商对中国商民更怀有戒备，票号业务无法开展。申树楷发现日俄战争后，很多日本人特别看中东北大豆、豆油、豆饼，而中国人也很喜欢日本的火柴、海味、杂货，申树楷认为直接与日本商人做买卖，可能会使票号业务增大，便大胆地突破晋商只用山西人的几百年老规矩，雇用了日本人为合盛元的"跑街"，向日商招揽生意，解决了双方的疑虑，打开了局面，合盛元营口分号起死回生。后把视线移向全东北，在四平、哈尔滨、齐齐哈尔、黑河、丹东等地设立分支机构，1998 年在新义州设立代办所，1900 年改为支号，并增设南奎山支号。此时，远在山西祁县的东家和大掌柜十分喜悦，遂想到洋人的汇丰银行、华俄道胜银行、横滨正金银行接二连三涌入中国，我票号与洋人银行性质相同，为何不把票号设往东洋和南洋？我南洋华商为数众多，留学欧日的学生不下万人，他们因其所在国无本国银行而无不仰洋人之鼻息。侨民汇兑，利源外流，中国

---

① 赵荣达：《票号商帮解读》，知识出版社 2004 年版。

商务大受其困。我山西票号要设分号于外洋，须先将合盛元设于东瀛。光绪三十二年（1906 年）冬总号派申树楷率伙友若干，携巨款乘风破浪，赶赴日本神户，几经周折，终于光绪三十三年（1907 年）四月三十日，在神户建起了中国在国外的第一家银行——合盛元银行神户支店。然后马不停蹄，穿梭于横滨、东京、大阪等处，于光绪三十三年（1907 年）冬建立多处出张所。合盛元海外支店汇兑中国出使人员经费及官生留学费用，同时办理商业汇兑。清廷王公大臣亦盛赞合盛元票号"开中国资本家竞争实业之先声，亟应优予提倡"。从申树楷整顿营口到辛亥革命前夕十数年间，合盛元票号的分支机构扩大三倍，每股（1 万两为 1 股）大账期分红最高达到 1.4 万两白银。正当合盛元蓄势发展，拟推及西洋、南洋各埠之时，辛亥革命爆发了，军阀混战，溃兵骚乱，票号资产损失惨重，存款逼提，贷款无人归还，合盛元票号亦于 1914 年宣告歇业。

学习国外银行业的先进经验，南方货币商人比北方商人更灵敏。如素有"钻天洞庭"之称的江苏东山商人席家，在太平天国革命期间迁居上海，自席元乐儿子开始，在外资银行当买办，祖孙三代共 11 人，若加上女婿共 14 人，先后担任上海 20 家外资银行的买办，包括汇丰银行、德丰银行、华俄道胜银行、麦加利银行、宝信银行、有利银行、中法工商银行、信济银行、华义银行、汇理银行、横滨正金银行等，其中英商 6 家，美商 2 家，日商 2 家，法、俄、意各 1 家。银行买办的职责，一是负责货币出纳与保管；二是负责金银外汇买卖；三是负责钱庄与外商银行间的票据结算；四是对中国工商业者贷款。很多外商银行的买办，后来自办银行或者钱庄，洞庭商人仅在上海就设立了 65 家钱庄，与外国资本往来密切，因为他们充当买办，必须通外语、通洋务、通金融知识，他们学习了很多西方银行业的管理技术与经验，为国家所用，席家的成员曾做过大清银行上海分行协理、中央银行的局长、中国银行的总经理、中孚银行的董事长兼总经理、中央造币厂厂长，他们在与外资金融业的冲撞搏击之中，成了中国近代民族金融业的中坚力量。[①]

明清时代的货币商人，与意大利、英国银行家们有着许多相似之处。1912 年 11 月梁启超先生在北京大栅栏对票号商人的一次演讲中说："英之金钱商，与吾炉房相类，暂且不论。若以意大利自由都府之钱商与吾票

---

① 罗伦、范金明：《洞庭商帮》，载张海鹏、张海瀛：《中国十大商帮》，黄山书社 1993 年版。

号较，则其相类处有四"：一是与商业企业往来不少，但吸收官款存放，并与帝王贵族往来者居多；二是利用各地币制不一及度量衡的差异，压平擦色，从中渔利；三是慎于出票，信用卓著；四是同时发生在17世纪之前，时代背景相同。

可以肯定，明清时期的中国不仅有自己的银行家，也有灿烂的金融文化。

明清金融业的人力资源管理

背景说明

本文是 2006 年 6 月 30 日在大同市对企业界的讲座稿，后又作为在国际需联企业国学大讲堂、西安交大 EMBA、清华大学对外交流中心"思维战略与领导韬略高级研修班暨中国当代名家清华大讲坛"讲座稿，文章评价了晋商企业人力资源管理的内涵。

晋商认为，"天时不如地利，地利不如人和"，人是第一因素，企业管理首要的是人力资源管理，他们创造了选拔训育机制、薪酬激励机制和宗法铺保号规约束机制，构成晋商企业高效执行力的动力机制。

一、选拔训育机制

晋商员工的选拔机制，首先体现在新聘员工的挑选。第一，必须是山西同乡人，既便于管理，又惠及乡亲，利用乡情保证凝聚力；第二，必须由有社会地位且家道殷实者推荐。其程序：一是考察三代，有没有好的家庭教养；二是笔试，审阅受聘人的书法作品，借以判定性格与修养；三是面试，大掌柜亲自提问目测，判断被试者的能力、水平与品德；四是寻找担保人担保，一般就是推荐人；五是请进，对合格者"择日进号"名曰"请进"，表示对新员工的人格尊重，同时向其明白宣示，人人都有升任经理的机会，以鼓励其安心服务，充分发挥个人的聪明才智。

其次是实行学徒制。新员工进入商号，还须经过三年学徒期才能够独立从事工作。学徒训练，均在总号进行，时间一般为 3 年，特殊聪明出众者 2 年即可完成训练，也有过于愚笨的，不到 3 年即打发回家。完成训练之后，便派往分号工作。据票号商人回忆，学徒训练分三个阶段：第一年主要是日常杂务与思想修养训练。白天"即司洒水、敬茶、奉侍掌柜一切事项"，俗说为掌柜"提三壶"，即茶壶、水壶、夜壶（尿壶），打水、扫地、干杂活，不设座位。"晚则写字，习记账，演珠算，详记货品及价格、银之品色与钱之易价，练习对于掌柜及顾客之仪容言语。"① 同时，在道德和商人修养方面，掌柜考察是不是忠诚克勤，有无出息，适合不适合做生意。譬如，放点银子在不起眼的地方，看学徒如何处理，是把银子揣起来还是交给掌柜，考验其是否贪财；再是观察其工作态度和为人处世之道，道德培训要求达到"重信义、除虚伪；节情欲、敦品行；贵忠诚，鄙利己；奉博爱，薄嫉恨；喜辛苦，戒奢华"。第二年主要是业务学习，包括文化课（习字、四书五经、蒙语、满语、俄语等）和业务课（珠算、记账，抄录信稿、商业信函，了解商品性能，熟记银两成色等）。由老职工或掌柜口传训练，教念"平砝银色折口诀"和其他商人教科书，也可以做一些抄写、帮账等事务。第三年在柜上跟着师傅（老职工）学习做生意的技巧。三年内不得回家，考核成熟正式录用。这一阶段的训练，一般只限于有培养前途的员工，即"掌柜认为最有出息的学徒"，一旦训练完成，即可派往分号，独当一面。②

如大盛魁招收学徒的做法是：在该商号财东原籍太谷、祁县挑选十五六岁的优秀青年，个子不高不低，相貌俊秀，精明聪颖者，经面试合格后，先徒步行至内蒙古归化城分号，然后骑骆驼至外蒙古科布多大盛魁，集中进行语言培训。授以蒙古语、维吾尔语、俄罗斯语，用汉语注音，强记硬背外语商业用语，达到能够用相应语言在蒙古、新疆和俄罗斯地区谈生意、做买卖为目标。然后将其分配到各地商号柜上，跟着老员工学习业务，先当学徒，老员工就是师傅。③

对学徒的仪态仪表、言行举止训练，可见晋商教材《贸易须知》，其

---

① 刘文炳：《徐沟县志》。
② 中国人民银行山西省分行、山西财经学院：《山西票号史料》，山西人民出版社 1990 年版。
③ 许轼如：《旧管见闻》（未刊稿）。

中讲道："学生意先要立品行，但行有行品，立有立品，坐有坐品，食有食品，睡有睡品。以上五品，务要端正，方成体统。行者，务必平身垂手，望前看，足而行，如遇尊长，必须逊让，你若獐头鼠目，东张西望，摇膊乱跪，卖呆望蜜，如犯此样，急宜改之；立者，必须挺身而立，沉重端严，不可依墙靠壁，托腮咬指，禁之戒之；坐者，务必平平正正，只坐半椅，鼻须对心，切勿仰坐、偏斜、摇腿、跷足，如犯此形，规矩何在？食者，必从容缓食，箸碗无声，菜须省俭，大可厌者，贫吞抢咽，箸不停留，满碗乱叉……扒于桌子，这样丑态，速速屏去；睡者，贵乎曲膝侧卧，闭目吻口，先睡心后睡目，最忌者瞌睡叉脚，露膊弓膝，多言多语，打呼喷气，一有此坏样，起早除之。"①

可见，晋商对新员工的培训基本形成徒弟—师傅—掌柜的阶梯，对新员工不仅在技术方面有基本的要求，而且在道德方面也有要求，通过全面培养，为晋商培养了源源不断的骨干人才。

业务骨干的选拔。晋商企业提拔业务骨干的原则，"以懂得信义为根据"，必须经多年实际业务考验，不分门户，不问私情，选能任贤，量才录用，委以重任。特别重视实践中考察。他们认为"凡人心险于山川，难于知天，故用人之法非实验无以知其究竟。远则易欺，远使而观其忠；近则易狎，近使而观其敬；烦则难理，烦使而观其能；卒则难辨，卒间以观其智；急而易爽，急期以观其信；财则易贪，委财以观其仁；危则亦变，告危以观其节；久则易惰，班期二年以观其惰；杂处易淫，派往繁华以观其色，期在练或磨不砺，涅而不淄，方足以任大事。所以一号之中，不能断言尽是忠、敬、能、智、信、仁、有节有规十全之士，但不肖之徒难以立足。"②

二、薪酬激励机制

晋商的薪酬激励机制，主要体现在职员的人身股分红和薪金、赏金、应支、伙食、衣资等薪酬与生老病死的礼遇、退休、故股、子弟就业等方面。

薪金。薪金是商号没有顶股份的普通员工的主要收入，一般按年计算，一年一次或两次发给，数量因资历、职务的不同而不同。根据1906

---

① 藏太谷县曹家三多堂。□为原文不祥。
② 卫聚贤：《山西票号史》，重庆说文社1944年版。

年（光绪三十二年）的太谷《协成乾人名折》记载：协成乾票号员工薪金，最高者为白银 100 两，其次有 80 两、70 两，再次自 66 两起，以 2 两的幅度递减，直至 4 两。这份人名折共记载领取薪金员工 96 人，其中薪金 100 两者 3 人，80 两者 1 人，70 两者 31 人，66～60 两者 7 人，58～50 两者 6 人，48～40 两者 8 人，38～30 两者 11 人，28～20 两者 12 人，18～10 两者 12 人，10 两以下者 5 人。[①] 这份记载反映出：①初入号者报酬极低，其薪金仅能用于零花，根本无力补助家用。②资历为薪金增加的主要依据。从以上数据可见，在薪金 70 两以下到 10 两以上的员工中，每 10 两为一段，人数大体相近。因此可以这样推断，票号薪金的增加，主要依据员工的资历，各个薪金段员工的数量大致相同，悬殊不大。③有两个薪金的增加极限，最高者为 100 两白银，似乎百两为薪金极限。而值得注意的是，薪金百两者仅有数人，而薪金 70 两者却占到近 1/3。这表明只有少数职员，才可能达到薪金百两，对多数员工来说，薪金 70 两就是比较高的。

赏金。票号员工，除薪金收入外，到年底还有一种类似于年终奖金的收入，称为"尝金"。尝金发放的数量，一般根据薪金的多少而来，薪金多者则多，薪金少者则少，约为薪金的几分之一。

分红。对年资较长的业务骨干，一般都顶有不同数量的身股，有了身股者薪金不再增长，以报酬增加的方式，由增加薪金改为增加顶身股的数量。所以，在《协成乾人名折》中，薪金 70 两的员工近 1/3，而薪金 70 两的员工中，顶身股数量却不同，自 1～9 厘不等。表明该号薪金的增长以 70 两为一极限，之后，则以顶身股的增长代替薪金的增长。因为身股的收益，远高于薪金的增长。票号一般每 4 年分红一次，在其经营兴盛时期，分红时每股收益都在几千两白银，甚至上万两白银。

应支。身股分红是四年账期一次，每年生活费用主要是应支银。大德通 1884 年（光绪十年）规定，每年应支银，1 俸（股）为 120 两，其次递减，至 2 厘者一年 50 两。1888 年（光绪十四年）又规定，1 俸（股）150 两，其次递减，1 厘者 60 两。到 1904 年（光绪三十年）规定，1 俸（股）200 两，其次递减，1 厘者 60 两。[②] 但主要经理人（掌柜）则没有薪金收入，而只参与身股分红。由于票号结算一般 4 年一次，经理人的日

---

①② 中国人民银行山西省分行、山西财经学院：《山西票号史料》，山西人民出版社 1990 年版。

常开销便先从票号支取，待结算时再从分红中扣除。每年应支的数量，依占有股份的多少支取，但各号并无固定不变之规。有的票号，"每股多则五百两，少则三四百两不等，分四季支用。"[1] 有的票号，每年应支银每股120两，"分为春冬两标支使。"[2] 身股只分盈利，不负亏损，如果账期结算时无盈可分，经理人的应支则顶替薪金，不必退还。这种报酬方式将经理人的利益与票号的经营状况直接联系在一起，促使经理人全力于票号的经营，极具近代意识。

衣资与伙食。衣资，即服装、被褥的购置费。衣资待遇，只有分号员工才能享受，总号员工则需自备服装，号中不予承担。衣资发放有等级规定，根据在号中的职位、年资，享受不同的衣资待遇。关于衣资的具体数量，不同票号有所不同。即使同一票号，在不同的时期，衣资数量也有不同。大德通票号1884年（光绪十年）规定，总领衣资每月白银2两，副班1两，初学生意者5年之内每月5钱。到1888年（光绪十四年）又规定，初学生意者3年内每月5钱。到1921年（民国十年），由于"物价昂贵，随风时尚，花费固属不够"，衣资数量大幅增加，最高者达到每月6两，初学生意者每月也增为2两。[3] 票号衣资也有实报实销的，由分号制备员工衣被，满足需要即可。但仍有等级的差别，不同的等级只能购买一定档次的服装，否则自理。[4] 衣资银虽然只是一种福利性补贴，但对资历浅的员工来说，却是一笔可观的收入。一个初入分号的员工，一年薪金不过十余两，或二三十两。而每月衣资银就有5钱，一年合计为6两，占薪金收入的一半，至少1/5。如按衣资银每月2两计算，一年便是24两，至少与其薪金数持平。票号员工伙食，则无论总、分号，都由号中供应，除休假时间之外，一般都需在号吃饭，在号睡觉，以便于管理。

婚丧大事。凡遇职员婚丧大事，商号东家、掌柜均随礼并派人贺吊。

退休。年老的职员退休后，享有人身股者其待遇不变。

故股。掌柜身故，享受8年应支、津贴和红利；未任掌柜而身股1股者享受7年；身股不足1股者享受6年；身股六七厘者享受5年；身股四五厘者享受4年；身股三四厘者享受3年；身股一二厘者享受2年。

关照子弟就业。已故职员所遗子弟，才能良好者，入号当学徒，愿意

①④　陈其田：《山西票庄考略》，商务印书馆1937年版。

②　卫聚贤：《山西票号史》，重庆说文社1944年版。

③　人民银行山西省分行、山西财经学院：《山西票号史料》，山西人民出版社1990年版。

到别号就业者，代为介绍和担保。

晋商企业不仅给员工比较优厚的生活待遇，而且关心员工文化生活。商号和行会经常举办文化娱乐活动。在祭祀、庆典、节日时，都要以演戏酬神和娱乐。在省外的商号，常常重金邀请家乡戏班到所在地演出，或出资举办梆子戏班。祁县有三庆戏班、聚梨园，榆次有四喜戏班、三合班、二保和娃娃班，徐沟有舞霓园、小自成班，太谷锦霓园、清源小梨园、太平班，平遥有小祝丰园，壶关有十万班，在张家口的晋商有狼山戏班和商人票友自乐班。此外，晋商也组织职员练习武术。为解决物质运送和货币的清算的安全问题，晋商创造镖局，镖师傅需要高强的武艺。因为武术具有健身和攻防双重功能。晋商有不少人也自己练武，以强身防卫。山西是中国心意拳和形意拳的发祥地，一直受到当地富商的鼓励与支持。

晋商企业还通过同乡会或者同业商会，资助困难同人，并购买建立"香粮地"。对那些经营失败后生活无着落的晋籍商人，给予资助和关照。西宁、苏州、北京等各地都有山西商人的公用墓地。在外员工去世后，同乡会和商会亦出资并料理后事。

三、宗法铺保号规约束机制

晋商企业在人力资源管理方面的约束机制，主要表现为宗法约束、铺保约束和号规约束三方面。

宗法约束。利用宗法关系约束是晋商人力资源管理的一个特点。他们雇佣职员，只用本地人，他省人他区人一律不得援用，认为本乡本土，知根知底，落叶归根，便于控制。如某人在号中表现不端被开除出号，不仅断了一家人的财路，又有辱祖宗的面子，家族亦不依，死了也不能进祖坟。晋商用人用乡不用亲，尤其不用三爷（少爷、姑爷、舅爷）。晋商利用儒家文化建立自己的用人约束机制，强调尊卑有别的等级和服从观念，"君君、臣臣、父父、子子"，下者服从上者；认为克制人本能中贪婪的本性是一种至高无上的道德；把忠义作为伦理道德的核心。

担保约束。晋商招聘新职员，必须由当地有影响的人推荐，由殷实商号作铺保，出具保荐书，并承担相应责任。如果被担保人出事，不仅累及担保人名誉，担保人还要负责赔偿经济损失。

号规约束。晋商企业内部规章制度严格，对人、财、物的管理，对员工品行操守和道德的要求与规范，以及业务程序和遵循守则方面的规定都很严格，在经营中，十分重视企业内部各种规章制度的建立健全，并把它作为号规，要求上下一体遵照执行。各家的号规虽然繁简不一，但在几个主要方面却是基本一致的，这就是对人、财、物的管理，对员工品行操守和道德的要求与规范，以及从业人员在业务程序和遵循守则方面的规定。如在对人的管理上，几乎所有商号都规定号内人员一律不得携带家眷；不准长借短欠；不得挪用号内一切财物；不得兼营其他业务；严禁嫖赌和吸食鸦片；不准接待个人亲属朋友；非因号事不准到小号串门；回家探亲时不得到财东和掌柜家闲坐，更不准向财东和掌柜送礼；如遇号内有婚丧喜庆之事，伙友之间不准互相送礼，也不得互相借钱或在外惹是生非；不得在从业地结婚；如有过失不得互相推诿包庇；凡打架斗殴、搬弄是非、结伙营私、不听调遣者，一律开除等。作坊工匠和饲养放牧工人属雇佣性质，不属号内从业人员。

在所有规章制度中，值得一提的是对财东行为的一些限制和对从业人员职业道德的要求。如规定财东只能在结账时行使权力，平时不得在号内食宿、借钱或指使号内人员为自己办事，不得干预号内人事。大德通票号1904年《合账众东添条规五条》中，就明确规定"各连号不准东家荐举人位，如实在有情面难推者，准其往别号推荐，现下在号人位，无论与东家以及伙友等有何亲故，务必以公论公，不准徇情庇护"。在业务方面，有关隶属关系，规定"分号一切统属总号"，"分号经理由总号选派资格优秀者担任，携带总号图章砝码等各种要件，以资凭信，资本皆存总号，设立分号时，不另发资本，只给川资及开办费若干。"资本存储总号，获利也归总号计算。分号开办之后，营业需款时，由其他分号接济，全局统筹，不分畛域，"酌盈济虚，抽疲转快"。在人员的配备上，以"不碍业务上之进行为主旨"，商号人员之编制，坚持"因事用人，决不因人用事"。总经理统管全号事务，副经理辅助总经理办理全号事务，以下分营业、文书、账务、外交等组。对于各职人员除对其业务范围和任务予以明细规定之外，特别强调要以"诚信不欺、务实求真"作为职业的重要道德守则。大德通票号《1884年新号议定规》中，就明确指示"各码头勿论票贷、货务，虽以结利疲账定功过，原以激励人才起见，容之其间，大有分别，总以实事求是，果尔本处多利，他方未受其害者为功。倘有只顾自己结利，不虑别路受害者，殊乖通盘筹划，大公至正之意……各码头凡

235

诸物钱盘，买空卖空诸事，大干号禁，倘有犯者，立刻出号。"[1] 从上述这些规章中可以看出，晋商对企业内部的管理是相当严格的。严格的内控制度杜绝了内部营私舞弊现象的发生，有力地保证了晋商事业的兴旺发达，即使用今天的眼光来审视它，也不过时。

由上可以肯定，晋商的人力资源管理制度创新的历史史实，证明早在明清时期，中国已经土生土长产生了自己的人力资源管理的选拔训育机制、薪酬激励机制与宗法、铺保与号规约束机制的组织管理制度。中国特色的企业管理实践，有着悠久的历史，不能认为管理学都是舶来品。

---

① 人民银行山西省分行、山西财经学院：《山西票号史料》，山西人民出版社1990年版。

纪念中国人民银行

成立 60 周年

一路坎坷　一路凯歌

——纪念中国人民银行成立60周年

背景说明

　　这组文章是应《中国金融》杂志社约稿，为纪念中国人民银行成立60周年而写，连载于该刊2008年第17期、第18期、第19期、第20期、第21期、第22期、第23期、第24期。文章回顾了自1932年1月江西瑞金中华苏维埃共和国国家银行成立到陕甘宁边区银行，1938年开始的抗日根据地的晋察冀边区银行、冀南银行、西北农民银行等，直到1948年8月的华北银行和10月在华北银行基础上组建中国人民银行，一路走到改革开放。可以说中国人民银行的60年，是一路坎坷，一路凯歌。其中，第四、第五部分与陶宏伟博士（山西财经大学副教授）合作撰写，第八部分与张亚兰博士（山西财经大学教授）合作撰写。本文获山西省金融学会"纪念中国人民银行成立60周年征文"一等奖，后被收入毛金明主编的《辉煌的历程——纪念中国人民银行成立60周年征文获奖集》，山西人民出版社2009年11月出版。

2008年是中国人民银行成立60周年纪念。

　　孔夫子说过，他自己的一生，"三十而立"，"五十而知天命"，"六十而耳顺"。人民银行似乎也是沿着这一生命的旋律走过来的：1948年12月1日，中国人民银行历经17年孕育，在战火纷飞中诞生；30岁生日那年，是 1978 年，中国人民银行借中共十一届三中全会的春风，从财政部独立出来，摒弃极"左"路线，立志于改革开放，作为中国社会主义市场经济的调节者，开始蹒跚起步；50 岁生日那年，是 1998 年，中国人民银行成功地放弃信贷规模的计划调控机制，运用间接调控的货币政策，独立行使中央银行职能，明白了货币政策的规律性，学会了中央银行调控宏观经济的基本规范；60 岁生日那年，是 2008 年，中国人民银行又一次成功地解决了经济发展中出现的通货膨胀、通货紧缩等问题，越来越耳聪目明，能吸取各国成功的经验，成为世界上最大而又年轻的能够抵御和调控来自国内外各方面经济社会干扰的中央银行。60 年来，她一路坎坷，一路凯歌，谱写了一部壮丽的诗篇。

从中华苏维埃国家银行说起

中国人民银行的"十月怀胎"，源自 1931 年 11 月 7 日在江西瑞金召开的中华苏维埃第一次全国代表大会。那时，中国共产党领导下的中华苏维埃共和国临时中央政府正式成立，在残酷的战争环境中，临时中央政府经济补给极为困难，在大会通过的《关于经济政策的决议案》中提出，"为着实行统一货币制度，并帮助全体劳苦群众，苏维埃应开办工农银行，并在各苏维埃区域内设立分行，这个银行有发行货币的特权"。同时，中央任命财政经济委员会委员毛泽民负责国家银行筹备工作。

一、新型国家银行在红土地上创立

1932 年 2 月 1 日，中华苏维埃共和国国家银行在江西这块红土地上创立。这一天，江西瑞金叶坪红旗招展，锣鼓喧天，彩联满壁，在敌人的经济封锁下，苏维埃共和国国家银行正式开业了，毛泽民任行长，后调李六如为副行长。从此中华苏维埃共和国国家银行开始了从无到有的艰苦创业之路。

如何办好国家银行？毛泽东同志指示："应当尽量发挥苏维埃银行的作用，按照市场需要的原则，发行适当数目的纸币，吸收群众的存款，贷款给有利的生产事业，有计划地调剂整个苏区金融，领导群众的合作社与投资商人作斗争，这些都是银行的任务。"并且强调，"这里必须注意：国家银行发行纸币，基本上应该根据国民经济发展的需要，单纯财政的需要只能放在次要的地位"。同时也提出"经济建设中的资本问题的解决，主要是吸收群众资本，把他们组织在生产的消费的与信用的合作社之内，应该注意信用合作社的发展，使在打倒高利贷资本之后能够成为它的替代物。经过经济建设公债及银行招股存款等方式，把群众资本吸收到建设国家企业，发展对外贸易，与帮助合作社事业等方面来……"

在国家银行建立之前，革命根据地先后设立过东固平民银行、海陆丰劳动银行、闽西农工银行、江西农工银行等，虽然时间都不很长，但它们积累了一定的经验。苏维埃国家银行总行筹备期间，福建分行先期开张。总行创建之初，算上行长毛泽民同志只有 5 名工作人员，启动资金仅 100 万元。而当时红军部队的军需物资、政府机关的一切费用、苏区军民的衣食都极为困难，临时中央政府还仅仅是个框架，财政部等几个部委的部长尚未到位。毛泽民同志充分发挥自己的管理才能，很快使银行人员增至 50 人，分设业务处、总务处和国库科、会行科、总务科、发行科、营业科、出纳科、保卫科等二处七科。体制上总行下辖福建、江西 2 个省分行，1 个瑞金直属支行和福建白沙、南阳和江西兴国、瑞金 4 个兑换处，白砂、南阳、瑞金、兴国、会昌 5 个金银收买处，还在各县苏维埃政府设立了几十个代兑处，此外还有川陕省工农银行、陕甘晋银行等。国家银行担负指导各割据根据地区不断建立的工农银行和区乡信用合作社的任务，初步形成了独立的金融体系。

为规范国家银行的管理，毛泽民同志主持制定了《中华苏维埃共和国国家银行暂行章程》、《国家银行往来存款暂行规则》、《暂行汇兑规则》等规章制度。确定国家银行宗旨和任务：摧毁旧的金融体系，废除高利贷，冲破敌人经济封锁；打击奸商破坏活动，防止金银外流；统一货币，建立造币厂，发行适当数量的纸币；开办机关、企业、部队和个人存款，扩大银行股金；为经济效益好的厂、矿、合作社发放贷款，扶植各项建设事业；改善经营管理，调剂资金余缺；代理财政金库；办理货币兑换业务；组织信用社，帮助群众兴办各种合作社；保障贸易，繁荣市场，稳定物价，安定人民生活，为革命战争服务。

二、统一货币与财政金库

国家银行代理财政金库是理所当然的。为此，毛泽民决定把建立金库作为银行工作的开端，通过代理金库，将接收财政部的全部库存现金存入国家银行，要求党、政、军各机关和国营企业，必须在银行开户，有款存入银行，借款按透支手续办理，红军打仗筹款和缴获的物资也要一律上交，为统一财政工作做准备。与国家银行总分支机构对应，国家金库也分设为总金库、分金库和支金库，由国家银行分级管理，规定了金库的管理制度和流程。

毛泽民同志还为国家银行起草了《统一苏区货币及其办法》和《发行纸币、铸造辅币的报告》，经中央批准将货币发行权收归国家银行。1932年7月7日，国家银行正式发行统一的纸币——中华苏维埃共和国国家银行银币券，又称"苏维埃国币"，主币为1元，辅币有5角、2角、1角、5分五种票面。主币1元券正面为紫红色，横楣书有"中华苏维埃共和国国家银行"的字样，票面中央有列宁的头像，票面下方的两边，分别是国家银行行长毛泽民和国家财政部部长邓子恢的签字。之后，国家银行的中央造币厂又用缴获的铸币机，成功制造出了银元和银毫，满足了市场流通需要，占领了根据地的货币流通阵地，结束了苏区多种货币共存的混乱局面。苏区货币的价值基础，以银元为本位，苏票为银元兑换券，辅币中有铜板兑换券；币材有银、铜铸币，纸币和布币，四种币材的货币同时流通；货币印有马克思、列宁、斯大林头像和革命口号，具有宣传工具作用；货币面额小，价值高，等等。这些，都是苏维埃货币的特点。

为解决中央政府财政困难，毛泽民提出由国家银行发行公债的办法来筹措资金。从1932年7月至1933年7月的一年时间里，国家银行发行了三期公债。第一期发行革命战争短期公债60万元，第二期发行革命战争短期公债120万元，第三期发行经济建设公债300万元，有力地支持了苏区的革命战争和经济建设。

三、发展苏区经济支援革命战争

由于中央苏区受到国民党政府的封锁和围剿，一直处于战争状态，苏维埃国家银行自创立时起，不但有代理国库、统一货币发行等国家银行职能，同时也直接介入生产流通流域，承担着商业银行的一些职能，国家银行对苏区工商业发展起着重要的推动作用。苏区经济的发展，也巩固和扩大了国家银行的地位和作用。比如赣南素有"钨都"之称，在会昌、安远、于都三县交界的仁凤山一带，钨矿资源非常丰富。1932年春，中央政府决定成立中华苏维埃钨矿公司，发展钨砂生产，组织钨砂出口，到1934年发展到三个矿场，共计5000余名职工，共生产钨砂4193吨，销售总值达400多万元，这些钨砂，卖给广东、香港，为中央苏区换进了大批急需的食盐、布匹、药品、煤油、火柴、电池、工业品和军用物资。同时，苏区的粮食、木材、纸张及土特产品也用来与白区商人交换。当时，国家银行从300万元建设公债中拨出100万元作为外贸资金，扶持外贸发展。国家银行不仅繁荣了苏区经济，增加了苏维埃共和国的财政收入，有力地支援了革命，同时还改善了苏区人民生活，粉碎了国民党的经济封锁。

四、长征中的随军银行

由于国内外形势的变化，1934年10月红军开始了二万五千里长征。国家银行的同志编入军委直属纵队15大队，组成由一个连护卫、几百人轮流担着一百多副担子的特殊队伍，抬着黄金、白银、银元和印钞票的纸张、机器等物资设备，踏上长征路。

1935年1月初，红军攻占遵义后，为让部队补充给养，也为活跃当地商业，中央决定成立没收征发委员会，征粮筹款，用以补给部队或散发给人民群众。没收征发委员会和国家银行的同志利用部队休整机会，进行了具有历史意义的苏币发行和回笼工作。国家银行公开发行苏区印制的钞票。在部队离开遵义前，为避免人民群众的损失，国家银行工作人员通宵达旦地办理兑换，以大量食盐平价供应群众，并规定以白区通用纸币2元或银币1.2元收兑苏区1元银币券的优惠比价，收兑群众手中的苏区银币券，维护和提高了苏维埃货币的信誉，也打破了国民党反动派对共产党和红军的污蔑宣传。

1935年10月，中国工农红军经过二万五千里长征到达陕北。11月下旬，根据中共中央的指示，中华苏维埃共和国国家银行改为西北分行。当时，原中华苏维埃国家银行的负责人曹菊如、曹根全等同志，与陕北苏维埃政府的陕甘晋银行的同志一起，经过一段时间的筹备，将陕甘晋银行也并入西北分行。中央财政部部长林伯渠兼任行长，曹菊如任副行长。

五、国共合作中的国家银行与货币

1935年11月，国民党南京政府实行币制改革，宣布中央银行、中国银行、交通银行，后来又加了中国农民银行四行纸币为法币，停止银币流通。当时，市场银价飞涨。为了对付南京政府币制改革给陕甘宁苏区带来的困难，中华苏维埃共和国中央政府西北办事处规定："在苏区内出卖食盐、布匹等，无论合作社或私人一律使用苏维埃纸票，严禁卖收白票或现洋。"苏维埃国家银行西北分行为了稳定金融，防止白银外流，收回了银币，发行苏维埃纸票。国家银行西北分行发行的苏维埃货币，币材有纸币和布币两种：纸币有 1 元、5 角、2 角、1 角、5 分五种；布币有 1 元、2 角、1 角三种。以上两种货币，群众均称之为"苏票"。到 1937 年上半年，"苏票"累计 90 余万元。为了发展银行业务，西北分行于 1937 年上半年，举办了两期银行训练班，培养了一批银行业务干部。

1937 年 6 月陕甘宁边区政府成立，苏维埃国家银行西北分行更名为陕甘宁边区银行。由于国共两党的第二次合作已正式建立，根据协议，边区不设立银行，不发行货币，所以边区银行当时没有公开，主要任务是经营光华商店，并且根据客观形势的需要，停止了苏维埃国家银行货币的发行，并以法币收回"苏票"。在此前后，为了解决机关和群众购置日用必需品的困难，边区政府开设了一个营业部（后叫光华书店），一面购买商人运来的货物，一面将这些货物配售给各机关，并限量平价卖给群众。1938 年 4 月，由原贸易局改组的合作总局与光华书店合并，成立了光华商店，继续开展根据地的贸易活动，分别收集食盐、麻油、粮食、羊毛，还和延安南区合作社成立了一个运输队。经过几年的努力和发展，陕甘宁边区银行除延安总行外，先后建立了三边、绥德、陇东、关中分行和西华池、泽马关、曲子办事处。在除延安光华商店以外，又建立了定边、盐池、曲子、庆阳、绥德、甘泉、张家畔分店和支店，后来，由于反经济封锁和发展边区经济的需要，边区各县以及重要口岸都成立了支行或货币交换所。

但是，当时国民党政府支付给八路军的军饷，票面额均为 5 元、10 元的，没有 1 元以下找零用的辅币。为了解决市场流通中的困难，应人民群众要求，1938 年 6 月，根据陕甘宁边区政府决定，边区银行用"光华商店代价券"的名义，发行 5 角、2 角、1 角、5 分、1 分面额的钞票五种，作为辅币在市场上流通。群众称之为"光华票"。因为"光华票"可以无限制地兑换法币，以及光华商店有充足的物资供应市场，所以"光华票"在人民中享有很高的信誉，流通范围甚至扩大到边区之外。同时，为了调剂金融，边区银行适当地增加了"光华券"的发行量，到1939年12月底，共发行31万余元。后来又发行了一种7角5分的大面额辅币。这种奇特的面值，奥妙在于2张就是1元5角，4张就是3元，既解决了辅币的不足，又可以代替主币。这种面额的货币，在中国货币史上是独一无二的，它是统一战线的产物，体现了民主政府有团结有斗争的货币政策。截至1941年2月11日，上述六种票面额的"光华票"，累计发行了430万元。

六、边币发行与边区建设

1941年"皖南事变"后，国民党政府采用经济封锁办法，围困陕甘宁边区。当时，市场流通的法币，有出无入，不仅对边区经济发展和商品流通造成极大影响，而且使边区的抗战更加艰难。为了发展经济，坚持抗战，陕甘宁边区政府于1941年1月30日颁布了《关于停止法币行使的布告》，授权陕甘宁边区银行发行面额为1元、5元和10元的边币。边区政府在布告中指出："发行边钞是为了建立正规的边区金融制度，逐渐换回光华代价券，使边钞成为唯一的边区通货单位。"并且说："边钞发行是有限制的，它以盐税、货物税作保证，一俟边区经济回转，边钞就得从法币影响下解放出来，回到兑换现金的地位。"停用法币，发行边币，这是陕甘宁边区在金融上的一大新的重要措施。1941年12月1日，边区政府又重申了禁止法币流通的命令，并且颁布了《违反金融法令惩罚条例》，在各地成立了货币交换所，从事边币、法币的兑换。加之1942年8月实行了食盐和土产的统销，促使大批货物流入边区，使得边币的流通范围扩大了，在市场上的地位也日益稳定了。

在以边币代替法币的同时，为发展边区经济，渡过难关，坚持抗战，边区银行积极开展信贷业务支持生产。中共中央西北局在《关于一九四二年边区经济财政建设的决定》中确定："经济财政建设为边区党最中心任务之一。""在经济建设上必须用全力贯彻以农业为第一的发展私人经济的方针。"《决定》要求在1942年"稳定金融与平抑物价"。为了实现上述决定，陕甘宁边区银行发放生产贷款1000万元，其中农业贷款500万元。1942年1~6月共发行边币4500万元，大部分用在了发展生产上。从1941年发展公营工业，1942年发展私人生产，转为全面的发展，公私兼顾。1942年生产放款是7820余万元，比上年底增加了6倍多，其中放给私人的农贷占 35.5%，放给机关的生产贷款占 20%，其余为公、私混合的放款。下半年生产建设放款是 24700 万余元，比上期增加 3 倍多，其中放给私人的农贷比上半年增加 4 倍多，放给公家机关生产贷款比上半年增加 3 倍多。贸易放款为 11480 万余元，比上年底增加了 3 倍多。有力地支持了边区经济发展和抗日战争。

七、"商人意识不可有，商人技术不可无"

1941 年 3 月，朱理治同志被任命为陕甘宁边区银行行长。朱理治同志于 1926 年考入清华大学经济系，入学不久便投身革命，此后长期从事党的地方和军队工作。朱理治到边区银行就任后，努力研究经济工作，对边区银行的工作人员提出："商人意识不可有，商人技术不可无。"他通过各种渠道，找来《资本论》、《论国家银行》和《货币信用论教程》等大量专业书籍，抓紧时间潜心研读。同时组织全体干部加强业务学习，使边区银行的金融理论水平有了空前的提高。他延揽人才，招贤纳士，使边区银行工作人员的知识结构发生了重大变化，大学生占到总人数的 40% 以上。当时，陕北公学的余耀泽、农学会的方粹农等人，作为边区金融界的骨干力量，是许多军政单位想调入的优秀人才。得知这一情况后，朱理治亲自出面，多次与他们谈心，表示边区银行的诚意，最终用"贷款"的方式将余耀泽、方粹农等人"买"进了边区银行，并签订了合约。这段故事，在边区被传为佳话。前任边区银行行长曹菊如同志，此时为西北财经办事处秘书长，仍积极参与边区银行的领导工作。1944 年 3 月 13 日，他在整顿财经会议上题为关于《边币问题》的发言，以及 1945 年 8 月由他拟定的《陕甘宁边区抗战时期关于金融问题的一些经验》，引起了有关方面的广泛关注和强烈反响。针对边币发行后，边币是应多发还是少发，边币究竟是稳定在边、法币比价上，还是稳定在物价上等问题，成为财经工作者讨论的中心。边区经济金融界的领导和专家学者就此纷纷写文章展开热烈讨论，气氛非常活跃。通过讨论，使我党干部的金融理论知识水平有了很大的提高。

1948 年 1 月，晋绥边区与陕甘宁边区统一为西北解放区，陕甘宁边区银行与西北农民银行合并，称为西北农民银行，陕甘宁边区银行名字停止使用。从 1937 年到 1948 年的十余年中，陕甘宁边区银行经历了抗日战争的洗礼，不仅为抗战胜利做出了贡献，而且为我党领导和管理国家金融工作积累了丰富经验，也为新中国培养了一大批金融工作干部，她的历史功绩将永载史册。

抗战时期的货币战争

1937 年七七事变，拉开了中国人民全面抗战的序幕。这是一个特殊的历史时期，中华民族处于生死存亡的关键时刻。中国共产党领导的八路军和新四军毅然挺进敌后，开辟多处敌后抗日根据地，建立了抗日民主政权，与侵略者开展殊死的战斗。在军事战争的同时，还进行着一场鲜为人知的货币战争。当时，日军不仅要把中国沦为其殖民地，还妄图使中国成为侵略亚洲"以战养战"的资源供给地，大肆搜刮金银，伪造中国货币，套取外汇，抢夺物资。中国共产党制定了克敌制胜的正确路线，实现了第二次国共合作，在根据地设立银行，抵制敌伪钞票，保护人民财产，发展经济，保障部队供给。当时的晋察冀边区银行、冀南银行、西北农民银行、北海银行等与日军展开了激烈的货币战争，抗战胜利后这些根据地银行最终组成了新中国的中国人民银行。

一、抗日根据地银行应时而生

日本侵略者早在 20 世纪初，就培植朝鲜银行、台湾银行等殖民地银行进入中国大陆，进行金融渗透。1932 年日军在东北成立伪满洲国中央银行，以其钞票占领东北市场，作为侵华战争巩固的货币阵地。七七事变后，于 1938 年在北京成立伪中国联合准备银行，在察哈尔绥远成立伪蒙疆银行，以联银券和蒙疆券占领华北诸省；后来又让汪伪政府成立中央储备银行，发行中储券占领华中、华东、华南地区，支持军事与经济侵略。还利用汉奸在沪建立了华兴商业银行等，以法币吸收外汇，以图摧毁抗战经济。其货币战术一是以伪币收兑原流通领域里的货币；二是阻击原有货币流通；三是强制提高伪币价值贬低原有货币价值；四是用伪币强行购买物资以控制市场；五是以汇票方式大量向抗日根据地汇入伪币，妄图扼杀根据地金融。面对这种形势，中共中央提出了针锋相对的方针，允许被分割的各抗日根据地建立银行，实行"统一政策，多元发行"的办法，开辟对敌货币战场。

西北农民银行。1937 年 9 月，共产党人刘少白同志根据党中央的指示，以集资入股的形式，在山西兴县城内创办"兴县农民银行"，"战地动员委员会"动员了 100 多富户捐资支持，先后发行"兴县农民币"15万元，八路军、阎锡山军队和东北军也使用这种钞票。1940 年初晋绥边区最高领导机构晋西北行政公署成立后，以兴县农民银行为基础组建了"西北农民银行"，经理刘少白，总行设在山西兴县，下设分行、办事处、代办所，发行"西农币"。直到 1947 年晋绥解放区与陕甘宁边区统一为西北解放区，才将西北农民银行与陕甘宁边区银行合并，统称"西北农民银行"。

晋察冀边区银行。由于日军占据北京、天津、保定、石家庄和太原后，控制金融市场，伪造河北省钞，废除察哈尔省钞，使地方土杂钞涌现边区，边区金融紧张，周转不灵，民生凋敝。经晋察冀边区政府努力，1938 年 3 月 20 日，"晋察冀边区银行"在山西五台县石嘴村正式成立，1938 年秋迁往河北阜平，经理关学文。总行之下各级实行垂直领导，分布在山西、河北、察哈尔、热河、辽西等地，辖区随边区的扩大或缩小而伸缩。在其存在的十年间，共设计印制了 50 几种版别的货币，它的印刷局在 1948 年末成为中国人民银行的第一印刷局。

冀南银行。在山西抗日组织"牺牲救国同盟会"及山西省第三、第五行政专员公署支持下，1938 年 8 月在山西沁县郭村成立了"上党银号"，发行上党币。1939 年春，太行抗日根据地曾发行第五政区合作社流通券。9 月 16 日冀南行政主任公署决定成立"冀南银行"，同年 10 月 15日冀南银行在山西省黎城县小寨村正式成立，上党银号资产并入冀南银行。冀南银行总经理高捷成，经理赖勤，副经理胡景沄。冀南银行成立之初，在山西黎城县西井设"路西行"（后改为太行区行），由八路军总后勤部领导，为冀南银行总行，1939 年底迁河北涉县索堡镇；在河北南宫县垂杨镇设"路东行"（后改为冀南区行），由冀南行政主任公署领导；后来在山西阳城县设冀南银行太岳区行。仅太行、太岳两区行就下设 8 个分行，69 个支行，分布在山西、河北、河南 70 多个县市。该行发行的冀南币是冀南、太行、太岳三大根据地的本位币。抗日战争胜利后，鲁西银行并入冀南银行，冀钞成为晋冀鲁豫边区本位币，截至 1948 年 9 月共发冀钞 2000 余亿元。如今留存在人们手中的"抗币"已是难得一见的珍贵文物。

北海银行。依托山东胶东根据地的蓬莱、黄县、掖县等，于1938年春联合建立了北海区督查专员公署，同年末在掖县成立"北海银行"，发行北海券。后因胶东局势恶化，被迫停业，1939年8月恢复，总行设在鲁中，发行北海币。

中央对抗日根据地银行十分重视，如毛泽东、张闻天等领导同志曾在1938年8月指示晋察冀边区银行，"边区应有比较稳定的货币，以备同日寇作持久的斗争；边区的纸币数目，不应超过边区市场上的需要数量，要估计到边区的扩大和缩小的可能；边区的纸币应有准备金，特别要以工业品等货物为第一位，并要有适当的对外贸易政策，以作为货币政策的后盾"。

二、与日本侵略者的货币战争

黄金和外汇的争夺战。由于黄金外汇是国际经济往来的"硬通货"，日军每占领一地，就挨家挨户收掠金银及饰品，设立黄金收买店，令各日伪金融机构吸收中国金银硬币，设立采金公司，垄断黄金开采。上海各银行保险箱内的金银全部被日军抢夺，还组织汉奸化装成中国军人和难民，收买银元和铜镍币，所掠金银大部分运往日本，还有一部分换取外汇和购买军用物资。对此，国民党政府于1938年10月21日决定禁止黄金出口和运往沦陷区，继而取缔黄金交易，实行黄金国有，指定中、中、交、农四行设立了623处办事机构，快速收购黄金和白银，阻止金银外流。抗日根据地政府将缴获、没收、收购的所有银饰、元宝和开矿采集的金银，集中到造币厂，铸造银元和辅币，用于购买各种物资，保证根据地供应。同时对金银和硬币采取保护措施，准许人民收藏或由银行吸收，禁止私人金银出口和银元流通，停止银币兑换，打击金银投机，对金属辅币也采取保护措施，发布《严禁以铜元、铜块资敌的训令》。另外，还在敌占区设立地下商店，以灰色面目出现，进行贸易，扩大外汇资金。

对日伪假币的歼灭战。日军参谋部从日本调来"造币专家"，专门研究如何伪造国民党的法币和根据地的抗币，并以假币充作收买汉奸经费和所谓"开发事业"资本。1938年底，日军正式下达仿造"中国法币"的命令和计划实施纲要。1939年11月假法币试制成功，大量在上海购买物资，后来在向银行兑换日元时露了马脚，便对新印假币作污脏处理，外运其他地区使用。仅"中国农民银行"钞票就印制了 500 多万元。1941 年日寇在香港等地发现大量法币印制材料及半成品、印钞机、编码暗账底册等，全部运到北京，大量印制法币达 40 多亿元。日寇同时还伪造根据地抗币，在天津、石家庄、太原、安阳、徐州、集宁、新乡、开封、济南、邢台、邯郸、武安等地建立印制机关，仅印制冀南银行假币就多达二三十种。1943 年后，日军在边区周围遍设推行假票的联络点，利用汉奸伪装成商人或抗日根据地的工作人员，向根据地抛出假币，收购土特产、药材等物资。日军甚至派出伪装人员在集贸市场以查禁假钞为名，专门没收真币，推行假币。面对日伪假币进攻，国民党政府断然采取"以假对假"策略，下令建立一座日本钞票的印制厂，从美国购买纸张和印制设备，挑选造币精英，精心制作，运到日伪控制的沦陷区使用，购得大量黄金、棉纱、布匹等军用物资。各抗日根据地民主政府为净化货币流通，采取各种办法，动员军民查禁假币，建立假币识别小组和识别所，在边沿地带、游击区乃至敌后根据地，严密查缉，并明确奖励办法，堵塞假币流入通道，发现新假币及时曝光，发动群众追查收缴。太行山八路军总部金融部门还在山西根据地所产纸浆池中加入各种有色纤维，制成防伪纤维土纸货币，并加水印，手工印刷，使日伪机关无法仿冒。抗日根据地、游击区的金融秩序得到了有力维护。

1940 年，日寇在华北各抗日根据地实行灭绝人性的"三光政策"，采取"围攻"、"蚕食"、"铁壁合围"、"梳篦战术"，企图扼杀抗日根据地。根据地银行职工一手拿枪，一手持账，白天工作，夜间行军，跟随部队与敌人周旋，账款常常驮在马背上，有时则把账款分开装在战士们的背包里行进。到抗战胜利前夕，在沦陷区，日伪货币阵地已被晋察冀边区银行、冀南银行、北海银行等根据地货币围困于大中城市。在华中敌后抗日根据地也形成将伪中储券从根据地扫除的态势，根据地货币成为中流砥柱，有力地打击了日寇的货币进攻与财富掠夺。

三、扶持根据地工商业发展

各抗日根据地政权自建立伊始，就确立了扶持国民经济的目标，重点扶持工商业发展，同时也鼓励发展农业和手工业生产。根据地银行制定低利率放贷政策，取代并消灭高利贷活动，扶持工商业的发展。晋察冀边区银行和生产建设指导机关密切合作，开展低利或无利的贷款，使货币能够投向生产中去，促进边区经济发展。边区银行通过积极办理水利贷款、耕畜贷款、合作贷款，帮助小商品经济发展。不论是集体经营、合作经营或个人经营，只要是生产事业，符合规定，均可贷到款。银行提供的农工矿业放款，月息只有 5 厘，商业放款活期者月息 8 厘。1940 年 8 月，晋冀鲁豫根据地提出，银行要面向生产，要密切注意生产事业，银行的业务主要是办理各种放款，以繁荣市场。冀南银行规定，对新兴产业必须给予特殊照顾，私营工业贷款数目最高可以达到生产总额的两倍，按月息计，工业公营 9 厘，私营 1 分，商业公营 1 分 1 厘，私营 1 分 2 厘。在晋绥根据地，1941 年 2 月颁布的贷款暂行办法规定，区内私人经营之生产事业及合作事业，经政府登记立案者，均可请求低利或无利贷款，贷款之利息，至多不高于年利 1 分，如政府认为必要时，还可以得到无息贷款。

各根据地银行在银行组织系统不稳定不完善的情况下，以临时网点与流动网点为主要形式，推进银行社会化建设，使银行走进老百姓的生活，从源头上切断高利贷活动。此外各银行在县一级设立临时贷款处，在区一级由县贷款处指派干部到区，配合区干部设立流动贷款组，在村一级则设立村级贷款审查委员会，划分责任区，分赴各村，以村为单位，将审核、立约、发款等各项工作同时解决，并定期检查，确保各项贷款的合理利用，使银行社会化向前迈进了一步，巩固了边区银行地位，使边区银行在经济上起到了中流砥柱的作用。

中国人民银行在解放战争的炮声中成立

抗战胜利以后，解放战争的炮声响起，华北解放区首先连成一片。1948 年 3 月 23 日，毛泽东、周恩来、任弼时率领中共中央机关东渡黄河，进入山西临县，到达晋绥边区所在地兴县蔡家崖，然后经岢岚、五寨、神池、繁峙、五台山、河北阜平，5 月 27 日到达平山县西柏坡村，完成伟大的战略转移。而人民金融事业也随着解放战争的炮声发生着剧烈的变化。

一、解放区银行的大发展

解放战争时期，一些在原抗日根据地基础上发展起来的老解放区的银行，如晋察冀边区的晋察冀边区银行、晋冀鲁豫边区的冀南银行、晋绥区的西北农民银行和陕甘宁边区的陕甘宁边区银行等分支机构迅速扩展，业务迅速扩大。同时在新解放区又成立了一批新的银行，如1945年11月15日在沈阳成立东北银行；1946年3月在接收王爷庙日伪银行基础上成立了东蒙银行，1947年6月1日改组为内蒙古银行，1948年6月1日改名为内蒙古人民银行；1948年6月在合并桐柏、江汉、豫皖苏、鄂豫皖、陕南、豫西等行署区银行的基础上成立了中州农民银行；1949年7月在广东成立南方银行等。随着各解放区逐渐连成一片，解放区的银行迅速发展，如1947年10月15日冀南银行成立8周年时，已经成为下辖4个区行、26个市行、173个县支行的解放区最大银行。

1947年8月16日，中央批准了董必武草拟的《华北财办组织章程》，筹建中央财政及银行。之后，为了统一华北、西北、华东等几个解放区的财政经济，1948年1月，将陕甘宁边区银行和晋绥的西北农民银行合并为西北农民银行。接着，中共中央决定于1948年6月成立中央财政经济部，任命董必武为部长。董必武遵照中央指示，领导华北财经委员会将晋冀鲁豫边区的冀南银行与原晋察冀边区银行合并组成华北银行，任命南汉宸为总经理，原两行所发行的货币固定比价，互相通用。10月1日两行所有分支行处所一律改为华北银行分支行处所，启用新章。10月20日决定将华北与陕甘宁边区及晋绥边区所发行的货币固定比价，互相通用。11月辽沈战役、淮海战役相继完成，解放军很快就要接管北平与天津，为了不使各路野战军带着不同货币进城，中共中央委托华北人民政府筹划建立统一的中国人民银行和发行统一的人民币，尽快完成发行准备工作。1948年11月18日董必武召开华北人民政府第二次财经会议，任命南汉宸为中国人民银行总经理，电商各解放区，加速筹备工作。

二、从华北银行到人民银行

人民解放军转入战略反攻后，在党中央的领导下，华北人民政府与陕甘宁边区政府、晋绥边区政府以及山东省政府会商，决定将华北银行、北海银行、西北农民银行合并，以原华北银行为总行，组建为中国人民银行，于1948年12月1日在石家庄中华北大街11号（现57号）一座三层小灰楼正式宣告成立。当时，有人建议新成立的全国统一银行叫"联合银行"或者"解放银行"，但是董必武等认为，我们的部队叫中国人民解放军，解放区政府叫人民政府，新的统一银行还是叫"中国人民银行"好，人民银行的银行券当然应当叫"人民币"。

当时，华北人民政府布告称："为适应国民经济建设之需要，特征得山东省政府，晋绥、陕甘宁两边区政府的同意，统一华北、华东、西北地区货币。决定：①华北银行、北海银行、西北农民银行合并为中国人民银行，所有三行发行之货币，及其一切对外之债权债务，均由中国人民银行负责承担。②于本年 12 月 1 日起，发行中国人民银行钞票，定为华北、华东、西北三区的本位币。新币发行之后，冀南币、晋察冀边币、北海币、西农币逐渐收回。旧币收回之前，旧币与新币固定比价，照旧流通，不得拒用。"为使人民币发行后能成为解放区唯一的通货，并努力做到市场平稳，华北人民政府抽调大批人员到各城镇、农村进行了广泛宣传，得到了广大群众与商业界的欢迎。为保障人民币的稳定，解放区政府还组织贸易部门、公营商店、合作社等机构，准备充足的物资支持市场贸易，以维护人民币的信用。12 月 1 日上午 9 时，中国人民银行总行发行科将新印制的第一批 50 元券人民币交付给平山县银行，人民币正式进入了市场。当时人民银行钞票面值有 10 元、20 元、50 元三种，之后又陆续发行了其他面额的人民币，这就是中国人民银行发行的第一套人民币，这套人民币共印制了 12 种面额，60 种版别，其中 1 元券 2 种、5 元券 4 种、10 元券 4 种、20 元券 7 种、50 元券 6 种、100 元券 9 种、200 元券 5 种、500 元券 6 种、1000 元券 6 种、5000 元券 5 种、1 万元券 4 种、5 万元券 2 种，发行至 1953 年 9 月 25 日，1955 年 5 月 10 日停止流通，由第二套人民币替代。12 月 6 日，《人民日报》发表《庆祝中国人民银行成立》的社论，社论指出，三区银行合并后的中国人民银行的资金壮大了，发展生产与对敌进行经济斗争的力量加强了，中国人民银行的成立将"更好地为人民服务，推动解放区全面建设，稳定金融物价，调节货币流通，大力扶植生产，以促进新民主主义经济有计划地迅速发展"。12 月 7 日新华社发表《中国人民银行发行新币》社论说，"中国人民银行新币的发行，预告着解放区货币的进一步巩固和解放区经济的进一步繁荣"。1949 年 1 月 13 日《人民日报》发表人民银行总经理南汉宸讲话，郑重宣布人民政府不仅对人民银行新币负责，而且对一切解放区银行过去所发行的地方货币负责，按照规定的比价收兑，兑到最后一张为止。15 日华北人民政府公布各币兑换比价，人民币兑中州币 1∶3；兑冀南币、北海币、华中币 1∶100；

兑长城币1∶200；兑晋察冀边币、热河省银行券1∶1000；兑西农币、陕甘宁边区贸易公司商业流通券1∶2000；兑冀热辽边币1∶5000等。16日中国人民解放军天津市军事管制委员会金融接管组接管天津国民党政府所有金融机构，同时发表第一、第二、第三号布告，宣布中国人民银行发行的人民币为唯一本位币，国民党的金圆券限定时间收兑，金银外汇按人民银行规定保有与兑换。21日人民银行通令华北区各分支行，对存放款等业务做出统一部署。接着人民银行把各解放区原有的银行改建为中国人民银行所属机构，从各解放区原有银行抽调干部进入各新解放的城市，在接管官僚资本银行基础上，组建中国人民银行所属的分支机构。

三、人民银行总行迁入北京

中国人民银行总结了接管石家庄官僚资本金融机构的经验，制定了接管其他城市金融的方案，接管之前先培训干部，做了大量艰苦细致的准备工作，人民银行第一任副总经理胡景沄在11月15日为接管太原金融编写的长达3.5万字的培训材料的"序"中写道："我们如何完整地接收这些城市，如何保护过去长期斗争的果实，使它永远为人民服务，将官僚买办资产阶级掠夺人民积聚的庞大财富，变为新民主主义的国家财产与人民财富，我们即是以整个经济部门中金融工作之岗位，负担着完整的接收一切过去官僚资本的金融企业的任务的。"人民银行在进入北平之前，曾在山西榆次培训银行干部，1949年2月，随着北平和平解放，中国人民银行与解放军同时进入北平，总行机关亦由石家庄的"小灰楼"迁入北平，对官僚资本银行一律予以没收；对官商合办银行，承认其私股，没收其官股转为公股，使这类银行成为公私合营银行；对私人银行和钱庄，允许其继续营业，严格管理，加强教育和疏导，使其走上为正当工商业服务的轨道。9月，中国人民政治协商会议通过《中华人民共和国中央人民政府组织法》，把中国人民银行纳入政务院的直属单位系列，接受财政经济委员会指导，与财政部保持密切联系，赋予其国家银行职能，承担发行国家货币、经理国家金库、管理国家金融、稳定金融市场、支持经济恢复和国家重建的任务。一个由中国人民银行为领导地位的，包括国家银行、专业银行、公私合营银行、私营行庄和信用合作社的新中国的新民主主义金融体系正式形成了。

四、金融业务与管理

解放区银行的农村金融业务，在各解放区开展减租减息、增加生产的群众运动中获得了发展，农业贷款大大增加。城市金融业务在抗战胜利后，注重扶植工业、手工业和商业的发展。在存款业务方面，各解放区银行和后来的人民银行随着解放区的扩大，在原有存款品种外又推出了折实储蓄存款。

同时，各解放区银行和人民银行开始执行金融管理。为了加强限制私营银钱业的投机倒把，维护市场稳定，各解放区制定并实施了一系列加强私营银钱业管理的政策法规，如保证私营银钱业合法经营，加强管理来维持和稳定金融市场；规定公款一律存入解放区银行以削弱私营银钱业资金活动力量；对私营银钱业的资本额及构成、业务范围、缴纳准备金、重新登记、报送营业报表等事项作了详细规定。对已解放城市里的外商银行，采用利用、限制、管理相结合的政策，利用其作为外汇代理行与指定行，垫付外汇头寸，限制其营业范围，不许买卖商品、金银，不许发行货币、办理储蓄和区内外汇兑等业务。中国人民银行限令外商银行造送营业状况书、资产负债表、库存表、国籍说明和职员名单等资料；对申请停业的外商银行，要求其必须将债权债务清理完毕。解放区政府在各解放区禁止一切外汇流通，并通过以合理牌价收兑集中外币的形式，把外币用于购回人民政府所需物资。同时，人民政府颁布《外汇管理暂行办法》，授权中国银行或其指定银行办理国际贸易结算、国际汇兑、外汇买卖等一切外汇业务。人民政府颁布实施了《金银管理暂行办法》，严禁金银私买私卖，计价行使，金银买卖统由国家银行经营。各地人民政府还号召群众拒用银元，规定纳税借款统一使用人民币，人民银行组织工作队宣传推动人民币下乡，打击银元黑市活动，很快稳定了社会金融秩序。

建立新民主主义金融秩序

在中国人民银行建立并进入北京后，解放战争还在进行中。随着解放战争在全国的胜利，中国共产党领导中国人民要迅速对旧的经济结构进行改造，把半殖民地半封建经济转变为独立自主的新民主主义经济。当时，中国人民银行最紧迫、最主要的任务是边接管、边建行，整顿金融，建立新民主主义金融秩序。

一、接管官僚资本银行

民国时期的金融业分为两个部分：一是官僚资本金融业；二是民族资本金融业。1927 年开始的国民党政府主政期间，将控制金融业作为其巩固统治的主要经济手段，官僚资本金融业成为国家经济的主要部分并占据主宰地位。中国银行和交通银行原是北洋时期的两大金融支柱，国民党政府通过加入"官股"、改组董事会和有关机构，控制了两大银行的股权和人事权。同时又成立了中央银行和中国农民银行（开始时称"鄂豫皖赣四省农民银行"），并且将原先附设在邮政局中的储蓄汇业局改组为邮政储金汇业局，又由中央银行拨款成立了中央信托局、中央合作金库，形成了"四行两局一库"的官僚资本金融体系。对于民族资本的私营银行，国民党政府也采取参入官股等手段加以控制。比如新华信托储蓄商业银行、中国实业银行、四明商业储蓄银行和中国通商银行四家银行的官股比例都在股本总额的 50% 以上。经过二十几年的经营，国民党政府建立的金融垄断体系，不仅控制了全国的金融业，并直接操纵着全国的经济。

中国共产党领导的新民主主义革命，就是要推翻帝国主义、封建主义和官僚资本主义"三座大山"，接管官僚资本金融业，是新民主主义革命的重要任务。随着解放战争胜利步伐，1949 年 1 月 15 日，中共中央及时做出《关于接收官僚资本企业的指示》，提出了接管工作的明确方针：对官僚资本，要采取自上而下、按照系统、整套接收的办法；同时，这种"自上而下按系统的接收"，又是与"自下而上工人、职员的审查和检举相配合"的接收工作，自始至终注意依靠工人群众，团结技术人员和管理人员。1949 年 3 月，中共中央明确指示：中央银行、中国银行、交通银行、中国农民银行四行等官僚金融机构由各地军管会接收并交中国人民银行负责接管。1949 年 5 月 25 日人民银行胜利完成了对北平、天津等城市的金融接管工作，并进行了总结。强调进入新解放城市初期的工作，主要是迅速接管国民党的金融机构，树立人民币的单一本位，建立人民银行分支机构，加强金融管理；利用接收的资金、人员和机构，予以正确的领导与组织，为恢复生产、贸易与城乡物资交流服务；同时必须注意在接收和管理中，领导、组织、干部配备和工作联系尽可能的统一起来，明确接管的目的是为了管理，接收服从于管理。所有国民党政府中央银行、省市地方银行及其下级机构，均改为人民银行的分行和办事处、分理处；中国银行在口岸的机构主要经营外汇业务，沿海大城市的中国银行接管后应继续营业，便利与推进对外贸易；交通银行接收后作为人民银行一管理实业的机构，津、沪、汉、穗等大城市中原有的交通银行对外仍保留原有名义继续营业，在内部为人民银行的一个部，不设下级机构；保险业务应广泛办理，各地有基础的应迅速恢复营业，联合华商，削弱外商的经营，管理监督保费及资金的使用、责任准备金的提存及限制，淘汰保险业中信用差、资本小的机构；同时会议也对小本放款、票据交换、帮助私营企业解决周转金，开放证券市场等作了讨论。因此，中国人民银行对官僚资本金融业采取了"不要打烂机构"和"保持原职原薪原制度"的接管、没收政策，按照"边接管、边建行"的方针，接管并允许官僚资本金融业原有的营业点和职员办理金融业务，使其成为中国人民银行下属的业务部门。

二、接管与建设银行并重

国民党政府的官僚资本银行可以分为三类：一是国民党中央政府设立的银行，如中央银行、中国农民银行、中央信托局等；二是国民党政府控制的官商合办银行，如交通银行、中国银行等；三是省市县地方政府设立的银行。由于各银行的具体情况不同，中国人民银行主要采取以下三种不同的方法进行接管和处理：

第一种是停业清理。这种方法主要针对中央银行、中国农民银行、邮政储金汇业局、中央合作金库、中央信托局以及一些省市地方银行等金融机构。中央银行是最大的国家资本银行，是国民党政府控制金融的神经中枢，对国民党中央银行的接管是与中国人民银行的建设有机结合起来的。1949 年 5 月 30 日，在接管上海中央银行的基础上，成立了中国人民银行华东区行和上海分行，原在上海外滩 15 号和 24 号的银行营业大楼以及数千名旧职员由中国人民银行留用。原中国农民银行、中央合作金库、邮政储金汇业局，经过接管清理，不复存在，其所经办的储蓄业务及一部分机构，改组为人民银行上海分行的合作储蓄部。官僚资本保险公司中，除中国保险公司和中国航联保险公司继续营业外，其余均予以结束。

第二种是改组为专业银行。中国银行原是国民政府特许的外汇业务银行，官股占 2/3。当时，邓小平同志召开会议，传达中共中央对接管中国银行机构、人员的方针：保留原名义、原机构、原封复业、稳步改造，尽快恢复营业，并宣布了中国银行总经理、副总经理人选。邓小平特别说道，副总经理留一名空缺，以便出走的中国银行总管理处原来的负责人归来时担任。两天后，1949 年 6 月 6 日，中国银行总管理处所属各部及其上海分行正式复业，将中国银行的官股部分予以没收，私股权益则予以保留，原董事会停止行使职权，由华东军区指定华东财经办事处代行董事会职权，新的中国银行成为中国人民银行领导下经营外汇业务的专业银行。同年 12 月 12 日，中国银行总管理处由上海迁至北京。交通银行是国民党政府发展实业的专业银行，官股占 88%，对它也采取了与中国银行同样接管办法，即没收官股部分，保留私股权益，改组董事会。在新董事会未组成前，由华东财经办事处代行董事会职权，成为监督公私合营企业财务的专业银行。1949 年 11 月 1 日交通银行总处沪行及上海市的 5 个支行同时复业，成为中国人民银行领导下经营工矿交通事业长期信用业务的专业银行。接管改组后的中国银行和交通银行，均实行总管理处、分行、支行三级制，总管理处下属的行处受本行管理处和当地中国人民银行的双重领导。

第三种是改组为公私合营银行。中国人民银行在接管四明商业储蓄银行、中国实业银行、中国通商银行、新华信托储蓄银行等官商合办银行时，先是宣布解除国民党政府时期官股董监事职务，另行派员代表人民政府接收官股，并担任公股董事，与私股派出的代表一起组成董事会，从而将这些银行改组为公私合营银行。

在接管过程中，对于各被接管银行的资产、档案等，都有详细的接收清册。在此基础上，中国人民银行对这些银行机构包括其各自下属分支机构的债权债务进行清理。凡被接管银行的一切财产及债权一律收归国有，对各被接管银行之债务，人民银行在法律上不负偿还的责任，但为照顾私人利益起见，可在债权债务清理完毕及将国家债务清理后，再分别规定私人债务清偿办法；中国人民银行为各被接管银行的法定债权人，其债权包括放款、投资、同业存放拆放、重贴现、转质押、贴现、预收款项、农贷款项、应收利息及应收款项等；各被接管银行的债务，凡国民党军政机关及四大家族为债权人的一律没收，私人及私营企业为债权人的，须待整个单位清理完毕、明了其实际财产状况后再行处理。在对官僚资本银行清理过程中，还涉及数量众多的原有人员的处理安排问题。对于这些人员，根据工作需要和本人能力与表现，人民银行分别予以留用、调用或安排参加学习。到 1950 年 4 月底，上海留用原官僚资本银行中的工作人员共 5501 人，占当时全市人民银行职工总数 6019 人的 91.3%，京津两市留用人员也达 4029 人。

在艰巨复杂而充满激烈斗争的官僚资本银行接管的同时，人民银行各项业务的开展和制度建设也在紧张进行。对新解放的地区，为了不让人民群众受损失，用人民币收兑人民群众手中的国民党政府所发金圆券；对农村发放农业贷款，支持恢复发展农业生产。人民银行在金融业务和制度方面接二连三不断出台了管理与建设的政策措施：1949 年 3 月 4 日发布禁止银元买卖流通布告，查缉银元黑市；3 月 12 日发布《关于查禁银元与组织收兑问题》的通函；3 月 14 日颁布《华北区区外汇兑暂行办法》；3 月 15 日组织华北六城市开始联汇，总行集中清算汇差；4 月 1 日颁发《试办折实储蓄的通知》（储蓄存款按标准实物单位计算，如天津一个折实单位，包括通粉 1 斤、玉米面 1 斤、大五幅布 1 尺，按《天津日报》公布的这三种实物前五天的平均批发价格计算出当日折实单位牌价），存取时按当天折实单位牌价折合成人民币支付；华北人民政府 4 月 7 日颁布《华北区外汇管理暂行办法》；4 月 27 日公布《华北区金银管理暂行办法》和《华北区私营银钱业管理暂行办法》；4 月 27 日颁布《人民银行活期储蓄存款暂行章程》；人民银行总行转发各分行坚决执行，《人民日报》配合发表《我们的私营银钱业的政策》社论，强调对私营银钱业的管理，促使其向有利于国计民生的方向发展，取缔其一切非法投机的行为；5 月 12 日人民银行发出《关于工商业放款政策及调整利率的指示》；5 月 6 日发布《人民银行薪金制试行办法》；6 月 1 日人民银行天津分行奉命制定《证券交易所暂行营业简则》，开办天津证券交易所，批准 11 家公司股票上市交易；6 月 16 日中国银行总管理处致电海外的伦敦、纽约、新加坡、东京、中国香港、加尔各答等行处，通知新总管理处的成立与新民主主义金融政策、资产保护与有关问题；6 月 21 日人民银行公布《私营行庄通汇办法》；8 月 1 日人民银行华北区行进行行政区划与分支机构调整；8月4日人民银行发出《关于农业专业及合作社手工业贷款利息的补充指示》；9月17日颁发《全面开展内汇决定的通知》；9月17日决定成立全国性的保险公司，25日召开全国保险工作会议，一个月后中国人民保险公司正式成立，之后成立3个区公司、22个分支公司及办事处，颁发了《中国人民保险公司会计制度》；10月上旬人民银行发出《中国人民银行发行库制度》；11月10日人民银行召开第一届全国会计工作会议，根据新民主主义经济建设原则与银行业务发展需要，制定了会计制度，并以表现新民主主义五种经济成分及反映政策之执行为基础，从来年4月1日起执行；11月25日颁发《合作社信用部推进办法》和《关于典型试办合作社信用部的指示》；12月24日公布《中国人民银行为国外华侨认购胜利折实公债服务办法》；12月25日颁发《人民银行代理财政部发行公债办法》；等等。到1949年末，中国人民银行建立了华东、中南、西北、西南四个区行、40个省市分行、1200多个县市支行及办事处，加上中国银行、交通银行、中国人民保险公司，在全国已设有金融机构1308个，职工8万余人。

1950年1月7日，中国银行、交通银行总管理处电告海外分行，号召员工安心工作，保护行产。之后，新加坡、槟榔屿、吉隆坡、仰光、加尔各答、卡拉奇、吉大港、孟买等地中国银行分支行处和仰光的交通银行先后接受北京总管理处领导，中行和交行分别委任部分分行经理。17日驻香港的原国民党政府金融机构交通银行香港分行、中国农民银行香港分行、中央信托局香港分局、邮政储金汇业局香港分局、广东省银行香港分行、广西银行香港分行等，分别致电中央人民政府，听后接管；2月21日人民银行召开第一次全国金融会议，南汉宸行长（1949年10月19日中央人民政府委员会任命南汉宸为人民银行行长，不再称总经理）在会上强调，1950年银行工作的中心任务是用一切办法争取存款，积累尽可能多的资金支援工农业生产的恢复和发展，实行"三平"（财政收支平衡、物质调拨平衡、现金收支平衡），实行现金管理。陈云在讲话中说道1950年的中心工作是"收存款，建金库，灵活调度"；3月3日人民银行设立各级财政金库，国家《中央金库条例》同时公布；3月15日人民银行发布《关于执行统一资金运用与调拨制度的指示》；3月25日做出《关于调整机构的决定》；4月20日颁发《保本保值定期储蓄统一章程》；6月20日发布《关于重要城市郊区农村金融工作的意见》等。

三、建立新民主主义金融秩序

边接管、边建行，迅速建立新民主主义金融秩序。1950年8月1日，人民银行召开了全国金融业联席会议，研究调整金融业中的公私关系、金融业与工商业的关系以及金融业中的劳资关系等问题，明确了国家银行与私营行庄业务范围与分工，规定了对私营行庄的原则要求和具体意见。国家银行为协助私营行庄正常业务的开展和解决临时资金周转困难，决定给私营行庄以转抵押、重贴现、委托代理、调拨资金、汇兑折扣以及差别利率等业务上的支持。会议认为私营行庄的联营、合并是金融业进一步集中力量的良好形式，联营、合并可以增加实力，提高信誉，克服困难，适应新的经济形势要求，国家予以鼓励和支持。会议决定拟定全国统一的银钱业管理办法，组织金融学会，作为全体金融业从业人员学习政策与业务的机构；8月18日人民银行与华侨事务委员会联合召开侨汇会议，根据《共同纲领》精神，讨论了贯彻服务侨胞、便利侨汇方针，达到"调整内部，团结对外"，开展反对帝国主义限制侨汇的斗争；8月24日《人民日报》发表社论《银钱业的新方向》，为新民主主义金融业的有序运行与发展指出了方向；9月9日人民银行发出《私人银钱业代理中国人民银行汇出汇款统一办法的指示》；9月11日发出《关于逐步划一各大城市行庄放款利率及利率委员会组织与工作的指示》；10月1日中国金融学会正式成立，《中国金融》杂志也在这一天出版创刊号；10月13日人民银行转发中财委《关于统一整理公私合营企业公股的决定》；10月20日人民银行与中央合作事业局商定《关于国家银行扶助合作社的决定》，之后又有《人民银行的发行库制度》、《人民银行的出纳制度》、《人民银行的组织条例》、《货币管理实施办法》等制度与政策出台。12月16日美国国务院公布《冻结中朝资产条例》，非法冻结我国在美国辖区内的公私财产，针对美国的侵略与敌视行为，28日我国政府宣布管制美国在华财产，冻结美国在华存款，维护我国国家主权和人民利益的完整。1950年12月1日《中国金融》发表的南汉宸行长《在中国人民银行成立两周年纪念会上的报告》指出：在人民银行成立的第一年中，完成了货币的统一发行，对官僚资本银行的接管改造，奠定了银行工作的基础，配合了中国人民解放战争的胜利；第二年努力执行财经统一措施，争取现金收支平衡，抑制通货膨胀，配合进行调整工商业工作，目前正在为巩固国防、稳定金融、重点经济建设而努力。

总之，由于接管旧银行与建设新银行并重，使得中国人民银行在接管中不仅实现了人心安定，金融机构得到有效的保护，经营秩序迅速走向正轨，同时使原来的官僚资本银行从根本上转变性质，实现了党和国家对金融业的控制，为稳定金融物价、打击投机资本、争取国家财政经济状况的根本好转奠定了基础。仅仅两年时间，中国新民主主义金融秩序已经建立起来。

对私营金融业的社会主义改造

新中国成立后，以稳定金融秩序，支持经济恢复和国家重建为主要目标的中国人民银行，面临的难题是如何管理并发挥在当时陷入困境的私营金融业的作用，这些私营金融业曾在近代中国起过重要作用。为适应新民主主义经济体制和国民经济恢复发展的需要，从 1949 年下半年开始，人民银行对私营金融业实行管理与疏导相结合，引导他们支持私营工商业的恢复与发展，继而通过联合、联营、联管以至公私合营，进行社会主义改造，这不仅为后来的资本主义工商业的社会主义改造提供了经验，而且也保证了社会主义"三大改造"的顺利进行。

一、新中国成立之初私营金融业的困境

旧中国的私营金融业，大部分创办于清末民初，发展于北洋政府时期，它们对促进中国民族资本主义工商业发展曾起过积极作用。但到国民党政府统治时期，由于常年战争和恶性通货膨胀的影响，加之国民党官僚资本银行和帝国主义银行的双重挤压，私营金融业实力下降，其正常经营难以维持，举步维艰。当时私营金融业呈现以下特点：

一是业务衰退。抗战前夕，全国法币的发行总额约为 14 亿元，全国金融中心的上海市，76 家私营行庄存款总额达法币 4.7 亿元，当时合黄金 47 万条，但是到 1949 年 2 月底，上海 219 家私营行庄的存款总额为金圆券 55.896 亿元，当时只合黄金 3700 余条；而上海解放时私营行

庄的存款总额为金圆券 30000 亿元左右，却仅合黄金 100 余条。1949 年
6 月底统计，204 家私营行庄存款总额 433691 元（折合新人民币，下
同），折合黄金 31711 两，为抗战前上海 76 家行庄存款总额的 1/150。
当时，私营银钱业储蓄存款接近消失，存放汇款业务严重衰退，不仅实
际存款额下降，而且存款总额的 95% 以上是活期，各私营行庄每天资金
收付额比其存款余额大 30 倍左右，实质上当时已经成为票据与现金的
收付机构。

二是资力薄弱。各私营行庄的账面资本几近于零，资产中的流动资
金，大型行庄有的被抽逃国外，中小型行庄有的通过暗账被股东瓜分，前
项大约 1800 万美元，后项大约合黄金 5 万两之多。

三是机构过多。如上海市 204 家私营行庄，包括分支机构有 335 个，
其中 265 个集中在黄浦区，占 76.4%。业务上看，其中有 20 家较大行庄
存款占私营行庄全部存款的 50% 以上。到 1949 年底，存款不足 10 万元
的 113 家，占 68.9%；存款不足 5 万元的有 60 家，占 36.6%。

四是投机性大。私营金融业最为集中的地区是上海，其放款大部分是
日拆，少数小行庄甚至半日拆。这些私营行庄多数不能进行正常的存款、
放款、汇兑等业务，便转向投机买卖，通过为投机者吸取资金，提供拆
借，成了投机者的工具甚至直接参与金银、外汇、公债、房地产以至商品
物资的投机牟利。

新中国成立时，全国私营行庄包括分支机构共 1032 家，从恢复国民
经济需要出发，国家允许有利于发展国民经济的私营金融业正当合法经
营。但是由于国民党遗留下来的恶性通货膨胀以致业务困难，使私营行庄
走上投机道路。1950 年 2 月，中财委召开全国财经会议，讨论了统一财
经、紧缩编制、现金管理和物价平衡等重大问题，接着国家实行统一全国
财政收支、统一全国现金收支、统一全国物资调度的政策，从 5 月起物价
稳定下来，私营金融业投机活动的基础消失，原来一些依靠高利贷和投机
买卖生存的私营行庄大批关闭。从 1950 年 3 ~ 6 月的 3 个月内，全国私营
行庄从 833 家减少到 431 家，倒闭的几乎占总数的 2/3，从业人数也由 3
万人减为 1.8 万人。加之同年 11 月抗美援朝战争开始，一些金融资本家
被揭发出大量违法犯罪事实，这使他们威信扫地，动摇了私营行庄的信用
基础；同时存款等业务大幅下降，最终给私营金融业造成了致命的打击。
这种形势，极不利于金融市场稳定，不利于国民经济恢复发展，所以，对

私营金融业的整顿和改造已成为唯一选择。

二、对私营行庄改造的路径

在新中国成立前，各解放区政府通过规范私营行庄经营秩序，已将私营行庄纳入人民银行的监管体系。新中国成立后，人民银行根据党和政府的部署，对私营行庄的整顿改造，大体经过了三个阶段：

1. 业务引导

中国人民银行作为国家银行，负有管理金融的职责，这种管理不仅是检查监督，还包括积极的业务引导。1949 年 4 月 27 日，华北人民政府曾公布《华北区私营银钱业管理暂行办法》和补充说明，允许私营行庄在遵守人民政府法令的前提下开展正当业务；规定了私营行庄的业务范围、资本额标准、缴存存款准备金和付现准备金的比例以及违反管理办法处理等；要求私营行庄呈报组织状况和业务报表、办理登记、增加资本，凡是资本额低于银钱业股金规定标准的私营行庄，由股东认股、限期补足，并由中国人民银行验收后批准登记营业；未经批准登记的私营行庄停业清理。1949 年 6 月下旬公布的《华东区私营银钱业管理暂行办法》，规定了私营银钱业的业务范围，引导私营行庄支持工商业的贷款需要和支持正常的社会生产。

为此，中国人民银行采用管理与疏导相结合的方针，有领导有步骤地开展资金疏导，最主要的组织形式有两种：第一种形式是组织联合放款银团。如在上海组织私营行庄成立"上海市私营银钱信托业联合放款处"，有会员行庄 173 家，最初认定资金 40 万元，支援纺织业采购棉花，亦称"棉贷银团"。后来扩展为"公私合营金融业联合放款处"，资金 120 万元，放款对象也有扩大，到 1951 年 12 月联合放款处资金增加到 6278 万元，有力地支持了工商业的恢复与发展。第二种形式是公私合营银行。按照第一届中国人民政治协商会议通过的《共同纲领》，国家资本与私人资本合作的经济为国家资本主义经济，在必要和可能的条件下，应鼓励私人资本向国家资本主义方向过渡。如第三十九条规定，"金融事业应受国家严格管理，依法经营的私人金融事业，应受国家的监督和指导。凡进行金融投机，破坏国家金融事业者应受到严厉制裁"。取缔一切非法投机行为，限制其只能向有益于国计民生的方向发展。中国人民银行对原官商合办的新华信托储蓄商业银行、中国实业银行、四明商业储蓄银行和中国通商银行四家银行进行改造，使其成为上海第一批公私合营银行。通过公私合营银行与私营行庄建立业务联系，组织运用私营行庄资金，或者在私营行庄资金困难时予以信贷支持，使公私合营银行成为人民银行团结私营金融业的桥梁，支持国民经济的恢复与发展。

2. 联经联管

1950 年的春末夏初，通货稳定，物价平稳，金融投机受到控制，私营金融业的业务经营困难，甚至出现倒闭。为了帮助私营行庄渡过难关，中国人民银行倡导私营行庄组成联营集团。最早试办联营的是天津市，先后成立了 4 个信用联合会，接着上海市正式成立"私营金融业第一联营集团"、"私营金融业第二联营集团"，两个联营集团各包括私营行庄 12 家。之后，又相继成立了第三、第四私营行庄联营集团，参加的私营行庄共计 42 家，基本上把较小的私营行庄都纳入了联营集团。这些联营集团进行多种业务的联合经营，以集体的力量共同承担风险，在经营方针和实际运作中，积极向国家银行和公私合营银行靠拢。

1950 年 8 月初，中国人民银行召开了全国金融业联席会议，会议倡导和鼓励私营行庄联合、合并，以取得生存与发展，使得私营行庄的负责人明确了方向。为了在市场竞争中争取主动，新华、四明、实业、通商与建业五家银行成立新五行"公私合营联合总管理处"，接着，聚兴诚等 6 家银行加入了这个联合总管理处。同时，金城等银行在增加公股后另组了"北五行"联合总管理处（包括金城、盐业、中南、大陆与联合商业储蓄信托银行）。在这些"联合总管理处"的示范作用下，上海市 4 个联营集团也开始考虑实行组织、业务、财务、人事等方面的联管，甚至各行庄的合并，要求政府派出公股董事和干部，实行公私合营。这样，私营金融业通过联营、联管的方式，基本上都纳入了国家资本主义轨道。到 1951 年底，上海的 60 余家私营行庄、公司组成了 5 个公私合营或具有公私合营性质的联管机构，94% 的私营金融机构都实现了公私合营，业务量占 97% 以上。

3. 公私合营

1952 年元旦，毛泽东主席在中央人民政府团拜会的祝词中，提出了"开展反对贪污、反对浪费、反对官僚主义的斗争"。1 月 26 日中央又颁布了《关于开展反对行贿、反对偷税漏税、反对盗窃国家财产、反对偷工减料和反对盗窃国家经济情报的斗争的指示》，银行系统与全国一样，开展了轰轰烈烈的"三反"、"五反"运动，运动中暴露出私营金融业的不少问题。4月26日，中央财政经济委员会发布《对私人金融业方针的指示》，中国人民银行根据中财委的指示，自1952年下半年起，开始对商业金融业实行全面改造。在改造中，照顾到了对整个资产阶级的影响，以及对国外的公私银行的影响，淘汰了除上海以外的各地尚存的钱庄；对"五毒"严重的资本小、信用差、作用不大的私营金融业准其清理歇业；对资本大、信誉尚好、业务尚能维持的帮助其联营；对华侨商业银行、东亚银行、中兴银行等3家华侨银行予以保留，继续营业；对已经实行公私合营的行庄，在劳资双方酝酿成熟基础上进行合并，整编人员、合并机构，成为一个统一的公私合营银行，除损益自理外，业务、人事归当地中国人民银行管理，作为中国人民银行领导下的办理私营工商业存放款业务的专业银行，其国内各地的机构除裁撤者外，均合并为公私合营银行的分行，他们在海外的机构仍然保留。1952年12月初，全国统一的"公私合营银行总管理处"在北京成立，组成新的董事会，人民银行副行长胡景沄任董事长。当时，统一的公私合营银行有300个机构，职工万余人，存款1亿元，放款5000万元，经清理资产，核定资本，按年息5厘，每年发给固定股息。此后，"公私合营银行联合总管理处"受中国人民银行总行直接领导，服从中国人民银行的一切金融措施。1957年7月起，公私合营银行联合总管理处及其各地分行与中国人民银行进一步联合办公，即把公私合营银行机构、人员和业务、财产移并人民银行。公私合营银行联合总管理处人员并入中国人民银行总行储蓄局编制，国内各分支行人员并入当地中国人民银行编制，对外保留公私合营银行的名义，仅悬挂招牌，香港各行仍沿用原名进行业务活动，归中国人民银行总行国外局领导。至此，公私合营银行最终并入中国人民银行，退出了历史舞台。

回顾中国私营金融业的社会主义改造，尽管行进的步伐迈得过大了一些，对私营金融业长期积累的一些业务技术与经营做法否定得过头了一些，对它们的原有机构裁撤得过多了一些，但是金融业的公私合营对于切断私营工商业与金融业的联系，保证国民经济迅速恢复和发展、保证国家集中资金支持工业化建设等都是有重大意义的。

高度集中的金融管理框架

1953 年，中国人民银行与各行各业一样，步入热火朝天的第一个五年计划建设时期。6 月 15 日，毛泽东同志在中央政治局会议上提出，从中华人民共和国成立到社会主义改造基本完成，是一个过渡时期。党在过渡时期的总路线和总任务是：要在 10 ~ 15 年或者更多一些时间，基本完成国家工业化和对农业、手工业、资本主义工商业的社会主义改造，这是要把资本主义制度和一切剥削制度彻底埋葬的一场革命，它甚至比过去的武装斗争还深刻。所以，当时中国人民银行的任务，就是广泛地筹集社会资金，支持社会主义工业化，支持农业合作化和对资本主义工商业、手工业的社会主义改造。这样，建立统一的高度集中的中国金融管理体制就成为经济社会发展的必然趋势。

一、信用全部集中国家银行

信用集中于国家银行的理论，源自 1848 年马克思、恩格斯的《共产党宣言》，马克思、恩格斯认为，无产阶级夺取政权后，为了巩固政权，必须"通过国家资本和独享垄断权的国家银行，把信贷集中在国家手里"。列宁在 1917 年也讲过："只有实行银行国有化……只有监督银行，监督这个资本主义周转过程中的中枢、轴心和基本机构，才能实际上而不是口头上做好对全部经济生活的监督，做好对最重要的产品的生产和分配的监督，才能做到'调节经济生活'，否则这种事情仍免不了是欺骗老百姓的一句部长式的空话"。

1953 年，我国有计划的经济建设开始后，根据马列主义原理，各方面都提出取消商业信用，集中信用于国家银行的建议，认为商业信用扩大了企业流动资金的占用，脱离了国家计划管理，不利于资金的集中管理与分配，不利于国家通过银行对企业的监督。这一年 3 月，商业部与中国人民银行联合发出《关于中国人民银行办理国营商业短期放款暂行办法中若干问题的具体规定》，要求商业单位不得存在商业信用关系，接着二部又联合发文规定，国营商业企业的商品购销货款和资金往来，一律通过人民银行办理转账结算。1955 年 5 月 6 日，国务院批转中国人民银行《关于取消国营工业间以及国营工业和其他国营企业间的商业信用代以银行结算的报告》。5 月 28 日中国人民银行与商业部发出《关于取消商业信用等问题的联合指示》。

金融体系的信用活动，本应包括银行信用、国家信用、商业信用、消费信用、国际信用等多种形式。但是在计划经济体制下，一切信用集中国家手中，商业信用是分散的，故一律取缔；消费信用因为是无计划的，所以除在农村为解决贫下中农临时性生病住院等生活困难予以零星贷款外一律取消；国家信用在 1957 年以后也不再使用，停止发行公债；国际信用除了与社会主义国家的易货贸易差额结转下年外，原则上不搞国际信用，最初借苏联的钱在还清后，国家曾宣布我国是世界上唯一的既无外债又无内债的国家。

二、高度集中的金融体制

从第一个五年计划开始，国家实行高度集中的计划经济体制，同时实行高度集中的金融体制。早在 1952 年 9 月的中国人民银行大区行行长会议和银行计划工作会议上，就强调在有计划经济建设时期，国家银行要执行中央统一的方针政策，必须通过统一的计划来实现。会议通过的《中国人民银行综合信贷计划编制办法（草案）》，就已经提出了全国统存统贷的意见，这个办法从 1953 年起开始执行，成为后来计划经济下银行信贷资金管理长期沿用的准则。"统存统贷"的基本内容是：全国各地各级银行吸收的存款，统统上划人民银行总行，由总行统筹安排使用；全国各地各级银行的一切贷款发放包括各行各业贷款，统统由总行计划安排，核定贷款指标，逐级下达，各地在总行下达的指标内按照指定的用途与对象发放，不得突破。其具体的管理方法，是通过中国人民银行综合信贷计划进行。信贷计划的编制，由基层行编制信贷计划，层层汇总上报到总行，总行经与国家计划委员会和财政部综合平衡后，再层层切块下达，直到基层行。信贷计划分年度计划与季度计划，年度计划是总目标，季度计划是分期的实施计划。

1954 年 3 月，中国人民银行在全国计划会议上，专门研究了信贷计划问题，包括信贷计划与财政预算的关系，信贷计划与现金计划的关系，认为信贷计划是国民经济计划的组成部分，必须与财政预算和国民经济计划相结合。到 7 月，在苏联专家帮助下，全面推行《银行现金调拨暂行办法》，以贯彻货币发行统一的政策，使现金调拨与现金计划配合，规定各级人民银行只能在总行批准的现金出纳计划发行数额内动支库款，保证货币发行的集中管理。全行的信贷计划与现金计划，是与全国的生产计划、商品流转计划、财务计划衔接的，信贷计划直接影响生产，现金计划直接影响货币流通和市场物价，同时也影响信贷计划。人民银行直接操作的信贷与现金两大计划，成为中国计划经济体制中金融运行的基本框架，构成了计划经济的基本内容。

1954 年夏季，中国人民银行在北京召开了全国分行行长会议，传达了中共中央关于撤销人民银行建行之初形成的大区分行，加强总行对全国的垂直领导。1956 年公私合营银行总管理处纳入人民银行体系，1957 年又撤销了 1954 年成立的中国农业银行，在人民银行内部设立农村金融管理局，后来又撤销了中国人民保险公司，国外业务划归人民银行国外业务局管理。人民银行完全按照行政区划省（直辖市）、地（市）、县（市）设立分行、中心支行和支行，支行以下设办事处、分理处、储蓄所。经过这样一番机构调整，中国人民银行就成为既是国家管理金融的机关，又是统一经营全国金融业务的经济组织，"一身二任"，包打天下的银行体系了。

国家对信贷资金的流向流量统由中国人民银行管理以后，对于资金价格即银行存贷款利率，同样需要服从计划经济体制的总要求，明确规定利率的确定与管理，由国家通过人民银行统一制定，全国统一执行。1956 年起人民银行对所有的存贷款利率一律统管，经报国务院审批后执行。对于农村信用合作社的存贷款利率，1952 年曾允许它们按照低于市场利率、高于银行利率执行；1955 年农业合作化以后，要求信用社利率略作降低，仍可以略高于银行利率；但是 1959 年以后，国家规定信用社应统一执行银行的储蓄存款利率，不允许信用社自行确定利率；1965 年又要求信用社存贷款利率与国家银行完全一致，一直坚持到 1978 年改革开放。

三、高度集中的外汇管理

按照高度集中的计划经济，"一化三改"完成以后的中国的商品进出口业务，就由国家外贸部所属国营进出口公司统一经营，统负盈亏，建立了国家垄断进出口贸易的体制。于是，对新中国成立初期的以私营金融业与私营进出口商为管理重点的外汇管理制度进行了修改，转变为高度集中的外汇管理体制。1953 年 6 月 8 日，中国人民银行向毛泽东主席和中共中央报送了《关于外汇管理工作的专题报告》，并附《中华人民共和国外汇管理暂行办法（草案）》，提出在经济建设时期外汇工作要为发展对外贸易、鼓励侨汇、合理使用外汇，促进国际收支计划化发挥重要作用，贯彻外汇收支的计划化、正规化，开源节流，外汇管理必须集中统一，规定外汇的管理与经营由中国人民银行执行，并指定中国银行执行具体的外汇管理事宜与经营外汇业务。这一报告获得中央同意，由此建立了高度集中的、以行政手段管理为主的外汇管理体制。

高度集中的外汇管理体制的主要特点：一是外汇收支实行全面指令性计划管理，统收统支，以收定支，收支两条线，收入交售中国银行，支出由国家计划分配或批给，不得相互买卖与转让。二是国家计委负责外汇收支的汇总与综合平衡，经国务院批准后纵向分配。三是外汇管理由外贸部、财政部、人民银行在国务院授权内办理，进出口贸易由外贸部管理，中央所属单位非贸易外汇收支由财政部管理，地方机关、企业、私人外汇收支由人民银行管理，三家分别制定国营单位的贸易与非贸易外汇收支管理办法。四是人民银行负责外汇牌价的制定与公布、外汇收支监督、外汇储备管理，指定中国银行具体管理外汇资金。五是用行政方法管理与平衡外汇资金收支。对于人民币汇率的确定，20 世纪 50 年代，由于国际货币体系实行固定汇率，我国人民币汇率也就基本上保持稳定，但也参照国际货币市场汇率变化，用"物价对比法"随时予以调整；1973 年世界货币体系固定汇率改为浮动汇率制以后，人民币汇率也就根据其他主要货币变动的方向和程度，按照"一篮子货币"计算法计算，同时考虑篮内货币权重，视具体情况进行变动。随后国家又实行了出口收汇以人民币计价结算，并逐步扩大使用范围，达到了便利、保值的目的。

四、计划经济中货币流通的调节

计划经济中的金融计划，集中体现为信贷计划和现金计划，其现金计划的目标是有计划地调节货币（现金）流通。人民银行作为全国的现金出纳中心，始终把人民币的稳定作为银行工作的重要目标。人民币的发行，是根据国民经济计划和经济发展的需要，通过国家以稳定的价格投入市场的商品为保证。当然其间也经历了不断的摸索过程，才掌握了调节货币流通的规律性。比如，1953 年财政信贷收支安排中，不适当地将上年财政结余 30 亿元人民币，全部列入当年预算收入，而实际上财政上年结余已作为财政性存款存入人民银行，成为银行信贷资金来源，出现了"一女两嫁"的失误。为了解决矛盾，人民银行安排收回商业贷款 20 亿元，以支持财政动用上年结余，出现了"财政压银行，银行压商业"的情况。此事，恰遇财政调高国营商业税率，商业"无奈"，只好压缩库存，减少工业品收购，导致 1953 年上半年某些商品脱销，市场供应紧张，直接影响到工业生产与市场稳定。后来，周恩来总理批评了财政动结余，银行压商业，商业"泻肚子"的错误，很快扭转了局面。此后人民银行始终把国营商业扩大库存、扩大购销作为重要任务，这是人民币稳定的物质基础。

第一个五年计划时期，在人民币稳定的基础上，经过长期准备，国家于 1955 年 2 月 21 日发布了《关于发行新的人民币和收回现行的人民币的命令》，以新币一元等于旧币 1 万元收兑，解决了历史上遗留下来的通货膨胀的痕迹。新币好看、好算、好使用、好记账，计算方便，核算简化，易于识别，便于流通，便利群众，仅用 100 天时间，顺利完成兑换，当时物价稳定，人心安定，在世界货币史上是少有的。

人民银行在调节货币流通中，不断总结经验，提高管理水平的同时，又非常重视货币流通的理论研究，借以指导实际工作。如 50 年代关于人民币的价值基础问题、人民币的储藏手段职能与货币流通量问题、市场正常货币流通的标志问题等，总结出年度货币（现金）流通量与社会商品零售额的对比为 1：8 的经验数据，是马克思货币流通规律的转化形式，是计划金融中正常货币流通的标志，成为指导计划经济中货币供应量与货币需求量保持一致的基本理论。除了货币（现金）流通量与社会商品零售额对比关系外，银行界与理论界同时又找到了货币量与农副产品采购额的对比关系、与商品库存的对比关系等，即 1 元流通中货币，需要相应 4 元的农副产品收购额、5 元的商品库存额、8 元的社会商品零售额，就能够保持货币流通正常，物价稳定。为了实现这一目标，必须保持"三平"：财政收支平衡、银行信贷收支平衡、商品物资供求平衡。"三平"之中，财政平衡是关键，信贷平衡是前提，物资平衡是基础，创造了中国式的货币供求模式。

社会主义经济制度是在实践探索中前进的。高度集中的计划金融曾促进了新中国成立后有计划的经济建设，奠定了中国工业化发展的基础。但是也逐渐发现，这种体制不利于调动基层的积极性，效率低，浪费大，存在许多弊端，成为后来经济改革开放的缘由。

中国人民银行的曲折与坎坷之路

60 年来，中国人民银行一路曲折与坎坷，不仅在新中国成立前经历了与各种势力的曲折斗争，就是在新中国成立以后，仍然有着不平凡的历程，最突出的是"大跃进"和"文化大革命"中的反复与斗争。

一、银行"大跃进"与银行"六条"

1958 年春，在中华大地上的反保守、反浪费的"双反运动"和 5 月的"二中全会"，使得"大鼓干劲"转向了"大跃进"。当时，极"左"路线的鼓吹者陈伯达，主张废除商品生产和商品交换，取消货币，否定利率的杠杆作用。他具体提出用三种办法取代货币：第一是实行"流通餐证"，吃饭不要钱；第二是搞"日用品供应证"，由供销社发给社员一个折子，社员买东西时记个数，到一定时候供销社和公社结算，社员不用货币了；第三是在地区之间实行"物物交换"。他说，用这种办法"实现完全的供给制，可以推进'大跃进'"，可以"两年建成社会主义，过渡到共产主义"。这种错误理论，在干部思想中引起了混乱，有的地方在分配上一度搞贫富拉平，对生产队和社员个人财富搞平调，企业一度不计成本，不讲核算，大手大脚，管理混乱，严重破坏了经济的正常运行。

在这种思潮的影响下，人民银行及金融工作也出现了"大跃进"。首先是下放信贷管理权限，在农村实行"两放、三统、一包"的财政贸易体制（即放机构、放人员；统一政策，统一计划，统一管理流动资金；包财政任务），规定银行的农村机构和人员全部下放给人民公社，与农村信用合作社合并，成为人民公社的信用部（同时挂银行营业所牌子），取消信用合作社社员代表大会和理事会、监事会，由公社及公社以下管委会管理。中国人民银行对人民公社信用部的资金采取"存贷相抵，差额包干"的管理办法。银行下放后，很多地方大搞"无贷乡"、"无贷县"，吸收存款和放贷"放卫星"。不少公社干部随便动用企业流动资金和信贷资金，造成资金上的混乱，严重削弱了人民银行的信贷与货币流通管理和调控，成为信用膨胀的重要原因之一。

1959年2月，郑州会议提出纠正"一平、二调、三收款"的错误。3月25日，中国人民银行党组向党中央和毛泽东提交了《关于回收农业贷款中发生的问题的检查报告》，提出纠正错误的4条措施，毛泽东很赞赏，批示道："此件写得很好，有恰当的分析，几乎每一个问题都有交代，使人看得懂，不会头痛。"5月，李先念副总理在中国人民银行分行长会议上指出，银行工作的主要缺点是有些方面管理偏松，并对"无账会计"、"以凭证代账"、"实物存款"等提出批评，他说："权力不宜过于分散，下放给专县的信贷管理权限应当赶快收回。银行应当搞计划，讲核算，银行的计划、统计、会计、出纳等部门不应该削弱。合理的规章制度是国民经济计划的一种工具，规章制度的改革，必须采取求实与谨慎的方针。"6月以后，中央不得不同意收回下放的财贸机构，收回银行，把银行与信用社分开，后半年人民银行加强了农村资金管理，并着手改正信贷资金管理中的错误。当时，毛泽东在他的政治经济学读书笔记中写道："修武县委书记的考虑是正确的，他不敢宣布人民公社为全民所有制，他担心宣布全民所有制实行供给制以后，灾荒发生时，国家是否发工资；丰收时，国家把粮食调走，也发不起工资……我认为还是应该像修武县委书记那样，谨慎地对待这个问题好，不要像徐水县委书记那样，急急忙忙往前闯。我劝×××同志不要同陈伯达搞在一起，他'马克思主义'太多了。"对于货币消亡论者，在中共八届六中全会的决议中给了有力的批驳。

但是，从下半年起开始的"反右倾，鼓干劲"，使整顿工作又被打断。总之，"大跃进"三年，经济陷入混乱，财政假结余，真赤字，银行信用膨胀，票子大增，通货膨胀，货币流通量1957年末为52.77亿元，1960年末增加到95.89亿元，增长81.64%，国民经济比例失调，农业连年减产，国营商业零售价格虽仅上涨3.6%，但商场空空，集市价格上涨2.2倍，人民生活极为困难。

1960年冬天，中共中央决定对国民经济实行"调整、巩固、充实、提高"的方针。12月19日，国务院财贸办向国务院送交《关于财政信贷问题的汇报提纲》，报经国务院批准后，发出《关于改变信贷管理体制的通知》，指出"存贷下放，计划包干，差额管理，统一调度"办法和两个"差额包干"办法给增加计划外放款开了口子，决定不再实行，以期加强季度信贷计划管理，扭转信贷管理分散所造成的混乱现象。1961 年 9 月，中国人民银行发出《关于讨论与试行农村信用社若干政策问题的规定（草案）的通知》，进一步明确农村信用社是劳动人民资金互助组织，重建信用合作社，取消人民公社信用部。

1962 年 1 月，中央召开"七千人大会"，总结了"大跃进"的经验教训，"左"的思想有所扭转。2 月 21 日，刘少奇主席在中南海西楼主持召开中共中央政治局常委扩大会议（亦称西楼会议），对"大跃进"造成的经济困难形势深入分析，提出克服困难的具体措施，详细安排了八字方针的具体贯彻落实问题。3 月 10 日，中共中央国务院作出《关于切实加强银行工作的集中统一，严格控制货币发行的决定》（简称《银行工作六条》），明确规定收回几年来银行工作下放的一切权力，银行业务实行完全的彻底的垂直领导；银行业务计划、制度和现金管理等方面必须受中国人民银行垂直领导；经国家批准后下达的信贷计划、现金计划、贷款办法、结算办法和其他重要规章制度，各地党委、人民委员会和中央有关部门必须坚决保证其实现。4 月 21 日，中共中央、国务院又作出《关于严格控制财政管理的决定》（简称《财政工作六条》），对扭转"大跃进"以来的国民经济的异常困难局面起了很大作用。6 月，中共中央、国务院发出《关于改变中国人民银行在国家组织中地位的通知》，指出中国人民银行是国家管理金融的行政机关，是国家办理信用业务的经济组织，明确了中国人民银行双重职能的性质，这是中国金融实行计划经济后，特别是总结"大跃进"中经济金融工作经验教训得出的认识。

1963 年 2 月，中国人民银行发布《关于信贷计划管理若干问题的规定》，收回"大跃进"期间下放的一切权力，同时，根据企业生产、物资、资金计划实行归口管理，条块结合，以条为主的体制，按照调整国民经济的要求，对信贷计划指标的管理作了若干具体规定。此外，人民银行又制定了会计出纳工作条例、出纳制度、信贷员职权条例等，金融管理重新恢复了集中统一的管理模式。

当时，解决财政挤银行、银行发票子所造成的通货膨胀，不得不在大城市实行限量购买的办法，通过粮票、布票、油票、酱醋票以及工业券、购物卡等凭票证供应消费品。除了按人限量供应生活必需品之外，实行部分商品高价供应，以回笼市场过多的货币，仅高价糖果、糕点、餐饮销售回笼货币 38 亿元。1963～1965 年，市场逐渐好转以后，高价商品退出市场，1961～1965 年高价商品销售累计 120 多亿元，比平价销售回笼货币多 60 多亿元。1965 年，国民经济比例关系大为改善，物价平稳，通货膨胀消除，货币流通恢复正常。

二、"文化大革命"对金融工作的挫折

1966 年 5 月，"文化大革命"开始，左倾路线登峰造极，林彪、江青煽动"革命群众"夺权，建立革命委员会，干部下放"五七干校"劳动改造。当时，中国人民银行总行的职能司局大部分撤并，只留行政和业务两个组维持工作，搞业务的只有 80 多人。1969 年 7 月，中国人民银行与财政部合署办公，人民银行各分支机构有的与地方财政局合并办公，称为财政金融局，有的成为财政局的一个业务组，有的成为财政的附属机构，有的把财政、税收、银行、工商行政管理等合并在一起，中国人民银行体系被肢解得支离破碎，集中统一的金融管理体系被破坏，金融资产管理制度难以执行，金融工作出现了大量问题。那时银行系统"造反有理"的口号响遍全国，如东北某市人民银行的造反派，在银行大门上贴出对联，上联是"对外管、卡、压、罚"，下联是"对内封、资、修、变"，横批"经济衙门"，称银行系统管理为"条条专政"，说银行信贷原则为"管钱不管线"，"见物不见人"。

到 1971 年末，经济金融工作的混乱，使国民经济在全国出现了"三个突破"，即全民所有制企业职工人数突破 1000 万人，工资总额突破 300 亿元，粮食销售突破 4000 万吨。1972 年 4 月，国务院将财政部机构调整扩充为 10 个司局和 1 个行政管理处，把中国银行定位为事业单位，此前 1970 年 6 月已把并入中国人民银行的中国人民建设银行划出来单独设置，一定程度上加强了银行工作，到 1972 年 9 月，在周恩来总理关心下召开了全国银行工作会议，会上胡乔木同志在讲话中极富感情地说道：在银行问题上我们"背叛了马克思主义"。会议强调批判极"左"思潮，正确认识银行的职能作用，强调银行工作的独立性，全国信贷资金统一调拨，全国统一结算，全国金银、外汇统一管理，纠正银行管理偏松的问题。会后出台了《信贷、现金计划管理办法》（试行草案），重申了信贷计划和现金计划管理的基本原则，改进了信贷计划的管理体制，恢复了编制现金计

划的制度。

但是，1974 年，全国出现"反击右倾回潮"和"批林批孔"运动，刚刚开始进入正规的经济生活遭到新的挫折，金融系统思想与工作又陷入混乱之中。

1975 年，邓小平同志主持中共中央和国务院日常工作，对国民经济各项工作进行整顿，财政部和人民银行向国务院报送了《财政金融汇报提纲》，起草了《整顿财政金融的几个问题（草案）》，简称《财政金融十条》，以及整顿银行体制方面的有关方案，重申银行工作集中统一的方针。但是，张春桥、姚文元篡改马克思、列宁关于商品货币的理论，借口批判"资产阶级法权"，宣扬社会主义商品货币交换的存在是产生资本主义和新的资产阶级的土壤和条件，"货币是产生阶级的根源"，再次提出限制商品货币交换，消灭货币。当时，"四人帮"在农村，大搞"革资本主义的尾巴"；在城市，大批经济核算和利润挂帅，等等。他们断章取义地摘录了马克思列宁主义的 33 条语录，以此来论证商品货币是产生资本主义土壤，必然反映到党内来，党内有个资产阶级，以此为借口发动了党内夺权斗争。很快，到 1976 年初就演变为全国的"批邓反击右倾翻案风"，银行工作又一次遭到冲击。

三、银行工作的拨乱反正

1976 年 10 月，是中国人民最难忘的日子，打倒了"四人帮"，结束了"文化大革命"。为了摆脱当时国民经济濒临崩溃边缘的困境，中央采取了一系列措施，以尽快恢复工农业生产，改善人民生活，缓和市场的紧张状况。如 10 月 28 日中共中央发出《关于冻结各单位存款的紧急通知》。1977 年财政金融学大庆会议在大庆召开，提出加强企业财务工作，加强银行信贷计划管理。7 月 30 日，财政部和中国人民银行向国务院提出《关于实现今年回笼一些票子的请示报告》，受到中央领导的重视，批转国家计委、轻工、商业、外贸等部门落实。8 月，国务院批准召开全国银行工作会议，揭批"四人帮"对金融工作的干扰和破坏，整顿金融。11 月 28 日，国务院发布了《关于整顿和加强银行工作的几项规定》，决定将人民银行与财政部分设，中国人民银行为国务院所属部级单位，省、市、自治区以下的银行机构亦比照办理；人民银行的工作，实行总行与省市自治区双重领导，以总行领导为主。重新明确人民银行是全国信贷、结算和现金活动中心，规定为确保货币发行权集中于中央，一切信贷集中于银行，一切贷款要按计划发放，一切信贷资金和企业流动资金只能按国家规定的用途，用于生产周转和商品流通，任何单位、任何个人不得任意抽调挪用；银行必须加强现金管理，加强工资基金监督，加强银行信贷资金与财政资金的分口管理等；纠正了"文化大革命"中对农村信用社管理的混乱，取消了贫下中农委员会是信用合作社强制性的监督组织的错误做法，改变了信用社干部由国家银行县支行负责而存放款计划、财务计划由贫管会讨论，公社审查，报国家银行县支行批准后执行的体制，等等。经过两年"拨乱反正"，国民经济有了转机，工农业生产增长，财政连年赤字的状况得以扭转，银行存贷款增加，市场货币流通正常。

这正是，"路漫漫其修远兮"。中国特色的社会主义金融制度的建立与发展，不可能不与社会政治经济发生联系而独自发展，中国人民银行与中国金融问题，始终是与中国政治经济问题交织在一起，在曲折与挫折中不断前进的。

走向大国央行

改革开放以来，中国走向市场化道路。随着政企分开、放权让利、放开搞活的进一步推进，社会各阶层、各经济主体的金融需求一下子被释放出来，整个国民经济发展对金融核心作用的依赖越来越明显。同时，世界经济、金融一体化的深入，内外因素的相互传导与影响，也使得我们不得不随时从全球的角度来考虑中国的利益，维护中国金融的稳定。作为中央银行的中国人民银行，要在金融基础框架与环境的构建、货币政策工具的使用、政策目标的维护、应付突发事件、努力维护内外均衡等方面下更大的功夫，担负更重的责任。在完成这些复杂而艰难的任务的过程中，中国人民银行显示了未雨绸缪的智慧；沉着、冷静，灵活应对内外波动的成熟；临危不惧，勇于承担责任的央行风范。这一切都见证了中国人民银行从一个初出道的"金融管家"正向"大国央行"迈进。

一、构建强国金融支持框架

1978 年开始，中国人民银行虽然在形式上脱离了财政的附属地位，但仍既是金融管理机构又是金融服企业。1983 年中共中央、国务院决定中国人民银行"专门行使中央银行的职能"，1984 年开始先后将信用业务分离出去，独立出中国银行、建设银行、农业银行、工商银行，转向了单纯"裁判员"的角色，机构上也初步勾勒出了完整金融体系的雏形，但是，对一个要快速实现市场化发展的大国来说，是远远不够的。因此，自 1994 年起，中央银行就在进一步健全金融系统功能，实现金融法制化、市场化、管理规范化等方面进行了大刀阔斧的改革。

1995 年，全国人民代表大会通过了《中国人民银行法》，首次以国家立法形式确立了中国人民银行作为中央银行的独立地位，明确了其金融宏观调控、金融监管和金融服务的功能。为了强化中国人民银行制定和执行货币政策的职责，1993～1998 年，国家用了 5 年时间，把保险业和证券业的监管职能从人民银行中分离了出去；2003 年中国银行业监督管理委员会成立后，又从人民银行分离出了对银行业的监管职能。经过几次分离后，人民银行的职能实现了由"多而杂"向"专而精"的方向转化。为了适应这种转化，中国人民银行在组织结构上也进行了改革。1998 年底，撤销了 31 个省级分行，在 9 个中心城市设立大区分行，在北京和重庆设立营业管理部，后来又在上海市设立二总部，这些举措使中国人民银行从行政区划的羁绊中脱身，便于根据区域经济发展的不同步性制定相应的微调政策。由此，中国人民银行形成了大国央行的组织框架。

中央银行行使间接的货币政策进行宏观经济调控，需要通过商业银行与金融市场，即市场化的微观金融基础。20 世纪八九十年代，国家在金融机构多元化、多样化、层次化、公司化、市场化方面进行了一系列的改革，批准建立了一批信托投资公司、证券公司、保险公司，发展股票债券市场、保险市场。1994 年成立三大政策性银行——国家开发银行、中国进出口银行、农业发展银行，将中、建、工、农四家专业银行改为国有独资商业银行，剥离其原有的政策性业务分别给新成立的三家政策性银行，不仅为四家国有商业银行卸下了包袱，又为政策性金融功能的有效发挥开辟了途径；打破条块限制，允许"农行进城、工行下乡、中行上岸、建行破墙"，并且先后建立十几家股份制银行、区域性银行，批准符合条件的若干外资银行进入中国市场，允许他们与农村金融机构充分参与市场竞争，形成一个以中国人民银行为领导的竞争有序、相互补充、协调发展的多功能、多层次、有活力的现代金融体系。目前，包括国有银行在内的多家银行已经完成股份制改造并成功上市，建立了相对规范的公司治理结构，风险控制能力大大增强。支持部分金融机构或金融控股集团向海外发展，使中国的外部金融网络得到加强和延伸，中国金融业参与国际市场的竞争力大大提高。

伴随现代金融机构体系的建立，有序竞争、统一开放的货币市场也稳步发展起来。1993 年对同业拆借市场进行整顿；1995 年清理债券回购市场；1996 年 1 月建立了全国统一的银行间同业拆借市场，4 月放开了对同业拆借利率的管制；1997 年 6 月建立了银行间债券市场，促进了利率市场化的进程，同时也为中央银行的宏观调控创造了良好的市场环境。

此外，金融法律法规体系的逐步完善、支付体系现代化的基本实现、信贷征信体系逐步健全、反洗钱体系初步建立以及金融生态建设的推动，都显示出了金融协调发展，各种举措配套进行的健康、稳步的金融发展趋势。

二、多种手段维护金融稳定

中国人民银行运用货币政策进行宏观经济调控，在 1993 年以前还主要是运用直接控制的手段来进行，而且在政策目标上，在促进经济发展和维护货币稳定上来回摇摆，所以经常出现紧、松交替，被动应对的局面。1993 ~ 1994 年因为房地产热和股市、债市的膨胀，出现了通货膨胀。中国人民银行灵活运用利率、存款准备金、再贴现等货币政策工具，密切监测和适时调整货币供应量；1995 年，《中国人民银行法》明确了"稳定币值，并以此促进经济增长"的终极目标，货币政策的中介目标也实现了由信贷规模向货币供应量的转化，在政策工具的使用上也更加灵活、多样，间接调控手段成为主要的政策工具。1996 年 1 月，正式采用央行票据和金融债券进行公开市场操作，成功地实现了过热经济的"软着陆"。

但是，国民经济很快又低迷不振，出现通货紧缩。中国人民银行趁势于 1998 年初取消了对商业银行贷款的规模控制，实行资产负债比例管理和风险管理；同年合并准备金存款和备付金存款账户，下调金融机构的准备金率，之后连续 8 次降低存贷款利率，使金融宏观调控取得了预期效果，市场购销两旺，人民币币值稳定，国内生产流通与进出口贸易均出现大好形势。

2003 年以后，针对经济增长偏快和流动性偏多问题，中国人民银行又及时启动央行票据回收流动性，同时加大央行票据发行和国债正回购等公开市场操作力度，先后 8 次上调存款基准利率，多次上调贷款基准利率。在外汇储备年均增速近 40% 的情况下，保持了同期广义货币的基本平稳增长。人民银行灵活运用各种货币政策工具，通过提高存款准备金率，提高基准利率，发挥利率杠杆调控作用，加强公开市场操作，加大流动性管理，完善利率、汇率的市场化形成机制等手段，对宏观经济予以间接调控，同时加强"窗口指导"和信贷政策引导等辅助手段，传达宏观调控意图，提示商业银行经营运作方向，通过推进金融企业上市改革，完善资本市场建设，加强与宏观调控政策的协调配合，使得初露上扬的市场物价平稳回落。

2008 年 5 月 28 日汶川大地震后，中国人民银行为支持灾后重建，在全国其他地方提高准备金率，防止通货膨胀的情况下，规定受地震影响的四川、重庆地区存款准备金率不予上调。这些都体现了人民银行在货币政策操作上渐趋成熟，货币政策的预见性、科学性和有效性增强。

三、彰显负责任的大国央行形象

中国是一个迅速成长中的大国，作为一个后起的发展中国家，在其发展过程中总会遇到各种各样的阻力，特别是那些不愿意看到中国成为最有发展潜力的发展中国家的人，他们总是要给中国制造种种阻力，如何避免和应对这些阻力是中国对外金融关系发展中的大事。90 年代初，中国申请恢复"关贸总协定"时国际上就出现过"中国威胁论"，个别国家要求中国以发达国家身份入关，中国政府果断决定，宁可不复关，也不拿原则做交易。当时针对外汇调剂市场的投机活动和汇市波动，中国宣布外汇额度的限期使用，并在经济上采取了紧缩的措施，使外汇调剂市场价格趋于理性，而官方汇率也几乎接近外汇调剂市场价格。为了扭转外汇通过行政和市场两条渠道供给的不合理性，解决事实上存在双重的、分割的外汇市场的低效资源配置，国家果断地抓住这一有利时机，宣布从 1994 年 1 月 1 日起实行新的外汇管理制度，使中国外汇管理制度又上了一个新的台阶。

1997 年，东南亚的金融危机的发生和迅速蔓延，使各国的经济和国际责任感都经受了一次大考验，国际金融的前景扑朔迷离。当时，有些国家是被动卷入危机；有些国家则是采取"以邻为壑"的办法，通过主动贬值，"推走"危机；个别发达国家则"隔岸观火"，乘机"吸走"大量的国际资金。在这种情况下，如人民币和港元贬值，全世界就只剩一个美元坚挺，如果美元再贬值，就可能引起更大范围的货币贬值，全世界将会进入"三十年代大萧条"。不管美国等西方国家态度如何，中国从自身发展和区域发展的角度出发，认为承担区域金融稳定的责任义不容辞，挺身而出，在一片"怀疑"声中，中国人民银行多次宣布人民币绝不贬值。虽然我们在随后付出了出口下降，外汇储备增速放缓的代价，但是人民币和港元保持了稳定，最终使东亚国家顺利走出了低谷。可以说，东南亚金融危机使中国提前承担了区域金融稳定的责任，虽然我们也做出了一定的牺牲，但是却赢得了世界各国，尤其是东亚各国对中国的信任，为后来的亚洲金融合作树立了典范，也确立了中国在亚洲金融合作中的"大国"地位。

目前，美国次贷危机导致的华尔街海啸，波及整个世界，出现了百年一遇的金融危机。尽管危机由美国引发，但是全球为了世界各国的整体利益，2008 年 10 月 8 日，美联储、欧洲央行、中国人民银行、英国央行等世界主要经济体央行罕见地采取了统一降息行动，发布声明，降低基准利率。美联储、欧洲央行、英国央行等降息 50 个基点；中国人民银行宣布降息 27 个基点，后来又宣布降息 108 个基点，并暂停征收利息税，联手挽救全球经济。目前中国拥有近 2 万亿美元外汇储备，中国人民银行可以凭此操作，保持中国经济免受冲击，但是为了世界各国人民利益，中国积极参与救助，支持受冲击严重的国家渡过难关，同时用 4 万亿元人民币启动和扩大内需，同时积极参与重建国际货币秩序，显示了一个大国央行的负责的巨人形象。目前，中国已经从生产大国跃升为国际贸易大国，必须拥有与之相适应的国际货币的支持，适时地扩大人民币的自由度和市场化，稳步推进人民币的国际化步伐，对于人民币货币职能的国际化至关重要，这将决定中国金融的国际生长空间。

可以说，中国人民银行的 60 年是一路坎坷，一路凯歌，现在正昂首阔步地走向世界大国央行的行列。

历史上的银行家

中国历史上的银行家

背景说明

本文是 2001 年夏应《银行家》约稿而写，后因杂志变更收录于《金融票导史论》一书中国金融出版社 2003 年出版。中国历史上有许多成功的银行家，他们的创业精神、经营战略以及管理思想等，需要我们认真发掘、整理和总结，这对于培养和提高刚刚进入市场经济中的当代银行家有一定的参考价值。

如果说，银行在广义上是从事买卖金融资产的企业，那么那些挥舞信用魔杖，将大量社会资金集中于自己手中，再贷给需要资金的人，即买卖金融资产，并获得巨额利润的人就是银行家。

中国历史悠久，中国银行业的发展历史亦很悠久，中国历史上的银行家也一批批、一代代地传承着中国的金融业，资助着一茬茬、一浪浪的中国企业。

说起银行，人们往往总是想到高大的楼宇、豪华的大厅和神秘的柜台，正如美国记者马丁·迈耶说："当旅客走进几乎任何一个美国城市时，他在地平线上可能望到的第一所建筑物，就是当地银行的总管理处。"也正因为如此，"银行家"这个字眼，也就成为令人眩目的"高贵"、"富有"的代名词。许许多多的企业家，不论在世界哪个地方，他们对银行家则多为恭敬、讨好，似乎这些人就是他们的保健医或救命人。马克思曾援引一段话："银行制度是宗教的、道德的制度，青年商人往往由于害怕被银行家的警戒的、非难的眼睛看见而不敢结交吃喝玩乐的朋友。他渴望得到银行家的好评，总是表现得规规矩矩！银行家皱皱眉头，也比朋友的忠告作用更大。对他来说，银行家的话比牧师的话更重要。"①

是的，牧师的职业是拯救灵魂，能不能让人升入天堂，谁也没有实践。银行家的职业是在企业资金困难的时候提供货币资本，这却是实实在在的。

银行家不仅吸收社会存款，提供资金给企业，他还办理异地汇兑，转账结算，提供商业票据的信用服务，代发证券，组织资本营运和风险投资等。银行家的这些职责随着金融业的发展而发展，随着金融业的提高而提高，中国银行家队伍虽然有些也存在几多艰苦或悲凉，但在历史长河中却是灿烂与辉煌并存。

中国早期的银行家们，我们还没有发现他们活动的更多的具体史料，但明清时代的银行家已值得我们骄傲。他们与意大利、英国银行家们有着许多相像的地方。早在1912年11月梁启超先生说："英之金钱商，与吾炉房相类，暂且不论。若以意大利自由都府之钱商与吾票号较，则其相类处有四"，一是与商业企业往来不少，但吸收官款存放，并与帝王贵族往来者居多；二是利用各地币制不一及度量衡的差异，压平擦色，从中渔利；三是慎于出票，信用卓著；四是同时发生在17世纪之前，时代背景相同。在那样的时代里，如同英国的托马斯·格雷沙姆、德国的富格尔、瑞典约翰·帕尔莫斯塔奇等银行家一样，中国早期也有自己的银行家，如首创异地汇兑的雷履泰，组建"银行集团"的毛鸿翙，善理政府金融的高钰，开拓国外金融的申树植，锐意改革的李宏龄等。

20世纪以前的中国银行家，是在那绵延数百年中不断崛起的银行家，他们都是土生土长的中国金融业的创始人，他们没有高的学历，没有现代企业管理的理论，但他们有丰富的企业经营实践，在企业经营中，对资金营运的技巧有着深邃的洞察力和超凡的创造力，是他们把金融业从普通商业中分离了出来。他们虽然生活在前资本主义的农业经济时代，但他们是商业革命的先锋，是推动了中国金融业的创新者。他们创立了或专门从事抵押信用的当铺，或专门从事钱币银两兑换的钱庄，或专门从事放款业务的账局，或专门从事异地汇兑的票号（汇兑庄），进而又逐步推动了这些

---

① 《马克思恩格斯全集》，人民出版社1974年版。

单一业务的金融机构走向混合的，统一存、放、汇、兑于一身的综合性银行。马克思曾说过，商人资本分为两种形式或两个品种，即商品经营资本和货币经营资本。这些早期经营货币资本的商人，就是中国早期的银行家，笔者曾对他们的金融创新归纳为13个方面：汇票使用、转账结算、票据贴现、旅行支票、顺汇逆汇、银行密押、轧差清算、货币资金拆借和交易市场、风险基金设置、资本充足率管理、人力资本股份、所有权与经营权两权分离以及金融市场管理。

20世纪以前的中国银行家，均以孔孟之道为其经营哲学，诚信义利，非义之利不取，信义是其经营之本。投资人聘任总经理后，授以全权，平时不问号事，只到账期（会计年度）听取汇报，决定是否调整下属经理与人事。至于组织存款，主要靠经理人员信用，放款多不收抵押，看重借者个人信用。汇款的汇费及存放款的利息，均因人而异，以信用而定。业务展拓，务在着实，恃以守为进之计，非平时熟知客户信用，而不轻易借用。他们的人本主义思想，使他们的业务经营稳健，风险较小。

20世纪以前的中国银行家，还很重视结交官场，为自己营造更好的经营环境。按清朝定例，官款在京者存入国库，在省者存入藩库，不允许财政款项存入私人银钱行号。但各银钱行号的经理均极力交结官场，以私人情感，动员官款无息存入，降低信贷成本，以扩大业务，增加盈利。而且交结官员和政府，无形中又扩大了金融机构的信誉，故"官商相维"之道就成了中国金融业历史上的一个突出之处，至于一些小钱庄、当铺、印局虽未必与官员交结，不是不想为，而是不能为而已。这一点与欧洲早期银行业也有共同之处。

20世纪的上半期，随着西方资本主义势力的入侵，民族资本主义工商业的发展，中国又出现了一批近代银行家。他们中，有执掌中央银行的宋子文、孔祥熙，享有"民国第一理财家"美誉的张嘉璈，整顿交行的钱新立，以诚信稳健创新著称的陈光甫，致力于银行现代化的李铭，审时度势善借机缘的周作民，善管理重人才的王志莘，创立四行联营的谈荔孙，弃教授入银行而巧变外汇的正义行长郑铁如等。这一批银行家在世纪之初还都是一些热血青年，怀着学习西方先进技术的激情，远渡重洋，留学海外，他们看到外国银行家们在世界舞台上高潮迭起的精彩演出，诸如摩根、三井的发展史，遂怀着"摩根梦"回到国内，开始了国内银行的艰苦创业之路。这批中国银行家多数是受过高等教育的年轻人。《中国十银行家》一书作者列出名单予以评价的银行家有 110 人，其中有 48 名留学国外，占 40%还多，其中留日者 20%，留美者 15%，其余为留英、留法、留德学生，由国内企业学徒出身者较少。他们多在第一次世界大战期间或之后投入银行业，崭露头角时多为 30 多岁的青年人。

这批银行家自觉不自觉地多与政治结缘。"先是政府、军队向银行摊派、索取，和银行对摊派、索取的抵制；继之是政府改强行摊派、索取为发行公债，银行对政府公债争相认购；最后表现为对政治力量的选择，他们以提供财政支持的方式，选择蒋介石抛弃反蒋势力。""一名西方记者说，中国的公债是一根神奇的香肠，它的一端养活了政府军队，另一端喂肥了银行家。当蒋介石停止利用威胁、绑架等勒索钱财的方法代之以发行公债时，银行家立即趋之若鹜。"1927～1931 年，南京政府共发行公债 10.5 亿元，政府实际收入 5.38 亿元，全国 28 家重要银行都经营公债，这期间它们的总资产由 14 亿元增加到 26 亿元，增幅达 85.7%。正因为这种利益的共生性，银行家就把自己的命运与南京政府拴在了一起。当然也有不少银行家不甘做政府的筹款人，刚正不阿，不依附强权，极力按照金融业的自身规律行事，尽可能远离政治，但多受到官僚资本的打压而困难重重。[1] 这一批中国银行家，欲走西方大财阀之路，因为他们受西方银行资本向工业资本渗透，形成金融资本垄断的影响，长期做着财团梦，如盐业银行的吴鼎昌，联合盐业、金城、中南、大陆四银行组建的"四行联合营业事务所"，中国银行的张嘉璈发起组织中资银行集团，参与铁路建设，但都没有真正成功，而倒是国民党南京政府却依仗权力，逐步建立起了四行（中央银行、中国银行、交通银行、中国农民银行）两局（邮政储金局、中央信托局）一库（中央合作金库）的金融垄断体系，并随时抽取民族资本金融业的血液营养着自身。中国民族金融业的银行家们曾喊出远离政治的口号，如陈光甫说，"接近政治如玩火"，李铭说，对政府要"敬鬼神而远之"，但又不得不参与"玩政治"，而从中获得利益。这或许就是中国银行家的个性！

不论怎么说，中国近代银行家对中国经济社会的发展做出了卓越贡献，就是这一批中国银行家，明确地提出了银行业要"服务社会，辅助工商实业"的方向，并将此作为银行业的"天职"。较早经营外汇业务的中国银行

---

[1] 徐矛：《中国十银行家》，上海人民出版社 1997 年版。

行长张嘉璈说："欲经营国际汇兑，非发展国际贸易不可；欲发展国际贸易，非发展国内贸易不可；欲发展国内贸易，非辅助工商业不可。"金城银行行长周作民说："银行与工商业本有绝大关系，工商业发达，银行始可发达，故银行对于工商业之投资，自系天职"。是他们，在促进中国近代资本主义工商业的发展中，做出了别人无法代替的巨大贡献。

这一批中国银行家们，将近代金融理念与中国传统文化相结合，推动了中国金融业近代化的发展。他们学习了西方金融业的不少业务技术，如复式记账，三联单票据等，但也很好地弘扬了中国的传统文化，形成了独特的中国金融业的经营理念。陈光甫提出，"顾客是衣食父母"；张嘉璈提出，"顾客永远是正确的"；信城银行提出"一元开户"；浙江实业银行，实行了"零存整取"；新华信托储蓄银行，设置"整存零取"、"存本取息"，代收牛奶费、水电费，等等。这些服务社会的信条与实践，使中资银行的储蓄存款迅速上升，中资银行这种"惠人惠己"的新的服务文化，令人耳目一新。这也是外资银行强大压力下中资银行能够存在并发展的重要根源之一。

20 世纪上半叶的中国银行家，还有中国共产党领导的革命根据地的银行家，这是在中国这个半封建半殖民地的特殊的历史环境中发生的。在无产阶级革命斗争中诞生的这批银行家，有带领银行进行两万五千里长征的中华苏维埃共和国国家银行行长毛泽民，有陕甘宁边区银行行长曹菊如，有东北银行行长叶季壮，有华北银行行长南汉宸，等等。

这批中国银行家，为了打倒压在中国人民头上的三座大山，解放全中国，在中国共产党的领导下，利用银行这个组织资金，发展经济的工具，建立农村革命根据地银行，并发展壮大为解放区银行，以至带领行员随着解放大军进城，接管官僚资本银行，取缔帝国主义在华银行的特权。在建立新中国的中国人民银行过程中，他们建立了不朽的功勋，创造了一条世界银行业发展史上从来没有过的发展道路。他们是当代中国银行业的创业者，是社会主义金融业的奠基人。

至于 1949 年新中国的银行家，更有许许多多出类拔萃的人物，都是值得称颂的，不仅需要金融界永远铭记他们的英名和伟业，更应当总结他们的开拓创新精神，经营管理技术，组织领导艺术，并发扬光大，为建设具有中国特色当代社会主义的新金融而努力奋斗。

合盛元票号的海外开拓者申树楷

背景说明

　　本文原载《中国金融》2008 年第 2 期。文章评价了山西票号的海外开拓者申树楷。山西票号不仅分支机构遍布国内，还将分号设往朝鲜、日本、俄罗斯、印度等地。祁县合盛元票号大掌柜和东家在日俄战争后，因合盛元在东北地区业务一蹶不振，遂派遣年轻伙友申树楷赴营口整顿业务。申树楷在调查研究的基础上，大胆聘用日籍商人为跑街，开展对日本的业务，很快转危为安，业务发展到新义州、釜山、神户、东京、横滨等地，并在日本注册为合盛元银行。

　　申树楷原是晋商中的小人物，清光绪二年（1876 年）生于山西祁县申村一贫寒农家。因为家里穷，祖父不得不卖掉房屋，为全家人糊口，他也不得不辍学跟着父亲和爷爷到地里干活。然而生性聪颖的申树楷总是趁夜间和农闲时拼命读书，手不释卷，后来有幸进入太谷县某学堂半工半读，学识大大长进。15 岁，经人保荐进入祁县合盛元票号当学徒。谁知后来竟成为中国第一位把银行办到国外的银行家。

　　合盛元票号原为茶庄，清道光十七年（1837 年）改为票号，财东是祁县荣任堡郭源逢和祁县城关张廷将。合盛元最初东家投资白银 6 万两，为 10 股，每股 6000 两，总号设在祁县城内西大街西廉巷，首任经理梁寿昌，先后在北京、天津、太原、奉天（沈阳）、营口、西安、开封、上海、安庆、汉口等设立分支机构多处。后来随着业务发展，资本金扩大到

10 万银两，到 19 世纪 80 年代又扩大到 50 万两，公积金 650 万两，加上客户存款，资产达到 1000 万两。申树楷从进入合盛元当学徒那天起，就暗下决心，不让祖父卖房度日悲剧重演，兢兢业业，以号为家，一切以号规行事，刻苦钻研业务，不敢有丝毫差错，三四年下来，竟将票号全套业务和往来过局等机巧了如指掌，记得滚瓜烂熟，并且精明能干，谦虚谨慎，深得东家和掌柜赏识。因此掌柜们商议号上大事，常常有意让他破例列席，他往往还能提出一些独到见解，让东家、掌柜与伙友刮目相看。

一、危难受命，激流勇进

1894 年中日甲午海战，中国战败，被迫签订丧权辱国的《马关条约》，日本侵占我东北营口等地，合盛元票号营口分号业务停顿，濒临倒闭。总号东家郭嵘与大掌柜贺洪如心急如焚，专门召开紧急会议，商讨应急措施，一致同意即刻派人"阅边"，即到边远的营口实地调查，提出解决办法。因为申树楷一向有胆有识，郭嵘便私下征询申树楷的意见，申说："营口被占，外国银行大有挤进之势，我票号面临极大挑战，如不对分庄进行整顿，大胆开拓，将有倒闭之危险。但祁县据营口四千里之遥，如按常规消息传递再行决策，必然耽误时日，况且以'阅边'身份到营口，遇事只能侧面了解，从旁建议，不便当机立断。如果东家知人善任，应给赴营口者以名正言顺之职权。"郭东家和贺大掌柜听后，觉得年轻人确实胆识过人，所言甚是，便当场决定命申树楷为营口分号掌柜，立即走马上任，准其到营口以后，凡事均可自决处置。18 岁的申树楷立即动身，马不停蹄，来到营口，与上任掌柜办妥交接，起用原管账先生为二掌柜，协助整顿号务。

二、以日制日，不退而进

申树楷一边接管业务，一边调查研究，发现合盛元营口票号存款，历来以官款为大宗，放款主要是借给钱庄、官吏及殷实商家。当时在战场危临下的营口人心惶惶，存者纷纷提取，贷者无法收回；日寇侵占营口后，人心浮动社会骚乱，再无大宗汇兑业务；各钱庄、票号对随之而来的日商，心怀敌意，不愿交往，而日商对中国商民更怀有戒备，票号业务无法开展。合盛元营口分号本来实力雄厚，清偿力极强，因政局动荡，各家金融机构均收缩观望。申树楷在调查中发现，日俄战争以后，很多日本人来到东北，特别看中东北大豆、豆油、豆饼，而中国人很喜欢日本的火柴、海味、杂货。见此情势，申树楷认为，日本商人也是商人，我们直接与日本商人做买卖，说不定还可以使票号业务越做越大，越做越远。他让伙友放胆与日商联系，寻找业务机会，但是他发现，双方还是有许多疑虑。他主动找机会，亲自与日商打交道，找到一个比较可靠的日本人，大胆地突破晋商只用山西人的几百年老规矩，雇用这位日本人为合盛元的"跑街"，向日商招揽生意。这一招，不仅基本解决了双方的疑虑，而且业务局面很快打开，连对日本人做生意的语言翻译问题也解决了。就这样，合盛元营口分号不仅没有停业，其业务也日渐扩大，起死回生。

三、进入朝鲜，进入日本

稳住营口以后，申树楷把视线移向全东北，建议总号先后在四平、哈尔滨、齐齐哈尔、黑河、丹东等地设立分支机构，他自己看中了丹东，很快建立分店，其实心里想到是鸭绿江彼岸之朝鲜新义州，1998 年在新义州设立代办所，1900 年改为支号，并增设南奎山支号。此时，远在山西祁县的东家郭嵘和大掌柜贺洪如看到申树楷的成功十分欢喜，遂想到洋人的汇丰银行、麦加利银行、华俄道胜银行、日本横滨正金银行等，接二连三涌入中国，我山西票号与洋人银行营业性质相同，洋人银行可以来我国赚取我国利润，我们为什么不把票号设往东洋和南洋？更何况我国在东西洋及南洋群岛从事工商业的华人为数众多，留学欧日的学生也不下万人，他们因其所在国无本国银行，其存放汇兑无不仰洋人之鼻息。海外华商侨民汇兑，悉由外国银行操办，利源外流，中国商务大受其困。我山西票号要设分号于外洋，须先将合盛元设于东瀛。东家、大掌柜所想与申树楷所做和谐默契，总号便于光绪三十二年冬（1906 年）派申树楷率伙友若干，携巨款一笔，冒严寒乘风破浪，赶赴日本神户，几经周折，终于在光绪三十三年（1907 年）四月三十日，在神户建起了中国在国外的第一家银行——合盛元银行神户支店。但申树楷仍然马不停蹄，穿梭于横滨、东京、大阪等处，筹划设立合盛元的出张所，但当地政府说外籍商人在东京开设银行，必须报请该国政府最高当局核准。申树楷面对阻拦，毫不动摇，继续奔波日本官方各署，四处呈文；同时恳请中国驻日本领事及驻日朋友，在日本政府和中国政府间斡旋，耗时半年之久，终于在清廷总理外务部和硕庆亲王签准下，由清外务部照会日本驻中国大使转达了中国政府的意向，又经中国驻日领事再向日本大藏大臣饭谷芳藏再次转达并递交证明书等文案，方得到日本政府的批准，于光绪三十三年（1907 年）冬，中国合盛元票号在日本东京、大阪、横滨，以及朝鲜仁川等几处出张所先后成立。山西祁县合盛元总号决定，凡合盛元海外支店、出张所统一由申树楷管辖。合盛元海外支店和出张所除汇兑中国出使人员经费及官生留学费用等款项外，同时为日商办理商业汇兑。对国内通汇以天津、上海为大宗，仅光绪三十三、三十四年，全年汇兑额都在 2000 万元以上。清廷王公大臣亦盛赞合盛元票号"开中国资本家竞争实业之先声，亟应优予提倡"。

四、根基动摇，不亏而歇

自从申树楷整顿营口、振兴东北、拓展日朝业务，到辛亥革命前夕十数年间，合盛元票号的分支机构扩大了三倍，合盛元进入了鼎盛时期，每 1 股（1 万两为 1 股）大账期分红时最高达到 1.4 万两白银，包括货币资本股和人力资本股。劳资双方无不佩服这位理财家申树楷的贡献。正当合盛元在日本站稳脚跟，蓄势发展，拟将海外银行推及西洋、南洋各埠之时，辛亥革命爆发了，军阀混战，溃兵骚乱，票号被掠，损失惨重，政府存款逼提，贷款无人归还，票号根基动摇，各地蜂拥挤兑，在股东无限责任制制度下，数十家票号无一逃脱破产的厄运，合盛元票号亦于 1914 年宣告歇业。

再好的理财家也难以改变政局。但是理财家毕竟精于生财之门，1920 年申树楷回到了他的老家祁县申村，修建大院二宅，置地百余亩，开设"永祥泰"商号，成为申村富翁，直到 1950 年病逝。

南汉宸：新中国的第一位金融家

——为纪念南汉宸行长诞辰 110 周年纪念而作

背景说明

2005 年 12 月 14 日是中国人民银行第一任行长南汉宸诞辰 110 周年。南汉宸是中国中央银行制度的奠基人，也是一位有杰出贡献的政治家，他组织吕梁山、五台山等革命根据地银行合并，组建了中国人民银行，带着人民银行进城，建立了新中国的金融制度，是新中国第一位银行家。本文原载《当代银行家》2006 年第 1 期。

南汉宸（1895～1967 年），是新中国中央银行奠基人，新中国的第一位银行家。

1895 年，南汉宸生于山西省赵城县（现洪洞县）韩家庄一个农民家庭，1926 年加入中国共产党，从辛亥革命、第一、第二次国内革命战争到抗日战争、解放战争，南汉宸几乎参加了中国新民主主义革命时期的所有历史性革命斗争，为中国革命，特别是金融贸易与统战工作做出了巨大贡献，是优秀的理财家、金融家。

一、边区政府的理财家

1941 年 1 月皖南事变以后，国共合作破裂，国民党对陕甘宁边区进行封锁围剿，边区政府遇到了极大的财政困难。危急之下，毛泽东委任南汉宸为陕甘宁边区政府财政厅厅长，负责解决延安军民生活和财政问题，担当了"无米之炊的巧妇"。南汉宸受命之后，立即着手扭转边区财政窘境，采取了一系列开辟财源的措施：第一，纠正"片面施行仁政"的做法，组织征粮工作，大力向群众宣传，群众表示"宁肯以野菜度日，也不让八路军子弟兵挨饿"。第二，集中收购陕甘宁地区生产的食盐，实行专卖，严禁走私，集中对国统区交易。第三，经营"土特产"，当时毛泽东召见南汉宸说："我们要向人民说清楚，向全体干部说清楚，使大家都了解，我们不得不这样做，完全是为了抗日和革命"，以陕北土特产从国民党地区交换过来了大量革命所必不可少的军用和民用物资。

1942年12月，毛主席在边区高级干部会议上作《经济问题和财政问题》报告，期间，南汉宸作了大量的调查研究工作，付出了很大的心血，他撰写了粮草、税收、金融、贸易等资料，为毛泽东的报告提供了重要参考。

当时，对于如何渡过难关曾有过激烈争论，有些人反对向边区的人民群众加税，提出要施行仁政。对此，毛泽东发表讲话说：现在我们有三条道路可走，第一条是向人民要钱要粮，第二条是大家散伙，第三条是饿死。第二、第三条都不好，而且大家也不愿意，只有实行第一条路，虽然人民是苦一点，但只要向他们说明，使他们了解这是为了战争和革命，没有抗战没有革命，也就没有他们的一切。单纯地强调政府应施"仁政"是错误的；当然不顾人民的困难，只顾政府和军队的需要，竭泽而渔，同样是错误的。陕甘宁边区地广人稀，只有150万人口，1940年交粮9万石，1941年20万石，1942年16万石，供给这样多的粮食，是不容易的。老百姓为我们运公盐和出公盐代金，1941年还买了500万元公债，也是不小的负担。解决财政困难的根本问题是发展生产。1942年2月，边区第二届参议会发布的《陕甘宁边区施政纲领》提出：发展农业生产，增加粮食产量；发展工业生产，奖励私人企业，保护私有财产，欢迎外地投资；实行自由贸易，反对垄断统制；发展人民的合作事业，扶助手工业的发展等。1943年开展了大规模的大生产运动，自力更生，丰衣足食。

在党政军民的共同努力下，陕甘宁边区1941年财政收支达到了平衡，1942年总收入3.49亿元，总支出2.40亿元，收支盈余1.09亿元。1942年的收入与1941年总收入0.23亿元相比，增加了16倍。收入增加的原因，除同时期物价上涨因素外，主要是盐税、粮食、贸易、食盐及特产收入；另外是原有收入增加了，如公盐 1941 年收入为 6 万驮，1942 年增加到 12 万驮，这说明财政收入的增加是经济发展的结果。1943 年，财政总收入 32.01 亿元，总支出 31.85 亿元，盈余 0.16 亿元，如果将各单位自收自支的生产收入统计在内，1943 年实际收入 61 亿元，支出为 60 亿元，盈余 1 亿元，加上上年度盈余 1 亿元，两年累积盈余 2 亿元，做到了收支平衡，略有节余。财政收入中税收占 9%，贸易占 22%，公盐 1%，生产自给 64%。1944 年收支均为 5.08 亿元，也做到了收支平衡。财政厅长南汉宸功不可没。

抗战胜利后，南汉宸担任晋察冀边区政府财政处长，以后又任华北财经办事处副主任，协助主任董必武工作，继而担任华北银行总经理、华北人民政府委员，为解放区政府理财，促进了解放战争的顺利进行。

二、新中国中央银行的创始人

1947 年秋，人民解放军从战略防御转入进攻，各解放区迅速连成一片，物资交流和经济往来恢复，但各解放区的货币不统一，比价不固定，给经济贸易带来很大的困难。人民解放军转入全线出击后，各兵团协同作战，因为货币不一给后勤供应带来很多困难。而新解放区扶植工商、恢复生产、安定百姓生活都需要解决货币问题。1947 年 12 月 2 日，董必武向党中央发电，建议成立中央银行，发行统一的货币。12 月 18 日中央回电批示："目前建立统一的银行是否有点过早，进行准备工作是必要的，至于银行名称，可以用中国人民银行。"董必武接电后，立即着手中国人民银行的筹备工作。不久，在董必武、南汉宸领导下的中国人民银行筹备处宣告成立，从晋察冀边区银行和晋冀鲁豫的冀南银行抽调干部何松亭、武子文、孙及民、石雷、秦炎等着手工作。首先从统一各解放区的货币开始，在邻近或相接解放区之间，对几种不同的通货实行固定比价流通，或实行混合流通，或以一种通货为主，然后逐步合并统一。如 1948 年 1 月停止了西北解放区陕甘宁边区币的发行，而以西北农民银行的农民币作为西北解放区货币。在东北解放区，规定东北币、关东币、长城币三种货币混合流通，以东北币为主。7 月 22 日将在石家庄市联合办公的冀南银行和晋察冀银行正式合并，成立华北银行（10 月 3 日正式启用华北银行印章），总经理由南汉宸担任，原冀南银行行长胡景沄和原晋察冀边区银行行长关学文任副总经理，华北银行成为中国人民银行的前身。

1948 年 11 月 18 日，董必武主持召开了华北人民政府第二次政务会议，中心议题是成立中国人民银行，发行统一的货币。会上董必武再一次慎重地询问南汉宸说道："汉宸，眼下已是时不我待呀！你们的筹备工作做得怎么样了？可不可以明天就把人民银行的牌子挂出去呢？"南汉宸胸有成竹地回答："我看可以了！经过这一年来的筹备，各项工作都已经就绪了，12 种面额的钞票版面，已经请中央几位领导同志看过，我们已托晋察冀边区印制局给印制出来了，存放在发行准备库里，明天就可以把钞票发行出去。为了准备北平解放后立即由我们的人民币占领市场，我们城工部的同志已经派人携带印版进入北平，同那里的一家印制厂谈妥，已秘密地代我们印出一批钞票，等我解放军一进城，人民币就可以在市场上流通。"董必武高兴地说："好！马上对外宣布中国人民银行成立。"会议决议："发行统一货币，现已刻不容缓，应立即成立中国人民银行，并任命南汉宸为中国人民银行总经理，一面加紧与各解放区银行的磋商，一面加速准备人民币的发行。"华北人民政府政务会议的决议上报到中央，中央完全同意。1948 年 12 月 1 日，中国人民银行在石家庄正式宣告成立。南汉宸出任第一任总经理，董必武亲笔题写了行名。首套人民币上的"中国人民银行"字样就是董必武的题字。

三天以后的 12 月 4 日，南汉宸在全行干部会议上作了题为《关于新民主主义经济建设的总方针》的报告。12 月 14 日，人民银行组织金融接管工作组开赴北平、天津，接管国民党政府的中央银行、中国银行、交通银行、中国农民银行、中央信托局、邮政储金汇业局、中央合作金库以及设在这些城市的河北省银行、天津市民银行、山西裕华银行、金融管理局及其印刷厂等官僚资本金融机构。12 月 15 日，人民银行在石家庄、郑州分别召开华北分行经理会议，贯彻新民主主义经济总方针，安排来年工作，决定设立合作银行，要求必须保证人民币在新解放区的统一发行和城市金融业务的运行。

1949 年 2 月 2 日，人民银行由石家庄迁入北京西交民巷前中央银行旧址。当时行长和综合处室在前清户部银行旧址办公，各专业部门在北洋保商银行旧址办公。当时人民银行采取的措施是：边接管、边建行；先后布告社会民众，宣布人民币是唯一合法货币，严禁一切伪币、外国货币流通，所有公款一律存入人民银行，不得存入私营行庄，公私团体与个人可以保存银元，但不得私相买卖；2 月 7 日，指定中国银行统一办理外汇业务；2 月 27 日，开始对私营银钱业实行金融管理检查，对银行利率实行调整管理；5 月 26 日，试行供给制改薪金制；5 月 28 日，接管上海中国银行；6 月 16 日，致电中国银行伦敦、纽约、新加坡、东京、中国香港、加尔各答等行处，通知其总行已经接管，要求驻外分支行及其员工坚守岗位、遵守新民主主义经济金融政策，保护财产，拒绝向国民党借垫款项。6 月 22 日，南汉宸在《人民日报》发表《扶植生产是银行工作的中心任务》的文章说，华北全境解放，发展生产已成为压倒一切的中心任务，我们银行的工作也必须适时地转变：要从扶植小生产，发展小农业、手工业，转变为大力扶植工业生产，推进农业生产、内外互惠的对外贸易；要从以争夺市场为主的对敌货币斗争，转变为大力扶植出口，完全为生产服务的外汇工作，逐步实现金融工作的统一集中、调剂筹码、反对投机、稳定金融的目标。7 月 20 日，南汉宸在人民银行华北区分行经理会议上作了《中国人民银行华北区上半年工作基本总结》的报告，总结了接收敌伪银行、人民币占领市场、金融管理、金融支持发展生产、外汇经营与管理、人民币折实储蓄六条基本经验；提出了下半年的工作是办理工业贷款、农副产品收购贷款、扶植出口、吸收储蓄、金融市场管理五项任务。

1949 年 10 月 1 日，中华人民共和国成立的当天，中央批准了人民银行关于成立保险公司的请示。10 月 19 日，中央人民政府任命南汉宸为中国人民银行行长，胡景沄为副行长。第二天南汉宸就在北京成立中国人民保险公司，副行长胡景沄任总经理。12 月 12 日，中国银行总管理处由上海迁到北京。至 1949 年底，中国人民银行建立了华东、中南、西北、西南 4 个区行、40 个省（市）分行、1200 多个县（市）支行及办事处，加上中国银行、交通银行和中国人民保险公司，在全国已设有金融机构 1308 个，职工 8 万多人。南汉宸为开创新中国的金融事业，呕心沥血，历尽艰辛，是一位深受人民爱戴的老一辈革命家，一位令人怀念的行长。

三、人民币占领全国市场的总指挥

人民币是在统一各革命根据地货币的基础上发行的。发行统一的货币经历了一个曲折的过程。革命根据地货币是在战争时期各革命根据地被敌人分割封锁的情况下产生的。抗日战争胜利后，各解放区人民政府就开展了统一货币的工作。如华中解放区发行统一的华中币，收回和统一原来新四军开辟的各个抗日根据地发行的多种名称不同和币值不等的地方货币。

其他解放区也采取了类似的统一货币的措施。但是，在各解放区统一货币工作尚未完成时，国民党反动派就发动了全面内战，解放区许多地方被国民党军队占领，统一各解放区货币工作不得不暂时停止。1947年10月24日，中共中央华北财经办事处成立，统一领导华北区财经工作，并着手进行统一货币。不久，晋察冀边区银行币停止发行，冀南银行币成为华北解放区的统一货币。1948年1月，西北解放区停止发行陕甘宁边区银行币，西北农民银行币成为西北解放区的统一货币。10月，山东解放区北海银行币与华北解放区货币相互流通。11月，华中解放区统一流通北海银行币。从此，北海银行币成为山东和华中各解放区的统一货币。1948年12月1日，华北银行与北海银行合并，在石家庄成立中国人民银行，统一使用人民银行发行的人民币，用人民币收兑地方纸币。到1948年底，全国各解放区除中原、东北等解放区自成独立货币体系外，华北、西北、华东三大解放区货币统一工作基本完成。

1949年1月13日，《人民日报》发表南汉宸关于新币和按比例收兑旧币问题的讲话，郑重地宣布"不但对人民银行新币负责，而且对一切解放区银行过去所发行的地方货币负责，将来我们收回地方货币的时候，一定按照规定的比价收兑，兑到最后一张为止"。

由于国民党滥发纸币，随着国民党部队的败退，纸币满天飞。为了保证人民的利益，人民银行不得不用人民币限期收兑国民党的钞票，形成了通货膨胀，货币贬值。1949年3月1日，人民银行天津分行创办了折实储蓄存款办法，并于4月1日起在北平、石家庄、阳泉、邯郸、长治等城市试办，如北京1个折实单位包括面粉1斤、小米1斤、五幅布1尺等，保证了人民币职能的正常发挥。

新中国成立后，南汉宸领导了各大区和省、自治区、直辖市中国人民银行区行、分行的组建。在全国统一发行人民币，清除了国民党政府发行的各种货币，结束了国民党统治下几十年的通货膨胀和中国近百年外币、金银在市场流通、买卖的历史。到1951年底，除西藏自治区和台湾外，人民币在全国范围内流通，全面占领国内货币市场，成为我国唯一的合法货币，在新中国成立初期经济恢复时期发挥了重要作用。

在钞票上印刷人物肖像是各个国家的共同习惯，有利于钞票防伪。在筹建中国人民银行过程中，董必武于1947年12月30日电报东北局，托印人民币，提出"票面印毛主席像"，同时电告中央，中央回电同意。但毛主席说："票子是由政府发行的，不是由党发行的；我现在是党的主席而非政府主席，怎能印我的像呢？以后再说吧。"董必武立即找南汉宸商议，改印解放区工农业生产图案。南汉宸将毛泽东与董必武的意见向何松亭、石雷传达，又给边区印刷局王文焕局长写了说明信，连同已经设计好的有毛主席像的票版和董必武为中国人民银行题写的行名，让石雷从西柏坡出发，到设在阜平南峪的印刷局调换了票版图案。1949 年 10 月发行第二套人民币的时候，毛主席已任中央人民政府主席，人民银行发行科科长石雷请示南汉宸行长，提出人民币上是否该印上毛主席像的问题时，南行长笑着说："小石呀，此事我也没有忘记。前几天，我在中南海开会，趁会议休息时，我当面请示了毛主席。毛主席说，胜利了，不要以功臣自居，要谦虚谨慎，进城前我们开了会（指七届二中全会），会议决定不准用人名命名工厂、城市和街道，因此，当上政府主席也不能把自己的像印在人民币上。我们应该照毛主席说的去做。"1952 年，由于战争已经结束，财政收支趋向平衡，物价稳定，全国财经统一工作已见成效，而第一套人民币是战时货币，种类多达 62 种，印制粗糙，币值低，人民群众使用不便，中央决定发行第二套人民币。人民银行设计出新票版，票版二角券上是毛泽东号机车图案，车头上有毛主席像；一元券上是节日的天安门，毛主席像在天安门中央；五元券上是少数民族群众抬着毛主席像游行。新票版送中央审查，毛主席看后有两条指示：一是"中国人民银行"行名汉字排列，应把从右至左改为从左至右；二是票面上不要印自己的像。周恩来遵照毛主席指示，让人民银行修改，南汉宸主持人民银行修改后的二角券将毛主席像改为五角星；一元券改为平日不挂毛主席像的天安门；将五角券改为少数民族代表手举两面旗帜，一面写着"中华人民共和国万岁"，另一面写着"中华各民族大团结万岁"字样。毛泽东同志三次拒绝把自己的像印在人民币上，反映了他的谦虚谨慎，南汉宸也十分尊重毛泽东主席，并且保证了人民币的正常发行与流通。

四、新中国金融秩序的创建者

1949 年，随着解放战争的推进，解放区迅速扩大，加强解放区金融管理任务紧迫，南汉宸带领人民银行严厉打击地下钱庄和投机资本的不法活动，仅在上海就查获地下钱庄 26 家，抄出大量支票、黄金、银元与美钞。同时，南汉宸积极组织推进合作社信用部的发展，帮助农民恢复和发展生产。

1950 年 2 月 21 日，人民银行总行召开全国第一次金融工作会议，主席团成员有总行行长南汉宸，西北区行行长黄亚光，华东区行行长陈穆，中南区行行长陈希愈，西南区行行长王磊，东北银行行长王企之和天津市分行行长何松亭等人。会议指出，"1949 年是在胜利的兴奋、艰难的处境与紧张的工作中度过的，局面由小到大，由分散到统一，由农村进入城市，承担了多样而复杂的业务，建立了统一的货币制度，建立了国家银行体系，为迅速恢复生产开展了各项业务"。南汉宸在总结报告中强调，银行工作的中心任务是用一切方法去争取存款，积累尽可能多的资金，支持工农业生产的恢复和发展。根据政务院统一财经工作、实行"三平"（财政收支平衡、物质调拨平衡、现金收支平衡）的决定，必须实行现金管理，因此 1950 年银行工作的中心工作是"收存款、建金库、灵活调拨"。

1950 年 3 月 7 日，中国银行在北京召开了第一届第一次董事会，南汉宸当选为董事长。8 月 1 日，中国人民银行召开全国金融业联席会议，根据中央调整工商业关系的总方针，研究调整金融业中的公私关系、金融业与工商业的关系以及金融业中的劳资关系，使金融业获得应有的调整与好转，达到争取国家财政经济情况基本好转时期的需要。会议明确了国家银行与私营行庄业务范围的分工，规定了对私营行庄的原则要求与意见，拟定了对私营行庄的管理办法。8 月 1 日召开了人民银行的第二次会计工作会议，总结会计制度试行的经验教训，提出了修订会计制度的原则，随后颁发了新的会计制度和出纳制度等一系列相关制度。8 月 24 日《人民日报》发表了《银钱业的新方向》，9 月 8 日南汉宸对此项工作向政务院作了详细汇报。为了帮助私营行庄学习新中国的金融方针政策，10 月 7 日中国人民银行组织成立了中国金融学会，会议推举南汉宸为理事长，同时出版了会刊《中国金融》杂志。10 月 10 日召开全国第一次现金管理会议，总结现金管理经验教训，研究了加强现金管理的办法，之后颁布了《货币管理实施办法》。10 月 10 日南汉宸奉中央人民政府之命，致电国际复兴与开发银行（即世界银行）总裁布莱克，指出，中国在国际复兴与开发银行中的财产及权益是中国人民的，只有作为中华人民共和国的国家银行中国人民银行，才有处理中国在国际复兴与开发银行中已缴股款及一切其他财产权益的合法权利；国际复兴与开发银行对上述股款及一切其他财产和权益必须负保全的全部责任，任何非法处理均属无效。中国人民银行对于因此种非法处理而受到的损失，保留清算和追偿的权利。11 月 25 日召开了全国银行计划、放款联席会议，规定了全国统一的放款章程，随后又颁发了放款原则及对工业、农业、商业、外贸等放款具体办法。12 月 2 日召开了第一届全国银行人事会议，通过了《人事工作暂行草案》。在很短的时间内，南汉宸很快组织建立了新中国银行工作的各项规章制度，稳定了金融秩序。

1951 年 5 月 10 日，人民银行总行在北京皇城根总行大礼堂召开全国第一次农村金融工作会议，会议自始至终由南汉宸行长亲自主持。会议的成功召开为农村金融事业的发展产生了深远影响：一是确定了"深入农村，帮助农民，解决困难，发展生产"的指导方针，提出深入是前提，帮助是手段，发展是目的、是要务。经过半个多世纪的实践检验至今仍具有指导意义。二是银行机构在县以下乡镇普遍建立营业所，为如今银行系统的网络建立奠定了坚实基础。三是开展农村金融事业，大力发展农村信用合作社，避免了苏联把信用社并入国家银行的错误做法。

在此百废待兴，万事待理之时，由于国民党在大陆的残余势力尚未肃清，又加上美国等帝国主义国家对我国的封锁以及朝鲜战争，社会环境尚不安定。在此新的历史条件下，党和国家机关的一部分工作人员，经不起资产阶级思想作风的侵袭，出现了严重的蜕化变质倾向，中央不得不于 1951 年 12 月 1 日做出反贪污、反浪费、反官僚主义的"三反斗争"。1 月 7 日，南汉宸在总行机关全体干部会议上作了关于开展"三反"运动的报告。"三反"中揭露出来的大量事实证明不法资本家的行贿、偷税漏税、盗骗国家财产、偷工减料、盗窃国家经济情报的"五毒"的严重性，中央于 1952 年 1 月 26 日发出"五反"斗争的指示。在"三反"、"五反"斗争中，南汉宸领导的金融部门涉及面很宽，任务尤为艰巨。2 月 14 日，中国人民银行行长南汉宸和副行长胡景沄就"三反"以来金融情况报告上报中央。报告说，"三反"运动以来，金融市场的情况是：物价继续下落，财政情况日趋好转，国家银行存款继续增加，贸易略有缩小，对资本主义国家贸易入超和外汇不足情况已有转变，工业生产正常进行，私营商业加速改组。在此情况下，银行拟采取下列措施：第一，结合私营工商业的"五反"，请各地党政部门积极掌握合营及私营银行钱庄的"五反"运动，彻底整顿改造行庄。第二，适应物价稳定的新情况，对私利率及时下降 20%，货币储蓄月利率降至 1.2% 左右。第三，根据目前物价稳定、货币不断回笼的情况，货币发行不应紧缩，银行可适当增加贸易放款，以活跃市场，扩大国营贸易阵地，用以扶持生产。第四，在保持一定外汇库存情况下，应加强外汇的运用，以避免风险。第五，银行的"三反"运动继续开展，下一阶段检查资产阶级思想、修改章则制度，拟主要建立预算监理和集中信贷制度。第六，本年公债可考虑不发，印制债券工作似可停止。1952 年 2 月 19 日，中央将南汉宸等关于"三反"以来金融情况报告批转给各中央局，大军区，并分局、省市区党委。毛泽东在批示中指出："（一）银行负责同志这一报告，如同中财委所说，除对国营和私营工业最近减产情况没有正确反映外，其余各项估计及所提意见都是正确的；（二）请各中央局和省市区党委注意这个报告建议各项中有关当地能做的几项，领导金融机关在'三反'和'五反'中予以解决。"

5 月 21 日，全国区行行长会议召开，会议研究了"三反"、"五反"运动后经济金融形势，做出了降低利率、扩大对私放款和整顿私营金融业的《若干问题的决议》。南汉宸作了迎接大规模经济建设时期的到来的报告，提出银行要为国家有计划的经济建设做好金融准备。

1952 年下半年，中国人民银行根据中财委指示，对金融业进行全面改造，根据不同情况，对私营银行分别给予合并或淘汰。考虑到对整个资产阶级的影响及其在国外的影响力，淘汰了 17 个城市的 50 家钱庄，对华侨商业银行等 3 家侨资银行仍予保留营业。对于已实行公私合营的银行，在其劳资双方酝酿成熟后，对原已合并的十二行联合总管理处、北五行联合总管理处、公私合营上海银行和上海中小行庄第一联营总管理处、第二联营总管理处 5 个系统及 60 家行庄，进行了人员整编和机构合并，组成公私银行总管理处。对资本主义金融业的改造，不仅促进了金融秩序整顿，而且为国家有计划的经济建设做好了金融准备。1952 年，身为人民银行行长的南汉宸同志，接受中央命令突破美国等西方国家对新中国的"封锁禁运"，率团出席莫斯科国际经济会议，会后创建了中国国际贸易促进委员会，出任首任主席，还兼任民主建国会和全国工商联副主委及党组书记，被选为第一、第二、第三届全国人民代表大会常务委员会委员。由于身体多病，南汉宸同志在 1954 年辞去中国人民银行行长职务，但还继续为共和国的对外贸易进行领导工作。他特别重视对日本的工作，50年代的中日 4 次民间贸易协议和协定以及 60 年代的对日友好贸易，他都倾注了不少心血。在日本，许多农民和中小企业家都知道中国有一个南汉宸善于解决通商问题。1964 年他主持的中国经济贸易展览会在东京开幕，同日本各界进行了广泛的接触，掀起了中日贸易高潮。

1958 年、1959 年南汉宸出席了在开罗举行的亚非经济合作组织第一、第二次会议，1959 年又出席了该组织国际协商委员会第二次会议，1963 年出席了在卡拉奇举行的亚非经济合作组织第四次会议，为这个亚非组织的创建、章程的制订和发展亚非国家间的友好合作，做出了重要贡献。1964 年赴平壤出席第二次亚洲经济讨论会，1965 年 2 月，出席了在阿尔及尔召开的亚非经济讨论会，与 40 个国家的代表共商争取亚非经济解放和社会进步的大计，对亚非团结和经济合作产生了积极影响。1952～1967 年南汉宸担任中国贸促会主席的 15 年，在国际上发挥统战加经济工作的才干，先后率团访问过苏联、东欧国家、埃及、叙利亚、古巴、阿根廷、巴西、智利、巴基斯坦、马里、日本、朝鲜、阿尔及利亚、科威特等国，为新中国的国际金融与贸易事业做出了巨大贡献。

不幸的是，在"文化大革命""夺权"浪潮中，南汉宸遭到造反派的迫害，于 1967 年 1 月 27 日猝然辞世。1979 年 1 月 24 日，中共中央为南汉宸同志平反昭雪。邓小平亲自为南汉宸追悼会致悼词，悼词说："南汉宸同志是我党的优秀党员、好干部。他的逝世，是我党的一大损失，使我们失去了一位老同志、老战友。我们要学习他数十年如一日对党、对人民、对革命事业的无限忠诚，襟怀坦白的高尚品质；学习他坚决贯彻、勇敢捍卫毛主席的革命路线，忠实执行周总理的一切指示，全心全意为党的事业而奋斗的革命精神；学习他不畏艰难险阻、立场坚定、爱憎分明、团结进步力量，对反动势力作坚决斗争的顽强意志；学习他坚持原则、实事求是、勤勤恳恳、埋头苦干的工作作风。"1993 年陈云同志为《南汉宸传》一书出版题写了书名，书中引用范仲淹为修严子陵祠堂所作的诗，寄托了对南汉宸这位新中国的第一位金融家、优秀的共产党人深切的怀念："云山苍苍，江水泱泱，先生之风，山高水长。"

美国金融危机与票号

背景说明

2009 年 3 月 18 日，《纽约时报》刊登了《中国山西票号》的特写文章，被媒体解读为"美国大力推销晋商精神，借以警醒处于经营危机和信任危机下的 AIG 类的金融巨头们"。这组文章针对此消息，从金融文化的视角解释了山西票号的经营管理原则，谈到了一些鲜为人知的晋商理念。

漫谈金融危机与票号

本文是 2009 年 4 月 9 日应《山西商报》约稿而写。

一、纽约时报的惊人之举

华尔街海啸引发的金融危机伤及全球，危机的制造者们，如 AIG（美国国际集团）高管在 2008 年造成 AIG 高达 993 亿美元的巨亏，一度陷入破产危机，股价由 100 美元跌到 33 美分以下。美国政府不得不注资 1700 亿美元，AIG 才得以起死回生，而这些高管们竟计划派发 4.5 亿美元的分红，使奥巴马总统也万分惊愕，称美国国际集团挟持国家当人质，发誓要把"钱要回来"。在 AIG 等华尔街金融大亨面临经营和信任双重危机下，3 月 18 日《纽约时报》刊登了"中国山西票号"的特写文章，被媒体解读为"美国大力推销晋商精神，借以警醒处于经营危机和信任危机下的 AIG 类的金融巨头们"。

二、华尔街得向票号大掌柜学什么

华尔街金融大亨得向山西大掌柜学习什么呢？有人说，需要学习山西票号的稳健审慎的经营原则，诚信义利的商业伦理，恪尽职守的职业操守。其实，山西票号值得当今中外银行家学习的地方何止这些？

1. 山西票号是中西现代金融业的"财富榜样"

晋商认为，"君子爱财，取之有道"，追求利润的前提是见利思义，先义后利，以义制利，以义取利。当然，不创造利润的企业不称为企业，但是绝不能唯利是图，要在向社会提供合理价格与合格产品的前提下盈利，强调企业的社会责任。晋商伦理的核心在于"诚信义利"，认为有义有德才有财。"仁中取利真君子，义内求财大丈夫。"商人王文显（1469～1523 年）商海拼搏 40 余年，临终告良诫子孙："夫商与士，异术而同心。故善商者处财货之场而修高明之行，是故虽利而不污；善士者引先生之经，而绝货利之径，是故必名有成，故利以义制，名以清修，各守其业，天之鉴也。如此则子孙必昌，自安而家肥富。"20 世纪初，英商汇丰银行的一位经理说："二十五年来汇丰与山西商人做了大量的交易，数目达几亿两，但没有遇到一个骗人的中国人。"然而，西方老板们却宣扬"经济人"概念，认为企业利润是唯一目标。那些证券资产评估机构借用不负责的数学模型，居然能把不达 B 级的证券评为 AAA 级证券，忽悠各国投资者购买他们的证券，将次贷证券泡沫越吹越大，而不管其后果如何。

2. 山西票号是中西现代金融业的"风控榜样"

山西票号"慎于出票"，严格控制金融风险。在资金不足无法满足社会需求时，通常是通过收受商业票据或者发行自己的短期银行票据，满足社会对交易媒介和支付手段的需要，很少发行长期流通券。若发现分号现银摆布不合理，则通过扩大"逆汇"，"酌盈济虚，抽疲转快"。山西票号的资本金管理非常特殊，有正本与副本之分。正本是股东的货币投资，副本是企业利润分红后，按股份比例（包括银股和身股）提取的一部分红利存在企业，周转使用，只计息不分红，经营中若发生亏损，由副本支付，无论如何不能"亏煞老本"，所以副本也叫"护本"。西方金融业只有资本金的设置，商法规定了资本金与总资产的比率，要求有充足的资本金，但是对于资本金的超杠杆作用却无人去管，导致风险越来越大。巴塞尔国际银行监管委员会修订的从 2007 年 1 月 1 日开始实施的"新资本协议"，其中一处重大修改就是从管制性资本到经济性资本的转变。将原来的资本金定为管制性资本，新增加经济性资本，即处于谨慎性原则考虑自身设定的资本额，不规定数量，目的在于降低破产的可能性，且为经营活动提供融资。这次危机暴露了超杠杆化的祸害，而晋商的正本副本的资本金管理制度，比巴塞尔委员会新资本协议早三四百年。

3. 山西票号是中西现代金融业的"管理榜样"

山西票号的掌柜们认为，经商能否成功，是与人打交道，与物打交道，处人、理事、经营，要坚持道御经营，和贯始终。"仁义礼智信信中取利，温良恭俭让让中求财。"需要执两用中，无过不及，处人适情，处物适则，处事适理，人和、物义、事中。笃信"和气生财"，重视社会各方面的和谐相处。建立和谐的"相与"关系。通过同乡同业会馆和关公崇拜，联乡谊，通信息，讲帮靠，协调相互关系。解决商务纠纷，则坚持孔子解决社会冲突的两个理论原则，一曰仁，二曰和，形成了晋商与人为善、求同存异，和气生财、博大宽厚、乐施好善、自强不息的为商之道的情商。提倡商人通过修身正己，实现商情商智的心智双修。晋商认为，管理商号的关键在于管人，管人要晓之以理，动之以情，关心人，尊重人，人身股就是晋商称雄商界 500 多年的有力武器。员工初入商号，享有薪金、衣资、号中伙食等待遇，随着年资增长，会有顶身股资格，一个商号的人身股总数常常超过资本股，使员工感到东家和大掌柜为伙计提供了自己为自己工作的机会。晋商退休后待遇不变，死亡后身股享受 1~8 年不等。华尔街的大企业有严密的法律与制度，讲究依法治企，但是缺少人间情谊，炒鱿鱼司空见惯，企业设置期股制度，仅仅是高管们少数人享有，广大员工是不可能享受的，人和机器一样，由管理者按电钮而动。

山西票号的大掌柜如何掌控一个分支机构遍布全国以至国外的金融企业，请看大德通的大掌柜阎维藩给成都分号关于章程修改的四条指示：第一条"宗旨宜坚定也"，说的是银行的经营战略原则，一是分号必须坚持本号办号宗旨；二是严格履行本号规矩，"凡事待人以德"；三是初开张不必贪展，宜先虑后动，站稳脚跟，再图发展；四是以营求浮存为要义，不宜大利上款，"作佃官场，为号规所忌"。第二条"择主宜认真也"，说的是银行业务的审慎原则，要求"占庄因以求利为本，而尤以择主为贵。凡做迟期生意，则须极意详慎选择"，多事之秋，宜诸从活便，庶可进退欲如。勤阅报纸，耳目流通，更吾等分内之事。第三条"操守宜讲明也"，说的是对员工的品德要求的标准。"我号谦慎相传，以高傲自满、奢华靡丽为深戒。且勤为黄金之本，谦和圣贤之基。"第四条"自立宜切究也"，说的是市场竞争策略。"近来银行林立，我号利权几为所夺，值此商战之秋，显然优胜劣败，速筹自立之方。自立之道为何？一曰实事求是，二曰一意从公，三曰随机应变，四曰返璞归真。"

简言之，山西票号的以义制利、善待相与、资本管理、慎于出票、人力资本等所反映出来的唐晋遗风、商业伦理、创新精神、管理之道、人本理念、中和哲学等，都是西方"经济人"需要学习的。其实诺贝尔奖获得者《巴黎宣言》已经讲得很清楚了，人们要想在 21 世纪生活得更好，必须回到 2500 年以前，从孔夫子那里去寻找智慧。

当然，我们并不是要美国人放弃自己的科学技术、电脑网络和法律制度，而是他们实实在在需要学习东方文明，学习仁义礼智信，少一点唯利是图的"经济人"本能，多一点平等、正义与和谐，才能远离金融经济危机。

三、票号后人逆势而起

在全球金融危机冲击下，山西票号故乡的新的金融企业——山西国信和山西证券等，正在和全球知名的金融企业如汇丰银行、德意志银行等探讨合作发展问题。更为引人注目的是，晋商银行逆势而起，于 2009 年 2 月 18 日正式挂牌运营。全国晋商大会 2008 年 12 月 20 日在天津召开，拉开了全国晋商与中国经济同行的系列活动序幕；2009 年 3 月 29 日，活动系列又在天津举行，促进投资创业，积极拉动内需，取得了可喜的成绩，得到了国家高层和中央电视台等重要机构的重视和宣传，沉默了多年的新晋商，正在危机中逆势崛起。

山西迎来资本市场的春天

本文原载《中国证券报》2009 年 6 月 18 日。

一、转向通往资本市场的大门

人所共知，山西是中国早期商业银行的发源地，晋商培育了中国的票号、账局、印局、钱庄等影响巨大的金融机构。110 多年以前，德国学者李希霍芬曾多次到山西考察，他在《中国》一书中写道："山西人具有卓越的商才和大企业精神，当时居于领导地位的金融机关——山西票号，掌握着全中国，支配着金融市场，可以说计算的智能劳动是该省的唯一输出商品，这也是财富不断流入该省的原因。"但是，进入 20 世纪后，山西却在外国资本侵入的背景下逐渐将全国金融中心地位让予上海，在中国资本市场的发展中落伍了，直到当代社会主义市场经济大发展时代，山西资本市场仍然步履蹒跚。从 1988 年大同证券成立和 1994 年汾酒公司挂牌上市，20 年通过资本市场融资总额仅 438.64 亿元。深圳证券交易所中小板已经为 260 多家中小企业挂牌上市，竟没有一家山西中小企业。2007 年，山西省证券市场融资额只有 35.09 亿元，仅占全国的 0.45%。银行业的存贷比，自 1996 年国家放弃贷款指标管理以后，山西一路下降，由 0.9降至 0.45 左右。这些严重制约了山西经济的发展。

但是，当年那位德国学者也预测到："对中国特有的尺度、数、度量观念以及基于这种观念的金融业倾向最发达的要数山西、陕西两地的人，作为最古老文化的保持者，他们获得了邻人或周围国家居民精神上的优越感，保持了这种优越感的种族，即使在其后代丧失了政治势力以后也能通过发达的数量意识和金融才华显示精神优越的成果来。"果真，在华尔街金融海啸引发的金融危机肆虐全球的时候，山西当局清醒地认识到了金融是国民经济的核心，资金是企业的血液，资本市场是经济发展的推手。金融活泼，经济繁荣；金融滞涩，经济枯竭。因而打出金融牌，逆势而上：2008 年 8 月 6 日，山西省政府批准成立晋商银行筹备领导组，2009 年 2月 18 日，晋商银行正式挂牌运行；2008 年 7 月，山西省政府批准成立资本市场发展办公室，2009 年 5 月出台《山西省人民政府关于加快资本市场发展的实施意见》（以下简称《实施意见》）和《山西省资本市场2009～2015 年发展规划》（以下简称《规划》），确定了山西省资本市场发展的六大重点工程，即上市公司优化工程、区域发展奠基工程、中小企业快车道工程、高新技术企业创业工程、五大煤业集团整体推进工程、金融创新工程。《实施意见》包括了解放思想，营造资本市场发展氛围；用科学发展观建设中西部资本市场强省；以实体经济发展为重点提供有力的资金支持；改善服务推动上市公司可持续发展；以证券市场为重点完善区域资本市场体系；以企业上市为重点加快市场主体建设；防范化解风险以维护资本市场健康稳定发展；创造良好政策环境；探索开辟企业上市"绿色通道"和"安全通道"；加强组织领导促进资本市场健康、有序、快速发展，共 10 个方面 35 条。2008 年以来，是山西资本市场发展最好的年份，仅 2008 年一年，就通过资本市场实现直接融资206.34 亿元，相当于过去 20 年总融资的 47.6%。截至目前，山西省共有 27 家企业在深沪上市，5 家企业在国外上市，累计融资 647.72 亿元。

二、抓住经济发展的推手不放

当代金融不仅是国家安全的一环，更是经济社会发展的根本，而资本市场是经济发展的中心舞台，是经济转型和产业升级的动力，所以资本市场的发展是经济发展的推手。世界近百年来的大国博弈，美国以华尔街的资本运作，击败了英国，超越了欧洲，以美元替代了英镑在国际贸易中的垄断地位，以纽约替代了伦敦的国际金融中心地位，资本市场决定着大国的命运。

在国内区域经济发展中，也存在着同样的道理，区域经济发展一定要有资本市场来推动。在 400 多年前，晋商就创造了股权融资制度和人力资本制度，使财富滚滚流入娘子关，让李希霍芬等外国人赞叹不已。但遗憾的是晋商当年没有像阿姆斯特丹商人那样建立起股权交易市场，后来随着商人资本向现代工业商业转型时的失利，连人力资本制度也丢失了。当今，猛然醒悟的山西经济决策者，狠抓资本市场，奋力攀登资本市场这一区域经济竞争的制高点，把资本市场发展作为山西的发展战略，这是山西人民的福音。

《实施意见》与《规划》提出了"要破除资本市场仅局限于股票市场

的落后观念，树立全面推动股票、债券、基金、期货以及长期信贷市场全面协调发展的思想"，"要破除上市就是融资的片面观念，树立综合利用资本市场各种功能，推动经济社会全面发展和企业跨越式发展的思想"；提出了各级领导干部和企业经营者的新任务是"学习市场经济理论，掌握资本市场知识，提高建设资本市场和利用资本市场的能力和水平"；提出了经济研究部门、高等院校要把资本市场理论研究作为重点研究内容，努力为我省培养专业人才，新闻媒体要宣传资本市场知识，报道资本市场动态，营造资本市场发展氛围；提出了以科学发展观为统领，以改革开放为动力，以创新为主题，以企业为主体、市场为导向、政府为引导，以推动企业上市为突破口，促进山西资本市场持续健康稳定发展；提出了建设中西部资本市场发展强省的发展目标，以制度创新、改善资本市场发展环境、推进上市公司、中介机构、经营机构、政府服务机构等市场主体建设，全面推进股票市场、债券市场、期货市场、基金市场和产权交易市场等要素市场建设，建立透明高效、结构合理、机制健全、运行安全、富有效率的资本市场体系。《实施意见》要求虚拟经济与实体经济有效衔接，延伸资本市场的深度和广度，发行集合债，破解中小企业融资难题，推动资本市场与现代农业的衔接，完善上市公司治理，加快上市资源培育，"优选一批、培育一批、申报一批、上市一批"，梯次推进。提出实行优惠的金融政策，不断优化制度安排；推动上市公司主办银行制，提供项目融资、结算、组织银团贷款等金融配套服务；优先办理企业上市过程中的各项手续，保证上市公司水电油运气，开辟企业上市"绿色通道"；建立"山西省人民政府资本市场发展联席会议"制度，随时解决企业上市中的问题。在积极慎重原则下，政府要认真研究境外各证券市场的体制、法律和交易规则，帮助企业选择境外中介机构和上市目的地与融资方式，降低企业境外融资成本，开通境外上市"安全通道"。

为维护资本市场健康发展，《实施意见》提出加强市场监督，要求政府有关部门积极配合证券监管部门的工作，防范和化解资本市场的风险，建立应对资本市场突发事件的快速反应机制和防范化解风险的长效机制，健全完善中介机构和执业人员的信用征信系统和信用评价体系，提高其社会公信力等。

三、金融的春天已经来临

在经济后进地区，为了追赶发达地区发展经济，必须实施政府主导下的金融先导策略，用政府的优势，弥补市场的劣势，即通过政府的制度创新，改善当地投资环境，创建金融洼地，引导流出去的资金回流，吸引外地外国资金流入，如此才能营造资本市场迅速发育成长，推动本地经济发展。中外历史大量事实证明，后进地区的追赶战略需要从金融切入，通过金融制度创新、工具创新、业务创新、机构创新，形成吸引资金的金融洼地。作为一个金融理论工作者，笔者高兴地看到了 2005 年笔者所承担的《中部崛起下的山西金融机制创新》课题提出的，政府主导下的金融先导策略的建议见之于决策，开启了山西资本市场的春天。

《中国资本市场发展报告》曾经提出，要"致力于改善中国社会资源配置的方式"。资本市场是社会资源配置的杠杆，只要支点选择正确，它可以撬动贫穷落后的大山，可以撬开现代化的大门，可以撬出新兴产业与高新技术在后进地区落户，可以撬来高级科技人才和金融理财大师。山西省政府启动资本市场推手一年来，融资成果达到前 20 年的一半，而且是在金融危机的恶劣环境下实现的，确实令人振奋。

必须看到，资本市场的发展，必将同时带来货币市场的繁荣。以商业银行为主角的短期资金市场即货币市场，是承接资本市场最紧密的搭档，资金的收付、承兑、汇兑、划转等是资本市场运行的必然要求。山西资本市场发展与商业银行业务的大发展是相辅相成的。

可见，找不准推手事倍功半，找准推手事半功倍。《实施意见》与《规划》的全面贯彻执行，必将为晋商故里重塑现代辉煌。

欧洲金融体系：世界的范式

背景说明

　　本文原载《当代金融家》2005 年第 9 期。中国商业革命虽然与欧洲商业革命同时发生，但是欧洲只经过 250 年就进入工业社会，而中国却经过 360 多年才有洋务运动。由于工业经济发展的需要，金融革命及其成果的享用，欧洲也走在了前列。近代以来，欧洲金融体系成为世界的范式。文章从商业银行、资本市场、保险系统、中央银行、货币制度、金融中心转移等多方面作了其演进轨迹的分析。

　　2002 年春天，世界上发生了一件史无前例的事——欧洲各国货币退出流通领域让位于欧元，欧洲中央银行发行的欧元纸币和硬币在全世界闪亮登场。东欧国家为了搭上欧洲经济共同体的这趟快车，纷纷提出加入欧元区的申请，欧盟也相应地提出新金融框架。欧洲中央银行的成功实践，已经成为世界各国关注各自区域货币安排的参照。殊不知欧洲金融体系的发展曾经历了多少曲折与坎坷，才成为今天全球公认的金融范式。

一、从摊桌兑换商走过来的现代商业银行

　　货币金融活动最早从西亚的古巴比伦开始，后来到古希腊，或从寺庙开始，或从民间钱币摊桌兑换商开始，或政府直接经营与管理借贷活动，形成了早期货币存贷、货币兑换等金融业务，成为世界金融业的先驱。欧洲的古罗马人以农业为主，没有注意到银行，只开办了互助信用社，排除

了利息的收付。不过罗马人的军事征服欲很强，在对外接触中刺激了他们的通商欲望，也遇到了货币兑换、税款征收、军队后勤供给等问题，便以古希腊银行为模式，开办了私人银行和公共银行。私人银行大都设立在古罗马广场上国家租给的店铺里，这里是他们的总行，从这里向周围地区扩张。在银行技术操作上，古罗马人的法制观念很强，对银行业务操作要求很严格，服务态度也很好，客户可以要求银行提供账户情况，也可以作为证据提供给第三者，但同时清理其债权债务，否则只提供余额，以示对客户负责。

欧洲在 5~9 世纪的变化很大。在此期间，欧洲和西亚宗教斗争激烈，发生了"夺回圣地"的十字军大远征。基督教在与伊斯兰教的对垒中逐渐占了上风，收复了失地。

在和平的环境中，银行的重要性被欧洲人重新发现。意大利北部的伦巴第商人兴起了银行复兴运动。威尼斯、热那亚、比萨、佛罗伦萨、米兰等坐落在地中海沿岸城市的商人，把东方的香料、宝石、绸缎等输入欧洲，同时，又从欧洲输出呢绒、金属制品等。12~14 世纪，先后出现了具有全欧意义的"香槟集市"和"汉萨同盟"。从各国来的商客，要把自己的货币变换成销货者欢迎的货币方能成交。于是一些普通商品经营业者开始兼营钱币兑换业务，随着其资信的扩大，又逐渐代为保管现款，进而办理借贷。经营这种兑换或存款、放款业务，于是产生了专业组织。

独立的私人银行业当首推 1171 年在商业中心、海上强国威尼斯所成立的威尼斯银行和 1407 年在具有同样发达的手工业和海上贸易的热那亚所成立的热那亚银行。它们经营保管、贷放、汇票等业务，为流通的顺畅而提供健全的通货。威尼斯银行接收存款，以钱币的重量记账，并保有百分之百的现金准备。佛罗伦萨商人一边和热那亚、比萨、威尼斯交易联系，一边也与罗马教廷保持接触，教廷为了回报得到好处，便向商人们提供某些保护，金融交易通过商人的手得到了发展，不仅操纵金银货币，而且使用汇票办理信贷业务，以汇票形式在某日为某贷户向某人付款。两地银行间的现金转移为互相轧差，余额转到下期。意大利的这些"银行"称为"兑换商的桌子"，生意砸了，就是桌子破了，破产了。

商人求助于名气大的银行家，银行家收取代理费，意大利商人银行家被称伦巴第人，商业银行被称为伦巴第银行，商业银行业务被称为伦巴第业务。在英国伦敦、法国巴黎现在还有伦巴第大街。伦巴第银行家在其发展过程中，曾与寺庙银行性质相同并享有特权的骑士团进行了斗争，并取得了胜利，彻底结束了寺庙银行的历史。伦巴第人纷纷从伦敦和巴黎赶赴香槟地区的交易会，与来自德国、意大利、比利时、西班牙商人谈生意，因此欧洲商业发展了，银行技术也从地中海、北海、大西洋范围逐渐走向统一。虽然 14 世纪后期欧洲发生了可怕的黑死病，欧洲人口减少 1/3，但是他们还是挺过来了。

从摊桌兑换商走出来的商业银行，发展到今天，已经成为金融体系的主体，它办理存放汇兑，把社会储蓄转化为资本，并配置社会资源；它办理转账结算，创造存款货币，以满足经济发展的需要；它多种多样的代理、委托、保管、服务业务，满足人们生活中理财需要，已经成为最受个人、企业欢迎的管家婆。10 年前，有人说"银行快进博物馆了"，的确，是当代资本市场的发展使商业银行对企业融资份额减少。但是商业银行与时俱进，绝路逢生，在传统的存贷款业务之外，大量发展中间业务，使得现代商业银行蒸蒸日上，站在资本市场的潮头，成为对多个盈利点进行风险管理的全能机构。

二、从第一张股票交易到现代资本市场

威尼斯很早就有公债券交易，1328 年，佛罗伦萨也出现了这种交易，热那亚还存在抛售和收购圣乔治银行有价证券的活跃市场，到了 15 世纪，莱比锡出现了矿业股票的买卖。

股票的发行与交易，是股份公司的产生带来的。但是，当它以白纸黑字的书面形式出现时，想转让并不容易，股东一词也迟迟不被接纳。尽管股票有很多优点，股份公司的推广却极其缓慢，这就从客观上要求一种股票买卖的公共服务组织的出现。

1613 年成立的阿姆斯特丹证券交易所首创了这种交易市场。它不同于原来的证券买卖市场，不但交易数额大，而且具有流动性、公开性和投机性。交易方式多种多样，除了买卖股票，赌涨赌跌，甚至可在没有本钱也没有股票的情况下进行投机活动。投机者空手卖出或空手买进，收盘时结算盈亏，交割差额。最初的股票是记名的，买主把自己的名字登在专门的账本以后，就算拥有了股票。但是这种措施也无法杜绝投机，后来才使用不记名的股票。

当时参与阿姆斯特丹交易市场的不仅有大资本家，也有普通的老百

姓，他们聚集在阿姆斯特丹证券交易所附近的咖啡馆里。经纪人混迹于其中，努力使人们相信股价会如何如何，从而引诱投资者通过他来进行交易。一般人的交易必须通过经纪人，因为自己无权进入交易所。同时小投资者要了解股价的高低也只能通过经纪人，因为当时没有真正的行市。阿姆斯特丹也因此成为当时欧洲最富有魅力的城市，荷兰东印度公司的股票成为市场上的抢手货，再加上荷兰安全的公共债券，全欧洲的大部分资金都流往这个城市。

荷兰证券市场的发展刺激了伦敦。1695 年，英国皇家交易所也开始买卖公债以及东印度公司和英格兰银行的股票。英国的交易情况和荷兰一样，投资者和经纪人都挤在交易所附近的咖啡馆里，著名的乔纳森咖啡馆成了最主要的证券交易场所。现代法国史学家布罗代尔在他的著作中，惟妙惟肖地记载了交易所中交易者的"切口"，甚至记下了街上小商贩的叫卖声。阿姆斯特丹的交易手段，期货交易、边际购买（使用一小部分资金购入股票，以新购入的股票作为抵押介入其余的股票），以及抛、收、多头、空头等，在伦敦也统统出现了。然而 1748 年的一场大火，烧毁了伦敦交易所附近的咖啡馆，经纪人的活动区域更加有限。经过多次筹划，1773 年，一幢新的建筑在皇家交易所的背后修建起来，这个新落成的证券交易所，环境大为改观，交易形式也更加正式。

与此同时，在欧洲的巴黎、布鲁塞尔等地也出现了证券交易所，新的金融工具和金融市场形成了。欧洲很快形成了一个集中、统一的交易市场，这就是社会化的、价格收益可以预期的证券交易场所。但是资本的趋利性使得当时的证券交易市场充满了泡沫，南海泡沫就是一场带有几分滑稽的典型投机活动。

英国南海公司拥有英国在南海（即南美洲）的贸易垄断权，公司为了圈钱还债，操纵者分几次出售南海股票，并且一次比一次价格高。股民们蜂拥而上，股市空前活跃。投机活动使得南海公司股价直冲 950 英镑，人们狂热地参与其中，有的妇女卖掉自己的首饰来购买股票。就连著名的物理学家、数学家牛顿也屈服了，他开始时买了价值七千英镑的股票，之后在两倍的购入价格上卖掉了，后来被群众的狂热卷挟着，他又以更高的价格买回来，结果亏损了两万英镑。他哀叹自己可以计算天体的运行，却不能计算人群的狂热。为了改善当时糟糕的局面，国王乔治一世提前从休假地赶回来，召开国会，提出必须有人承担责任、受到惩罚，上议院摩尔斯·沃西大力主张把罪犯捆进麻袋投下泰晤士河。但没有人指出这是因为投机者自己贪图暴利和违背常识的必然结果。跟着成立了一个调查委员会，查出为了推动成立南海公司的立法，有权势的人被赠予了免费的股票，包括国库专员查理斯·斯坦霍普、桑德兰伯爵和分别担任邮政大臣与国务大臣的詹姆斯·克雷格父子，还查出财政大臣约翰·艾斯莱比也接受了 80 万英镑的贿赂。在接下来的审理中，财政大臣艾斯莱比以"恶名昭著的、危险的和罪恶的"腐败获罪，并被投进监狱，200 多万英镑从南海公司的董事中追回，这些董事的土地、财产被充公。后来人们反思，如果政府能够对金融市场保持一定的监督和管理的话，南海泡沫就不至于闹到这个程度，由此萌发了证券市场的现代监管体系。

现在，股票债券发行与交易已经在比较成熟的监管体系下，运行在世界的所有城市，不同层次的交易中心涌现出来。当前，伦敦证券市场一天 24 小时运营，在其中交易的公司股票达 2272 家，股票市值 3 万亿美元左右，债券市场市值近 2 万亿美元。除伦敦证券市场外，欧洲的法兰克福、苏黎世、巴黎、布鲁塞尔、卢森堡都是重要的交易市场。近几十年人们发现，股权融资比银行信贷融资成本低，收益高，因而资本市场成为当今金融领域的半壁江山，与古老的银行分庭抗礼。

三、从冒险商海上保险到现代保险体系

很早以前，地中海上的商船在遭遇风浪袭击时，往往被迫抛弃一部分货物，减轻船重。为补偿货主的利益，地中海航海商人之间遵循共同海损原则，此原则在公元前 916 年被罗德岛制定的《罗地安海商法》采用，并正式规定为"凡因减轻船只载重，抛弃入海的货物，如为全体利益而损失的，须由全体分摊归还。"海上保险由此萌芽。

到了中世纪，商人行会实行一种互助，有人身灾害补助，也有火灾补助。后来发展到船舶抵押借款和货物抵押借款制度，船主或者货主出海前向货币商人借款，如航行中遇到灾难，可以按照灾难的程度减免债务，安全到达则全部偿还本金和利息。后来，特别是新大陆发现以后，意大利的海上保险办法开始在欧洲通行。1601 年，英国公布了第一部海上保险法律，海上保险公司也出现了。1666 年 9 月 2 日，伦敦一次大火延续 50 天之久，13200 多户住宅化为灰烬，居民无家可归。第二年，牙科医生巴蓬个人办理保险业务，并于 1670 年邀集 3 人设立火灾保险公司。1693 年，

英国人哈莱制成第一张死亡表后，科学计算人身保险费的现代人寿保险开始出现。随着商品经济的发展和道德危险的频繁出现，保险合同建立在信用基础上，由保险人作为保证方，为权益人承保，由于被保证人的不诚实或不守约而受到的损失，并负赔偿责任的保证保险也发展起来。

现在，伦敦是世界上最大的国际保险中心，拥有保险公司 800 多家，其中 170 多家是外国保险公司的分支机构，航空保险和海上保险占全世界的 23%。保险的种类、标的和花色品种不断发展，比如财产保险、人寿保险、社会保险；保险的广度与深度不断发展，如自愿保险、强制保险、再保险等。

四、从公共银行、英格兰银行到现代中央银行

众所周知，中央银行是政府的银行、发行的银行、银行的银行。早在古希腊、古罗马就已经出现了中央银行的早期形式：公共银行。寺院借贷者和摊桌兑换商出现后，政府为了反对高利贷，古希腊的许多城市从公元前 4 世纪就决定成立公共银行，由政府官员掌管和监控。公共银行除充当银行本身的职能以外，还负责征收赋税和铸造货币。后来古希腊和古埃及融入了古罗马。由于各公共银行或摊桌兑换商都分散在外省，于是在古罗马城设立一个中央银行。后来，由于战争、瘟疫等原因，公共银行遭受波折，陷入停滞。

在文艺复兴时期，公共银行再度兴起。1401 年，巴塞罗那市政府创立交换所；1407 年法国瓦朗斯成立第二家公共银行；1408 年，圣乔治银行在热那亚成立，直接接收市政存款，并吸收公众存款，为政府融通资金，一直延续了 4 个世纪。1619 年，威尼斯共和国成立了一家转账银行——吉罗银行，促使国家的供应商接收延期付款，银行以流通票据购回供应商的票据。1637 年，吉罗银行兼并了另一家公共银行——理亚多银行（16 世纪成立），改称威尼斯国家银行，这个新成立的银行印制流通票据，承兑国家债权和商业债权，并吸收现金存款。

这种时隐时现存在了 3000 多年的公共银行告诉人们：中央银行是货币信用发展的必然要求，是经济社会发展中客观需要的公共机构；商品化、货币化、信用化和国际化程度越高，就越需要它，在漫长的前工业化社会中，它只能缓慢地前进。这就是现代中央银行的前身。

欧洲各国政府的资金来源无外乎两种：一是税收；二是政府的融资。

年金是政府借贷的主要形式，英国、法国、意大利、荷兰纷纷依靠年金来筹措款项。年金其实就是政府的长期借贷行为，但是让当时欧洲政府不堪重负的是一些短期借贷。由于战争、自然灾害等原因，欧洲各国负债额剧增，各国财政金融家们都在努力将短期债务重新安排为长期债务。1656年，瑞典成立了一家私人银行——里克斯银行，并且发行钞票，到1668年，瑞典政府出面将其改组为瑞典国家银行，归国会所有，并对国会负责，享有发行货币的特权，由国家经营。不过它早期的业务大部分属于商业银行业务的性质。

这个时期的英国政府，主要财源是税收，但是入不敷出，经常向金匠借款，利率高达20%～30%。为了开辟廉价的资金来源，英国议会经过激烈的辩论，授权成立了英格兰银行。英格兰银行于1694年开始运行，其目的只是向政府贷款与发行银行券，但不久它便承担了其他多项业务：接收公众存款；进行金银贸易为政府转移海外财富；接收政府债券或者为政府债券兑现；为政府处理税收；接收客户的应付汇票并将其记入客户的贷方等。1717年，在英格兰银行的主持下，英国政府将短期债务转换成长期债务，将战前债务每年支付的高额利息转化成新的股金，年息为5%。也就是说，在债券到期之前，把本金和利息转化成低利息票。这样有利于降低财政部门的负担，但是投资者的收入却大为减少。为了解决这个问题，政府允许投资者持债券来购买南海公司的股票，当时的投机热潮使投资者可能在股票市场上获得巨额利润，因此这次的债务转换进行得比较顺利。此次债务转换体现了英国公共金融体制的成熟。国债交易市场的形成，也使英国财政体系走在了欧洲的前列，这是英国金融革命的重要标志。从18世纪开始，短期债务和后来固定的国债为工商业和殖民地开发筹集资金，为工业革命准备了先决条件。

1833年，英格兰银行的银行券成为法定货币，即由国家信用担保的、通过法律强制流通的纸币。在取得国家纸币发行特权后，英格兰银行作为国家银行和私人银行的混合物，在政府的支持下不断扩大股本，一步步垄断货币发行，逐渐成为全国银行的中心。1844年的《皮尔条例》，正式承认英格兰银行作为国家机关，赋予它发行货币的垄断权利，并规定新设的银行、改组的银行及合并的银行不得发行银行券，公众手里的银行券可随时到发行部兑换成黄金，发行部也以银行券交换公众手中的黄金。从银行金库中流出多少黄金，就有多少银行券流回发行部并被销毁；反之，有多少黄金流入金库，就有多少银行券进入流通。英格兰银行真正成为政府的银行、发行银行和票据交换中心。之后，英国几次爆发经济危机，公众开始大量提款，英格兰银行的黄金储备屡次大幅下降。几次危机中，英格兰银行通过贷放，救助了大批商业银行，使它们度过流动性危机，而英格兰银行岿然不动，执行"最后贷款者"的职能，从而确立了它作为银行界领导的特殊地位，又成为"银行的银行"。由此英格兰银行成为真正的中央银行。

英格兰银行的成功做法，为欧洲国家树立了榜样，各国纷纷效仿，其他美洲、亚洲国家开始意识到中央银行的必要性。特别是第一次世界大战以后，中央银行制度在世界范围内得以推广。

值得一提的是，英国经济学家凯恩斯（1883～1946 年）把中央银行的职能推到极致。"一战"结束后，他作为英国财政部首席代表参加了巴黎和会。1929～1933 年大萧条期间，他担任了英国内阁财政经济顾问委员会主席。第二次世界大战期间，他担任英格兰银行董事。1944 年，他率领英国代表团参加在美国布雷顿森林召开的联合国货币金融会议，接着又担任国际货币基金组织和国际复兴开发银行的董事。他一生著述颇丰，贡献最大的是主张政府实行货币政策管理通货，调节货币数量以稳定物价。他的《货币改革论》、《货币论》、《就业、利息与货币通论》等著作都反映了通过中央银行的货币政策调控经济的主张。凯恩斯理论受到了经历过大萧条煎熬的各国政府的欢迎。

"二战"以后，政府通过中央银行实施货币政策，刺激有效需求，使宏观经济达到充分就业、物价稳定、经济增长与国际收支平衡的目标体系。实现这一目标体系的手段是中央银行的存款准备金制度、再贴现政策和公开市场业务。初期，各国政府倾向于实行更具直接效果的财政政策，如减税与扩大政府采购，而货币政策尚"姜身未分明"。但 20 世纪 70 年代以后，为达到上述政策目标体系，克服"滞胀"，财政政策显得独木难支，捉襟见肘，货币政策才被"扶正"，两策平起平坐，搭配运用，由政府相机抉择。由此，中央银行的地位也普遍得到了加强。

五、金融中心从佛罗伦萨、阿姆斯特丹到伦敦、纽约的转移

如果说 12～14 世纪欧洲的金融中心在佛罗伦萨，那么 15 世纪中期，布鲁日就成了重要的商业金融中心，德意志的汉萨同盟也达到了全盛。从

16 世纪开始，地理大发现的成果为欧洲人带来了源源不断的黄金，更重要的是通过新的航线，各大洲之间仿佛织成了一张蜘蛛网，在网间流动的是东方的丝绸、香料，是美洲的黄金、白银，是非洲的黑奴、象牙，是世界各地的技术、文化。但是，在这张网上最活跃的组织者不是丝绸的生产国中国、印度，不是黄金白银的产地国，也不是传统的阿拉伯商人，而是刚刚完成宗教改革的欧洲殖民者。1500～1750 年，世界被卷入了商业革命大潮。新航线的出现必然造成欧洲经济中心的转移，地中海中心移向了大西洋沿岸城市，安特卫普不仅是欧洲经济贸易中心，也是欧洲的金融中心。17 世纪以后，随着荷兰共和国的兴起，阿姆斯特丹又力压安特卫普，成为欧洲最大的商港，其转口贸易与航运盛居欧洲之冠。靠着两大商业公司荷兰东印度公司和西印度公司，荷兰进行着规模巨大的殖民地贸易。东印度公司垄断了东方的香料，并且在东南亚拥有规模巨大的种植园。西印度公司则垄断了非洲西海岸、美洲东海岸以及太平洋各岛屿的贸易特权。此时的荷兰在海外疯狂殖民，靠着先进的航海技术和大量的海外殖民地，荷兰在整个欧洲贸易中打败了其他竞争对手，成为欧洲乃至世界金融中心。

到了 18 世纪，商业的重心相应转移到了英吉利海峡的对岸。英国凭借其工业实力，迅速取代了荷兰，成为西方世界的霸主，伦敦进而成为欧洲的经济中心。期间，英国经过了与葡萄牙、西班牙及荷兰连续不断的战争，到 18 世纪成为世界上拥有殖民地最多的国家，控制了大部分的殖民地贸易和东西方贸易。19 世纪的工业革命使英国的经济实力大大增强，对外贸易迅速扩张，殖民地遍布全球。"一战"前，英国海外投资高达 40 亿英镑，世界贸易的 40% 使用英镑结算，伦敦成为世界金融中心。

但是，经过了两次世界大战，欧洲经济受到了严重挫伤。美国两次参与世界大战，都不在自己本土打仗，而凭出售军火发了财。"二战"后，美国拥有全世界黄金储备的 4/5，美元地位超过英镑，美国经济实力进一步提高，纽约转而成为世界经济金融中心。伦敦的金融地位虽然屈居世界第二，但仍然是重要的世界金融中心。

六、从货币战到货币联盟

在 20 世纪 30 年代那场灾难性的大萧条中，大批银行纷纷倒闭，整个信用体系濒临崩溃。各国放弃金本位制，实行纸币制度，主要发达国家又把一些在贸易、金融上与之有密切联系的国家及其殖民地联在一起，组成货币集团，建立内部依附性的汇率制度。

首先建立的是英镑集团。1931 年 9 月 18 日，英国放弃金本位，汇价下跌，英国以自己为核心，联合包括英联邦成员国及其他一些国家组成了"英镑集团"。英镑集团内部均用英镑当基准货币，各国货币的汇率以英镑为准，可以自由兑换，贸易、信贷和投资使用英镑。成员国货币对英镑保持固定比价，汇率随英镑的变动而变动。英镑区内资金移动不受限制，对区外国家则须经外汇管理机关批准。区内各国收入的黄金和美元须按一定的比例售给英国财政部，作为英镑区的共同储备。然而英镑集团具有很强的排他性。1971 年，美国总统尼克松宣布美元与黄金脱钩，引发世界货币危机；1972 年 6 月，英国政府宣布英镑对美元实行浮动汇率，对区内资金移动加以管制，导致不少成员国的货币与英镑脱离联系。英镑区的范围缩小到了只包括英国本土和爱尔兰，英镑区基本上瓦解了。

美元集团则是美国控制下的国际货币集团，于 1934 年美国废除金本位制、在实行美元贬值以后所建立。美元区内各国货币对美元保持固定比价，对外贸易不实行外汇管制，并把大部分黄金和外汇储备存于美国，贸易结算通过美元进行，同时美国承诺其他国家可以随时用美元从美国购买黄金。这样，美国通过以美元为主的区内附属性汇率制度，增强了其对世界市场和原料产地的控制。

法郎集团是法国控制下的排他性国际货币集团。法郎区的成员主要是法国和当时的法国殖民地、托管地，包括法国、塞内加尔、马里、象牙海岸、上沃尔特、贝宁、尼日尔、多哥、喀麦隆、乍得、中非、加蓬和刚果等。区内各成员国货币都与法郎保持固定比价，区内贸易用法郎结算，资金流动不受限制，黄金外汇储备集中在法国保管。法国殖民地和托管地纷纷独立后，有些国家退出了法郎区。

由于英镑区、法郎区和美元区的存在，世界上出现了以英镑、法郎和美元为中心的三个依附性汇率体系。这样，世界外汇活动就主要集中在英镑、法郎和美元之间，世界各国五花八门的外汇交易就简化为以几个大国货币为主的体系，而这些大国则利用各自的货币集团控制成员国，对抗其他货币集团，使外汇交易向有利于这些大国的方向发展。

同期，德、日、法西斯也组成了以自身为核心的货币集团。法西斯德国建立了马克集团即双边清算集团，参加的成员国是被德、日占领或控制的国家，是武力威胁下强制形成的封闭性货币集团，完全由德、日、法西斯操纵为其侵略战争需要而服务，包括在划拨清算制度下通过清算账户强迫掠夺占领地区。

20 世纪 30 年代，货币集团的林立与相互对抗，使国际贸易与金融受到了更多的阻碍与干扰。为此，1933 年 6 月，国际联盟在伦敦召开"世界通货经济会议"，有 66 国参加。由于矛盾重重，会议没有达成最终结果。1936 年 9 月，美、英、法三国从本身利益出发，达成"三国货币协定"。"二战"全面爆发后，英镑集团和美元集团分别改成英镑区和美元区，比货币集团时期的约束力大大加强了。随着德、日、法西斯的战败，马克集团与日元集团烟消云散。1944 年布雷顿森林会议建立起以美元为中心的战后资本主义新的国际货币体系，结束了"二战"前货币集团林立的局面。

"二战"期间，纳粹德国提出要在欧洲废除金本位，建立"新秩序"。为了回应德国提出的新问题，英国经济学家凯恩斯根据英国政府的要求，为盟国起草了"清算同盟"草案；美国凭着其拥有大量的黄金储备，为使美元成为世界权威性货币，起草了国际货币关系的计划。1942 年，英国和美国几乎同时发表了它们的计划。1944 年，英美两国共同出面组织有关国家在美国布雷顿森林开会，会议提出，不要机械主义，不要无政府主义，要求各国对汇兑市场上的本国货币负责，为此要有一种协调机构，于是产生了国际货币基金组织。基金成员国，要根据其在国际贸易总额中的比重缴纳一定份额，宣布货币对黄金的平价。尽管名义上，各国货币都与黄金挂钩，但由于美国拥有世界绝大多数的黄金，布雷顿森林会议后，事实上形成了美元与黄金挂钩，而各国货币与美元挂钩，由此建立起新的国际货币体系，即布雷顿森林体系。

20 世纪 50 年代，就在美国得意于世界金融霸主地位的时候，令霸主不防的事情悄悄地发生了。"二战"结束后，为分派马歇尔计划提供的援助和促进世界贸易自由化，1948 年成立了欧洲经济合作组织，并于 1952 年拟定了建立欧洲经济共同体的方案。1957 年《罗马条约》签订后，欧洲共同体由此诞生，并确定 12 年后建立一个完全的经济联盟。20 世纪 60 年代末期，欧洲经济联盟取得了关税同盟和统一农业政策的成果。此时，布雷顿森林体系的维持遇到了困难，国际通货膨胀和货币危机，成了共同体利益的外部威胁，欧共体开始关心货币领域问题。1968 年 12 月，欧共体产生了一个"巴尔计划"，核心是各国经济政策的趋同和货币政策的协调。1971 年 3 月，关于"欧洲经济与货币联盟的报告"获得通过，之后又产生了"经济与货币联盟思考小组"的建议：以建立长期稳定汇率为目标，设立一个汇率稳定基金以便扩大成员国之间短期支持的可能性，引入一个新的欧洲记账单位以利于稳定基金会的运作。1979 年，欧洲货币体系正式生效。1992 年 2 月，欧洲各成员国首脑签署了《马斯特里赫特条约》，规定了向欧元过渡的严格经济条件，以及达到这个目标的手段和时间表。1999 年 1 月，11 个符合条件的国家——比利时、德国、西班牙、法国、爱尔兰、意大利、卢森堡、荷兰、奥地利、葡萄牙和芬兰，成为欧元区的首批成员，参加国的货币之间及与欧元的汇率最终被不可更改地确定，欧洲央行成立，欧元可以在账面使用。2001 年 1 月 1 日，希腊正式加入欧元区，同一天，欧元纸币和硬币与各成员国货币一起，在欧元区内流通，两个月后，各国货币退出流通领域，让位于欧元。

七、欧洲金融体系：世界金融体系的范式

3000 年来，特别是近千年来，世界金融的发展，已经从地中海沿岸城市的摊桌兑换，成长为摩天大楼中的现代化商业银行；从拥挤的咖啡馆里的争吵，成长为特大型证券交易所电子自动配对交易；从海滩上共同海损分摊的协商，成长为保单交易式的现代保险体系；从各种货币金属的鉴定与称量，成长为国际区域货币的电子汇划；从公共银行并经英格兰银行的实践改进，成长为能够对经济进行宏观调控的中央银行系统和金融监管体系。千年来这种金融体系的进化过程，欧洲基本上走在了世界的前沿，在不同的历史时期引领着其他国家的金融走向，直至今日，欧洲金融体系仍然是世界金融体系的范式。

尽管世界各地社会经济文化背景有着一定的差异，但是基本的发展轨迹是一致的，只是推进时间的先后、表现出的具体形式不同而已。冷静地思考"他山之石"，客观地分析金融体系变迁的条件与路径，对于今天正在进行的中国金融改革，相信会有一定的裨益。

世界金融发展史纲

金融发展史纲

背景说明

这组文章是给金融学专业研究生讲授《金融发展史》的提纲。过去，我们只对学生开设《中国近代金融史》或《中国金融史》，没有把金融史的视野放到世界范围。从道理上讲，视野放宽自然看得远，看得清，看得准。但是难度很大。《世界金融史纲》仅仅是讲授提纲，框架结构和史实观点都很粗糙，框架结构有待精雕细刻，史实有待精选，观点有待提炼。高楼从平地起，精品由毛坯来，为抛砖引玉，这里也就收进来了。

怎样认识金融发展史

一、统一性和规律性

研究金融发展史的目的，不是解决金融活动中的具体问题，更不是解决实用技术的问题，而是探讨金融发展的规律性。研究金融规律性就必须看到金融统一性，认识金融统一性，在金融统一性中揭示金融规律性。

观察金融发展史的统一性，必须站在高处，比如说站在星球上，而不是站在地球上的某一个国家，站在纽约、伦敦、北京都是不行的。因为国别金融史、地区金融史是不可能发现世界金融发展的统一性和规律性的。研究国别金融史是需要的，可以为研究金融发展史准备基础，可以增加金融知识和历史知识，有可能看到一个国家金融发展的轨迹和民族金融业发展的规律。但是不可能真正看到世界金融发展的规律性。所以，我主张大学里金融学专业最好开金融发展史。就国别金融史来说，我也不主张按历史朝代研究金融史，按朝代是很难看到统一性和规律性的。

从世界金融发展的总体过程看，科技的进步，扩大了人们的视野，拉近了各国之间的距离，使世界变得越来越小。不是吗？指南针的发明，发现了新大陆；蒸汽机的发明，使轮船开通，各国间距离缩短；电报的发明，各国联系和往来更加频繁；电子电信技术的发明和发展，把世界经济金融连成了一体，人们可以通过网络，在一天 24 小时的任何一个时点与金融市场联系，从事的经济金融活动。经济金融的全球化是随着科技的发展、时代的进步不断发展不断加强的。各国金融在历史上从来都是相互学习、相互影响的。当然，一个国家可能有自己的独创性，但是它不可能长期封闭。科技是没有边界的，市场也是没有边界的。

二、分期与结构

金融发展史几乎是与世界文明史同步走过来的。在石器时代的后期，人类由游猎、采集生活转变为饲养、种植生活，自然也就由流动转为定居生活，这是一场巨大的农业革命，起了决定性作用。后来金属工具的使用，生产的发展，推动了文明的发展。中东文明、中国文明、印度文明、欧洲文明、美洲文明等，一直发展到今天，有经济金融全球化，也有霸权主义和反霸权主义等。在这一历史长河中，没有一个国家和社会集团的发展是孤立的，都不同程度上吸收了别的民族的先进文化和经验。正因为这样，在大体相同的历史时期，各国发展就存在一定的共同性，统一性。文明的进程受到了科技的推动，表现为生产力发展的水平。因此，我们从生产力发展水平的角度，把金融发展历史分成若干阶段，分别研究各个阶段上金融发展的现象、特征，最后分析其发展的规律性。

金融发展可以分为五个阶段：

（一）农业经济时代的金融（公元前 5000 ~ 公元 1500 年）

这个时期，货币和信用被广泛运用，货币铸造、发行和管理的机构，信用机构，都已经出现，并且相当活跃。但是货币仅仅是一般等价物，是商品交易中的媒介，它方便了商品交换，降低了交易成本，促进了生产的发展；信用活动是满足人们作为流通手段和支付手段的需要，服务于商品的流通，促进了生产的扩大和发展。货币活动和信用活动基本是平行发展的。

（二）商业革命时期的金融（1500～1750年）

这个时期，经济商品化、货币化、国际化和经济活动中的企业化程度大大发展，商业革命带动了金融革命，金融革命也促进了商业革命。新的金融机构、新的多种金融工具的不断出现，新的金融服务的内容和范围不断扩展，使商品交易和生产发展离开金融的支持就显得竞争无力，金融成了经济社会发展的重要力量。商业革命是农业经济社会发展的产物，是工业经济社会到来的准备，是农业社会向工业社会转变的过渡时期。

（三）工业经济时代的金融（1750～1913年）

这是个工业革命时代，世界上有一批国家完成了工业革命。这个时期，金融的功能发生了巨大的变化，银行不仅是社会的信用中介、支付中介，而且可以使储蓄转化为资本，银行可以创造货币。由于世界经济社会发展的不平衡，工业化国家向海外扩张，变落后国家为自己的殖民地，成为自己的原料供应地和商品销售市场。

（四）管理通货时期的金融（1914～1970年）

这个时期是由自由竞争时期进入垄断时期，世界上发生了两次世界战争和一次世界性经济危机，产生了一批实行计划经济的社会主义国家，殖民地国家斗争并脱殖民主义枷锁，建立独立国家并发展自己的民族经济。在这个时期，影响金融最大的问题是金本位制度在世界范围内崩溃，纸币与黄金脱钩，世界各国强化中央银行制度，实行管理通货制度，国家干预经济加强，通过中央银行的货币政策进行宏观经济调控。

（五）现代金融的新发展（1970年至今）

20世纪70年代以来，经济金融全球化迅速发展，借助于高科技，金融创新不断翻新，从欧洲美元市场和离岸金融市场出现，到世界上几大国际金融中心的形成，国际融资、国际债务、国际资本流动、国际货币汇率变幻莫测，跨国金融集团公司的发展，金融并购浪潮迭起，世界性和区域性金融组织的不断发展强化，构成了现代金融的主题。

三、世界金融中心

多少年来，不少人认为文明在西方，经济中心也在西方。但我不认为文明是某一个民族创造的，世界经济金融中心也不会始终固定在某一地区。世界经济社会发展的"欧洲中心论"是不能成立的。古埃及文明是同时代的世界各国比不了的；古罗马文明也是同时代比不了的，古中国同样是同时代比不了的。世界经济发展的中心会因为诸多因素而发生转移。从中世纪到19世纪前期，中国经济金融并不比欧洲落后，现代中国的金融机构、金融工具、金融业务、金融技术和金融习惯等，并不都是从欧洲学来的。

当然，近代以来的中国金融确实落后了，我们要研究的重要问题是为什么中国在19世纪后期落后了，为什么轰轰烈烈的票号在20世纪初退出了历史舞台。

四、方法论

金融史的研究方法，当然是历史唯物主义和辩证唯物主义，依据史实，客观分析，这是我们的传统。同时，我们还要尽可能地注意到各种方法的综合。一是历史比较分析，注意历史发展的阶段性和多样性。二是新经济史的研究方法，理论与历史的统一，以理论为工具，以历史为依据，写出理论性来。三是结构功能分析方法，提示金融结构与金融功能的关系，结构变动，功能也变动。金融发展的结构上的原因常常是金融变迁的原因。四是经济演进分析，运用经济演进分析，把时代分析引进来。五是从经济发展的视角，研究金融发展的历史，融入到经济的大背景来分析，让人们看到金融和经济的关系。

总之，金融发展史核心是金融制度的变迁史，它是随着社会经济的发展而发展、变化而变化的；各个国家的金融发展史既有共性，又有个性；金融虽然是随着商品经济的发生发展前进的，但始终存在政府对金融干预的烙印，不同时期只是强弱不同，一部金融史既受市场规律支配的历史，也受到国家的不同程度的影响和制约；一部金融史是金融创新的历史，同时又是一部金融监管的历史（包括政府管理和行业自律）；金融发展的水平与大国经济的兴衰密切相关，随着大国的兴衰而转移；金融发展过程中始终受通货紧缩与通货膨胀的影响；金融史的变迁影响和制约着金融理论的发展，金融理论的发展也促进和影响着金融和经济的发展；一部金融发展史也是一部金融发展的协调史，金融协调促进着经济社会的发展，金融不协调制约和干扰着经济社会的发展。

以上关于金融发展史研究的基本看法是否正确，有待专家评论，而后面所谈金融发展史纲概是不是准确，更待专家批评指正。

金融业在农业文明中诞生

（原始社会末期至公元 1500 年）

4 万年前到公元前 5000 年是古代原始社会的开端——新石器时代人类的起源。此时人类的祖先已遍及世界各地。大约在 15000 年前亚洲的最早移居者，穿过了连接西伯利亚和阿拉斯加冰冻的白令海峡迁移到美洲大陆。在这个时期，人类的祖先是靠狩猎和采集获取食物的，为了获取食物常常要反复迁移。在亚洲各个地区，从东亚的黄河流域、南亚的印度河流域到西亚的两河流域，早期人类已迈进了新石器时代。这个时期是人类的诞生和历史的黎明。公元前 5500～公元前 1000 年的 4500 年，人类由狩猎、采集生活转向种植、饲养，先进者有了村落、手工业、商业，中东地区是创造力的中心，这是一个漫长的农业革命时期，也是古代文明时期。公元前 1000～公元 500 年的 1500 年，中东文明落后了，而中国文明、印度文明、西欧文明发展，亚洲文明和欧洲文明基本是均衡发展的，这是古典文明时期。500～1500 年的 1000 年中，7 世纪伊斯兰不仅占了它们的发源地中东，还占有北非、西班牙、巴尔干半岛、印度、东南亚及中亚大部分。1000～1500 年突厥人和蒙古人占领从波罗的海到太平洋半个亚欧。但后来欧洲人的海上冒险，使西方的探险家、商人、传教士、移民向海外活动，开始了中世纪向近代的过渡。

一、金融在古代文明中萌芽（公元前 5000～公元 400 年）

（一）古代经济社会与文明

公元前 5000 年到公元前 1200 年是古代奴隶社会的形成时期。在公元前 5000 年左右的世界，除有一部分地区仍然要靠狩猎和采集生活外，在中国、印度、埃及、地中海东部、欧洲一些地区，还有美洲中部和南美一些地区，农民开始定居下来，农耕普及，人口增加，祭祀神灵的领头人、富裕者成了统治者。最初的文明发生在美索不达米亚的南部——苏美尔地区，形成了城市国家。不久以后，在尼罗河流域，也建立了几个小城市，到公元前 3100 年形成埃及王国。公元前 2500 年左右，印度有了用砖建造的城市，公元前 2400 ~ 公元前 2000 年中国人建造了规模宏大的城市，如山西陶寺城，黄河流域的黄帝统一了华夏，公元前 2070 年夏王朝诞生，商品交换发展，海贝成为支付手段，公元前 1600 年殷商灭夏，有了铜铸货币，据说世界上最早创造文字的，还是苏美尔地区的商人。

公元前 1200 年到公元前 500 年，是古代奴隶社会帝国的建立时期，在繁荣和战乱中形成若干古代帝国，这 700 年是世界主要的古代文明成长期。在南美，秘鲁的查文文化建筑有考究的祭坛成为贸易中心；在欧洲，继希腊人之后，罗马人建立了城市国家；在地中海，腓尼基人建立了一个大的海上贸易圈；在西亚，亚述人虽然统一了这个地区，后来随着新巴比伦的强大，最后还是让位于波斯帝国。这个时期，铁器普遍用于狩猎、农耕和战争，希腊人采用了罗马字母，中国出现了易经。当时生产发展，分工扩大，交换、贸易、商业活动繁荣起来，货币的借贷行为也产生了。公元前 3000 ~ 公元前 1122 年，中国用海贝作为支付手段，公元前 1500 ~ 公元前 1122 年铸造铜贝，并且最早使用黄金铸币——爰金。传说公元前 1151 ~ 公元前 1122 商纣王厚赋税实鹿台之钱，公元前 1122 年周克商后散鹿台之钱。公元前 7 世纪中国行用早期空首布，同期，地中海盆地出现最初的货币。公元前 6 世纪希腊出现第一批私人银行。

公元前 500 年到公元 1 年，是古代奴隶社会帝国的扩张时期。在古希腊时代建立了几个小城市国家，为多民族的强大帝国所支配，由伊朗裔的波斯人建立的波斯帝国到公元前 480 年达到了鼎盛时期，公元前 330 年被马其顿亚历山大所灭。亚历山大统治 13 年，建立了西起希腊，东到印度的庞大帝国，成为欧洲最强大的国家。在北非，腓尼基人建立了城市迦太基，成为地中海西部强大的军事和经济大国。在苏丹，库施人建立的城市麦罗埃，是商品交易的中心。埃及继续为外族人统治，波斯之后是托勒密王朝，到公元前 30 年被罗马帝国所灭。这个时期，世界上有 2.5 亿人，有一半人生活在罗马、波斯和中国汉朝。1 ~ 400 年，宗教演变，战乱不停，中国汉朝、罗马和帕尔提都瓦解了，亚洲、欧洲一片混乱。在中国由东汉进入三国时代；在伊朗帕尔提王朝被波斯萨珊王朝替代有了发展；罗马帝国进入长期衰退，分为东、西两个罗马，罗马成了以君士坦丁堡为中心的拜占庭帝国，信奉基督教。在印度，笈多王朝成了强大国家，文明统治，文学艺术得到了发展。公元前 4 世纪出现第一批公共银行。公元前 3 世纪罗马铸造金银币，公元前 248 年安息铸铜币。公元前 221 年秦始皇统一中国后将各地流通的布币、刀币、环钱、蚁鼻钱统一为圆形方孔的"半两"铜钱，以铜和黄金两种金属为货币。公元前 118 年西汉行使五铢钱。

在长期的农业经济社会发展过程中，由于手工业和商业不断地从农业中分离出来，货币金融活动与金融机构也在缓慢地发展。它们或从寺庙开始，或从民间开始，或政府直接经营与管理，形成了早期货币存贷、货币兑换等金融业务，成为世界金融业的先驱。

（二）寺庙里的存贷活动

根据各国学者的考证，最初办理货币信用业务的活动是从寺庙开始的。据法国大学出版社出版的《银行史》说："庙宇中曾经埋藏着一些财宝，人们不一定就原封不动地、长久地把这些财宝搁置在那里。庙宇的教士们把贮藏的某些财物出借给当时的需求者，出借一定的期限，便觉得有了双重使命感：一方面，他们博得了同时代人的需求感激；另一方面，他们为上帝做了奉献，觉得无上光荣，因为借贷受益者要偿还享受到的借贷服务，其偿还物总要比借到的物品多一些。况且，庙宇储藏物若是些易腐烂的食物，唯一有效的储藏办法，是借给食物使用者，待到下一季节再让他们归还新的。""所以，古代各处的庙宇几乎都变成了出借所。"20 世纪的一些考古学家曾在美索不达米亚的乌鲁克庙宇废墟中，发掘出公元前 4000 年的用于计算的板型古物，上面就有出借物品的记载。古巴比伦王国处于幼发拉底河和底格里斯河流域，远在公元前 3000 年代的上半叶，其南部的苏美尔地区，就形成了许多奴隶制的城邦。巴比伦城，地处两河流域的中心，扼西亚交通要冲，故生产发展，商业繁荣。公元前 2000 年，巴比伦寺庙开始经营钱币兑换，随后又兼营保管业务。保管之初，不但对保管人不付利息，而且还要收取一定的手续费。由于钱币的兑换与保管，在寺庙内兑换与保管人的手中，就集中起了大量的货币，从而为开始贷放业务提供了前提和基础。贷放业务也随之开展起来。放款利率约为 20%，并以复利计算。公元前 500 年左右，希腊的寺庙亦开始经营钱币兑换、保管、贷放等业务。保管业务尤为发达。特别是雅典当时的银行业，有类似近代银行的某些特征。在中国，也有寺庙银行，500～550 年，南北朝时期的寺庙就经营"质库"，不仅接受施舍，而且办理存款、放款等信用业务。南梁长沙寺和南齐招提寺是迄今所见文字记载最早的抵押放款——典当的始祖。

寺院之所以能够权充银行进行金融活动，究其原因，主要有三点：一是基于人们对宗教的信仰，视寺庙为神圣不可侵犯，自然寺庙就成了最安全的钱币保管所；二是它有大批产业和若干特权，实力雄厚，人们信赖；三是它分布广。总之，寺庙银行业是与当时开始发展但又落后的商品生产和流通相适应的。

（三）民间借贷与货币兑换商

公元前6世纪，在古希腊的每个商业城邦和圣殿都开始铸造钱币，因而出现了不少钱币兑换商，从事各地不同钱币的兑换，后来逐渐开始从事钱币借贷活动。对于借贷活动很多城邦还是不许取息的，但雅典城对利息的限制比较少，其中一些钱币兑换商人就选择雅典城定居下来。开始时这些钱币兑换商人只是在广场上或市场上安放一张桌子摆摊营业，后来渐渐开始设立钱币兑换柜台、店铺，个别兑换商在当时还成为很有影响力的人物。当时，在雅典有位著名的教育家伊索克拉底（公元前436～公元前338年），他留下了大量的著作，其中有一篇文章《论摊桌兑换商》说："与摊桌兑换商做兑换交易没有证人；如果人们受其损害，就会被迫起来斗争，向那些拥有众多朋友且支配着大量金钱的人讨公道，迫使兑换者维护其诚实的信誉。"兑换交易若无证人，就立字据，这样，有关当事人遇到纠纷时，就可以掌握情况和以保留的副本作为证据。[①] 中国在南北朝（420～589年）就有了民间最早的金融机构——质店，即抵押信用机构，东晋南朝还有一种商业兼经营信用的邸店，经营货币贷放业务。据记载，梁临川王萧宏经营邸店几十个，"出悬钱立券，每以田宅，邸店悬上文券，期讫便驱券主，夺其宅。下东土百姓，失业非一"。[②] 在市场上钱币兑换商人活跃的同时，教会的教士们同时也在进行着金融活动。但是，信教的金融家和在市的金融家，他们有着不同的客户。摊桌兑换商人的客户是商人和市民，而庙宇教士们的客户是农民和公共机构，通过两个不同的渠道为两类不同的客户服务。

（四）政府的官方借贷与管理：公共银行

寺庙银行和城市摊桌兑换商这两个渠道的金融活动的长期存在，引起

---

① 让·里瓦尔：《银行史》，商务印书馆1997年版。
② 《南史》卷五一：《临川静惠王宏传》。

了一方是社会公众的负债，一方是钱币兑换商人和庙宇教士的富有状况的鲜明对比，于是社会对此产生了不同看法。著名的古希腊哲学家亚里士多德（公元前383～公元前322年）在其《政治学》书中就提出反对利率，他认为银钱的效能应保持稳定，不能随着时间的推移而成倍地增值，房屋和土地是可以带来合理收益的，但银钱是不能带来收益的。

为了抵制高利贷，并减轻城市和教堂的影响，古希腊从公元前4世纪在许多城市成立了公共银行。这种公共银行是由政府官员管理和控制的，除了承担钱币兑换、存款和借贷等业务外，还负责征收税款和铸造货币。当时，"锡诺普公共银行的经理认为，为方便流通，有必要减轻钱币重量，以促进经济发展。这样做价格一下子猛涨起来，锡诺普和他的儿子及其合作者迪奥吉纳也落了个被驱逐的下场。迪奥吉纳放弃了与银钱打交道的行当，来到雅典当了哲学家，并以此为荣。这可能是银行家愤世嫉俗的首例。"①

国家建立金融机构，办理借贷，带有政策性金融性质，同时承担着对金融活动进行必要管理的责任。在伊朗古城苏萨发掘的著名的《汉穆拉比法典》中规定，所有借贷契约均应经王国的官员核准方能生效。雅典当局甚至创制特别法及特别法庭，以处理有关金融事宜。在中国，据《周礼》记载"听称责以傅别"，即政府的官员在审理民间借贷纠纷时要以债券为凭。周朝有"泉府"之设，办理赊贷，属国家信用，有"赊"有"贷"。"凡赊者，祭祀无过旬，丧纪无过三月。凡民之贷者，与其有司辨而授之，以国服为息。"这里，赊是指用于祭祀或办丧事，是消费性开支，不计息；贷是指用于经营产业，会带来收入，要计息。利息以国税的比例为准。西汉武帝时，派博士6人在全国巡查，发现鳏寡废疾不能谋生者，就发放救济或救济性贷款。中国各朝都有这种做法。

古希腊的公共银行发展到公元前3世纪已影响到周围地区。古埃及托勒密王朝创立了皇家银行网，垄断了古埃及的金融业务，这可以说是金融机构国有化的第一个范例。

古罗马人以农业为主，没有被银行吸引，后来感到需要银行，但他们开办了互助信用社，这样就排除了利息的收付，古罗马的寺庙没有多少贡献，不过罗马人的军事征服欲很强烈，在对外接触中，刺激了他们对外通

---

① 让·里瓦尔：《银行史》，商务印书馆1997年版。

商的欲望，在这些实践中，遇到了货币兑换、税款的征收、军队后勤供给等，便以古希腊银行为模式，开办了私人银行和公共银行。私人银行大都设立在古罗马广场上国家租给的店铺里，这里是他们的总行，从这里向周围地区扩张。在罗马借贷利息受到限制，在外地却是自由的。这种私人银行和中国的钱庄是一样的。

在银行技术操作上，古罗马人的法制观念很强，对银行业务操作要求很严格，服务态度也很好，客户可以要求银行提供账户情况，也可以作为证据提供给第三者，但同时清理其债权债务，否则只提供余额，以示对客户负责。

二、中世纪金融业的成长（400～1500 年）

（一）中世纪的经济社会与文明

400～800 年，是中世纪早期封建社会的开端。当时亚洲欧洲变化很大，许多民族大迁徙。匈奴从蒙古高原向西迁移；中亚的游牧民族入侵印度；伊斯兰经过征战成为横跨北非、欧洲、西亚的大帝国；日耳曼民族南下灭西罗马；欧洲成了基督教的势力范围。战乱使欧洲处在黑暗之中。而东方印度和中国的文化却臻于灿烂的顶峰，商业兴隆，城市发展，佛教在亚洲普遍传播，繁荣的中国唐文化令日本人着迷。中、南美洲的玛雅文明、瓦尔文化等达到了很高的水平。借助希腊时代和罗马帝国的各个商业贸易中心和阿拉伯人的引导，西方也受到了亚洲文明的影响。800～1000年，亚、欧、非原来的几个大帝国分裂成了多个帝国，亚洲唐朝分裂成多个小国（五代十国），印度受阿拉伯入侵影响形成新兴诸国。罗马教会宣扬来世主义、蒙昧主义。800～1200 年是封建社会的形成和发展时期。欧洲和西亚宗教斗争激烈，发生"夺回圣地"的十字军大远征。1200～1400 年成吉思汗及其继承人建立蒙古帝国，对外武力扩张，对朝鲜半岛、俄国、波兰、匈牙利、西北印度、巴格达侵略，给中亚、西亚、东欧和中欧的居民带来了深重的灾难。但征服结束，元帝国因为军事、政治和经济的原因建立的驿站、交通制度，使东西陆路通道大开，有利于商旅往来和文化交流。中亚和西方的药物、织品、历法输入中国，中国的火药、造纸和印刷术远传西方。14 世纪后期，以欧洲为中心发生黑死病，欧洲人口减少了1/3。在黑死病未袭击的地方，如非洲、美洲，经济繁荣，文化发展。1400～1500 年人类进入 15 世纪，一个大陆或一种文明孤立发展的现象已经不复存在，各个地区之间的联系越来越频繁。意大利发动了文艺复兴运动，并影响了整个欧洲。亚洲欧洲商人积极参与非洲的贸易活动。中国明朝皇帝派郑和 7 次下西洋，历经亚洲非洲 30 多个国家和地区，到达非洲东海岸和红海岸，进行了物资和文化交流，是世界航海史上的壮举。这个时期，葡萄牙人发现了通往印度的新航路，哥伦布横渡大西洋获得成功，新航路的开通，以地中海和波罗的海为中心的市场开始萧条，大西洋、印度洋成为世界市场的动脉，这一切推动了经济全球化的进程。

（二）东方金融业的成长

在东方，随着农业商品化的发展，货币流通和信用活动相应扩大，在中国唐朝就出现了许多商业城市及与之相适应的金融业，当时对外开放，外国商人在唐朝也进行放款。信用放款叫"出举"、"举放"、"举债"、"责息钱"；抵押放款叫"质"、"收质"、"纳质"。武则天的太平公主就开有质店。针对当时寺庙质店放款利息过高，武则天在公元 701 年下令，不得复利计息。唐朝还几次设立公廨本钱，任命"捉钱令史"，放款取息，作为财政收入。唐朝还有一种信用机构叫"柜坊"（也称"僦柜"），不仅吸收存款，而且出租保险柜，收取保管费。特别需要讲到的是款项汇兑技术的创新，名叫"飞钱"或"便换"，因为现钱少，公元 806 年禁止飞钱，但是几禁几开，汇费高时达到 10%。京城"长安的西市便是中国初期的金融市场，在这个金融市场里，流通着各种信用，供给这些信用的，除个人性质的富商官吏以外，有供给抵押信用的质库；有供给普通信用的公廨；有收受存款或供给保管便利的柜坊、寄附铺和各种商店；有从事兑换业、买卖生金银的金银店；有办理汇兑业务的商人组织。"[①] 并出现了"金银行"，他们生产金银器饰，经营金银买卖等。公元 854 年（唐武宗会昌五年），苏州就有"金银行"组织。[②] 到宋朝，商业发达，生产活跃，从事金融交易汇兑的店铺很多，有金银铺、银铺、金银交引铺、金银交引交易铺、金银盐钞引交易铺等。而且飞钱发展，有便换、便钱、兑便，政府在东、西两京开设便钱务。官营便钱务发行"关子"，民间便钱务发行"会子"，都是纸币。1057 年（北宋嘉祐二年），蔡襄知福州的施

---

① 彭信威：《中国货币史》，上海人民出版社 1965 年版。
② 《太平广记》卷二八〇，引《纂异记·刘景复》，转引自彭信威：《中国货币史》上海人民出版社 1965 年版。

政措施中有"银行辄造吹银出卖，许人告捉"。① 南宋端平二年（1235年），都城杭州"自五间楼北，至官巷南御街，两行多是上户，金、银、钱、引、交易铺仅百余家，门列金银及见钱，谓之看垛钱，此钱多入纳算清钞引，作匠炉纷纭无数"。② 元延祐元年（1314 年），长兴洲兴建东狱庙碑，捐款人职业中已有"银行"字样。③

（三）基督教与中世纪的金融

公元 6 世纪，在统治亚欧边界的拜占庭帝国仍然禁止放款取息，规定一般利率不能超过 6%，海运领域 12%，贷给宗教组织不能超过 3%。但是在西欧却不同，城墙高筑，人们处于封闭的城堡寺院的监护之下，东方来的交易商被称为"叙利亚人"，就在这里从事货币交换、吸收存款、发放贷款。公元 789 年查理大帝把禁止放款取息扩大到非宗教界，并且改革了币制，叙利亚人在西方舞台上消失，此后二三百年中没有信贷活动，但在犹太人那里或修道院还可以看到金融交易。当时被逐出巴勒斯坦的犹太人在西方寻找生路，操起商业和金融业务来，向罗马的交易商发放抵押贷款，但他们常常被驱逐，漂泊不定，整个中世纪犹太人的金融很活跃。

11 世纪，基督教在与伊斯兰的对垒中逐渐占了上风，收复了失地，在和平的环境中，他们重新发现了银行的重要性，而去开办银行。尽管还有教会的禁令，但是从 12~14 世纪银行交易已经发展起来了。银行复兴运动是由意大利北部商人兴起的，热那亚、佛罗伦萨、威尼斯是金融复兴的中心。

（四）伦巴第人与欧洲金融业

在欧洲，10 世纪以后城市商业经济的兴起，对以宗教、土地和骑士为基础的封建统治构成巨大的冲击。商人和自由职业者对军阀和僧侣的替代，促进了商品生产的发展。商品流通区域的不断扩大，要求价值尺度和流通手段的不断统一，银行业不但为社会所需要，而且变成了一个盈利优厚的行业，加之随着历史的进步，宗教信仰在部分人心目中的降低或丧失，盗匪兵燹，寺院保管经营的安全受到越来越大的威胁，于是，古老的寺院银行业逐渐停止，私人银行业则以一种生气勃勃的气势，不断地壮大成长起来。

---

① 《忠惠公集》别记补遗卷上。
② 耐得翁：《都城纪胜·铺常》。
③ 《两浙金石记》。

地中海地处欧、亚、非三大洲之间，重要的地理位置和便利的水上交通，使得它很早就成为世界东西方贸易往来活动最频繁的地区。11～15世纪，地中海沿岸的一些城市，如威尼斯、热那亚、比萨、佛罗伦萨、米兰等，逐渐地繁荣起来。这些城市坐落在意大利北部的伦巴第地区。这里的商人把东方的香料、宝石、绸缎等输入欧洲，同时，又从欧洲输出呢绒、金属制品等。约在公元前2世纪形成的著名的"丝绸之路"就使中国古代丝织品等商品，源源不断地运往地中海沿岸国家，并经此进入欧洲市场。东西方的贸易大大地推动了欧洲封建经济的发展，特别是行会手工业的发展，从而使得西欧在城际之间、国际之间的集市贸易，十分繁荣和发达。12～14世纪，先后出现了具有全欧意义的"香槟集市"和"汉萨同盟"。这些城市和集市，既是商品交易的中心，又是各类货币荟萃的场所。从各个国家和地区来的商客，要把自己的货币变换成销货者欢迎的货币方能成交。于是一些普通商品经营业者开始兼营钱币兑换业务，随着其资信的扩大，又逐渐代为保管现款，进而办理借贷。经营这种兑换或存款、放款业务，未必不如商品经营业务利润优厚，于是又有专业组织的产生。在欧洲，独立的私人银行业当首推1171年在商业中心、海上强国威尼斯所成立的威尼斯银行和1407年在具有同样发达的手工业和海上贸易的热那亚所成立的热那亚银行。他们经营保管、贷放、汇票等业务，但最基本的是钱币的兑换，是旨在为流通的顺畅而提供健全的通货。威尼斯银行接受存款，以钱币的重量记账，并保有百分之百的现金准备。

佛罗伦萨商人一边和热那亚、比萨、威尼斯交易联系，一边也与罗马教廷保持接触，教廷为了回报得到好处，便向商人们提供某些保护，金融交易通过商人的手得到了发展，不仅操纵金银货币，而且使用汇票办理信贷业务，以汇票形式在某日为某贷户向某人付款。两地银行间的现金转移为互相轧差，余额转到下期。意大利的这些"银行"称为"兑换商的桌子"，生意砸了，就是桌子破了，破产了。商人求助于名气大的银行家，银行家收取代理费，他们是英国商人银行和承兑所的先驱。不过意大利的银行本身除办理银行业务外，他们往往保留着一种纯生意的职能，比如经营羊毛、丝绸等生意，他们以公司形式出现，以各自创始人的名字命名于公司。意大利商人银行家被称伦巴第人，商业银行被称为伦巴第银行，商业银行业务被称为伦巴第业务。在英国伦敦、法国巴黎现在还有伦巴第大街。伦巴第银行家在其发展过程中，曾与寺庙银行性质相同并享有特权的骑士团进行了斗争，并取得了胜利，彻底结束了寺庙银行的历史。

伦巴第人纷纷从伦敦和巴黎赶赴香槟地区的交易会，与来自德国、意大利、比利时、西班牙商人谈生意，因此欧洲商业发展了，银行技术也从地中海、北海、大西洋范围逐渐走向统一。

伦巴第银行家对银行技术做出的贡献是需要充分肯定的。当时各国货币制度不一，流通手段和支付手段杂乱，加上硬币短缺，伪造者时有出现，并且黄金和白银两种金属同时流通，银行的支付和清算困难很多。但是伦巴第银行家在技术上进行了很多的创新，为后来的金融革命做出了准备。下面列举若干技术创新：①存款记在账上，账本具有与公证相同的权威，受支付保护，支付承担监督管理；②允许客户存款透支；③放款有"贷款表"，放款必须有担保；④信贷与保险结合，如船主贷款给商人出海贸易，返回时支付，不仅提供了信贷也提供了保险；⑤买方信贷与卖方信贷，即在国际贸易中，买主支付的货币由卖方提供信用；⑥汇划转账，利用汇票市场进行汇划，为客户办理转账；⑦发明了复式记账（1336年）；⑧发明汇票，其基础是一种资金的兑换和转移的契约，它来自一笔信用交易的再兑现的结果，在再兑现时利息隐藏在汇兑率中，汇兑率在货币行情固定的地方比不固定的地方高，固定的汇率是标准；⑨汇票背书转让，实际上成为纸币，发生于1430年。

（五）西欧金融业在波折中发展

在中世纪，只有商业和与商业有密切关系的金融活动，才能给人们带来富裕。当时，商业和金融业的发展，对农业社会产生了巨大的冲击，在与外部世界的联系中，商业的这种重要作用，其本身就对进步做出了巨大的贡献。在西欧、在中国，气候、地势和道路都不成为阻止人员与商品流通的障碍。相反，资源的多样性和水道的纵横交错，成了有利于促进商业和金融发展的条件。

但是，和其他经济因素一样，在中世纪的10个世纪中，商业和金融业经历了世界经济史上非常重要的波动。在11世纪以前的很长一段时间里，西欧的对外贸易基本是停滞的。此后从11世纪到14世纪中叶，商业和金融业都是一个增长的时期。在东欧平原、波罗的海沿岸和在地中海区域，由于受人口与生产增长的刺激和基督教的影响，大大地扩大了交流的地理范围。物价不断上涨，从1150年到14世纪初大约上涨了30%。随着利润的增长，资本的积累也迅速发展，并支持和刺激着所有从事贸易的人。这时最著名的是意大利大商业和大金融家族。以意大利一方和佛兰德为另一方通过在香槟举行的集市紧密地联系在一起。

中世纪的大规模贸易与两个地区密切相关，这两个地区最初都是相当独立地发展的，但很快它们之间便开始因为相互补充而繁荣起来。这两个地区，一是以意大利为中心的地中海地区；二是北欧的狭窄海域上的低地国家。尤其是地中海，它是欧洲和亚洲既有相互冲突又有相互联系的舞台，特别是香料贸易的交通要道。经济上受低地各国的控制。

到了 14 世纪 30 年代，这种趋势发生逆转。由于人口发展过快，庄稼歉收，地方性的战争，财政破产，货币紊乱，加上 1838～1850 年的流行性疾病——黑死病，所有这一切造成长期的经济衰退，一直延续到 15 世纪中期。当时，由于土耳其人的进攻，十字军受阻，从那以后，基督教势力退到了地中海东部岛屿和爱琴海。但是，由于前一段时期发展起来的商业和金融技术以及资本集中方面的进步还有了一定的发展。布鲁日当时已经是一个重要的商业金融中心，德意志的汉萨同盟达到了全盛时期，而英格兰也开始用羊毛纺织成呢布，开始了她的第一次工业革命。到 15 世纪下半叶，欧洲又重新恢复了经济的活力。15 世纪西欧的冒险商公司，在其对外进行殖民贸易时，无不系商品经营与货币经营于一身。东印度公司、怡和洋行等都是这样的商业组织。

三、农业经济时代金融业的特点

第一，货币随着生产品的剩余和交换而产生。它一经从普通商品中分离出来，就形如货，流如泉，处处有用，人人喜欢，在流通中很难受国家边界的约束。市场是没有边界的。所以，货币文化在世界范围内各个国家和地区相互学习、交流和融合得很快。无论货币形制、货币制度内容以及货币流通的技术等差距都很小。

第二，原始社会后期和奴隶社会金融业从三个渠道开始萌芽，一是"寺庙银行"，二是民间摊桌兑换商，三是政府当局。由于寺庙银行的服务对象和活动范围受到一定的限制，发展不快，逐渐萎缩。政府当局的金融活动由于带有一定的政策性，不可能成为市场发展的主要融资量。而民间的摊桌兑换商与商人和市场联系密切，最适合商品经济发展的需要，商业成长很快，成为金融业的主力军。

第三，在农业经济时代，货币的活动与信用的活动，从总的看，是互相平行发展的，货币或借贷来的货币，一般都是流通手段和支付手段。银行还没有创造货币的功能。

第四，银行业在发展过程中始终与政府和政权有一定联系。从本质上说，银行业是商品交换和市场发展的产物。但在其发展过程中，始终与政府有着密切的关系，不是受政府的支持和保护，就是受政府的压抑和干扰。市场经济，包括各种金融活动在内，就历史的长河看，从来就没有不与政府发生关系的绝对自由化。

金融业在商业革命中崛起

（1500～1750 年）

一、商业革命的经济社会背景

从 16 世纪开始，人类社会发生了许多重大变化，最具影响的是开始于欧洲的那场轰轰烈烈的文艺复兴运动，它使人们进入一个思想自由，信奉科技的年代。

由于造船技术、指南针等航海技术的进步，15 世纪末 16 世纪初，葡萄牙、西班牙、意大利的探险家先后到达非洲好望角、美洲、印度等地，成功地进行了环球航行，历史上称为地理大发现。之后，很多欧洲人出发去非洲、美洲大陆，欧洲各国竞相向外扩张势力，开始殖民统治。为了得到黄金、香料及其他贵重物资，葡萄牙、西班牙、荷兰、英国、法国等地的商人在其所到之地，都设立了贸易据点。17 世纪末，欧洲强国国际贸易的收益日益富裕，统治着多于自身几倍国土的海外领地，尤其是脱离西班牙统治而独立的荷兰，参与世界贸易异常惊人和活跃。它使得西欧的商业发生了一个革命性的变化。首先，它使得世界市场的领域骤然扩大，进入世界贸易的商品种类和数量急剧地增加。其次，它引起了欧洲商业中心的转移，使地中海失去了独占东方贸易和欧洲商业中心的地位。汉萨同盟也从此衰落了，而处于世界新航路上的葡萄牙、西班牙、荷兰、英国等则逐渐繁荣起来。随后，一些专制王权所采取的一系列鼓励商业、工业、航运业和殖民扩张事业的重商主义政策，也对资产阶级的兴起和发展，起了

一定的保护和促进作用。16 世纪，里斯本成了欧洲最大的商港之一；17
世纪，荷兰成了西欧的经济中心，阿姆斯特丹是当时世界的商业中心和信
贷中心；18 世纪，英国又成为世界首屈一指的工业、商业和最大殖民帝
国。随着资本主义生产关系的发展，社会生产力得到了迅速发展，商品生
产和交换也达到了前所未有的程度。

亚洲，奥斯曼帝国支配安纳托里亚地方，不久进入全盛期。中国在明
朝万历年间迎来了鼎盛时期，政治、经济、文化科技发展稳定，外国传教
士通过航海进入中国。到明末满族从中国东北崛起，灭亡明朝，建立了疆
域广大的清帝国，清初四代皇帝都很能干，中国持续繁荣。日本结束了长
期的战国时代，统一事业在行进。在亚洲贸易中，荷兰击败他国独占东南
亚到中国的贸易圈。1700～1750 年世界开始追求新的理念和思想，哲学
社会科学和自然科学有了巨大的突破，中国编纂四库全书，日本吸收欧洲
科学。

在非洲，经过开罗战争，埃及后来成为奥斯曼的一个行省。17 世纪
非洲成了西方列强侵略的对象，成为贩卖奴隶的场所，给非洲国家的政治
经济带来巨大的破坏，非洲人民遭受了巨大的灾难。

这个时期，美洲的本土文明被航海的欧洲人传播出去，开通了欧美直
航，商业资本在美洲获得了发展。但是欧洲殖民统治，使民族独立运动蔓
延整个美洲。

可以说，1500～1750 年的两个半世纪，是人类从一个农业经济时代
跨入工业经济时代的过渡时期。随着地理大发现，贸易在各大洲之间开
展，贸易商品的范围不断扩大，贸易组织形式不断更新，这个时期可以称
为商业革命时代，它是农业经济发展的必然结果，是工业革命的必要准
备。同时，由于商业革命渴求贸易技术的不断提高，为了配合这一革命性
的商业发展，从东方到西方，金融业迅速崛起。在地中海贸易孕育的初
期，金融交易技术不断发展的基础上，欧洲商品市场的发展又促进了票据
融资等金融技术的进一步发展。同一时期，中国的钱庄、票号、账局等金
融创新，为贸易的发展注入了巨大的活力。这是一场伟大的金融革命。
"如果没有金融革命作为先导，欧洲就不可能出现工业革命。"[①]

需要指出的是，在这一时期里，人们对生产领域的重要程度的认识远

---

① 卡洛·奇波拉：《欧洲经济史》第二卷，商务印书馆 1988 年版。

远小于流通领域，认为国民财富的唯一来源是贸易，特别是国际贸易。并且普遍认为世界财富总量是既定的，金银货币才是财富的象征，出现了重视贸易顺差的重商主义。重商主义的产生与中世纪时期金属货币的短缺有直接的关系。有人认为，重商主义思想和金属货币的短缺对当时的金融活动产生了很大的影响，推动了金融业从商业中分离出来。

二、商业革命

农业社会的发展，必然带来产品的增加和交换的扩大，商品化、货币化、市场化和交易的国际化程度一天天提高，最终推动了商业革命性变化。商业革命大体上在 1500～1750 年，虽然，有的国家走在前面，有的国家可能慢一些，但总的说来这个时期各个地区都先后发生了商业革命和金融革命。

（一）地理大发现与欧洲商业中心的转移

商业革命与地理大发现有直接的关系。14～15 世纪，欧洲的商品经济获得了长足的发展。人口的增加，新兴工业的产生，对外贸易的发展，商品的增加都要求有更多的货币充当交易媒介。然而金银货币的短缺却是当时普遍存在的情况。货币数量的不足成为欧洲经济进一步发展的突出矛盾。要获取货币，一是通过与东方贸易顺差获取金银。但每年欧洲都要从东方进口大量的丝绸、瓷器、香料、茶叶等商品，却找不到能让东方人感兴趣的商品，处于大量的逆差地位，因此每年都有巨额的白银流向远东，在短时间内改变这种状况是不可能的。二是开采新的金矿和银矿。但是从15 世纪到 17 世纪，欧洲的银矿和金矿确实开发得差不多了，蒂罗尔银矿、萨克桑银矿、匈牙利金矿等，产量很少，不能满足需要。因而向海外寻找货币金属，就成了解决发展问题的重要任务。另外，历史上的东西方贸易，虽然断断续续进行了上千年，商路也有所改变，但是地中海地区却一直是东西方贸易的一个必经之路。因此，意大利商人，特别是意大利的威尼斯商人、热那亚商人，靠着地理位置优势，长期把持着同东方贸易的控制权。欧洲其他国家的商人不得不以高昂的代价从意大利商人手中购买东方运来的香料、茶叶等商品。西欧各国不甘于巨额利润白白转让与他人，急切想寻找一条到达远东的新航路。并且，随着土耳其帝国的兴起，原有商路时断时续，再加上阿拉伯商人也掣肘于其中，欧洲贸易的利益不能得到保证，因此，开辟新航路就更加迫切。

在欧洲国家对外寻找黄金和香料的探险活动中，大西洋沿岸的国家走在了前列。尤其是葡萄牙和西班牙，他们最早地开展了大规模的海上探险。1487 年，葡萄牙人迪亚士率领船队到达非洲南段的好望角。1492 年，意大利人哥伦布在西班牙国王的支持下率船队到达圣萨尔瓦多、古巴、海地，以后又到达中南美洲沿海地区和一些岛屿。1497 年，葡萄牙人达·迦马绕过好望角，到达印度洋，第二年由到达南亚西海岸，打通了欧洲通往印度的新航路，实现了欧洲人多年的梦想。1519 年，西班牙人麦哲伦率领的船队，自西班牙出发，越过大西洋，经南美海峡进入太平洋，到达菲律宾群岛。其后，荷兰、法国、英国和丹麦也紧随其后，积极地开展了探险活动。从 16 世纪到 17 世纪，欧洲国家又陆续开辟了一系列通往四方的新航道。6 世纪以前的欧洲，所有的贸易基本上都是围绕地中海进行的，地中海沿岸城邦长期是欧洲的经济中心。但是新航线发现后欧洲不仅可以从地中海出发到达远东，而且可以经过大西洋向南绕好望角经非洲西海岸到达东方，或者横渡大西洋到达美洲。地中海地区逐渐走向了衰落与萧条，此后经济中心移向了大西洋沿岸城市。1501 年，第一只装满亚洲香料的葡萄牙货船到达了尼德兰的安特卫普。1503 年之后，葡萄牙就定期往安特卫普运货，安特卫普也成为欧洲新的东西贸易枢纽。16 世纪中期是安特卫普的全盛时期，每年都有上千艘船只进出于这个港口，来自海外的商品大都在此集散。不仅是欧洲经济贸易中心，而且是欧洲的金融中心。

17 世纪，随着荷兰共和国的兴起，阿姆斯特丹又力压安特卫普，成为欧洲最大的商港，其转口贸易与航运盛居欧洲之冠。当时欧洲贸易的很大一部分都是由荷兰转手的。靠着两大商业公司即荷兰东印度公司和西印度公司，荷兰进行着规模巨大的殖民地贸易。东印度公司垄断了东方的香料，并且在东南亚拥有规模巨大的种植园。通过各种手段，廉价掠取当地珍贵物产，高价售往欧洲，牟取暴利。西印度公司则垄断非洲西海岸、美洲东海岸以及太平洋各岛屿的贸易特权。荷兰成为欧洲的商业中心，17 世纪中叶达到了顶点。

就在荷兰如日中天的时候，英国国力逐渐强盛，英国为了扩大自己的势力范围，1650 年发动对葡战争，获得了在葡萄牙殖民地的贸易特权；1655 年以武力夺取西班牙在加勒比海的殖民地；1652～1674 年，三次发动对荷战争，把荷属的北美殖民地纳为自己的领地，将荷兰在印度的实力也挤出去。到了 18 世纪，英国成为世界上拥有殖民地最多的国家，控制了大部分的殖民地贸易和东西方贸易。仅在印度 18 世纪中叶已有 150 处商馆和 15 个大代理商行。凭着从全世界获得大量的好处，迅速取代了荷兰，成为西方世界的霸主，伦敦成为欧洲的经济中心，到 18 世纪中期，爆发了工业革命。

（二）中国的商业革命

在欧洲商业革命的同时，中国也出现了同样的经济发展趋势。中国的一些城市，如长安、开封、并州、杭州等，在唐、宋、元时期商业就相当活跃。15 世纪以后，即明、清时期，北京、平遥、汉口、广州、泉州、扬州、苏州、杭州等城市商品经济达到了很高的水平，被经济史学界认为是中国资本主义的萌芽阶段，商业化、货币化、工业化、城市化发展很快。德国学者弗兰克在他的《白银资本》中回顾 18 世纪以前几个世纪的情况时，对当时的中国作了这样一个概括："中国的经济已经商业化了，这种发展的一个标志就是经营结构变得越来越复杂了"，如介入跨地区贸易的钱庄、字号和商会的成长，以及地方市场网络密度的增加，企业家才干的提高，"可以得出结论：在中国前现代化的最后三个世纪里，涌现出远比以前多得多的私人经济组织；这里既有量变，也有质变。特别是，乡村工业通过愈益细密的市场网络而得以协调，城镇工业通过这个网络而获得原料和顾客并形成大批雇用工人的新结构"。[1] 美汉学家费正清先生说："中国在 18 世纪，如果不是更早些的话，已经有了一个真正的国内市场，任何一个地区的供应品，可以用来满足其他任何地方的需要……好比说欧洲文艺复兴的开端，或者中国商业革命的起步……中国国内市场的兴起可以从各种专业化的商人群体的成长来衡量，诸如批发商、零售商、走南闯北的行商，上层都还有层层的掮客和代理人，他们为不同地区间的贸易服务。"[2]

确实，当时中国商业发展已经达到了很高的水平：一是农业手工业商品化程度提高，异地贩运贸易空前活跃，从事异地贩运贸易商人队伍的扩大，形成了许多帮派，如山西帮、安徽帮、广东帮、宁波帮等。二是城市化程度不断提高，一批商业城市的兴起，连边疆城市也有了很大发展。三是国际化程度不断提高，国际商路扩展，国际贸易量扩大入超，东南方面

---

① 贡德·弗兰克：《白银资本》，中央编译出版社 2001 年版。
② 费正清：《伟大的中国革命》，世界知识出版社 2000 年版。

是海上贸易，以广州、泉州、厦门、福州为中心，与交趾、泰国、马来半岛、爪哇、菲律宾、日本贸易。在东北与西北方面是陆路贸易，以恰克图、塔尔巴哈台等为中心，与俄罗斯及西亚国家进行贸易。四是企业化程度不断提高，商业手工业组织企业化，企业组织制度形成，如独资企业、合伙企业、股份制企业制度，还有一种货币资本和人力资本合作的股份制形式，即有钱出钱，有力出力，出钱者为东家，出力者是伙计，东伙共而商之的人力资本股份制。

中国的海上航行技术本不比欧洲人差，远洋航行早于欧洲人。1405年开始，郑和7次远航东南亚、印度半岛、阿拉伯、东非，达30多个国家和地区。首次出航带62艘船，2.78万人，满载织锦绸缎、陶瓷器皿等中国特产，但不是贸易，而是宣扬国威的赐品，回来时带着的是贡物。从商品物资交流角度看，这是一种纳贡贸易，是中国介入国际贸易的又一种特殊形式。日本学者滨下武志先生把亚洲历史看作是"一个以中国为中心、以内部的纳贡关系和纳贡——贸易关系为特征的统一体系的历史"。他认为这是"一个有机的整体，与东南亚、东北亚、中亚和西北亚有一种中心——边陲关系……与邻近的印度贸易相连接"。[1] 中国周边国家与中国长期保持一种藩属纳贡关系。这种纳贡关系的基础是商业交换。也就是说，纳贡与贸易是相联系的一种共生关系，日本等国和中国之间的贸易长期是靠纳贡使团获得的利润来维持的。同时，中国商人在东南亚的商业渗透以及海外华商的迁徙，与这种贸易网也是交织在一起的。滨下认为，中国与周边国家的纳贡贸易，还是欧洲国家与东亚国家之间的中介贸易，从而构成了一个多边的纳贡贸易网，它从这个网之外大量吸收商品。据说，中亚商人经常带着仿造的公文，冒充政治使团去"朝贡"，其实是从事平凡的贸易活动。纳贡团有一种地理等级：第一层是北方的朝鲜、日本；第二层是东南亚的各个地区；第三层是葡萄牙和荷兰。"天朝"是天下的中心。这种中国与朝鲜、日本、东南亚、印度、西亚、欧洲及欧洲的经济殖民地以及这些地区之间的中心——边陲关系，构成了中国的对外贸易关系。总而言之，整个纳贡与地区间贸易是以中国的纳贡体系为中心，而且它具有自身的结构规则，通过白银的流通而实行着有条不紊的控制，这种涵盖东亚和东南亚的贸易网，也联结着比邻的贸易区，如印度、伊斯

---

[1] 贡德·弗兰克：《白银资本》，中央编译出版社2001年版。

兰地区和欧洲。①

（三）白银货币大量流入中国

在这个时期的东西方贸易中，白银货币推动着物资的流动。中国的茶叶、瓷器、丝绸等商品大量流向欧洲，中国能够接受的商品不多，结果使欧洲的白银大量流入中国。

根据美国学者郝延平分析，世界白银货币的流向流量大体是：一是从美洲流到欧洲：1500～1650 年从美洲合法运到西班牙黄金 181 吨，走私更多。1500～1650 年从美洲合法运到西班牙白银 16886 吨。二是从欧洲流向近东和远东：欧洲与印度、中东的贸易是入超，欧洲人用白银来支付。西班牙 16 世纪 80 年代在远东净流出 100 万西班牙达克；90 年代为每年 150 万达克；英国 1601～1624 年东印度公司向远东流出的白银在 75 万英镑以上（约 250 万达克），17 世纪后急剧上升；荷兰 1618 年输出不到 150 万达克，1700 年为 125 万达克。1600 年前后欧洲与近东、远东贸易每年净流出白银 8 万公斤。三是从各国流到中国：17～18 世纪外国白银流入中国渠道和数量大致如下：①西班牙人—美洲—马尼拉—中国。即西班牙人用他们在美洲的白银，经由马尼拉去购买中国产品。到 19 世纪初总数至少有 2 亿元。②欧洲—印度—中国。由东印度公司和其他散商的船只运送，17～18 世纪白银块从欧洲流向亚洲，有 5 亿元流到中国。③美国贸易商人—美国、西班牙—中国。1844 年前有 1.5 亿元流入中国。④葡萄牙—日本、中国澳门—中国大陆。到 1940 年鸦片战争前有 1.5 亿元。根据中国海关统计，1842～1912 年可能还有 3 亿元运抵中国。

以上总计 13 亿元。其中有 1 亿元被迅速销熔，2 亿元用于向外国购买鸦片，1 亿元在清末销熔，净余 9 亿元。若按每元有 20 分外国辅币，又有 1.8 亿元，这样外国白银货币就有 10.8 亿元。②

上述这些数字，虽然未必准确，但中国有大量的白银货币净流入，应当是不争的事实。

（四）货币金属增加与价格革命

地理大发现其中的一个原始动机，就是寻找欧洲缺少的黄金白银。当欧洲发现了新大陆后，南美、非洲的黄金、白银大量源源不断地流入欧洲。根据英国经济史学家布罗代尔的估计，1500 年时欧洲的货币总存量

---

① 贡德·弗兰克：《白银资本》，中央编译出版社 2001 年版。

② 郝延年：《中国近代商业革命》，上海人民出版社 1991 年版。

为3500吨黄金、37500吨白银。从1500年开始以后的数十年，每年葡萄牙要从西非运回里斯本黄金半吨以上。17世纪，仅从莫桑比克的莫诺莫塔帕金矿每年要运回欧洲黄金1吨以上。但是这些数字比起从美洲运回欧洲的黄金数量要小得多。1500～1650年，从美洲运回欧洲的黄金总量达到了181吨，通过走私、海盗、直接贸易的数量还要大于这个数字。白银的数量更为可观，1500～1650年，合法运往欧洲的白银数量达到了16886吨。以后美洲又发现了储量丰富的金矿，黄金又一次开始流入欧洲，这次流入持续了大半个18世纪。16世纪末，尽管在同东方的贸易中仍然流出了大量的货币，全欧洲的黄金储量依然上升到119.2万公斤，白银储量上升到2100万公斤。

如此巨额的货币流入欧洲带来的一个显著后果就是物价普遍、持续的上涨。西班牙、葡萄牙掠夺的货币最多，所以他们物价上涨最早，幅度也最大。从16世纪30年代起，到17世纪已经上涨了3倍左右。英国、法国和德国稍微晚一些，从16世纪中期开始，大约平均上涨了两倍左右。西方学者对地理大发现到底是导致了价格革命还是这个发现仅仅是支持了已经开始的价格革命，长期以来有个争论。不管是导致了价格革命还是支持了价格革命，不可否认的是货币流入与价格上涨有着强烈的关系。

价格革命的后果是促使了商业和手工业的发展，同时又削弱了传统的地主贵族的利益。这是因为，虽然各种消费品价格猛涨，但是工资却没有相应地提高。在此期间，雇用工人的实际工资实际上是大大下降了。这样对手工厂厂主来说，他们不但可以使用廉价的劳动力，而且可以按高价来出售自己的商品，从而获得双重收益。商人因为市场活跃和商品畅销而受益，同时欧洲内部价格的差异也鼓励商人在各个市场之间进行大规模的投机活动。但是在农村，按照传统方式进行地租剥削的地主贵族，却因此受到很大的损失，实际收入不断减少。至于一般的农民，在物价狂涨的浪潮中，只能节衣缩食，勉强维持生计。这样，这场价格革命推动了手工业和商业的发展，削弱了地主贵族的利益，加速了欧洲农业经济向工业经济的转换。

在1500～1750年的两个半世纪中，不仅形成了国际市场，出现了工商企业及其不同的企业组织形式，发生了价格革命，同时出现了为工商企业服务的金融业的革命。在欧洲和在东方的中国有着基本相同的发展和趋势。为了表述上的方便，分别从欧洲和中国来讲。

三、欧洲的金融革命

欧洲商业革命带来了金融革命，金融革命也促进了商业革命。金融革命最主要的特征表现在金融工具、金融机构和金融业务的革命性变化。

（一）票据与票据市场

票据包括汇票、本票和支票，在商业大发展中，首先出现的是汇票。欧洲各地每年定期召开的有各地商人组织参与的大型商品展销会，称为集市。欧洲最早的集市是法国的香槟集市，后来又在日内瓦、里昂等建立了集市。这些集市的支付与结算，最初一般是用硬币来清理。每个商人都有一本账，在账上记下他欠别人的和别人欠他的钱。本人对他人的负债称为来账，他人对本人的负债称为往账。当结算日期来临的时候，集市的管理人员来核实商人账本上的来账与往账，并实行相互抵消以减少硬币的使用量。随着商品市场的成熟与完善，一种新的信用工具——汇票出现了，他不但可以代替硬币进行交易，而且具有远期交易功能。在集市中，新贸易产生的新的债权债务关系可以通过开具新汇票的方法转移到下一次集市。渐渐地，参与到这种结算中的人越来越多，包括一些政府部门和其他行业的人。后来，税务官也参与到集市上的汇票买卖中来，因为他们可以通过汇票，要求同纳税人进行支付交割。于是，皇家借债代理人也参加结算，他们用票据或其他的债务证据来筹集资金。房地产业、银行业、早期的保险业、甚至彩票业都在集市上出现了。这样，集市不仅是单纯的国际贸易市场，而且也是一个外汇市场、金融市场和清算市场。

汇票是一种具有法律约束力的书面承诺，即某甲在 A 地承诺在未来的某一天向 B 地某乙支付一笔款项。其特点有二：一是支付汇票的地点与发出汇票的地点不同；二是支付汇票所使用的货币与发出汇票的地点使用的货币不同。在中世纪时，存款人委托银行转账，必须亲自到银行口授一份转账授权书，要求将自己账户上的一笔存款转至别人的账户下。这样，一个人就很难把一个城市中的一笔钱交给另一个城市的另一个人。汇票的产生，减少了易货贸易、当面清账，或用大量金银货币支付的必要。因此汇票在商品市场上受到了广泛的欢迎。

汇票是一种支付工具，但也是信用工具，每一张汇票都包含着一笔短期信用借款，自然含有利息因素。当时欧洲的交通十分不便，即使是"见票即付"的汇票，从其出发点带到支付地点也要一定的时间。例如从西班牙或意大利到达低地国家需要 2~4 个星期。如果汇票要求承兑的是很大一笔钱，那么承兑汇票的人就可以得到一段时间以便筹措应付的款项。这段时间被称为"汇票支付期限"。这种期限往往是对特定的交易所提供的标准信用期限。16 世纪初，从热那亚到比萨的期限为 5 天，到米兰的期限为 6 天，到安科纳为 15 天，到巴塞罗那为 20 天，到瓦伦西亚和蒙彼利埃为 30 天，到布鲁日为 2 个月，到伦敦为 3 个月。购货者用汇票支付一笔现金，既是延期支付，也意味着得到了一笔相当于汇票期限的借款，所以，支付时要加上这笔款在此期限内的利息。如果商人之间找不到相互了解并同意使用这种支付方式的对象，这种交易就无法进行。那么，付款人就会去找商业银行家，请商业银行家开出汇票。银行家的汇票的信誉比普通商人要更高。于是汇票制度得到了广泛的运用。

这种汇票制度方便有效，省却了许多麻烦。但是也存在一定的风险，一是买卖双方两地的汇率变动问题；二是两方的银行家可能发现，契约的某一方已经无力偿付或者弄虚作假，可是错付的钱已经无法追还回来；三是付款人同收款人之间也会发生时间拖延问题等。尽管如此，汇票产生以后还是得到了广泛的应用，因为它大大降低了交易成本，提高了交易的效率。为信用转让的书面工具，汇票之后支票很快也出现了。在中世纪时，如在威尼斯，商人要求转账时，银行家向来要求客户亲自到银行办理，或者必须派其代理人到银行来。虽然在 14 世纪的意大利就零星出现过用书面票据委托银行转账，但没有得到发展。到了 16 世纪 70 年代，这种方法在意大利就已经很普遍了，并且逐渐传到欧洲其他国家。17 世纪 60 年代，英国就应即出现了支票。当然在支票形成之初，它还是一种不可以转让的票据。

除支票外，还有一种叫"责任票"的期票被广为应用。它主要出现在那些并不绝对禁止放债取息的国家内，这些国家使用一种简单的期票作为贷款的保障，这种期票即"责任票"，作为出票人的借方以此为保证在某日清偿一笔债务。这种信用工具得到了广泛的使用，甚至在同一通货区内一笔款项由一地转移到另一地也使用这一工具。

票据的可转让性在欧洲并不是一帆风顺的。最早可以转让的是"责任票"。在 15 世纪，英国商人经常将其所持有的期票转让给其债权人以清偿债务，并且得到法律上的保护。到 16 世纪，欧洲各国基本在法律上保护债券持有者对原债务人拥有一切权力，如果期票上署名的原债权人将期票转让给其他人，他便不再对该票的支付拥有任何权力，也不承担任何责任。于是，这种责任票有时可能会"在四五个甚至更多的人"中间易手转让。但是由于现持票人对以前的持票人没有追索权，所以导致了汇票的可转让进展较慢。票据的背书转让，安特卫普大约在 16 世纪 70 年开始，而英国至少到 17 世纪中期才有进展。

票据完全转让的另一方面就是票据贴现了。贴现就是指在一张票据到期之前卖给第三者，获得低于票面价值的现金。在中世纪，汇票严禁贴现。因为贴现意味着收取了利息，而教会高利贷法则禁止收取利息。直到教会的法令有所放松，票据贴现才逐渐出现。1536 年以后，票据贴现已经有所发生。到了 1550 年以后，由于金银货币短缺严重，人们越来越使用贴现这种办法来筹集现金。17 世纪，由于各商业中心证券买卖习以为常，贴现也就司空见惯了。到了 18 世纪，英国的英格兰银行可以说就是一家贴现银行。

票据的背书转让和贴现的意义在于票据的流通所带来的是资金的流通，在票据不可买卖贴现状况下，票据占有了一部分现金，影响了经济效率。票据的转让贴现，为个人或公司融通资金提供了一条新的路子，有力地促进了商品经济的发展。

票据的广泛使用，产生了票据交换的问题。同一城市的票据交换比较容易进行，只需一个清算银行即可。各个银行家都在彼此的银行内设立账户，那么一个银行的顾客可以通过它的银行，在避免现金流动情况下实现转账至其他银行账户。伦敦在 18 世纪仍采用这种办法。但是欧洲各国之间的票据交换与清算就比较复杂了。集市为票据的交换提供了一个场所和机制，并最终成为了国际票据交换体系。商人在交易结束后，将所有承付款项记录在也参加集市的银行账簿上。银行将各个客户的来账往账进行归总结算，差额部分客户用现金或者汇票支付。当汇票普遍以后，商人们就可以不带任何现金在集市上贸易。这种制度很受商人的欢迎。但是这里还涉及汇率的问题。有少数的集市汇率是由参加票据交换贸易的所有商人来决定的，大部分集市决定汇率的工作都由一些富有的商业银行家垄断，操纵者是那些大银行家。

（二）公共银行的发展

随着经济的发展，商品的繁荣。贸易已经不能再局限于固定的时间和地点。需求、供给的增加使得越来越多的商人在主要的商业中心建立了常住的办事处。这些商人没必要、也不愿意将其贸易限制在集市期内。这样欧洲集市的作用迅速衰退，取而代之的是各个城市相继建立的交易所，交易所给商人们提供了经常性的商品交易场所，也是金融交易的场所。

1531 年安特卫普建立了一个交易所，不仅取代了集市的贸易职能，而且也取代了集市的金融职能。1551 年开始，英国伊丽莎白女王安排皇家汇兑人托马斯·格兰欣爵士常驻安特卫普考察交易所，后来他回到英国，于 1571 年建立英国皇家交易所，主要经营国际票据。紧接着，塞利维亚和阿姆斯特丹先后在 1583 年和 1611 年建立了交易所。

交易所一年四季不间断地进行商品批发业务，自然产生了相应的金融变革。商人们希望有大型的管理和服务更好的银行，以便放心地将其资产放在这些银行中，并且能够随时提取，还可以进行快速的票据结算。因为原来的私人银行实力有限，信誉较差，有时还往往利用客户的存款进行自己的商业经营。1575 年以后，私人银行纷纷陷入困境，而代之以国家和政府创建或者改建的"公共银行"。这种银行在办理存贷款业务以及信用转让票据清算业务过程中，受到政府部门的担保和监督。

最早的公共银行萌芽，是 1401 年后巴塞罗那创建的市立银行。但是真正的公共银行最早是 1587 年 4 月开始营业的莱尔托银行。莱尔托银行主要有三项任务：接受与偿还存款；负责各账户之间的转账；将应付汇票记入客户贷方。有些银行根据变化的情况，在政府主持下进行了改组。1593 年米兰的圣安布罗焦银行，1605 年罗马的圣灵银行。热那亚的圣乔治银行等，这些银行成立后马上成为重要的信用交易中心。

但是发展最快、实力最强的公共银行是荷兰的阿姆斯特丹银行。该行于 1606 年得到市议会的批准，1609 年开始营业。其业务与意大利莱尔托银行相似，接受与偿还存款；负责各账户之间的转账；将应付汇票记入客户贷方。与意大利相似，他也不允许私人账户的透支，也不允许向客户提供私人贷款。由于当时所有在 600 佛罗林以上的票据只有通过银行才能记入贷方，所以几乎每一个商人都在银行开有账户。除此之外，该银行还可以兑换货币、购买金银外国货币并将其铸造成合法货币。阿姆斯特丹银行成立后发展迅猛。它为社会流动资本找到了可靠的存放处，同时也为信用票据提供了有效的票据交换所。所以米德尔堡、鹿特丹、纽伦堡、斯德哥尔摩等地纷纷成立这种类型的公共银行。到 1697 年，欧洲已有 25 家不同类型的公共银行。

阿姆斯特丹银行大发展的关键原因是荷兰的贸易企业遍布各地。荷兰商人、荷兰制造业与荷兰的投资在欧洲各主要商业中心以及亚洲、美洲与非洲的大多数沿海城市都落地生根。与各商业中心广泛的贸易联系使得在阿姆斯特丹购买的汇票几乎在世界各地都能承兑。甚至有一些贸易区（如波罗的海地区）只接受阿姆斯特丹开出的票据。同时由于贸易优势，荷兰的企业又给这个城市带来世界各地的金银与硬币的大量流入，阿姆斯特丹也就成为欧洲贵金属贸易的中心。这样的优势使它能够建立起稳定的汇率，而稳定的汇率又进一步巩固了它在贸易上的主导地位。基于此，阿姆斯特丹银行在 17 世纪以及 18 世纪的前十年获得了巨大的发展。

1694 年英格兰银行成立，最开始该行的目的只是向政府贷款与发行银行券，但不久它便承担了其他许多项业务，很快，随着伦敦商人的贸易联系与财富超过了荷兰商人，其业务量就超过了阿姆斯特丹银行，到 18 世纪它已成为欧洲最大的公共银行。

（三）近代银行业的诞生

从农业社会向工业社会的过渡时期里，在商品化、货币化发展和市场经济酝酿成长过程中，旧有的金融机构，作为一种生息资本，它一方面加速了货币的集中和积累，促进了资本的原始积累；另一方面又促使大批大批的农民和手工业者破产并无产阶级化，因而，它既是资本主义前提条件形成的一个杠杆，又是资本主义生产关系形成的一种阻力。新兴的工商业者不得不开展反对高利贷的斗争。这是一场要生息资本服从于产业资本的斗争，也是一场为社会生产力的发展解开桎梏的斗争。这种斗争最初表现为政府企图以法律来限制利息率。例如英国，1545 年通过法案，规定最高利息率为 10%，1624 年为 8%，1651 年为 6%，1714 年为 5% 等。然而，当银行和信用事业依然为高利贷所垄断时，一切企图通过法律手段加以限制的做法，都是不可能产生多少效果的。因为早期金融机构本身，正是高利贷资本运动的形式，所以，只有对反映这种高利贷资本运动形式的组织机构的否定，才能从根本上解决问题。17 世纪末到 18 世纪上半期，适应新的工业产业发展的银行业，终于通过两个渠道产生了：一是新式的股份制银行的创建；二是旧的金融业被迫改组为新的银行业。在英国，最初是从经营高利贷与兑换业务的金匠业中逐渐独立出来的一些金匠业和公共银行。最初，那些商人们是把他们的流动资金委托给金银商来保管，这些金银商摇身一变成了"银行家"，向存款人出银票，向政府贷款，也可以向实业家和商人贷款，他们还把银行票据印成小额等价钞票，以方便使用，加速流通，另外也搞商业票据背书转让，办理票据贴现，这些"金银商"成了存款银行，流动银行，贷款人有时也存款进来，或凭此再把票据发出去，扩大了信贷规模，促进了经济发展。在其银行券的发行与放款过程中，它们逐渐发现实际上不需要百分之百的准备金，从而开创了银行创造信用与货币先例，银行由此进入了一个新的阶段，但是，此类银行业的利息仍然很高，而且常因无法控制税收，拒绝对政府的放款。于是，1694年，在政府的支持下，集资创办了第一个大规模的股份银行——英格兰银行。它的正式贴现率一开始就规定为4.5%~6%，并集资120万英镑，以8%的年利贷予政府，从而享有了无现金准备的发行权。1697年增资，并以6%的年利贷款予政府，而换得六人以下的私人银行不得发行银行券的特权。可见，英格兰银行从一开始，就具有"政府的银行"的特征。到1814年，具有相同性质的地方银行，在英国达到了940余家。在相互的竞争中，独资的私人银行逐渐缩小，集资的股份银行不断增加。19世纪后半期，初步形成了以英格兰银行为中央银行的辅之以商业银行等不同种类的专业信用机构的金融体系。在法国，1800年，以股份公司的形式组成了法兰西银行，它一开始就有着半国家的性质。在美国，1782年创立了北美洲银行（第一美洲银行的前身），1784年又创立了纽约银行和马萨诸塞银行。从1781年到1861年，先后建立的银行达到2500余家之多。

（四）证券市场的出现

15世纪，在意大利和德国出现过发行可转让股票的合伙企业，后来在英国和尼德兰传开。但是，那时候的股票只是一次性出海冒险的筹资，回来后就还本付息，不能算是真正的股票交易市场。到1600年以后，才有了不退股的永久性投资股份公司，其股票可以拿到市场上去出卖。1612年，荷兰东印度公司规定了公司股票只能在交易所公开出售，跟着英国公司学习荷兰公司的做法，并且将利润与资本区别管理。随后又有了公司融资债券的出售。17世纪中期，正规的股票交易市场在阿姆斯特丹交易所开始，其中有证券经纪人及其代理人，并通过股票价格的涨落赚钱。

股票债券交易市场的出现，同时伴生着证券交易的投机。1719年到1720年发生了历史上最早的证券投机引发的金融危机，即始于法国的南海泡沫事件。这次金融动荡，在伦敦、巴黎、阿姆斯特丹及欧洲各大城市蔓延，最后造成大量企业破产倒闭。事件的根源，一方面是由于刚刚建立的证券交易制度很不完善，另一方面是证券交易与证券投机行的如影相随，这本身就是个规律。事件以后，直到 18 世纪 30 年代，证券市场才恢复正常。

四、中国的金融革命

同一时期，中国的资本主义萌芽在明朝中期发生。明朝中期有金铺、银铺、钱铺，特别钱铺（钱肆、钱庄、兑坊），主要从事货币的兑换业务，有大有小，设桌、摆摊、列肆都有，到明末发展到收受存款和放款业务。在清初又出现了新的金融组织，印局（印票庄）、账局、票号（汇兑庄）等，他们多为山西商人经营，外国称之为山西银行。尽管这些信用机构的业务各有侧重，如印局主要对个人提供消费信用，账局主要对商人放款，票号主要搞异地汇兑，钱庄主要搞钱币兑换，业务既有分工，又有交错，与欧洲的银行有所差异，但这些银行最初多与商品经营资本混合经营，以后逐渐从商业资本中分离出来，成为专业金融机构。但从总的发展来看，东方和西方的金融革命却是相同的。

（一）金融工具与金融机构

长期以来，有些人对于金融发展，言必谈欧美，似乎中国的金融工具、金融业务、金融机构都是舶来品，这是很不公正的。甚至有人说我国的金融创新和金融市场发展从 1978 年才开始的。

在中国，9 世纪（唐朝后期）出现汇票。明末清初，货币工具与信用工具已经走向结合。当时的票据既有信用工具，又有支付工具。当时，票据有以下几种形式：一是凭帖，即本票；二是兑帖，甲铺出票乙铺兑现，相当于支票；三是上帖，当铺钱庄之间相互协议的承兑汇票；四是"壶瓶帖"，即暂时不能兑现的融通票据，收到后只能放进壶瓶，等待兑付机会；五是上票，相当于商业承兑汇票，信用较差；六是期帖，一种远期期票，可以赚得利息。凭帖、兑帖、上帖、上票、"壶瓶帖"和期帖这六种信用流通工具，在清中期已在中国大部分地区行使，在北方尤为普遍。

中国的金融机构，在明朝以前，已经有了从事消费信用的当铺和办理钱币兑换、借贷的钱庄。清代又有印局、账局和票号的产生。印局是对贫民放印子钱的信用机构，一般按日或者按月计息，每归还一次，盖一次印，故名印子钱；账局主要是办理对商人放贷的信用机构；票号是经营异地款项汇兑业务的金融机构。随着金融交易的发展，这些从事单一金融业务的金融机构，相互学习，后来走上了存款、放款、兑换、汇款等业务的综合经营。1151 年金发行交钞；1160 年户部发行会子；1173 年金设立流泉，即政府公典；18 世纪初康熙中年，大盛魁印票庄开张；1731 年北京设立官钱局。1736 年张家口设祥发永账局。1737 年北京开设官钱局 10 所，以平钱价。这些金融机构，比 1408 年成立的热那亚圣乔治亚金库、1609 年阿姆斯特丹银行并不晚。到 1853 年，仅北京城的账局就有 268 家，其中山西商人经营账局的就有 210 家。

这些金融机构到清中期，在偏僻的青藏高原、西南边陲，包括四川的巴塘、雅安、打箭炉，西藏的拉萨、云南蒙自、海南琼州、蒙古科布多等都有票号机构，并且有的金融机构还把分支机构设到了国外，如日本神户、横滨、东京、大阪和朝鲜的仁川，以及俄罗斯的伊尔库茨克、新西伯利亚、莫斯科、圣彼得堡等地。山西钱庄、账局和票号等金融企业，与意大利伦巴第商人一样，不仅创造了商业银行和商业银行业务，还像伦巴第商人开发伦敦和巴黎的伦巴第街一样，开发了张家口日升昌街和外蒙古科布多大盛魁街。

1912 年 11 月，梁启超先生在北京对山西银行业界的一次演讲中谈道："英之金钱商，与吾之炉房类，姑且不论。若以意大利自由都府之钱商与吾票号较，则其相类处有四"：一是与商业企业往来不少，但吸收官款存放，并与帝王贵族往来者居多；二是利用各地币制不一平砝的差异，压平擦色，从中渔利；三是出票慎重，信用卓著；四是同时发生在 17 世纪以前，时代背景相同。

（二）转账结算与票据清算

大体在 17～18 世纪，中国金融业已经有了转账结算、票据贴现、旅行支票、银行轧差清算、货币交易市场、银行密押制度等。下面列举几例。

据《绥远通志稿》记载：在内蒙古地区的商品交易，"在有清一代，在现款凭帖而外，大宗过付，有拨兑一法……拨兑之设，殆在商务繁盛之初，兼以地居边塞之故，交易虽大，而现银缺少，为事实之救济及便利计，乃由各商转账，借资周转。历年既久，遂成金融不易之规，且代货币而居重要地位"。拨兑之外，还有谱银，"商市周行谱银，由来已久，盖与拨兑之源流同。其初以汉人来此经商至清中期渐臻繁盛，初仅以货易货，继则加用银两，代替货币，但以边地银少用巨，乃因利乘便，规定谱银，各商经钱行往来拨账，借资周转，此谱银之所勃兴也。虽其作用类似货币，而无实质，然各商使无相当价值之货物，以为抵备，则钱行自不预互相转账，其交易即不能成立……拨兑行使情状，亦与谱银相类，所不同者，仅为代表制钱而已"。所以当时银两转账为谱拨银，铜制钱转账为拨兑钱。但不要忘记，内蒙古呼和浩特银钱商人的转账结算办法，"悉照内地习惯"。可见内地转账办法要早于呼和浩特市场。

银行同业的短期资金交易市场，与转账结算发生时间可能同时出现。《绥远通志稿》说，当时呼和浩特"向例"在市口进行货币资金的交易。"每日清晨钱行商贩，集合于指定地点，不论以钱易银，以银易钱，均系现行市，逐日报告官厅备查，各钱行抽收牙佣，均遵章领有部颁牙帖、邀帖……谓之钱市。""为便利计，故有钱市之设，按市面之需要定银分及汇水之价格，自昔至今，一仍旧贯。"在这种钱市上融通短期资金的"银钱业商人，以山西祁（县）、太（谷）帮为最，忻（州）帮次之，代（州）帮及（大）同帮又次之，故其一切组织，亦仿内地习惯办理"。

山西票号的汇兑，其汇票有见票即付，还有见票过几日再付两种。如果汇票已到，按汇款时商定的兑付时间未到，则不能提款，如果要提前支取，需要缴纳一定的费用，即如今的票据贴现。顾客外出旅行，假设由重庆至上海办货，可将一定数额的旅费，如将一千两白银交给票号重庆分号，重庆分号开出一张汇票，当其途中经过汉口、南京，需要提取部分现银使用，到上海后全部提现购货，那么重庆分号即通知汉口、南京分号（或者联号），说明汇款人（亦即提款人）的姓名，待汇款人到汉口后，可到指定分号提款若干，汉口分庄在提款人手执汇票上记录提款若干，下余若干。到南京亦如此，直到上海提毕，由上海分号收回汇票。这种办法，如同现在的旅行支票或信用卡。由此足见当时中国金融业的信誉、服务态度和技术之高。

票号商人在自己的经营活动中，为了减少现银运送，并扩大存款贷款业务，对自己的已经起立的汇兑制度不断创新，采用了逆汇办法，减少现银异地调拨，节约了大量的流通费用。据《东方杂志》1917年第14卷记载："倒汇：中国此种汇兑，向所未有，至近年与外国通商，关系密切，内地市场间之贸易随之而盛，汇兑之种类不得不因之变化……倒汇之手续亦别无烦累……有信用之商人立一汇票，交于票号，票号即买取之，送交收兑地之支店，索取现金。"顺汇和逆汇之区别在于，顺汇是甲地分号收款，乙地分号付款。逆汇则是存放汇联系，如乙地分号先收款，甲地分号后付款，是汇兑与贷款结合。如乙地分号先付款，甲地分号后付款，是汇兑与存款结合。此种逆汇，不仅收取手续费，还计利息。这样，一是满足了商人异地采购急需款项的需求，二是减少了票号资金闲置，增加了利息收入，三是减少了异地现银运送。

山西票号"汇通天下"。但是，各地分支机构相互之间在一定时间之后总会发生汇差，我欠人，人欠我。如何处理汇差？当时是"月清年结"两种账，由分号向总号报账均以"收汇"和"交汇"两项分列，既有细数，又有合计，均按与各分号和总号业务清列。总号收到报来的清账，核对无误后，将月清收汇和交汇差额分别记入各分号与总号的往来账，收大于交，差额为分号收存总号款项数；交大于收，差额为总号短欠分款项数，互不计息，因全号实行统一核算。这种办法是现代银行清算相互轧差办法之源。

（三）金融企业管理制度

清代金融企业管理制度，已经有了合伙制、股份制，实行所有权与经营权两权分离制度，金融企业的财东，"将资本交付于管事人（大掌柜）一人，而管事于营业上一切事项，如何办理，财东均不闻问，既不预定方针于事前，又不施其监督于事后"，就可以等待到期分红了，"此项实为东方特异之点"。[①] 在股份制企业中，创造了人力资本股制度，将职工人力作为资本而顶股，与货币资本股一起参与分配。有的企业后期人力资本股超过了货币资本股，职工成了企业主人。

为了保证金融企业的资本充足率，有倍股、厚成和公座厚利的规定。倍股是在账期分红后，按股东股份比例，提交一部分红利，留在企业参加周转使用，以扩大经营中的流动资本；厚成即在年终结算时，将应收账款、现存资产乘以一定折扣，使企业实际资产超过账面资产；公座厚利是在账期分红时，在财东银股和职工身股未分配之前先提取利润的一部分作为"公座"，以便"厚利"。这些办法，都是为在资本经营中尽可能扩大流动资本，保证资本充足率。

当时，金融机构已经认识到银行资本在经营活动中常常会遇到各种不

---

① 《中外经济周刊》1925 年 7 月 4 日。

同风险，发生亏赔倒账问题，为了防御风险，票号设计了一种防御风险的办法，叫"预提护本"。要求在账期分红时，不能只顾分红，不管未来有无风险，规定从利润中预提款项，"撇除疲账"，建立风险基金。

为了异地汇款所用汇票的真实而不发生假票伪票冒领款项，票号使用只能在总号统一印制有暗记的汇票，内加"水印"，如日升昌票号汇票水印为"日升昌"字样，蔚泰厚票号汇票水印为"蔚泰厚"字样；书写汇票，专人书写预留备案，各号收到汇票，与预留字迹核对无误，方可付款；汇票需要加盖印鉴，印鉴正中为财神像，周围用蝇头小字刻写古文；汇款金额、时间，均设有暗号，汇款人、持票人是无法知道的，只有票号内部专人才能辨别真假。①

至今没有发现票号因为汇票技术问题被骗领款项的案例。

中国的中央银行制度，源于"银行的银行"和"管理的银行"，不同于欧洲中央银行源于"政府的银行"和"发行的银行"。如内蒙古归化城有宝丰社，大同有恒丰社。《绥远通志稿》记载："清代归化城商贾有十二行，相传由都统丹津从山西北京招致而来，成立市面商业……其时市面现银现钱充实流通，不穷于用，银钱两业遂占全市之重心，而操其计盈，总握其权，为百业周转之枢纽者，厥为宝丰宝。社之组设起于何时，今无可考，在有清一代始终为商业金融之总汇。"由于钱市活跃，转账结算通行，宝丰社作为钱业之行会，"大有辅佐各商之力"。"平日行市松紧，各商号毫无把握，遇有银钱涨落，宝丰社具有独霸行市之权。"宝丰社可以组织钱商，商定市场规程，监督执行，如收缴沙钱，销毁不足价货币铸成铜碑，昭示商民不得以不足价货币行使市面，确保商民利益等，尽管没有垄断货币发行，代理财政款项收解，但它有类似"银行的银行"和管理金融行政的职能，这不能不说是中国早期中央银行制度的雏形。

五、东西方金融业崛起的差异

第一，15 世纪到 16 世纪欧洲和中国经济发展速度转换，有人估算1400 年中国的 GDP 比欧洲多 59%，人均 GDP 多 20%；1500 年中国的GDP 缩小到只比欧洲多 38%，人均少于欧洲（中国 600 美元，欧洲 601美元）欧洲经济发展速度超过中国。之后，欧洲经济发展速度继续加快，

①《山西货币商人的金融创新》，《金融时报》1998 年 2 月 8 日。

人口增长较慢，中国经济发展速度停滞，人口增长较快，虽然中国的GDP总量一直比欧洲高，1500年为100∶73，1820年为100∶80，但是人均GDP的差距拉大，中国停留在600美元左右，而欧洲却增加到1129美元。欧洲通过境外商业拉动境内商业，中国由于国内的政治军事原因，在15世纪20年代以后放弃远洋航运探索。尽管到19世纪中期经济和国内外贸易都有发展，但是发展速度慢下来了。[①]

第二，经济落后金融业也必然落后。这种落后表现为一种不协调。一是政府金融与民间金融的不协调。中国早在周朝就有了政府的政策性金融机构，但在明清金融业的巨大发展时期，公共银行形成很晚，到18世纪中期才在部分地区出现，没有形成系统和规范的力量；中央银行制度萌芽早，发展慢，不可能以对经济的发展导航加力，这不可以不说是一种遗憾。但是在欧洲商业革命时期政府金融飞速发展，不仅公共银行发展早，而且中央银行制度也发展比较快。二是直接金融与间接金融发展不协调。中国在商业革命中也有大量的金融机构，票号、钱庄、当铺、印局等分门别类应有尽有，但可惜的是，其业务大都属于间接融资，直接融资业务较少。可是在欧洲，这一时期已经产生了债券、股票，并且有了股票流通的二级市场，在17世纪欧洲已有为数众多的证券交易所。中国虽然在公司金融方面也有独创，山西商人也有独特的股份制形式，但可惜的是商人银行发展慢，没有形成股票转让买卖的市场。

第三，在中国经济社会发展中，曾经创造了世界农业经济时代的辉煌，也曾经创造了由农业社会向工业社会过渡时期的商业革命和金融革命的伟大业绩，而工业经济社会的曙光却迟迟不能露出地平线，让欧洲走在了前头，而且距离越拉越大。这在一定程度上与欧洲多了一场文艺复兴运动不无关系，这是一场针对落后的农业社会的思想解放运动，是对神权的清算，是对人权的张扬，是对科学的崇尚，进而造成人性的解放和技术的进步、保护和推广，加上商业革命和金融革命所带来的国际交流、资本积累和企业组织制度的创新，工业的进步是不可以阻挡的。在中国天朝帝国居高临下，商人阶层无法进入主流社会。在这种权力高度集中的大国经济社会中，制度的创新是很难的。清朝晚期没有可能为中国经济社会制度创新提供任何条件。没有人和思想的解放就没有经济社会制度的创新，没有

---

① 赵德馨：《论商兴国兴》。

经济社会制度的创新就没有工业革命的环境和条件。

金融业发展的黄金时代

（1775～1913 年）

一、18 世纪中期到 19 世纪末的世界社会和经济

18 世纪中期，英国发生产业革命，迅速扩展到欧洲其他国家。在
1750 年到 1850 年的 1 个世纪里，世界发生了两起重大事件，一是北美独
立战争，美利坚合众国成立，它是从欧洲殖民地独立最早的国家，是一场
民族解放战争，为美洲的资本主义发展开辟了道路。二是法国大革命，法
兰西共和国成立，产业革命造成的工业化影响和民族主义的出现，使欧洲
呈现一片革命风暴。这个时期，巨大的工业城市出现了，铁路网遍布各
地，经济发展速度加快。但是 19 世纪中期，爆发了世界性经济危机，西
方工业化国家把获取高额利润的目标盯住了亚洲和非洲。欧洲各国争夺殖
民地的竞争达到顶点，经济上英国、法国仍保持领先地位，但受到后起的
美国和德国的威胁。他们为获得工业原料和商品市场而占有殖民地成为必
要，从而导致非洲、东南亚、大洋洲岛许多国家和地区被工业国家分割。

在亚洲，中国的清王朝由兴盛趋向衰落。乾隆朝时期中国古代经济文
化达到了高峰。1840 年英国发动了对中国的鸦片战争，1858 年逼迫清政
府签订了一系列不平等条约，中国沦为西方列强的半殖民地。1851 年爆
发了太平天国革命，长达 14 年之久，波及大半个中国；英国、法国趁清
王朝的危机，发动第二次鸦片战争；沙俄、美国乘机在华捞取特权；沙俄
侵占中国北方领土。印度的莫卧儿帝国衰退，英国、法国乘机侵入印度，
从 1850 年起，英国政府直接控制整个印度全国。泰国建立了拉塔纳考新
朝，复兴佛教，致力于王国复兴。西亚的波斯被英国、法国、俄国变为殖
民地。奥斯曼帝国进行改革，试图走富国强兵之路，但未成功。日本江户
幕府被推翻，建立新政府，推行开国政策，与欧美进行交流和贸易，到世
纪末成为世界工业国家。

在美洲，1800～1850 年，美国快速将领土扩展到西部，接受了密西

西比河的广阔土地，又同英国和墨西哥开战，获得俄勒冈、加利福尼亚地区，直达太平洋。在中美和南美，西班牙和葡萄牙的殖民地发生了独立战争，阿根廷、智利、委内瑞拉、秘鲁、巴西、玻利维亚等相继独立。墨西哥和巴西成立自由主义政府，进行了改革，推动了近代化的发展。

1788 年澳大利亚立国。在非洲，因为南非有黄金、钻石，欧洲殖民者争抢进入，非洲大部分地区成了欧洲的殖民地。到 1800 年前后，亚洲、非洲的许多国家都受到欧洲殖民主义者的影响。

二、工业化与金融业

（一）西方国家的工业化

16~18 世纪上半期，英国在西欧角逐中崭露头角，为工业革命准备了条件。首先是市场制度的创新，经过圈地运动，打破了庄园制度，独立的小农没有了，实现了土地私有制；封建的行会制度瓦解了，代之以行业公会、股份公司制、合伙公司制；地理大发现，使贸易范围扩大，拉动了手工业的发展；银行、交易所的发展，为工业发展提供了融资保证。其次是竞争的有序化，国家有了保护私人财产的法律；有了保护消费者利益的商品检验制度和价格控制制度；有了保护发明者利益的专利法；有了保护投资者法，即取缔证券投机者法；有了保护劳动者的评定工资法。再次是政府参与市场行为有了规范，形成了议会民主制度，政府干预经济主要是保证市场秩序。最后是英国经过 16~18 世纪的剥夺农民和掠夺殖民地，有了一定的原始资本积累。这一切为工业化创造了条件。

技术革命是工业革命的重要表现。1782 年瓦特发明了蒸汽机，1785年被应用于纺织业，使纺织机器发生了重大变革，由原先的马拉、风力纺纱机、水力纺纱机变为蒸汽动力纺织机。工具机和传动机的创新，使技术革命很快波及到很多领域，包括纺织业、采矿业、冶金业、机器制造业、交通运输业，使英国工业革命迅速在欧洲传播。

技术革命推动了工业革命，同时也推动了社会经济关系的革命性变化。

首先，在经济增长结构方面，工业革命使经济增长大大提高，经济结构发生了重大变化。1688 年有 75% 的劳动力从事农业，到 1801 年时只有35% 的劳动力从事农业，发展至 1841 年为 23% 的劳动力从事农业。在国民收入中，农业收入比重在 1801 年是 32%，到 1841 年下降为 22%；而工业收入比重则由 1801 年的 23% 上升为 34%。工业革命使人类由农业经济时代进入工业经济时代。

其次，生产方式发生了重大转变。生产的家庭作坊转向了大工厂，家庭进入工厂。分散的手工工场进入集中的工厂手工业。劳动分工进一步专业化。

最后，劳动力成为商品。人民收入和生活受到劳动力市场供求变化影响，地区性收入差别扩大，不同层次的人口收入差别扩大，从而家庭支出结构也发生了变化。于是人们的生活理念随之改变，他们一方面仇视大机器改变了传统的生活方式，另一方面也使劳动、节约、储蓄、受教育的新观念得以形成。最先实现工业革命的英国一直到 19 世纪 70 年代，始终处于欧洲国家的领先地位，是当时最大的商品输出国、殖民地最多的国家和英镑流通最广的发行国家。

美国的工业革命比英国晚了半个世纪。由于其地理位置、自然条件等有利因素，加上没有历史包袱，市场主体平等，并且向国际市场开放，市场经济制度形成，所以工业革命后发展迅速，很快超过了英国。

（二）工业革命在东方

东方是古代文明的摇篮，又在中世纪走在世界的前列，但是在工业革命时期落后了。大部分成了西方列强的殖民地、半殖民地。后来发现工业化才是出路，开始了各自的起步。在中国，19 世纪 50 年代开始工业化的努力，1861 年曾国藩在安庆建立军械所，1862 年李鸿章在上海建立洋炮局。之后，苏州洋炮局、江南制造总局、金陵制造局、福州船政局、天津机器局等相继建立，19 世纪 50~90 年代办了一批军事工业，多为官商合办、官办或官督商办，效益并不好。直到第一次世界大战期间，中国工业才有了较快发展。在日本，工业化的起步要比中国早，日本在 1853 年以前的闭关锁国被美国人打开，成了半殖民地，但是从 1868 年明治维新开始，实行土地改革、租税改革、殖业兴产、政府主导、贸易立国、富国强兵等一系列政策，到 20 世纪初实现了工业化。为后来的韩国、东盟国家提供了范例。在印度，19 世纪中期开始建立自己的民族工业，由于东印度公司的统治和掠夺，实行片面的自由贸易政策，所建工业多是原料初加工，到第一次世界大战才发展了轻纺工业，到"二战"时才发展钢铁工业。

（三）工业化的资金问题

工业化显然需要大量资金。同时，工业化必然带来城市化，城市发展也需要大量资金。世界各国在解决工业化过程中的资金问题时，似乎不约而同，这就是工业化与银行业发展几乎同时并进。在工业化的前夜已经发展起来的金融业，在组织上、技术上、资金上已经为工业化的筹资、融资作了准备。在工业化过程中，金融业从以下几方面为工业化提供服务：

第一，商业银行吸收社会储蓄存款，将小金额的货币集中起来成为大额的货币资本，贷给企业使用。

第二，在工业生产周转过程中，会有一部分暂时闲置的货币资金，这些暂时闲置的货币资金存入商业银行，商业银行将这些短期存款，续短为长，贷给企业进行投资。

第三，银行通过发行货币，提供流通周转的交易媒介和支付手段。

第四，商业银行在为企业办理转账结算过程中，能够创造派生存款，并贷放给企业。

第五，商业银行为企业办理商业汇票的承兑、贴现，融通资金。

第六，商业银行为企业办理转账结算，加速资金的周转。

第七，商人银行为企业发行股票和债券，帮助企业向社会融资。

当然，各个国家的具体经济环境和社会习惯不同，金融业在为工业化服务中也表现了不同的特点。在英国主要是票据贴现满足企业短期资金的需要，固定资本则通过股份制度来解决。在法国则是由一些有影响的大人物出面管理政府基金、信托基金和自己的钱，组成商人银行，向工业化投入资金。因为私人储蓄很零星，而有钱想投资的人，往往不知投向哪里，即使知道，也不了解认股的具体方法，法国人喜欢购买债券，债券风险比较小。但是德国人和英国人却更喜欢股票。

正因为如此，工业化时代就出了银行业发展的黄金时代。

三、金本位制度在世界范围的确立

18世纪初，英国以黄金计价，金贵银贱，白银价值低估，白银退为辅币地位。1774年国家规定白银的法偿地位限制在25镑以下。18世纪末，白银在流通中消失。从此，英国由金银复本位演变为单金本位制度。

金本位货币制度的特点有四：一是法律规定货币的含金量，基础稳定；二是金铸币可以自由流通，使用方便；三是金币可以自由铸造，不会过多或过少；四是黄金可以自由输出入国境，有利于国际贸易和往来。但是，金银复本位制却是一种不稳定的货币制度。因为两种金属货币同时流通，在劣币驱逐良币规律的作用下，常常发生实际价值偏高的货币被熔化、收藏或输出国外，退出流通，实际价值偏低的货币充斥市场。只有在金银产量不发生大的变化时，才是稳定的。

在欧洲，当时除英国之外，其他国家迟迟不敢实行单一金币本位，怕黄金供应不足而出现货币短缺问题。19 世纪中期，在美国加利福尼亚州和澳大利亚同时发现大金矿，黄金产量很快增加了 10 倍，到 19 世纪下半期，西方各国才陆续实行金本位制度。

在美国，19 世纪中期在加利福尼亚州发现大金矿，50 ~ 60 年代在内华达州等地发现大银矿，白银逐渐非货币化。1874 年美国停铸银币。当时，实行银本位或金银复本位的国家面临通货膨胀的威胁。德国的主要贸易关系是东欧各国，东欧各国在 1871 年时已放弃银本位，发行不兑换纸币，德国要是再坚持银本位就不会有好处，而别的非欧洲国家贸易伙伴多向英国筹资与之交易，使用金本位制货币。1867 年在巴黎国际货币会议上，很多欧洲国家热烈赞成金本位，于是德国借普法战争中获得的赔款，1871 ~ 1872 年通过几个法案，进行了一次大的货币改革，宣布：①黄金是铸造货币的金属；②金币可以自由铸造；③金币为无限法偿货币；④对银币限制铸造，规定每人不得超过 10 个马克，一次法偿为 20 马克，银块被用来购买黄金铸造金币。在这以后，1874 年荷兰、挪威、丹麦等停铸银币。到 1878 年时，主要欧洲国家都实行了金本位制度。1897 年俄国、日本实行金本位。1897 年印度货币盯住英镑，实行金汇兑本位。1898 年菲律宾货币与美元挂钩。到 1900 年包括亚洲的斯里兰卡，美洲的阿根廷、墨西哥、秘鲁、乌拉圭等也先后实行了金本位。直到第一次世界大战前只有中国等少数国家还是银本位制度，直到 1935 年实行法币政策，实行金汇兑本位制。

金本位制度的好处是可以建立一种稳定的货币流通机制，即价格——硬币流通机制。这一机制由相互联系的四个环节组成：国际收支与黄金在国际间的自由流通联系，黄金数量与货币供应联系，货币量与物价水平联系，物价水平与商品进出口联系，这个机制的核心就是由于黄金流通可以调节物价。比如，一国的国际贸易出现逆差，将会使黄金流出，减少国内的货币供给量，使物价降低，导致出口增加，进口下降，从而达到改善国际收支目的。这时的汇率按铸币平价决定，并受限于黄金输送点，波动很小。所以此时，国际贸易和国际资本运行平稳，促进了世界经济的发展。

金本位时期，是世界工业增长最快的时期。在这一时期，没有通货膨胀，黄金货币能够自发地调节流通中的货币数量。因为英国是贸易大国和资本输出大国，人们相信英镑是一种国际通货，英国在国际经济中的支配地位，国际结算多使用英镑，英镑纸币似乎成了黄金的补充。

金本位制度也有它的缺点：一是汇率过硬，不利于应付国际收支失衡；二是货币当局无法用货币政策调节内外流，而失去货币政策独立性；三是外部均衡置于内部均衡之上，逆差时国内经济紧缩，顺差时国内经济膨胀；四是对经济中心国家有利，它们可以转嫁矛盾和风险。

四、19 世纪是银行业的黄金时代

17 世纪末，在英国，银行还很少。后来商人们看到公共权力机构放肆的举动，决定把他们的流动资产委托给职业金钱商保管，这些金钱商摇身一变成了银行家，向存款人出具银票，向国家贷款，向实业家和商人贷款。在他们的努力下，一方面，银行票据被印成小额等价钞票，以方便使用，加速流通；另一方面，商业票据可以背书转让。而且，金钱商知道向谁投资，并可以在需要资金时，很快把贷款收回来。当然，这种贷款是通过贴现票据提供的。同时，金钱商还吸收贷款人存进来的钱，或者凭此再把这些钱用票据发出去，从而扩大了信贷规模，经济很快活跃起来。这些金钱商人成了存款银行。

1672 年，由于提取存款的政府遇到了困难，商界和政界的人们就提出了组建一个大型银行机构，与金钱商人竞争，并为私人和公共利益服务，这就是 1694 年 7 月 24 日英格兰银行成立的背景。后来经过银行派和通货派的激烈争论，1844 年通过的比尔条例，使英格兰银行取得了钞票的发行权。于是，那些公共银行就让位于发行银行。

在英国的带动下，19 世纪美国、法国及所有国家均实行了金本位制度，记账货币与结算货币的传统区分也不存在了，货币成为两种形式，一是金币即硬币，二是金币的代表——纸币，后来又有人认为需要再加上一种存款货币，即能够开出转账支票的活期存款。

但是，事情的发展并不是那样顺利。因为在战争或革命时期，纸币与硬币等值是不能保证的，纸币总是趋于贬值。如 1797 年英国中断了纸币兑换。另外，在金银复本位制度下，也无法保证纸币的稳定，金或银的价值变化常常波动。所以 1816 年英国宣布实行《金本位法令》。

1750～1914 年的一个半多世纪里，在世界金融发展史上，有四个潮流性的特征，是值得我们重视的。这就是发行银行的发展、商人银行的增多、大型商业银行的创立和非银行金融机构的发展，形成了工业化过程中的银行业发展的黄金时代。

（一）发行银行

以发行银行垄断货币发行是从英格兰银行开始的。英格兰银行最初发行的钞票，由于实行强制流通，与黄金比值曾经发生贬值。1809 年贬值为 10%。1910 年下议院责成专家成立"金锭委员会"。受李嘉图思想的影响认为货币贬值是发行太多，再这样发行下去会像俄罗斯、法国、瑞典、美国当年发行"指券"和其他不兑现钞票受害时一样，提出了恢复货币的可兑换性。专家意见没有被重视，因为国王不能再从英格兰银行中抽调资金去支持奥地利同盟，反对拿破仑。到 1821 年恢复了金储备，恢复了钞票的可兑换性，金本位才有了具体的内涵。至此，伦敦才真正取代了阿姆斯特丹，成为欧洲以至国际银行与交易中心。1826 年，政府通过法令，允许设立股份银行，但是要求离伦敦 65 英里之外，避免与英格兰银行竞争。1833 年，允许股份银行进城，但不能在伦敦发钞。当时法定通货就是英格兰银行的钞票了。但不久发生了争论，银行派认为钞票的发行应当是银行的一项活动，是满足客户的商业活动，国家不应干涉；通货派认为发钞是货币创造的现代形式，已传统地进入国家的责任范围。首相比尔主持政府于 1844 年通过了《银行特许法令》，英格兰银行被分成发行部和业务部，对发行部规定最高限额 1400 万英镑（以后又有提高），超过此数的发行要有 4/5 的黄金准备，1/5 的白银准备，即 100% 的贵金属准备，对其他银行业规定发行限额，不能超过，如遇变更、合并，其发行额度归英格兰银行。哪一家不能保证可兑换性就取消其发行权。到 1921 年英格兰银行终于真正垄断了英国货币发行。

法兰西银行在 1802 年时，拿破仑曾借口法兰西银行业务管理失误，决定银行总裁由国家元首任命，他说："朕要把银行握在政府手中，又不要握得太紧"，"我应当是所有我们介入的事务的主宰，尤其要介入银行事务，银行是属于股东的，更是属于皇帝的，因为银行造货币。"法兰西银行垄断货币发行起初只限于巴黎。1840 年制宪会议主席阿道夫·梯也尔通过法律，把法兰西银行的发行权扩大到设分行的省和准备设立的省。最后通过兼并其他发行银行办法，垄断了发行权。1850 年法兰西银行钞票成为可兑换纸币，之后曾几度停兑又几度恢复。

美国联邦储备委员会垄断货币发行更是缓慢艰难地诞生的。19 世纪初，美国国家银行只拥有国会予以的特权，各州银行特许权由州政府授予。所以钞票发行权在各州，很长时间不能收回到联邦政府，因为州政府反对。但在这期间，州银行还在发展，发行量还在增加，接着又成立了第二国家银行，发钞权的争论越来越激烈。1861 年南北战争爆发时，美国有 1600 家银行发行 7000 种钞票同时在流通，混乱的货币使人们常常在交易中受骗上当。1863 年通过法令，以有利于战争筹款为由，整顿币制，不仅规定州银行要受联邦政府监理，还要上缴发行税。南北战争后，只允许两种货币流通，一是国库发行的"绿背钞"，二是各国民银行发行由联邦担保的钞票。到 1879 年才实现钞票的可兑换性。1913 年 12 月《联邦储备法》公布建立了"复合式的金融体制"，设 12 个区联邦储备银行。州银行放弃发行权 50 年后，国民银行也放弃了发行权。

由上可见，英国、法国、美国的货币发行制度的演变，既不同路，又不同步。

（二）商人银行

商人银行在 18 世纪正式问世，19 世纪迅速发展，直到 20 世纪经久不衰。它们既不发行钞票，又不吸收存款，仅以顾问、经纪人、委托人的身份介入到一些大小生意中去。它们只承诺签署票据，即承兑向其开出的票据，不办吸收公众资本而发放贷款。其基础是某大人物的个人财富和名望。所以商人银行多不是股份公司形式，而是私人企业、合伙企业或私人银行。商人银行方便于巨额金融业务活动，一开始就有国际化的特征。美国的商人银行迟于欧洲，它们叫作"投资银行"，是从交易所中的投资角度来讲的。商人银行或投资银行可以帮助政府和企业在证券交易所筹集资本。如巴林银行、摩根集团等。

（三）商业银行

商业银行是大众化的银行，资本来源广泛，多以股份公司形式组建。最初的商业银行可以发行货币，当发行银行垄断发行以后均没有了这一职能。因而，它需要大量吸收存款，扩大顾客接触面。商业银行具有两重使命，既是存款银行，又是实业银行。

19 世纪末，英国由五大商业银行控制。他们总部在伦敦，分支机构在全国，在票据交换所有席位，又获得了领导票据交换的权力，被称为清算银行。他们谨慎地经营商业银行业务。伦敦的一些真正的实业银行以海外和殖民地银行的名义组建，如"远东渣打银行"、"南非渣打银行"。

在法国，19 世纪上半期，是商人银行和私人银行交替上升时期，但仍然不能满足工业化发展的需要，所以，如同英国一样，为商业票据贴现服务的贴现银行在法国迅速发展起来。1830 年决定成立 13 个贴现银行，1848 年为了配合法兰西银行的各个改革和实施强制通货，政府掀起新的设立贴现银行的高潮。成立 60 余个贴现银行，后来像巴黎贴现银行等办得不错，有一些后来没有办下去。

美国商业银行在这个时期也发展很快。到 1910 年有 23500 家股份制金融机构，其中州银行 1500 家，国民银行 7000 家。

1880～1900 年日本有 190 多家商业银行。

中国的商业银行，除了中国传统的金融机构钱庄、银号、账局、票号外，19 世纪 40 年代、60 年代、80 年代外资银行有几次来华设行高潮。中国的现代民族资本商业银行 1897 年成立，即交通银行。

（四）非银行金融机构

19 世纪是工业化和银行业大发展时期，但是商业银行一般是与社会上层往来，与社会下层一般民众联系不多。工业化与社会各个阶层都有关系。为方便广大民众，为了满足社会上还存在的小生产者的需要，新的金融组织形式也出现了。

一是储蓄银行。储蓄银行是吸收民众小额存款，并利用这些存款进行无风险的投资。使下层民众的小额积蓄得到安全，并以复利方式得到一些收入。1778 年在汉堡、1798 年在伦敦工业区、1801 年在德国下萨克森、1810 年在苏格兰相继成立。到 19 世纪中叶，在亚洲、美洲、大洋洲都有了储蓄银行，就地为居民服务。后来有的国家由邮政局代办民间储蓄，称为邮政储金局。

二是储蓄建设银行。储蓄建设银行 19 世纪出现在日耳曼国家，客户先储蓄，到一定时候取出存款和利息，支付住宅建设费用，需用时还可以贷款。这种形式的金融机构在各国的名称很不一致，有的叫"房屋互助协会"，有的叫"储蓄贷款协会"，有的叫"互助延期信用银行"。

三是信用合作社。信用合作社在 19 世纪上半叶从英国、法国开始创办。最初是科学社会主义者傅立叶学派 1830 年在巴黎创办"商业交换协会"，1832 年欧文等在伦敦创办"公平劳工交换银行"，1849 年蒲鲁东主义者在巴黎创办"人民银行"。但是，真正信用合作社原则和组织制度的发展是在德国完成的。1850 年起，德国办起了几百家人民信用社。同期，基督教慈善家也创办了一些信用合作社。这样，信用合作社就从社会主义和教会两个方面的理论走向了社会。

五、殖民地半殖民地金融

随着欧美国家工业化的发展和资本主义制度的建立，对外实行殖民主义政策，亚洲、非洲、拉丁美洲很多国家和地区成为工业国家的殖民地。殖民地的经济金融呈现另一种特征。

在这个时期，各国民族金融业受到西方殖民主义冲击。下面看一个非洲国家一个亚洲国家。非洲，19 世纪 30 年代末埃及沦为英国的原料供给地和商品销售市场。1858 年埃及在法国资本控制下开凿苏伊士运河，不久陷入债务危机，落入英、法、德、意大利、奥（匈）银行资本的罗网。1875 年英国利用埃及财政危机，以 400 万英镑的低价收购了运河股票。1876 年埃及财政崩溃，停付国债，英国、法国、意大利、奥（匈）四国组成"埃及债务管理委员会"，英法接管埃及财政大权，英国人管收入，法国人管支出。1878 年埃及成立"欧洲人内阁"，英国人任财政大臣，法国人任工程铁路和邮政大臣，意大利人任总审计官，1882 年英国军队占领埃及，独揽埃及财政金融大权。1885 年实行货币改革，把埃及银币降为辅币。1893 年英资"埃及国民银行"接管国库，掌管埃及货币发行权，成为埃及中央银行。1916 年固定埃及镑与英镑汇率，英格兰银行可以通过发行英镑换埃及镑在埃及购买棉花，等等。总之，英国中央银行英格兰银行一步步成了埃及金融经济的最高主宰。

在亚洲，1905 年英国保险机构随着商品贸易进入中国，为殖民贸易服务。1845 年英商丽如银行进入中国，19 世纪 50 年代先后有英国汇隆银行、阿加剌银行、有利银行、麦加利银行、汇川银行、利生银行、利华银行、利升银行、汇丰银行和法国法兰西银行进入中国，汇丰银行干脆将其总行设到了中国。90 年代又有德国德华银行、日本横滨正金银行、俄国华俄道胜银行、法国东方汇理银行、美国花旗银行进入中国。这些银行代表了工业资产阶级的要求，打破了东印度公司的专制和垄断，同时也带来了西方的适应工业化发展的新的金融业务和技术，包括金融工具、投资方式、银行管理、财务方法等，为中国经济金融提供了新的样板和思维。然而，整个 19 世纪西方金融业在中国的主要作用，不是平等交易，而是金融侵略。

当代著名经济史学家汪敬虞老先生提供了两段英国人的自白："在 1923 年 6 月 23 日上海汇丰银行大厦落成典礼会上，作为贵宾的英国驻沪舰队司令致辞说：英国的海军和贸易是联在一起的，'舰队力量的存在使这里的（英国）公众有了安全感，而汇丰银行的存在，又使舰队感到安全'。无独有偶，在 1926 年天津另一家大银行麦加利银行新厦落成之际，英国驻华大使夫人在揭幕式上的致辞，则径自把麦加利银行比之为'一艘巨大的金融战舰'"[①]。

1864 年汇丰银行在中国开张时，只有资本金 250 万港元，到 1995 年资产总值达到 23000 亿港元。这个数字说明了什么？19 世纪在中国的外资银行，不仅吸收存款，发行钞票，垄断国际汇兑，更重要的是以十分苛刻的条件，为中国政府提供贷款，控制中国的财政金融命脉。比如除了以关税、盐税作担保外，中国海关总税务司必须由英国人来担任，英国人赫德一做就是 48 年。他制定由外国人管理的海关制度，控制中国海关收入，干涉中国内政和外交，为英国政府和西方侵略者服务。

六、工业化发展过程中金融业发展的特点

第一，这个时期是银行业在历史上的大发展时期，也是成熟时期，银行业的功能发生了重大变化。商业银行成了工商企业的信用中介、支付中介；能够变社会各阶层的储蓄和货币收入为资本；能够创造代替金属货币流通的信用流通工具，成为经济发展的推动力量。

第二，由于金融业，包括发行银行、商业银行、商人银行、保险业和股票债券工具的使用与交易市场的出现，使金融业初步形成了自己的体系，为工业化增添了无穷的力量，金融活动的生产性极大提高，造成了工业的高速发展，同时也加剧了竞争，自由竞争和发展成为这个时期的突出特点。

第三，由于商品市场的扩大，由于各国政治经济发展的不平衡，工业化国家实行殖民主义政策，使世界上的财富由落后地区向发达地区集中，民族剥削和压迫成为世界性问题，需要新的国际经济秩序。

---

① 汪敬虞：《外国资本在近代中国的金融活动》，人民出版社 1999 年版。

第四，金融业的大发展，金融机构、金融工具、金融业务的大量创新，一方面有力地促进经济发展的同时，也增加了金融业的风险，似乎金融创新、金融发展和金融风险是相伴而行的。另一方面，人民在欣喜金融业创新和发展带来利益的同时，开始品尝了金融泡沫和金融动荡的酸果。

金融业进入管理通货时期

（1914～1970 年）

一、管理通货时期的社会经济背景

这个时期世界上发生了两次世界大战，一次世界性经济大危机，出现了以苏联为首的社会主义阵营，世界政治经济在资本主义和社会主义两大阵营的激烈斗争中发展。

20 世纪初，世界大国之间的势力之争更为激烈，由于德国迅速强大，长时间争夺殖民地的对手英国和法国开始采取一致步调，欧洲大陆形成两个军事集团。接着爆发了以德国、保加利亚、土耳其、奥匈帝国为一方，以俄国、法国、英国、比利时、日本、意大利、美国为一方的世界大战，战争从 1914 年到 1917 年进行了四年。双方都付出巨大伤亡，经济遭到严重破坏，特别是德国的损失巨大，参战的欧洲各国国土荒芜，国力衰退，各国人民饱受战争痛苦和饥寒交迫的煎熬。在俄罗斯，工人、农民的革命运动不断高涨，在以列宁为首的布尔什维克党的领导下，1917 年爆发"十月革命"，建立了世界上第一个社会主义国家。1921 年 7 月，中国共产党成立，中国人民在中国共产党的领导下，展开持久的反帝反封建斗争。

1929 年 10 月，纽约股市股价暴跌，发生了世界性经济危机。全世界都对经济丧失信心，带来全球经济不景气和政治的不安定。经济危机持续到 1933 年，各国政府都进行了巨大的努力，才逐渐平静下来。

1929～1933 年的世界经济大危机，震撼了整个资本主义世界，特别是激化了德国、日本、意大利国内外的矛盾，它们先后在世界各地发动了一系列侵略性战争，企图以此摆脱危机。日本侵略中国东北，德国吞并奥地利和捷克斯洛伐克，意大利吞并埃塞俄比亚，日、德、意的行径，激起了被侵略国家人民的反抗，加深了帝国主义国家之间的矛盾。到 30 年代后期，德、日、意终于发动了第二次世界大战。日本在中国点燃了亚洲战场的战火；德国在波兰、苏联点燃了欧洲战场的战火。先后有 60 多个国家和地区、20 亿以上的人口卷入了战争。战争一直进行到 1945 年 8 月，当日本广岛、长崎先后受到两颗原子弹打击后，这场人类历史上规模最大的战争最终结束。

在第二次世界大战中，获得解放的东欧和亚洲一些国家，在苏联的帮助下，进行社会主义革命，实行计划经济。美国在两次世界大战中都发了财，战后拥有资本主义世界黄金储量的 4/5，成为资本主义世界的领头人。美国和苏联的对立，使世界处于不安定的状态之中。两个超级大国，互争核武器的开发和扩军备战，把世界分成资本主义和社会主义两大政治、经济、军事阵营。美国和苏联没有直接交火，而以"冷战"的紧张状态保持 40 年不安定的平衡。但是以美国和苏联为中心的两大阵营在朝鲜半岛、越南、东南亚、非洲发生了一些局部战争，支援属于各自阵营的一方，所以两个阵营间的对立日益激烈。中国在中国共产党的领导下建立了中华人民共和国，在社会主义道路上稳步前进。新成立的社会主义国家都按照苏联的模式进行社会主义改造和建设，取得了令人注目的成就。但因为同本国实际结合不够，也产生一些问题。之后，南斯拉夫、波兰、匈牙利、捷克斯洛伐克逐步开始进行经济改革。

从第一次世界大战到第二次世界大战结束，在亚洲、非洲、拉丁美洲拥有殖民地的帝国主义列强，残酷镇压在各地发生的民族抵抗运动，巩固其殖民统治，同时大肆掠夺殖民地财富。被压迫受奴役的民族开始有组织地开展斗争。与此同时，受过教育的被压迫民族的领导人逐渐出现，谋求国家独立和民族解放。经过长期斗争，先后在各国建立了自治政府和实现了独立，并且开始建设家园，发展民族经济。特别是亚洲各国逐渐摆脱了西方殖民主义的枷锁，逐步发展起来。第二次世界大战后，大洋洲各国逐渐脱离殖民主义统治，获得独立。但很多岛屿还处在法国和美国的管理下。因此，这一带海域成为两国核试验和核废弃物的海上垃圾场，引发了大量的问题。另外，澳大利亚和新西兰与英国的密切关系减弱，与亚洲的经济关系加强了。特别是澳大利亚接纳了来自不同国家的移民，他们在多方面改变了澳大利亚。

二、管理通货与中央银行制度

（一）管理通货制度的背景：金本位的崩溃

1914年8月3日德国向法国宣战，8月4日德国国会和法国下议院同时明确要求全国民众团结在各自政府周围，一致对外。并且采取了一整套措施，其中包括建立纸币强制流通市价。1915年战争延续，两国均努力增加中央银行库存硬币数量，禁止黄金外运，要求公民把储存的硬币换成纸币。当时，欧洲各国也都实行了黄金禁运和纸币强迫流通市价，包括中立国家在内。过了不久，交战各国又确定：加快银行纸币发行，以应付战争费用；垄断地控制物价，以控制通货膨胀。当时英国为了维护英镑地位，尽力用税收解决战争费用，而少用纸币发行，并且由国库发行，以保持英国中央银行资产负债平衡。于是在英国出现了既有银行券流通又有国家纸币流通的情况，法律仍保持金币的流通兑换，但要求人们不要去兑换。经过四年战争，英镑物价上涨一倍，法国物价上涨更为严重。

当时美国的财政金融困难，这种形势有利于欧洲投机。比如，欧洲人在美国纽约抛售美元证券，换回美元，再换成黄金，就可以补充战争经费。当然这也是很危险的，一是交易所行情看涨；二是黄金储备减少；三是外汇市场美元贬值。但是，欧洲人没有这样做。可是，美国人在行情跌落前抛出股票，购买英镑和欧洲货币，不久美元果真落价，按平价计算4.87美元兑1英镑，这时7美元兑1英镑。欧洲人之所以没有这样做，是因为这样做要两渡大西洋，战争中很危险，此时黄金输送点调节失去了作用。不久，欧洲盟军控制了海上控制权，向美国购买食品，黄金流向美国，于是第一次世界大战中美国的黄金库存大大增长。1917年美国参战，欧洲采购费用由美国贷款支付，黄金不再流入反而流向中立国，美国禁运黄金，实行纸币强迫流通市价。

日本加入协约国，在太平洋、印度洋上活动，日元地位提高。但是美国的禁运黄金使日本无法将黄金运回国内，日本也被迫实行黄金禁运和纸币强迫流通市价。1918年同盟国被协约国战败，不少国家，甚至中立国家瑞典也发生了货币贬值，各国货币分成三种情况：一是坚挺货币，如美元、日元；二是疲软货币，如英镑、法郎；三是灾难货币，如德国货币。

第一次世界大战结束后，各国都希望重建金本位制度，并为此进行了努力。

1920 年，39 个国家在比利时首府布鲁塞尔开会，决定恢复金本位。但是，要回到战前的金本位制度是困难的。因为，第一是需要大量的黄金储备，这是非常困难的；第二是要建立一种制度，也就是一种国家间的货币关系，这也不是容易的。

1922 年春天，在意大利的热那亚再次开会，决定搞一个国际性货币体系，各国要不是实行金本位制，要不是实行金块本位。认为在金块本位制度下，公众不会有那么多钱来兑换金块，可以减少兑换。其实，大投机商还是可以通过买空卖空来炒作黄金的。不过，输金点的存在，黄金价值和汇兑率还得以维持。没有金块来保证的国家，可以实行金汇兑本位制，这种制度的前提是加入国际汇兑体系，由其中央银行负责外汇的自由兑换。

在此过程中，英国一直想保持英镑的国际货币垄断地位，最后还是没有实现，1924 年正式宣布金块本位为 12.4 公斤兑个大金条，平价如旧。于是，各国先后参加了国际货币体系，实行金汇兑本位制度，意大利、法国、比利时等国货币大幅贬值，有的国家回到有条件可兑换上来。

1929 年 10 月，美国纽约股票交易所股市暴跌，立刻影响到欧洲和世界其他各地，到处是债务人要求延期支付，支付危机席卷世界。持有英镑的人，它们或者把自己的英镑换成黄金，或者把英镑运回国内，英格兰银行只得向外汇市场提供黄金，黄金库存下降，英镑地位下降。1931 年一家奥地利银行破产，影响波及德国，德国实行外汇管制，又影响到其债权国美国。英镑不受欢迎，将英镑换成黄金的人越来越多，英国黄金库存下降到危险程度。同年 9 月英国宣布放弃金本位，一般纸币不再兑换黄金，兑金条也不行。于是，到 1932 年 1 月英镑贬值 31%。美国为了防止损失过大，与联合王国成员组成"英镑区"，区内货币与英镑挂钩，但是无论如何也不能挽救英镑的衰落。英国退出金汇兑本位，证明了这种货币制度并不是一个理想的制度。

1933 年初，罗斯福和希特勒分别就任美国和德国总统，两个人都置金本位规律于不顾，实行政府干预政策：在德国，强化外汇管制，国内只能用马克，对外经济关系用外汇，马克只有含金量，不兑现；在美国，先建立汇兑管理制度，把金币从流通中抽出来，限制居民持有黄金，黄金集中国库，最后宣布美元贬值，1934 年 1 月，美元贬值接近 40%，一盎司黄金价格 35 美元。罗斯福说："构成一个国家国泰民安的种种因素中，经济制度的巩固可靠，比起它的货币用其他国家的外币来计算价值，更为重要。"1934 年意大利实行了与德国相同的办法。1936 年法国实行强迫流通市价的"弹性法郎"制度。1936 年 9 月 25 日，法国、英国和美国签署公约，把兑换黄金的特权只保留给各国中央银行。不久，其他一些国家也参加了这个公约，金本位彻底消失了。

金本位消失以后，纸币发行在技术上似乎没有了限制。但是没有限制的纸币发行，只能是通货膨胀。为了货币的稳定，罗斯福所讲的"制度安排"就成了最好的选择。管理通货制度就是在这样的背景下开始了。

（二）管理通货的理论基础

管理通货理论是指通过国家对通货的宏观管理实现国家干预经济的一种货币理论。其倡导者是凯恩斯。凯恩斯在 1923 年《论货币改革》一书中提出了管理通货的基本理论。其主要内容是：

第一，通过银行的贴现率和利息率来调节通货。在总需求小于总供给时，降低贴现率促使金融机构向中央银行贷款，从而扩大对私人企业的贷款，扩大流通中的货币量，就会降低利率，扩大投资，扩大总需求。

第二，通过公开市场调节通货。在总需求小于总供给时，中央银行可以收买大量证券，投放出大量货币，使利率下降，借以支持产业发展，扩大总需求。

第三，通过银行准备金调节通货。中央银行在法定的限度内，降低银行存款准备金，以增加货币的投放量，借以扩大总需求。

总之，中央银行通过调节货币供应量，刺激有效需求，刺激消费和投资，从而使就业量和国民收入增加，以稳定经济，消除经济危机。

所以，20 世界 20 年代以后，特别是 1929～1933 年经济大危机以后，中央银行制度受到了各国的高度重视，加上凯恩斯《货币、就业与利息通论》提出可以用赤字财政政策和廉价货币政策医治经济危机的理论后，中央银行在各国的地位得到了进一步提高，成为国家进行宏观经济调控的工具。

（三）中央银行制度

中央银行制度萌芽于 19 世纪前半期，由于商业银行随着工业化的发展迅速增加和竞争不断加剧，在金融领域出现了一系列问题需要解决。一是商业银行当时只要能够做到保证兑付，谁都可以发行银行券。但是，小银行发行的银行券离开当地到其他地区人们就不会接受，而且所有的银行都可以发行银行券，在竞争中随时都有倒闭的可能性，倒闭银行的银行券流通和收回就成为影响社会稳定和经济发展的大问题，客观上要求有一种权威性的银行券。以减少商品交易中的混乱，避免银行破产带来的麻烦，还能够在更大范围流通来满足经济发展的需要。于是由权威性的银行发行统一的权威性的货币成为社会的呼声。二是商业银行数量增加，他们在办理存款人的转账结算后，各银行之间的清算需要一个社会的权威性的机构来负责，金融业需要一个权威的票据交换中心。三是商业银行在经营过程中，除了自己的资本金外，主要是依靠吸收存款，发放贷款，常常会发生偿付力不足的问题，这时需要有人能为商业银行提供贷款，但是往往这个时候各个银行都会感到力不从心，而放款银行又不可能提前向借款人收账，这就很可能形成支付困难，发生挤兑，危及银行安全，客观上要求有一个为商业银行服务的最后贷款人。四是金融业的发展，竞争的加剧，需要社会的统一管理，形成有序的竞争，金融业的管理问题也就成为十分迫切需要解决的问题。

中央银行就是在上述基础上产生的。但是，它并不是一开始就是发行的银行、政府的银行、银行的银行和管理的银行，而是经过了一个比较长的历史发展过程，大约经过了 2 个多世纪，才发展到今天这样的中央银行。成立于 1656 年的瑞典银行，原本是商业银行，1661 年开始发行钞票，1897 年瑞典政府通过法案，将瑞典货币发行权集中于瑞典银行。1694 年成立的英格兰银行，一开始就是政府支持下筹办起来的，目的是帮助政府融资，就是政府的银行，到 1844 年通过"比尔法案"才垄断了货币发行，成为发行的银行。总的来看，中央银行制度到 20 世纪初已经基本形成，大体上有 29 家之多，如瑞典银行、英格兰银行、法兰西银行、芬兰银行、荷兰国家银行、俄罗斯银行、瑞士国家银行、日本银行、埃及国家银行、美国联邦储备体系等。这些中央银行都是由普通银行自然演进的，或者是政府融资需要，或者是为商业银行服务，但是都逐步集中了货币发行，成为发行的银行，都与政府有一定联系，成为政府的银行，都为金融业服务，成为银行的银行。

第一次世界大战后，1920 年在比利时首都布鲁塞尔举行国际金融会议上形成 12 条决议，认为稳定币值，需要各国财政收支平衡。发行银行应当脱离各国政府政治上的控制，执行稳健的金融政策。这次会议形成的决议后来成为中央银行制度重要的理论基础。这次会议以后，从 1921 年到 1942 年，世界各国中央银行又增加了 43 家。这个阶段中央银行发展的原因，主要是第一次世界大战后新国家的产生，同时有重建货币制度的需要。应当指出的是，这个阶段中央银行都很重视集中储备，把准备金制度作为稳定金融的重要手段。

中央银行制度的强化是在第二次世界大战以后。从 1945 年到 1971 年各国改组、重建和新建的中央银行有 50 多家，这个阶段中央银行制度大发展的最重要原因除了管理通货外，就是执行货币政策，调节宏观经济的需要。这个阶段中央银行制度发展的主要表现为以下几个特征：

第一，中央银行资本国有化。第二次世界大战前，中央银行的资本，有的是国家资本，有的是公私合营，有的是私人资本。第二次世界大战后法国首先将法兰西银行收归国有，随后有英国、印度、新西兰、阿根廷等实行银行国有化。第二次世界大战后新成立的中央银行，一开始就是国有资本建设的。即使个别国家的中央银行有私人资本，也是归国家管理，私人股东不能干预。

第二，中央银行由国家控制。第二次世界大战后，尽管各国中央银行的管理体制并不一致，有的隶属于财政部，有的隶属于国会，不管谁管中央银行，也不管谁来任命中央银行的负责人，中央银行都必须为国家经济社会发展的总目标服务。虽然过去曾经强调中央银行的独立性，但是没有一个中央银行不受政府的控制。

第三，中央银行通过货币政策调控经济。受凯恩斯理论的影响，第二次世界大战后各国都加强了国家对经济的干预，其干预的主要手段都选择了中央银行的货币政策。中央银行通过调节和控制货币供应量和信贷总规模，使国民经济达到国家预定的目标。国家通过中央银行法，对货币政策的工具、目标和传导机制做出规定，使中央银行货币政策法规化、制度化。

第四，中央银行国际合作的加强。随着世界经济和国际贸易的发展，国际间的贸易战、汇兑战、关税战不断加剧，影响着各国经济的稳定和发展。40 年代国际货币基金组织、世界银行成立后，1956 年和 1960 年又有国际金融公司和国际开发协会相继成立，大多数国家的中央银行都代表本国参加了这些机构，形成全球性的中央银行的国际合作。尽管真诚、平等的合作是非常困难的，但毕竟有了一个进行国际协调的机构，在一定程度上还是有好处的。

（四）国际货币体系的演变

金本位制度崩溃以后，各国货币再不能以金平价作为汇率的基础了，世界货币制度的秩序如何确定，成了突出问题。

第二次世界大战期间，纳粹德国提出要在欧洲废除金本位，建立"新秩序"。为了回应德国提出的新问题，英国经济学家凯恩斯根据英国政府的要求，为盟国起草了"清算同盟"草案，凯恩斯的草案正好与罗斯福的主张相吻合。同时，美国凭着其拥有大量的黄金储备，为了提高美元地位，使美元成为世界权威性货币，起草了国际货币关系的计划。1942年英国和美国同时发表了它们的计划。1944年英国和美国共同出面组织有关国家在美国布雷顿森林开会，会议提出，不要机械主义，不要无政府主义。要求各国对汇兑市场上的本国货币负责，为此要有一种协调机构，于是产生了国际货币基金组织。基金成员国，要根据其在国际贸易总额中的比重交纳一定份额，宣布货币汇兑平价，使本国货币与美元挂钩，美元与黄金挂钩，建立新的国际货币体系。第二次世界大战时，由于严重的通货膨胀，货币贬值到一件小商品也要数额很多的货币，对此，各国先后进行了货币改革。重新确定了货币汇兑平价，国际货币关系得到了协调。50~60年代，由于美国在外大量驻军，长期的国际收支逆差，美元外流，黄金储备下降，美元不断贬值。1971年，美元由35美元一盎司黄金贬值为38美元一盎司黄金，还不能兑现。一盎司黄金的美元价格，到1972年初为50美元，1973年中期为125美元，1974年底接近200美元，1979年为400美元，1980年1月为850美元……实际上1973年以美元为中心的国际货币体系实际已经解体，各国货币关系开始实行浮动汇率制。

三、从取消货币银行到计划金融

在社会主义国家苏联，1917年十月革命胜利后不久，就取消了货币，取消了银行，把银行并入了财政人民委员会。商品货币制度的取消，很快暴露出了问题，国民经济出现混乱。1921年列宁宣布说，过早地取消货币是不现实的，实践证明我们犯了错误。接着，恢复了货币，建立了苏联国家银行。1936年斯大林又领导进行了著名的信用改革，承认社会主义经济还需要货币流通，还需要银行进行货币监督，银行是社会主义国家生产和分配的监督机关和调节机关，并且建立了一整套金融货币管理制度，就是高度集中的计划经济的货币信贷管理办法，国家通过全国的"综合信贷计划"和"现金计划"，直接对国民经济进行管理和调节。后来社会主义阵营的各个国家，都按照苏联的经验和模式，进行了本国的经济建设。中国也学习了苏联经验，但在毛泽东主席的领导下，根据中国的特点，创造性地进行社会主义经济建设。中国的社会主义金融机构，产生于革命根据地，在中华人民共和国成立之前，1948 年 12 月 1 日于石家庄在根据地银行的基础上成立中国人民银行，随着城市的解放进入城市，没收了官僚资本银行，取缔了帝国主义在华银行的特权，在 1950～1952 年通过联营、联管和公私合营的道路，对私营资本主义金融业进行了社会主义改造，建立了人民银行的单一国家银行体制。由于战争的原因，1949 年末至 1950 年初，中国的通货膨胀相等严重，人民币几乎失去了价值尺度职能，不得不用人民币的"折实单位"来计价。1950 年 3 月，毛泽东主席提出"为争取国民经济基本好转而斗争"，实行了统一财政收支、统一现金收支、统一物资调度的政策，中国人民银行以收存款、建金库、统一调度为任务，很快平抑了物价，稳定了通货。从 1950 年 5 月到 1978 年，中国的物价基本是稳定的。在 1953 年进入有计划的社会主义经济建设以后，中国人民银行与财政部根据中国的实际，总结了中国计划经济中的经验并不断上升为理论，认为计划经济中的货币政策和财政政策对宏观经济的调控，最基本的方法是"四大平衡"，即财政收支平衡、信贷收支平衡、外汇收支平衡、物资供求平衡，其中财政收支平衡是关键，信贷收支平衡和外汇收支平衡是条件，物资供求平衡是基础。这一整套计划经济的经验和理论，使中国从 1953 年到 1978 年经济发展取得了巨大成就。但是也有很多教训，扯皮多，浪费大，效率低。高度集中的计划经济影响了中国经济发展的潜力。

其他一些社会主义国家多数照搬了苏联经验，也有少数国家根据自己国情，采用了不同于苏联的道路，如南斯拉夫等国家。

四、管理通货时期金融的特点

从 20 世纪 20 年代到 70 年代初，世界各国金融发展呈现出许多新的特点，最主要的是：

第一，世界各国都从贵金属代表货币的价值发展到了贵金属的非货币化。货币与黄金脱钩以后，纸币的稳定性就只能由国家通过中央银行的垄断发行，实行国家管理通货的制度来保证货币的稳定性。这是货币制度发展史上的一个飞跃。

第二，市场经济由自由竞争发展的垄断，经济社会的发展没有国家的干预而任凭市场经济那只"看不见的手"自发地进行经济调节，付出的代价越来越大。国家的权威性的干预如果单一地使用行政手段比如高度集中的计划经济办法，其效果也是很不理想的。国家用法律的、经济的"看得见的手"进行干预，让"看得见的手"与"看不见的手"握手，就会给宏观经济以协调、秩序、公平和效率。中央银行的许多特点自然而然地成了国家调控宏观经济的工具。

第三，科技和交通的进步，使国际经济联系日益加强，国际经济发展需要秩序。国际经济联系的媒介是货币和银行。因此，国际性金融组织在这个时期得以组建，并且开始摸索国际经济金融协调的道路和方法。

现代金融业的新发展

（1970 年以来）

一、20 世纪 70 年代以来的世界

20 世纪 70 年代后期，中国结束了十年"文化大革命"，开始转变自己的经济社会发展战略，进行经济体制改革，建设社会主义市场经济，在改革开放的道路上越来越繁荣昌盛。在东南亚地区，经济迅速崛起，这一些举世瞩目的新兴市场国家，已经成为世界上一支重要力量。但西亚地区由于殖民主义的影响，战乱不止，巴以处于敌对状态。80 年代末 90 年代初，发生苏联剧变，统一的苏维埃社会主义联盟解体，东欧的 9 个社会主义国家除民主德国并入联邦德国外，其他 8 国分裂为 27 个国家。这一剧变宣告雅尔塔体系终结，世界历史进入一个新阶段。德国统一改变了西欧的均势，在一定程度上推动了欧洲的联盟与合作，又使欧洲一体化进程更为复杂曲折。1990 年纳米比亚取得独立时，在非洲这块大陆上已不再有欧洲国家的殖民领土，其影响降到了次要地位。自从苏联解体，两极称霸的世界变成了一霸多极的形势。当代，美国、欧洲、日本和中国在世界经济发展中占有重要影响。国际经济组织和区域性经济组织发展很快，成为协调各国经济的重要力量。

二、金融全球化

金融全球化与经济全球化是密切相连的。世界进入 20 世纪 70 年代以来，经济金融全球化的发展成为突出的特点。

经济全球化早在 1911 年英国一位经济学家就曾经提出过，他认为建立经济长远发展的基础，用军事征服的手段是不可能的，只能借助于经济全球化才能实现。他的观点当时并没有引起社会重视。"二战"后西方资本主义国家经济的迅速发展和发展中国家的经济起飞，经济全球化成为世界经济发展的总趋势，特别是自 70 年代以来，经济全球化正在影响和改变着世界经济的发展，成为一股不可阻挡的潮流。这里所说的经济全球化，指自然、劳动力、资金、技术、信息、管理等生产性资源在全球范围内配置以及由此引起的各国经济之间相互促进、相互制约，进而相互融合的经济发展状态。经济全球化的发展，大体上已经经历了几个历史阶段。1750 年到 20 世纪初是经济全球化缓慢产生发展阶段。马克思在《共产党宣言》中有过描述："资产阶级，由于开拓了世界市场，使一切国家的生产和消费都成了世界性的了。不管反动派怎样惋惜，资产阶级还是挖掉了工业脚下的民族基础。古老的民族工业被消灭了……这些工业所加工的，已经不是本地的原料，而是来自遥远地区的原料；它们的产品不仅供本国消费，而且同时供世界各地消费。旧的、靠国产品来满足的需要，被新的、靠极其遥远的国家和地带的产品来满足的需要所代替了。"[①] 1910 ~ 1950 年可以说是停滞或倒退阶段。1910 国际贸易额 500 亿美元，1950 年还是 500 亿美元，原因是这中间有两次世界大战和一次经济危机。1950 年以来是大发展阶段，国际贸易额由 500 亿美元发展到 6 万亿 ~ 7 万亿美元，增加了 100 多倍。特别是 70 年代以来，经济全球化发展速度更为惊人。经济全球化的表现，首先是国际贸易自由化。世界贸易组织的前身关税与贸易总协定一直致力于削减关税和拆除贸易壁垒，使工业品关税降低为发达工业国的 3.8%，转型经济国家的 6%，发展中国家的 12.3%。1995 年 1 月 1 日，WTO 取代关税与贸易总协定，在影响世界经济贸易发展方面更加雄心勃勃。1947 年世界贸易量为 450 亿美元，美国占 33%；1997 年全球贸易量为 6.10 万亿美元，还有 1.23 万亿美元的服务贸易，

---

① 《马克思恩格斯选集》，人民出版社 1973 年版。

50 年增长了 135 ~ 160 倍，美国占 10%，但绝对额增加了 42 倍。世界各国自由贸易的大门已经打开。其次是生产的国际化。生产和生产的各个分工环节在国际范围内的分布、配合和扩散，使生产组织在跨越国界进行。最典型的是电脑生产。目前，世界上有 4 万多家跨国公司，其中前 300 家控制着世界 1/4 的生产资金，超过 5 万亿美元。因而跨国直接投资增加很快，由 10 多年前的 250 亿美元到 1996 年上升为 2500 亿美元。最后是金融全球化。金融全球化即资本的全球流动以及相关的金融服务的全球支持。

金融全球化的实质性的展开是在 20 世纪 70 年代。在"二战"结束之前，世界各国的金融市场基本上不相互联系，而是各自独立发展，只有服务贸易的国际结算的金融服务有联系。40 年代以后，在国际货币基金组织的推动下，通过协调国际货币、提供贷款和投资，成为金融全球化的发端。五六十年代的欧洲美元的出现和离岸金融市场的创立，七八十年代的金融创新推动的金融自由化浪潮，加快了金融全球化的进程。90 年代以来。金融全球化更加迅速发展，成为世界经济发展中最突出的问题。在金融全球化的过程中，"三世"组织（国际货币基金组织、世界银行、世界贸易组织）的成立和运作起了很大作用。

金融全球化有以下特征：

第一，金融机构和金融业务的国际化。金融机构和业务国际化的先锋是跨国银行。19 世纪末，西方国家的垄断银行出现并向外扩张，通过建立分支机构和扩大业务建立跨国银行。20 世纪 60 ~ 80 年代计算机和电信技术的迅速发展推动了国际贸易自由化和生产的国际化，对金融服务需求提高，跨国银行获得了前所未有的发展。到 90 年代这种发展速度加快，除了商业银行以外，还有投资银行、证券公司、保险公司等非银行金融机构也从全球化中寻求发展战略，纷纷向外扩张，建立全球化的分支机构和服务网络。

第二，金融市场的一体化。国际金融市场形成于国际贸易引起的大规模的外汇交易需求，之后随着发达国家的资本输出使其得到了进一步发展。最初主要在伦敦、纽约和法兰克福，七八十年代东京与伦敦、纽约成三足鼎立之势。90 年代新加坡、中国香港进入国际金融中心，吉隆坡、曼谷成为地区金融中心，传统的金融中心和新兴的金融中心相互交织在一起，成为庞大的国际金融市场。国际金融市场包括国际货币市场、国际外汇市场、国际证券市场。从货币市场看，欧洲美元市场的出现，刺激了国际银行业同业拆借市场和对非居民的离岸金融市场的发展，不仅资金流量大，并形成统一的资金价格，目前欧洲货币市场的交易额超过6.4万亿元。从外汇市场看，外汇交易增长规模和速度大于国际贸易的发展，1989年全球外汇交易日平均为5900亿美元，到1998年为1.5万亿美元。从证券市场看，全球形成了几个证券交易中心，1998年全球证券交易总值25.2万亿美元，其中十大证券交易中心22.3万亿美元，1999年以来，证券市场出现全球合并和一体化发展。2000年巴黎、阿姆斯特丹、布鲁塞尔三家证券交易所合并为欧洲第二证券交易市场，上市公司有1300家，市值2.3万亿美元。香港证券交易所与美国纳斯达克互换上市公司挂牌交易，开始了两个交易所迈向一体化的第一步。总之，一天24小时可以不停地进行所有证券的交易。

金融全球化的利弊，国际上有两种不同意见，一是反对，二是支持。事实上任何事物都有正反两方面。应当说有利有弊，不同国家利弊不同。有利的表现，一是有利于自然、资金、技术、管理、信息、智力资源在全球范围内配置，促进世界经济的发展；二是有利于各国在经济金融管理技术上的交流，提高金融管理水平和效率。不利的表现，一是可能使各国差距拉大。因为多数国家得到好处，少数国家不一定能得到好处或得到的不多。二是可能使金融风险扩大，一旦一国发生问题，弄不好就会波及其他国家，酿成金融危机，经济动荡。金融全球化的最重要影响是使金融更加脆弱。首先，由于金融全球化，加快了世界的金融交易，使近几年全世界的金融交易量远远超过实物商品的交易量，有人用"虚拟经济"来概括这种现象，说现在以国际金融为核心的虚拟经济在世界经济运行中日益占据主导地位，这种所谓的虚拟经济，就是指同资本的价值形态独立运动相联系的经济。虚拟经济最主要的功能在于：①促进资本形成；②加速信息聚集和扩散；③促进资源的配置效率；④公司监控；⑤资产运用；⑥风险管理等功能。但是，它也有明显的负作用：①可能引发金融危机，阻止经济增长；②它可能导致股市的泡沫膨胀，一旦泡沫破灭，会产生灾难性的破坏；③它可能使国际游资冲击国际经济秩序；④他可能使金融霸权主义成为发展中国家经济健康运行的最大危险。由于这种被称为"虚拟经济"的发展，世界的财富形式成为倒金字塔的结构。这种倒金字塔上部大，下部小，而且上部要比下部发展得快得多，成为一种头重脚轻的状态。据国际清算银行 1998 年 10 月公布的调查结果显示，全球外汇交易市场一年交易额已经达到 375 万亿美元，而货物和服务贸易额不到 7 万亿美元，即贸易引起的全球外汇交易额仅不到 2%。目前，经济全球化、金融全球化正以前所未有的广度和深度发展。由于世界经济的迅速发展，出现了一批被称为"金融巨无霸"的大型跨国企业集团，这些企业集团多数是金融控股集团，它们可以在世界范围内影响以至左右一些国家的经济活动。如果说，过去国与国之间的经济往来、资金活动，政府起着重要作用的话，那么现在这些"金融巨无霸"有取代政府作用的趋势，这种趋势加大了世界金融的不稳定性。其次，近年来，由于信息技术革命的变化，使经济全球化和金融全球化的发展过程中出现了一种既高度集中化又高度分散化的趋势。国际互联网使用的扩张，使分散的用户能够普遍享受过去难以想象的金融服务，足不出户就可和金融业打交道，为金融业的发展提供了广阔的基础和巨大的发展，从而使金融服务的对象高度分散化，不一定要在集中的营业大厅通过手势去成交。最后，互联网也促进了全球主要金融活动集中在少数发达国家的金融中心，金融业务活动高度集中化。这种高度集中化和高度分散化的趋势，强化了金融对经济的影响，但是也带来了金融业的不稳定性。根据经济学的"溢出效应"原理，一国的不稳定性会扩散到别的国家，输出不稳定性。金融安全就成了国家的大事。正因如此，为了提高综合国力，发达国家都在抢占国际金融的制高点。当代美国战略家哈佛大学的享延顿教授为美国政府列出了控制世界的 14 项战略措施，第一项是"拥有和操纵着国际金融系统"；第二项是"控制着所有的硬通货"；第五项是"主宰着国际资本市场"而"高科技军工"被放在倒数第一。看来，一个国家的崛起必须有坚强的金融后盾，金融安全成为各个国家关注的重要问题。

三、发展中国家的债务危机

发展中国家的债务危机，始于 20 世纪 80 年代。1982 年 8 月 13 日墨西哥财政部长飞往美国，拜访国际货币基金组织和美国财政部、美国联邦储备银行并发出信号，墨西哥不能还债了，于是引起了美国华尔街的恐慌。1981~1983 年有 40 多个发展中国家都要求重新安排债务。债务危机的原因，一是世界经济危机的影响以及西方银行盲目扩大债务；二是国际金融市场利率不断上涨，加强了各国的债务危机；三是世界贸易萎缩，增强了各国特别是发展中国家的贸易出口困难；四是一些发展中国家片面追求高速度增长的决策，经济发展战略失误。

墨西哥危机出现后，西方债权国家为了自己债权的安全，不得不联手帮助：第一，1982 年 9 月国际货币基金组织与世界银行在第 37 届年会上就援助中的一些债务问题达成了协议：一是国际开发协会在 1983 年和 1984 年向低收入国家提供 70 亿元的优惠贷款；二是 10 国集团国家财长和中央银行在巴黎会议上同意将借款总额安排的资金从原来的 64 亿特别提款权增至 170 亿特别提款权（SDR）。同时将基金组织的基金从 616 亿 SDR 增加至 900 亿 SDR，增长 47.5%。第二，美国从 1982 年 7 月后，将再贴现率多次下调，从 12% 调至 8.5%。西欧、日本也做了降息的配合行动。第三，各国大商业银行同意继续安排贷款给债务国家。第四，重债务国家国内经济也作了相应的调整。

但在此过程中，美国为富不仁，里根最初曾考虑降息，主张通过市场的办法（商业贷款，私人直接投资）解决，反对基金组织基金分配份额，削减美对国际开发协会的款项。在危机前，他采取了积极政策，但真正墨西哥财长提出救助后，他又改变了态度。美国由支持—不支持—支持的转变，是害怕再次世界债务危机冲击国际银行体系，以维护美国在发展中国家的利益。采取上述措施以后，危机是缓减了，但没有从根本上解决问题。所以，到 1994 年墨西哥再次发生债务危机。

四、金融购并浪潮

金融业的购并与企业购并是紧密相连的，近几年已经成为越来越突出的金融问题。其中美国最为典型，其企业购并发生多次浪潮。其基本轨迹是自由竞争—资本垄断—混合经济。第一次浪潮发生在 19 世纪末 20 世纪初，美国在 1893 年第一次经济危机中有 642 家银行倒闭，38000 家企业破产，156 条铁路破产。1894 年美西战争爆发，殖民地扩张，经济复苏，出现了资本的集中和积聚，企业兼并应运而生，从 1897 ~ 1903 年，发生了 2864 起兼并，总资产达 63 亿美元。这次购并的特征，是以扩大企业规模为直接目标的横向兼并为主要形式。第二次浪潮发生在 20 世纪 20 年代，即美国 1920 ~ 1921 年经济危机后，经济进入相对稳定的发展时期出现的新的工业高潮中，当时资金大量涌入股市，膨胀的股市促进了企业的并购。这次被兼并的企业 12000 家，涉及公用事业、银行、制造业，采矿业等，其中 1928～1929 年就有 2300 家。因当时反垄断法出台不利于横向兼并，大公司间转为能力竞争和质量竞争，于是纵向购并成为主要形式。这次购并的主要特征，是大公司产业化重组与中小企业泡沫化投机并存。第三次浪潮发生于 20 世纪五六十年代，"二战"后美国经济高涨，欧洲、日本主要靠美国投资恢复战争创伤，美国资本输出政策带动了大公司的商品输出扩张，1960～1970 年，发生了 22598 起并购，其中工业占一半。这次并购的特征，是跨行业兼并，多元产业发展代替了横向兼并和纵向兼并。第四次浪潮始于 70 年代中期，延续到 80 年代。70 年代是美元危机、石油危机，1973 年美国等进入严重经济困难时期，随后进入了 30 年代以来的最大衰退。1975 年并购活动开始上升，到 1984、1985 年兼并占有交易额分别为 1222 亿美元和 1796 亿美元，10 亿美元以上的并购，1984 年为 18 起，1988 年为 45 起。在这一浪并购中，"基金"等机构投资者增加，大公司股东资本结构变化，开始要求大公司进行改组改造；小企业借助金融机构的巨大财力，以股东革命的姿态兼并多元发展的大公司，改组公司资本结构和公司领导机构，再将非主导产业转让，获取买卖企业资产的巨额资本收益。这次购并的特征，是引入金融杠杆手段，即举债收购，发行一种高风险、高回报的债券，使小企业能够并入大企业，出现"小鱼吃大鱼"。第五次浪潮始于 1994 年，1990 年初美国经济摇摆不定，经济低落，银根紧缩，市场疲软，购并维持低谷，1993 年起，经济回升，购并增加，1994 年购并交易额 3419 亿美元，1995 年 5190 亿美元，1996 年 6588 亿美元。购并中出现了一个市值达 210 亿美元的新型投资银行，出现了高层投资银行与零售证券经纪行的结合，改变了华尔街的金融发展方向。因为高层投资银行是蓝筹股的投资银行，提供投资战略性建议，为大公司发行股票债券，在资本市场上似有呼风唤雨之力，而零售证券经纪行是有下属众多的零售经纪人的证券行，为小客户服务，靠小笔交易赚钱。其合并的方式为股权置换，职位安排，合并后的新的企业是可以获得广泛客户的"双翼巨人"式的金融巨无霸。这次并购的特征，大公司面对信息革命和经济全球化的新局面，要求大规模的功能互补型重组。

从 20 世纪 90 年代的世界并购浪潮看，银行业的并购特别突出，1995 年 4 月日本三菱银行与东京银行合并为三菱东京银行，资产达到 72.7 万亿日元；1995 年 11 月，大和银行和东京银行合并。在欧洲各国之间进行收购，法国里昂银行收购瑞士 BFG 银行，荷兰 TMG 银行收购英国巴林银行，英格兰银行收购西澳大利亚银行，等等。1995年国际银行购并大约320亿美元，在国际企业并购中为第二。看来，全球金融业与企业购并规模越来越大，购并增长幅度越来越大，海外并购目标越来越多。总之，他们借助银行并购，促进了本国金融机构重组。

金融业并购浪潮的原因，主要有以下几方面：

第一，金融自由化步伐的加快。西方国家推行金融自由化已经走了很多年，90年代中期，美国允许州银行跨州经营，90年代末又废除了格拉斯·斯蒂格尔法案。日本1993年打破了专业银行的壁垒，允许商业银行经营证券。欧洲联盟成立以后，各国银行可以互享国民待遇。

第二，虚拟经济的诱导。20世纪70年代以来，国际金融由国际贸易背后走向了世界经济发展的前列，并且金融业务还可能游离于实体经济之外，在当代高科技的推动下，金融创新不断推出，金融工具增多，股票债券规模扩大，交易方式不断翻新，短期资金进入资本市场，金融业务膨胀，虚拟经济扩张。

第三，提高抗风险能力的需要。随着电子计算机和通信技术的发展，金融全球一体化加快，金融市场进一步扩大，加上银行业表外业务增加，金融业混业经营，使金融业应变能力增强。但是跨国银行的增加，竞争加剧，风险扩大，只有充足的资本才能提高抗风险的能力。

第四，为了取得竞争优势。因为购并可以使优势互补，可以降低经营成本。

金融业购并的发展趋势有利有弊，其好处：一是有利于维护金融体系的稳定；二是有利于发展中国家筹集资金；三是有利于经济开发和发展。其不利之处：一是可能扩大潜在的风险；二是可能使国家金融监管难度加大；三是可能使不良资产扩大；四是可能使不公平竞争加剧，金融体系性风险扩大。

五、金融危机频繁爆发

20世纪70年代以来，货币信用领域的动荡开始加剧。1974～1975年发生了严重的经济金融危机。美国企业破产数达11500家[1]，美国排名第20位的富兰克林国民银行和排名第53位的汉普斯蒂特安全国民银行在危

机中倒闭，这一年倒闭的银行达 13 家，创 1942 年以来最高纪录①，许多银行被列入“有问题银行”，连美国第三大银行大通曼哈顿银行也在此列。危机中，房地产信托投资也面临着生存危机。由于美国第一房地产抵押投资银行将要破产，因而联储召集 100 家银行组成联合放款团，向其提供 4 亿美元的周转贷款。但这只是杯水车薪，其他的房地产信托投资银行也纷纷申请破产。房地产信托投资市场摇摇欲坠，银行业损失惨重。直到 1975 年后期，房地产市场才有所缓和。与此同时，证券交易所也发生剧烈动荡。巴黎、伦敦、东京和纽约证券交易所的股票行市大幅下跌。

进入 80 年代后，金融危机频频爆发，愈演愈烈。1987 年 8 月以后，纽约股市出现较大波动，10 月 19 日（星期一）纽约华尔街股市道琼斯工业股票平均指数一天之内暴跌了 22.6%，超过了 1929 年 10 月大危机时股票暴跌的幅度（当时的下降幅度为 12.8%），上市 5000 家公司整个股票的价值在一天之中就减少了 5000 亿美元②，称为纽约股市“黑色星期一”。这场动荡迅速波及东京、伦敦、中国香港等地的股市，出现了不同程度的狂跌。

29 世纪 90 年代以来，世界先后爆发 46 次金融危机，而且破坏力越来越大。1992 年 9 月，欧洲货币市场发生了“二战”以来最严重的货币危机，欧洲货币体系的成员国几乎无一幸免地被卷进了货币贬值的狂潮，英镑、里拉汇价狂跌不止，不得不宣布退出欧洲货币体系。

1994 年，拉美国家爆发了债务危机。墨西哥由于长期的外贸逆差消耗了大量的国际储备，加上 1994 年流入墨西哥的资金减少，而资金外流增加，致使墨西哥政府和中央银行不得不进行干预，宣布本国比索汇率贬值 15%，以阻止资金的外流，避免出现像 1982 年那样无法支付到期债务的危机。但事与愿违，这项决定引起了墨西哥金融市场的动荡，比索再度贬值，金融市场的投机活动进一步加剧，资金外流更趋严重。政府决定取消干预，实行比索汇价自由浮动，由市场供求决定汇率，直至稳定。但比索贬值局面一再失控，同时，股市出现剧烈动荡。这场货币和金融危机的冲击波开始危及世界货币和股市的稳定，造成了一些国家股市行情的下跌，引起各国投资者的恐慌。

1996 年阿尔巴尼亚发生了严重的金融危机。阿在推行市场化改革中，

① 林与权、陶湘编：《资本主义国家的货币流通与信用》，中国人民大学出版社 1980 年版。
② 游光中、冯宗容：《世界经济大事典》，中国经济出版社 1995 年版。

其传统的银行系统功能很弱，加之银行信贷控制严格，使银行无力为筹资者提供贷款。因而一些投资公司高息集资活动随之开始。1996年初涌现出许多投资公司，大搞所谓"金字塔投资计划"，实际上就是高息集资活动。全国计有十几个大的集资机构，储户达100万，占全国人口的1/3。短短几年中，集资约20亿美元。这些资金有些投入到军火交易，但很多资金只单纯依赖吸收新存款来支付巨额利息。这种情况当然不会维持多久，到1996年底，一些公司纷纷倒闭破产，以致引发了严重的经济和政治危机。

1997年亚洲金融危机的爆发给世界经济和金融造成了极大的冲击。1997年2月起，国际投机资本连续几次发起抛售泰铢的狂潮。泰国政府采取多种措施，但难以抵挡金融投机的恶浪，在市场的压力下，终于在7月2日放弃以盯住美元为主的汇率制度，改而采用浮动汇率制度，泰铢当日贬值近20%。危机迅速波及经济结构与泰国相近的菲律宾、马来西亚及印度尼西亚等国，就连经济基本健全的新加坡、中国台湾与中国香港的货币也先后遭到投机资本的攻击，11月初金融风暴又扩及东北亚中国，继而欧美股市亦出现巨幅波动。

东南亚金融危机爆发之前，韩国名列第14位的大企业——韩宝钢铁工业集团就因无力偿还借款而宣告破产。随后，三美、大农、起亚、海天等一系列大型企业、集团相继倒闭或陷入经营困境。这使得与企业关系极端密切的韩国银行业形成大量呆账。韩国第一银行和汉城银行以及众多的信贷机构陷入了困境。经济危机即将来临的心理压力逐渐蔓延到整个社会乃至波及外国投资者。抛售股票、囤积美元之风弥漫各个领域，韩元持续暴跌，股票抛售风越刮越烈，外汇市场美元供不应求，各种贷款利率急剧上升。韩国政府经过种种努力，最后不得不向国际货币基金组织申请援助，要求贷款500亿美元之巨。

日本从80年代末到90年代末，金融危机几乎连续不断，对日本经济产生了极大的影响。80年代中期，日本在金融自由化改革等一系列因素的作用下，逐渐向泡沫化方向发展。1990年，以东京证券交易所的股市行情暴跌为导火线，地价随即暴跌，持续了5年的泡沫经济宣告崩溃。泡沫经济破灭后，日本金融业长期陷入危机之中。涉足泡沫经济炒作的银行和其他金融机构都陷入大量贷款无法收回的困境，形成了巨额赤字和呆账，给经济发展带来了极大困难，经济增长速度连年下降，1995年几乎是零增长。1996 年，世界 19 大银行之一的大和银行发生因违规交易而致巨额损失的丑闻；住友银行也发生违规交易丑闻；阪和银行破产；日本住宅专门会社在房地产投机失败后陷入危机；在世界证券业中位列前四名的野村、大和、日兴和山一证券公司在强烈的银行赤字风暴的打击下连年亏损，1997 年 6 月，野村证券、山一证券及第一劝业银行又发生丑闻。在东南亚金融危机的影响下，日本股市、汇市双双下跌。1997 年 11 月，日本许多银行及证券公司，如十大证券之一的三洋证券、十大城市银行之一的北海道拓殖银行、四大证券之一的山一证券、地方银行德阳市银行、丸壮证券等宣布倒闭。与此同时，美日政府对日元汇率的几次联手干预都告失败。危机使日本经济陷入持续低迷的状况。日本从 80 年代中期开始股票价格直线上涨，1987 年末，日本股票价格总额竟占到全世界股票市价总额的 40% 还多。[①] 1984 年东京证券交易所的股票交易量为 990 多亿股，成交额为 60 多亿日元，而到 1989 年则分别上升为 2000 多亿股和 300 多亿日元。[②] 据统计，1985 ~ 1988 年，日本名义国民生产总值增长 15.7%，而同期土地资产和股票资产分别增长 81.4% 和 176.6%，[③] 远远脱离实际，形成泡沫经济。其原因：一是日本政府采取了银根过度放松的政策。1985 年，日本为了减轻日元大幅度升值对国内经济的冲击，提出了"内需主导型"的发展方针。大规模的基础设施与住房建设高潮与国内土地资源贫乏的矛盾刺激了房地产投机活动，同时，也引起国内资金需求的急剧膨胀。在此过程中，金融当局急速放松银根，从 1986 年到 1987 年连续五次调低中央银行的贴现率。大量的资金涌入房地产和股票市场，使土地和股票价格成倍上涨。[④] 二是在金融自由化发展迅速的同时金融监管相对滞后。1985 年以后，日本实行了一系列金融自由化政策，相继放宽对各种交易活动和交易市场的限制，使金融市场特别是短期金融市场的经营环境大为改善，金融商品迅速增加，金融机构的业务也日益多样化。而且在 70 年代末就已经逐步放宽了银行业务和证券业务经营范围的限制，银行可以兼营证券业务。后来各种限制进一步放宽，银行的经营范围扩展至证券的承购、推销、买卖、经纪、受托、代理、投资等各个环节，而且银行还可以获准设立抵押证券业务和证券投资咨询业务的子公司。与此同时，以四大证券公司为首的一大批证券公司也开始兼营银行业务。银行业与证

[①②] 姜建清：《海外金融风潮评析》，上海财经大学出版社 1997 年版。
[③④] 《世界经济年鉴》（1993）。

券业的经营范围相互交织、相互渗透。银行和非银行金融机构在资本和房地产市场价格上涨时，能自由地进入这两个投机市场，对日本泡沫经济的泛滥起了推波助澜的作用。

由上可以看出，在金融发展和深化的过程中，金融动荡乃至金融危机的不断爆发，与金融协调问题密切相关。金融在发展的过程中，金融创新活动不可避免，但是往往金融制度创新滞后于业务创新，由此造成的风险得不到有效的控制和消除，极易引发金融危机。因此，可以说金融发展的过程即是金融不断创新、制度不断创新、金融发展与金融管理不断协调发展的过程，在这个过程中，由于两者不协调而可能导致金融的动荡乃至金融危机。早期金融危机就是由于金融管理跟不上金融发展所产生的后果，金融经济时代金融危机的爆发则与金融监管和金融发展不相协调有关。特别是在国际金融资本规模急剧膨胀和流动速度加快的同时，没有对国际投机资本继续有效地控制。在1997年攻击泰铢的过程中，全球投机者所调集的总兵力，应在1000亿美元以上，而索罗斯不过是其中的千分之一而已。对资金在全球如此规模的流动，仅有国内监管很难具有足够的控制力。

六、资本市场凸显

世界进入20世界70年代以来，金融结构发生了新的变化，这就是直接融资比重迅速上升，间接融资比重相对下降，使整个金融领域资本市场凸显，资产证券化趋势明显，金融工程化成为最时髦的创新。

金融资产的证券化是20世纪70年代以来国际金融领域最重大的创新之一。一方面是资金需求者不采用银行借款的方式而通过发行证券，向资金供给者直接融通资金，这种融资方式虽然对证券发行者的信用程度有较高的要求，但政府和信誉卓著的大公司采用这种方式融资不仅信用没有困难，更重要的是融资成本低；另一方面是将缺乏流动性，但能够在未来产生稳定的、可预见现金收入的资产，转换成为可以在金融市场上出售和流通的证券。

与国际金融证券化趋势相呼应，一些国家企业的金融结构发生了明显的变化，直接融资在企业融资总量中所占比重不断提高，间接融资比重逐渐下降。证券市场受到越来越多企业的青睐。证券市场规模的迅速扩展，给商业银行的发展提出了严峻的挑战：一是商业银行存款来源相对减少。

由于股票、债券通常比银行存款具有更高的投资收益，可以流通转让或向商业银行等金融机构抵押、贴现，加上证券市场严格的信息披露制度以及计算机、通信技术的发展，降低了投资者的信用风险和获取信息的成本，证券市场金融资产客观上比银行存款更富吸引力，所以商业银行原有的存户在利润最大化动机的驱使下，必然将存款转换为有价证券，社会新增储蓄向证券市场分流的比例越来越大。从资金期限结构看，流向证券市场的多为定期存款与闲置资金，其中有一部分会以非银行金融机构同业存款的形式重新成为商业银行的资金来源，结果是商业银行存款的流动性大大增强，给长期贷放增加了困难。二是商业银行贷款数量相对减少，贷款质量下降。证券市场融资具有资金数额大、期限较长、筹资方式灵活等优点，信用等级较高的大企业越来越多地依靠证券市场融资，其长期资金以股票与债券形式筹集，短期资金则以商业票据解决。出现了商业银行贷款原来客户群的"脱媒现象"。

近年来，参与这一证券化过程的经济主体越来越多，例如商业银行、房地产抵押公司、证券公司、担保公司、资信评级公司、保险公司、投资基金、一般存款人和投资者，而且这项业务发展非常迅速，作为金融市场的后起之秀。这种"脱媒现象"的发展，使商业银行不得不通过扩大银行表外业务，扩大服务来获取利润，不能再依赖存款放款利息之差过日子了。应资产证券化发展的需要，近几年人们也将工程思维引入金融领域，综合采用各种工程技术方法，包括数学建模、数值计算、网络图解、仿真模拟等方法用来设计开发新型金融产品，创造性地解决金融问题。金融工程正在雄心勃勃地推进套期保值、投机、套利、资产组合等金融资产的运作。

20世纪80年代以来，尤其是进入90年代后，金融全球化与自由化的趋势日益加强，金融证券化成为当前国际资本市场上的一大趋势并仍在不断强化。国际资本市场上越来越多的资金需求者采取发行证券的方式筹措资金，以此替代传统的金融机构借款，而资金供应者对证券市场的高回报及流动性的热情，掀起了资金供求双方"脱媒"与"非中介化"浪潮。近几年国际资本的流动正在以前所未有的速度发展，一方面有利于世界范围内生产资源的有效配置，促进了世界经济的发展；另一方面其中的投机资本掺杂其间，也成为世界经济金融稳定的威胁力量，美国的索罗斯、量子基金等就是人们十分关注的祸首，各国都在国际资本自由流动问题上谨慎操作，同时加大了中央银行金融监管的难度。

在前面已经讲过，研究金融发展史，不可以停留在就史论史的简单的历史事件的描述上，我们的任务是力图研究金融制度变迁的内在规律，研究金融与经济发展的相互关系。笔者认为，金融是伴随着经济发展而发生发展的，不同的历史阶段，金融对经济的作用并不相同。它由早期的自发地追随经济发展，服务于商品交易媒介作用，演变到服务于贸易融资和为工业生产融资的作用，进而发展到分散、转移交易风险，促进投资的作用，成为现代经济的核心。金融滞涩，经济停滞；金融活泼，经济发展。造成金融活泼有序稳健发展，需要金融协调的制度安排。金融协调发展便是协调提高金融效率和维持金融稳定，协调金融微观主体利益和金融社会效益，协调金融创新和金融监管，控制金融风险的过程。只有金融协调发展，经济才能健康稳定地发展。